3rd edition

Management Statistics

管理统计学（第三版）

马军海 主编

图书在版编目(CIP)数据

管理统计学/马军海主编.—3版.—北京:北京大学出版社,2023.3
21世纪经济与管理规划教材.管理科学与工程系列
ISBN 978-7-301-32839-2

Ⅰ.①管… Ⅱ.①马… Ⅲ.①经济统计学—高等学校—教材 Ⅳ.①F222

中国版本图书馆CIP数据核字(2022)第011789号

书　　名	管理统计学(第三版)
	GUANLI TONGJIXUE(DI-SAN BAN)
著作责任者	马军海　主编
责任编辑	张　燕　张俊仪
标准书号	ISBN 978-7-301-32839-2
出版发行	北京大学出版社
地　　址	北京市海淀区成府路205号　100871
网　　址	http://www.pup.cn
微信公众号	北京大学经管书苑(pupembook)
电子邮箱	编辑部 em@pup.cn　总编室 zpup@pup.cn
电　　话	邮购部 010-62752015　发行部 010-62750672　编辑部 010-62752926
印刷者	三河市北燕印装有限公司
经销者	新华书店
	787毫米×1092毫米　16开本　26.25印张　622千字
	2010年11月第1版　2016年1月第2版
	2023年3月第3版　2025年6月第2次印刷
定　　价	66.00元

未经许可,不得以任何方式复制或抄袭本书之部分或全部内容。
版权所有,侵权必究
举报电话：010-62752024　电子邮箱：fd@pup.cn
图书如有印装质量问题,请与出版部联系,电话：010-62756370

丛书出版说明

教材作为人才培养重要的一环,一直都是高等院校与大学出版社工作的重中之重。"21世纪经济与管理规划教材"是我社组织在经济与管理各领域颇具影响力的专家学者编写而成的,面向在校学生或有自学需求的社会读者;不仅涵盖经济与管理领域传统课程,还涵盖学科发展衍生的新兴课程;在吸收国内外同类最新教材优点的基础上,注重思想性、科学性、系统性,以及学生综合素质的培养,以帮助学生打下扎实的专业基础和掌握最新的学科前沿知识,满足高等院校培养高质量人才的需要。自出版以来,本系列教材被众多高等院校选用,得到了授课教师的广泛好评。

随着信息技术的飞速进步,在线学习、翻转课堂等新的教学/学习模式不断涌现并日渐流行,终身学习的理念深入人心;而在教材以外,学生们还能从各种渠道获取纷繁复杂的信息。如何引导他们树立正确的世界观、人生观、价值观,是新时代给高等教育带来的一个重大挑战。为了适应这些变化,我们特对"21世纪经济与管理规划教材"进行了改版升级。

首先,为深入贯彻落实习近平总书记关于教育的重要论述、全国教育大会精神以及中共中央办公厅、国务院办公厅《关于深化新时代学校思想政治理论课改革创新的若干意见》,我们按照国家教材委员会《全国大中小学教材建设规划(2019—2022年)》《习近平新时代中国特色社会主义思想进课程教材指南》和教育部《普通高等学校教材管理办法》《高等学校课程思政建设指导纲要》等文件精神,将课程思政内容融入教材,以坚持正确导向,强化价值引领,落实立德树人根本任务,立足中国实践,形成具有中国特色的教材体系。

其次,响应国家积极组织构建信息技术与教育教学深度融合、多种介质综合运用、表现力丰富的高质量数字化教材体系的要求,本系列教材在形式上将不再局限于传统纸质教材,而是会根据学科特点,添加讲解重点难点的视频音频、检测学习效果的在线测评、扩展学习内容的延伸阅读、展示运算过程及结果的软件应用等数字资源,以增强教材的表现力和吸引力,有效服务线上教学、混合式教学等新型教学模式。

为了使本系列教材具有持续的生命力,我们将积极与作者沟通,争取按学制周期对教材进行修订。您在使用本系列教材的过程中,如果发现任何问题或者有任何意见或建议,欢迎随时与我们联系(请发邮件至 em@pup.cn)。我们会将您的宝贵意见或建议及时反馈给作者,以便修订再版时进一步完善教材内容,更好地满足教师教学和学生学习的需要。

最后,感谢所有参与编写和为我们出谋划策提供帮助的专家学者,以及广大使用本系列教材的师生。希望本系列教材能够为我国高等院校经管专业教育贡献绵薄之力!

北京大学出版社

经济与管理图书事业部

21世纪经济与管理规划教材

管理科学与工程系列

第三版前言

　　本书是在参阅大量的国内外优秀统计学专著和教科书的基础上，紧扣我国管理和经济实践，结合编者多年来在管理统计学课程教学中的体会编写而成的。本书较为详细地介绍了现代管理统计学的基础知识、基本理论和基本方法。其显著特点包括：第一，书中不涉及深奥的数学推导及其证明，而是将重点放在现代统计理论和方法在管理与经济领域实践问题的应用上，力图使初学者全面、深入掌握管理统计学分析、解决问题的方法和思维方式。而对于比较复杂的统计学理论和方法，我们则使用较为深入浅出的语言和解决问题的步骤来描述，这既可以提高初学者对管理统计学的学习兴趣，也可以提升所学者综合运用统计学基础知识和基本理论来解决实际问题的能力。第二，注重统计学理论和方法与计算机技术、信息技术等相融合，注重培养和提升学生的实践能力和案例分析能力。

　　本书的主要内容包括：第一章，统计学总论；第二章，统计调查、统计整理与统计描述；第三章，统计数据分布特征的描述；第四章，统计推断的基础；第五章，抽样调查；第六章，参数估计；第七章，假设检验；第八章，方差分析；第九章，主成分分析与因子分析；第十章，聚类分析与判别分析；第十一章，相关分析与回归分析；第十二章，时间序列分析。

　　在第三版中，部分章节增加了导入案例，以更好地立足中国实践，体现管理统计学的实用性；更新了各章案例分析及习题中的数据；第十一章增加了关于数据分析的赫斯特指数与 R/S 分析法，相关的案例分析对读者了解时序数据的长记忆和分析特性有很好的指导作用。

　　本书内容翔实生动、通俗易懂，既可以作为管理科学与工程类、工商管理类相关专业的"管理统计学"课程的教材，也可以作为需要进行统计分析的从业者的参考用书。

海南大学黄崇利教授、付景涛教授、肖翠萍和何慧老师参与了第三版的修订，主要负责第一、二、三、五章导入案例的编写工作，以及第一至第十一章习题的增补工作，在此表示衷心的感谢。我们在未来的教材修订工作中也将全面展开合作，结合时代特点和我国社会与经济发展实践，努力为读者编写更高水平的管理统计学教材。此外，马小刚、张静、殷月澄和王宗宪也参与了书稿编撰及修订工作，在此表示感谢。

在本书的编写过程中，我们参阅了大量的统计学专著、教材和相关资料，在此特向这些作者表示深深的谢意。尽管我们花费了大量的时间和精力来完成本书的编写工作，但书中难免存在不足之处，欢迎来自各方面的批评和指正，以使得本书结构、内容及其编排风格越来越完善。

编　者

2023 年 1 月

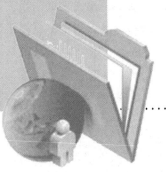

目 录

第一章　统计学总论 ················· 1
　　导入案例 ····················· 1
　　第一节　统计学概述 ················ 2
　　第二节　统计学的研究对象、基本概念及其内容 ···· 7
　　附录　常用统计软件简介 ············· 12
　　本章小结 ····················· 15
　　本章习题 ····················· 15

第二章　统计调查、统计整理与统计描述 ······· 17
　　导入案例 ····················· 17
　　第一节　统计调查与统计整理的概念及其作用 ···· 19
　　第二节　统计调查的基本方法 ··········· 21
　　第三节　统计整理与统计描述 ··········· 31
　　第四节　相对指标 ················· 45
　　附录A　第七次全国人口普查方案 ········· 47
　　附录B　统计报表制度 ··············· 54
　　本章小结 ····················· 57
　　本章习题 ····················· 58

第三章　统计数据分布特征的描述 ········· 61
　　导入案例 ····················· 61
　　第一节　平均数的概念与分类 ··········· 61
　　第二节　各类平均数指标 ············· 63
　　第三节　标志变异指标 ·············· 78
　　第四节　偏度与峰度 ··············· 91
　　本章小结 ····················· 97
　　本章习题 ····················· 97

第四章 统计推断的基础 · 102
- 第一节 基本概念 · 102
- 第二节 离散型随机变量及其概率分布 · 103
- 第三节 连续型随机变量及其概率分布 · 107
- 第四节 大数定律与中心极限定理 · 117
- 本章小结 · 120
- 本章习题 · 121

第五章 抽样调查 · 122
- 导入案例 · 122
- 第一节 抽样调查的基本概念和作用 · 123
- 第二节 随机抽样的样本数目和代表性误差 · 126
- 第三节 简单随机抽样 · 129
- 第四节 分层抽样 · 136
- 第五节 等距抽样 · 142
- 第六节 整群抽样 · 145
- 第七节 多阶段抽样 · 148
- 第八节 抽样分布的基本类型 · 151
- 附录 用Excel进行抽样 · 155
- 本章小结 · 156
- 本章习题 · 157

第六章 参数估计 · 161
- 第一节 点估计 · 161
- 第二节 区间估计 · 166
- 第三节 两个总体均值之差的区间估计 · 175
- 第四节 总体成数的区间估计 · 178
- 第五节 单侧置信区间 · 181
- 本章小结 · 182
- 本章习题 · 183

第七章 假设检验 · 186
- 第一节 假设检验的概念和原理 · 186
- 第二节 总体均值的假设检验 · 193
- 第三节 两个总体均值比较的假设检验 · 204
- 第四节 总体比例的假设检验 · 212
- 第五节 总体方差的假设检验 · 218
- 附录 用Excel进行假设检验计算 · 224

本章小结 ··· 226
　　本章习题 ··· 226

第八章　方差分析 ·· 231
　第一节　单因素方差分析 ··· 234
　第二节　双因素方差分析 ··· 240
　附录　用 Excel 进行方差分析 ·· 253
　本章小结 ··· 255
　本章习题 ··· 256

第九章　主成分分析与因子分析 ·· 260
　第一节　引　言 ·· 260
　第二节　主成分分析 ·· 261
　第三节　因子分析模型 ··· 263
　第四节　因子分析实例 ··· 265
　本章小结 ··· 271
　本章习题 ··· 271

第十章　聚类分析与判别分析 ··· 275
　第一节　聚类分析方法概述 ·· 275
　第二节　聚类分析的基本概念 ··· 276
　第三节　系统聚类法实例 ··· 278
　第四节　快速聚类法 ··· 290
　第五节　判别分析法 ··· 296
　本章小结 ··· 299
　本章习题 ··· 300

第十一章　相关分析与回归分析 ·· 303
　第一节　相关分析 ·· 303
　第二节　一元线性回归分析 ··· 309
　第三节　多元线性回归分析 ··· 323
　第四节　可线性化的非线性回归模型 ··· 336
　第五节　赫斯特指数与 R/S 分析法 ··· 337
　附录　用 Excel 进行回归分析 ·· 342
　本章小结 ··· 344
　本章习题 ··· 344

第十二章　时间序列分析 ··· 353
　第一节　时间序列分析概述 ··· 353

第二节　时间序列分析指标 …………………………………………………… 356
 第三节　长期趋势的测定 ……………………………………………………… 361
 第四节　季节因素分析 ………………………………………………………… 367
 第五节　循环因子分析 ………………………………………………………… 370
 附录　用 Excel 进行季节变动分析 …………………………………………… 371
 本章小结 …………………………………………………………………………… 372
 本章习题 …………………………………………………………………………… 373

附录一　随机数表 …………………………………………………………………… 375

附录二　二项分布数值表 …………………………………………………………… 378

附录三　DW 统计量临界值表 ……………………………………………………… 383

附录四　泊松分布表 ………………………………………………………………… 385

附录五　标准正态分布表 …………………………………………………………… 387

附录六　t 分布临界值表 …………………………………………………………… 390

附录七　χ^2 分布临界值表 ………………………………………………………… 392

附录八　F 分布临界值表 …………………………………………………………… 395

参考文献 ……………………………………………………………………………… 407

第一章　统计学总论

导入案例

正确做好统计工作的重大意义——准确理解中央指示精神：不简单以GDP增长率论英雄

作为反映经济增长、经济规模、经济结构最重要的宏观经济统计指标,长期以来,国内(地区)生产总值(gross domestic product, GDP)得到广泛应用,在反映发展成果和国家宏观决策中发挥了重要作用。同时,GDP数据也存在着难以反映经济发展质量差异的弊端,一味追求GDP会造成资源消耗和环境破坏的问题。在过去的实际工作中,一些地方将GDP数据与政绩简单挂钩,出现了GDP数据被不当使用、过度使用等问题。有的地方为了追求GDP数据的高增长,甚至在统计数据上弄虚作假,使得统计资料失真,误导了地方和国家政策的制定和实施,更严重败坏了党风和政风。

党的十八大以来,以习近平同志为核心的党中央以马克思主义的科学态度,以对党、对国家、对民族高度负责的历史担当,深刻剖析了一些地方唯GDP论的严重危害,在多个场合反复强调,再也不能简单以GDP增长率来论英雄了,更不能为GDP增长率全国排名的升降而纠结,防止把发展简单化为增加生产总值;这些重要论述,掷地有声、振聋发聩、催人深思,是新时期科学唯物主义的再发展、再推进;是党的为民务实优良作风的再实践,对指引中华民族实现第二个百年目标扫清了障碍、指明了方向。

习总书记强调,中央看一个地方工作做得怎么样,不会仅仅看生产总值增长率,而是要看全面工作,看解决自身发展中突出矛盾和问题的成效。这一重要论述,为各地减了压、松了绑,指明了正确的努力方向。党中央明确指示,不再简单以GDP增长率论英雄,而是强调以提高经济增长质量和效益为立足点,这一政策既是对中国自身负责,也是对世界负责。这一重要论述,昭示着中华民族胸怀世界的大国担当精神。党的十八届三中全会提出,要加快建立国家统一的经济核算制度。这一重要决定,明确了统计部门的职责任务,是破解以GDP论英雄不当政绩观的最大举措。中央经济工作会议明确要求,要全面认识持续健康发展和生产总值增长的关系,不能把发展简单化为增加生产总值,抓住机遇保持GDP合理增长、推进经济结构调整,努力实现经济发展质量和效益得到提高又不会带来后遗症的速度。

这些重要指示和决定,彰显出党中央加快确立科学政绩观和考核体系的坚定态度和正视问题、革除沉疴的政治魄力。这些重要指示和决定,端正了整个社会对经济核算的态度,有力促使经济核算实现理性回归,为统计部门科学核算、真实核算创造了宽松良好的社会环境。统计部门要按照中央明确要求,加快改革经济核算制度,进一步提高核算数据的科学性、准确性,更好地发挥核算工具在增强宏观调控前瞻性、针对性、协同性,保持宏观调控政策连续性、稳定性中的重要作用。

资料来源:马建堂.深入学习贯彻习近平总书记有关统计工作重要论述 为全面建成小康社会提供扎实有力统计保障[EB/OL].(2013-12-23)[2022-01-27].http://www.ce.cn/xwzx/gnsz/szyw/201312/23/t20131223_1975337.shtml.

人类的行为、自然界的现象与科学的研究通常会产生大量的数据资料,要想将这些数据资料转化成有用的信息,只有依靠统计学的方法。人们在日常生活中,几乎每时每刻都要面对社会的各种政治和经济问题,而且随着社会的发展与进步,这些问题也变得越来越复杂、越来越不确定。统计学方法是帮助人们避免风险、做出合理决策的重要工具。

在人们的日常生活中,统计问题以及与统计有关的问题随处可见。比如,人们在选购某种商品时通常会货比三家,就是要了解欲购买的同类商品的不同指标,如质量、产地、式样、商家的信誉以及市场的占有率等,然后优中选优;股票持有者所关心的是上市公司的经营业绩,要收集、分析相关公司的"统计"信息,以确定如何投资,何时买入公司的股票,何时卖出公司的股票;企业管理人员每天要掌握企业的生产销售情况和利润;而国家统计局关心的是国家的经济增长速度、人们的收入水平和消费水平等。这些数据的获得都离不开统计知识。统计已经渗透到人们日常生活中的各个方面。统计是人们认识社会发展水平、发展速度、发展规模的有力工具。随着社会的快速发展,统计在人们的日常生活和社会经济活动中的作用越来越重要。

许多社会现象与自然科学的研究,都可以将统计学作为研究问题的方法和工具。如今,统计学已经广泛应用于物理、心理、生物、保险、教育、医疗、经济、农业、企业管理、会计、金融、营销、生产、社会、工程、政府管理等各个领域,并且收到了良好的效果。

统计学是一种方法、一种工具。狭义的统计学是指以数字表示的事实或数据;广义的统计学是指收集、整理、表现、分析及解释数据资料,并通过科学的方法,在不确定的情况下,从样本数据中获得结果,将杂乱无章的数据变成有价值的信息,并据此来推断总体的性质与事物的发展变化规律,从而帮助人们做出正确决策的一门学科。故"统计"通常有三种含义,即统计工作、统计数据和统计学。

统计学的产生和发展与人类文明的发展、社会的进步紧密相关。正如德国历史学家 August Ludwig von Schlozer(1735—1809)所言:"统计是动态的历史,历史是静态的统计。"历史伴随着统计而延伸,统计伴随着历史而发展。随着计算机的普及和互联网技术的飞速发展,现代社会已步入信息时代,统计作为信息主体的作用也越来越明显。

第一节 统计学概述

一、统计学的含义

"统计"一词的英语为 statistics,用作复数名词时,通常是指统计资料,用作单数名词时,通常是指统计学。"统计"一词最基本的含义是对客观事物的数量指标进行核算和分析,是人们对客观事物的数量表现、数量关系及数量变化进行描述和分析的一种计量活动。一般来说,"统计"包括统计工作、统计资料和统计学三种含义。这三者之间存在密切的联系。统计资料是统计工作的成果,统计学是统计实践经验的理论概括和深化,统计学来源于统计工作,统计学形成后,对统计工作又起着理论指导作用。三者之间是理论与实践的辩证统一关系。

原始的统计工作即人们收集数据的原始形态,在文字产生以前就已经存在,例如,中国古代的结绳记事法距今已有几千年的历史,其中便蕴藏着原始的统计思想。然而统计学作为一门科学,是从17世纪才开始的。众所周知,每一门科学都有其创立、发展的客观条件,统计科学是从统计工作经验、社会经济理论、计量经济方法中融合、提炼和发展起来的一门学科。

二、统计的发展及统计学派

(一) 统计的发展

统计作为一种社会实践活动有悠久的历史,它是适应社会经济发展、国家宏观管理的需要而产生和发展的。自从有了国家,人们便开始了统计的实践活动。迄今为止,统计已经有几千年的历史。我国在周朝时就有大量关于政府收入与支出的记载,这是我国较早的统计数据。在西方国家,统计的观念最早出现于埃及与巴比伦的人口普查的简单统计资料中,那时统计只是作为计数的工具,后来则用于国家与其君主的财产登记中。虽然这时统计已应用到社会生活的某些方面,但是早期人们并没有使用"统计"一词。最早将"统计"一词作为学术名词使用的是18世纪德国政治学教授Gottfried Achenwall,在其1749年所著《近代欧洲各国国家学纲要》一书的序言中,他把"国家学"命名为statistika(统计),原意是指"国家显著事项的比较和记述"或"国势学",认为统计是关于国家应注意事项的学问。此后,各国相继沿用"统计"这个词,英国将其译为statistics,它源自拉丁文的status,意思是各种现象的状态和状况。那时,统计被用来表示国家的数据资料。1903年,钮永建、林卓南等翻译了日本学者横山雅南所著的《统计讲义录》一书,并将"统计"这个词引入我国。1907年彭祖植编写的《统计学》是我国学者编写的最早的统计学书籍。由此,"统计"一词成为记述国家和社会状况的数量关系的总称。[①]

统计分析最初发源于英国,1662年英国人John Graunt发表了《关于死亡表的自然的和政治的观察》[②]的论文。他在观察教堂每周的人口死亡名单数据后,利用简单的统计方法加以分析,得出有关死亡原因及疾病流行发展趋势的粗略结论。这是人类首次根据大量原始资料,运用统计学的方法来进行实证研究的案例。也正因为如此,Graunt被后人称为"现代统计学之父"。

Graunt的论文发表之后,一些数学家对统计学产生了浓厚的兴趣,开始涉足此研究领域,并且在此后的研究工作中做出了极其重要的贡献。比如,17、18世纪时,Pierre de Fermat等人对概率论的研究促进了人口统计、社会收入统计、保险与观测误差衡量的进步及发展。19世纪时,Pierre S. Laplace等人对正态分布的研究与应用推广,促使统计学的

---

① 刘晓利,曹树胜,马桂秋.统计学原理[M].北京:北京大学出版社,2017.
② Graunt J. Natural and political observations mentioned in a following index, and made upon the bills of mortality[M]. London:Roycroft,1662.

发展向前迈进了一大步,而 Karl Pearson 等人发展出许多以概率论为基础的统计推论方法,如相关分析法、回归分析法、卡方检验法等。众多学者在此领域的卓越贡献开启了现代统计学之门,也使得统计学作为一种方法被逐步应用到许多科学的研究之中。

20 世纪 30 年代,Frank Wilcoxon 等人广泛开展了对于统计方法的研究,使得统计方法的应用领域更加广泛。1935 年,Ronald Fisher 提出了实验设计、变异指标分析、最大似然估计等方法,使得统计学在理论上出现了一次较大飞跃。紧接着,Jerzy Neyman 和 Egon Sharpe Pearson(Karl Pearson 之子)在假设检验方面做出了卓越的贡献。20 世纪 60 年代以后,许多统计学家,如 Calyampudi R. Rao、David Blackwell 等对统计估计理论的研究,进一步促进了统计学的快速发展。

在统计学的应用方面,19 世纪中叶以后,由于古典概率的引入,统计学的发展有了质的飞跃。20 世纪 30 年代以后,世界各国已经普遍采用随机抽样的方法,对国家经济、人口、行业和部门等进行统计。虽然当时现代统计理论已成雏形,随机抽样的方法也得到了应用,但是更深层次的应用并不普及,这不仅是因为统计数据的储存、累积及分析非常费时,而且因为统计计算过程非常复杂。20 世纪 40 年代电子计算机的普遍使用,不仅大大提高了统计数据处理的效率和准确性,而且为数据的存储、更新、检索、计算及其一体化的自动化创造了良好的物质技术基础。尤其是在成套的统计软件程序被开发出来以后,统计方法的应用更为便捷。这使得统计学在社会实践中的应用大为普及。20 世纪 50 年代,世界各国普遍开始了以国民经济体系为整体的统计研究方法的推广应用,这大大提高了统计的认知能力。20 世纪 80 年代个人计算机的快速发展与普及,极大地促进了统计学的发展与应用。如今,统计学的方法和观念已不知不觉渗透到人们的日常生活之中。

统计作为一种科学方法,其应用范围遍及自然科学和社会科学。农业、工业、商业、教育、医疗、政治、社会、经济等领域的许多问题均可以采用统计方法来处理。现代统计学传入我国已有相当时日,统计方法不但受到了政府机关的重视,而且随着工商企业、事业单位等不断追求科学管理,在近年来得到了越来越广泛的应用。

(二) 统计学派

在近代统计学发展的一百年中,该领域形成了许多学派,其中以数理统计学派和社会统计学派最为著名。数理统计学派的创始人是比利时的 Adolph Quetelet,他最大的贡献是将古典概率引入统计学,用纯数学的方法对社会现象进行研究;社会统计学派的首倡者是德国的 Karl Knies,他认为统计研究的对象是社会现象,研究方法为大量观察法。在近代统计学的发展过程中,这两个学派之间的矛盾是比较大的。我国大部分学者认为,社会统计和数理统计是两门对象不同、性质不同的统计学。两者既彼此独立,又相互联系,它们之间不可以相互替代,但是可以相互借鉴。

另外,在统计学的发展过程中,理论统计学和应用统计学是相互促进、相互影响的。理论统计学的研究为应用统计学提供了定量分析的方法,为其发展指明了方向,极大地提高了统计分析的认识能力,大大拓展了其应用范围,而应用统计学在对统计方法的实际案例分析中,常常会对理论统计学的研究方向、研究目标提供较为重要的参考。

三、统计的基本任务及其重要作用

（一）统计的任务

《中华人民共和国统计法》第二条规定："统计的基本任务是对经济社会发展情况进行统计调查、统计分析，提供统计资料和统计咨询意见，实行统计监督。"由此可以看出，统计的任务可以概括为统计服务与统计监督两部分。统计服务就是通过对国民经济和社会发展情况进行统计调查及统计分析，提供统计资料，为人们的决策服务；统计监督就是对国民经济的各个部门和社会生活的各个领域实施监督，及时发现问题，从而采取措施解决问题，保证社会经济的稳定、协调发展。

（二）统计的重要作用

《中华人民共和国统计法》第一条规定："……发挥统计在了解国情国力、服务经济社会发展中的重要作用，促进社会主义现代化建设事业发展……"可见，统计的作用主要有认识和指导监督两个方面。

1. 认识作用

我们知道任何事物都是质与量的统一，社会经济现象也是如此。统计利用数字去反映社会经济现象在具体时间、地点、条件下的数量表现、关系和变化，用数字去反映社会经济的规模、水平、速度、结构和比例关系等。统计调查有助于人们增强对社会经济现象的感性认识，再经过统计整理分析，可以认识社会经济现象的规律，从而为驾驭规律、利用规律并有效地为社会经济服务奠定基础。

社会经济统计学是马克思主义奠基人在广泛使用统计学方法对资本主义进行经济分析的过程中，逐步建立和发展起来的。列宁强调指出，社会经济统计是认识社会的有力武器。毛泽东在《党委会的工作方法》一文中写道："胸中有'数'。这是说，对情况和问题一定要注意到它们的数量方面，要有基本的数量的分析。任何质量都表现为一定的数量，没有数量也就没有质量。我们有许多同志至今不懂得注意事物的数量方面，不懂得注意基本的统计、主要的百分比，不懂得注意决定事物质量的数量界限，一切都是胸中无'数'，结果就不能不犯错误。"[①]多年来的实践经验表明，统计已成为解决社会经济问题必不可少的工具和手段。

2. 指导监督作用

统计在指导国民经济和社会发展中有着极其重要的作用。

列宁在《现代农业的资本主义制度》一文中写道："社会统计，特别是经济统计，最近二三十年来作出了巨大的成绩。有许多问题，而且是涉及现代国家的经济制度和涉及这种制度的发展的最根本问题，过去都是根据一般的估计和粗略的资料来解决的，现在如果不考虑按某一确定的提纲收集并经统计专家综合的关于某一国家的所有地区的大量资料，对这些问题就无从进行比较认真的研究。尤其是对争论最多的农业经济问题，更加需

---

① 毛泽东.毛泽东选集:第4卷[M].北京:人民出版社,1991:1442-1443.

要根据准确的大量资料作出回答,何况在欧洲各国和美国,对全国所有农场作定期统计,已经愈来愈习以为常了。"①

1984年1月6日,国务院《关于加强统计工作的决定》中指出:"经济越发展,越需要加强统计;经济越搞活,越需要发挥统计监督作用。"

总之,统计有着极其重要的作用。著名学者马寅初先生说过:"……学者不能离统计而研学;政治家不能离统计而施政;事业家不能离统计而执业也。"

(三)统计学的基本特点

统计学在研究目标、研究对象、研究内容、统计分析方法及学科性质等诸多方面,表现出不同的特征,这些特征反映了统计的基本特点。

1. 数量性

统计学的认识对象是社会经济及其相关现象,社会经济问题可概括为质与量两个方面。统计学的认识对象主要是指社会经济现象的数量方面,包括数量规模和数量关系。具体地说,统计学是用规模、水平、速度、结构和比例的关系去描述、分析与揭示客观事物的数量表现、数量关系及数量变化,据此来揭示事物的本质,反映事物发展的规律,并对事物的发展前景做出预测。

2. 具体性

统计学的数量性和数学的数量性相比,其数值反映的是客观社会经济现象的规模水平,有具体的内容,表现为明显的时空性等具体特点。统计不能离开事物的质去孤立地研究事物的量;研究事物的量,目的也在于认识事物的质及其发展变化的规律。

3. 社会性

统计学所研究的内容是社会经济的演化数据,并从中探究这种规律的内在关联,因此统计就必然受到社会经济发展规律的支配。统计学是在人们的社会生产实践过程中产生和发展起来的,统计的数量总是反映人们社会生产生活的条件、过程和结果。统计学研究的是数量特征与数量关系所反映的生产关系以及其他社会关系的特点和实质。例如,国民收入的统计、失业的统计、货币供需的估计、商品供需的统计与预测、商品品质的管控、客户的调查统计与需求分析、商品市场占有率的估计、政府施政满意度的调查、民意调查、经济景气的调查分析、产业分析、股票价格的涨跌变化分析等,都是统计的社会性的表现。

4. 总体性

统计学研究的目的在于探究复杂社会经济现象的总体数量特征。统计学与其他具有数量性特点的学科的主要区别在于统计学具有明显的总体性特点。社会经济统计首先要统计个别现象的数量,但是对个别量的观察只是一个过程,而不是目的。统计是通过对一系列个别单位的大量观察和综合分析,运用统计学知识得出总体的数量特征。

---

① 列宁. 列宁全集:第19卷[M]. 中共中央马克思恩格斯列宁斯大林著作编译局编译. 北京:人民出版社,2017:317.

第二节 统计学的研究对象、基本概念及其内容

一、统计学的研究对象

统计是认识社会经济现象的重要工具。它主要研究社会经济现象的数量方面;通过对社会经济现象进行数量方面的研究,揭示出社会经济系统的现状、内在本质及其演变规律。

统计学所研究的社会经济现象的数量,是质与量密切结合的数量。任何现象都是质与量的辩证统一,任何质量都表现为一定数量,没有数量就没有质量。因此,必须在质与量的统一中,研究社会经济现象的数量,这样才能正确反映经济现象的数量规律。

社会经济现象是极其复杂的,受到众多因素的影响。有的是必然因素,有的是偶然因素。只有研究足够的数量,使得偶然因素所造成的数量离差相互抵消,呈现出现象的必然性,才能得出正确的结论。在统计的实际工作过程中,先从个别现象的具体事实开始进行调查、收集资料,然后加以汇总和统计分析,从而可以揭示总体的规律。因为社会经济现象的数量是随着时间、地点、条件的变化而变化的,所以统计学研究的数量必须是在特定时间、地点、条件下的数量。只有这样,数量才具有意义,其结果才符合客观实际,才能实现统计的认识作用和指导监督作用。正是由于统计学的研究对象有这样的特点,《中华人民共和国统计法》第一条明确规定"保障统计资料的真实性、准确性、完整性和及时性"。

二、统计学的基本概念

总体、单位与样本是统计学中最基本的一组概念,它们贯穿于应用统计学内容的始终。

(一) 总体与总体单位

1. 总体的概念及其基本特征

客观存在的具有相同性质的多数单位所构成的集合,叫作统计总体,简称总体。例如,在研究我国的工业企业的效益时,全国的工业企业构成的集合就是统计总体。

总体单位是构成总体的每一个个别事物。总体和总体单位是相对概念,要根据统计研究目的对它们进行科学、准确的选择与界定。例如,在对某个学校的学生状况进行调查研究时,该学校的学生就是一个总体,该学校的每一个学生就是总体单位。但对该市各所学校的学生状况进行调查研究时,全市所有的学校就组成一个总体,该市的每一所学校就是总体单位。

总体根据其所包含的单位数目可分为有限总体和无限总体。有限总体是指总体所包含的单位数是有限的、可数的,如一批被检验的茶叶就是有限总体。无限总体是指总体所包含的单位数是无限的、不可数的,如在预测某种鱼的寿命时,这种鱼的数量所构成的总体就是无限总体。

界定统计总体时必须周密考虑总体的几个基本特征:① 组成总体的总体单位必须在某一方面有共同的性质,即同质性。② 组成总体的总体单位在某一方面是同质的,但是

在其他方面又是有差别的,即差异性。如果总体单位不存在差别,统计工作也就不必要了。③ 组成总体的总体单位应该是足够多的、大量的,即大量性。因为组成总体的总体单位的特征具有变异性,为了准确地反映总体的特征,要求组成总体的总体单位是大量的,只有这样才能抵消个体变异带来的离差,才能反映总体的特征。

例 1-1 统计 2021 年东京奥运会参赛国家(地区)获得奖牌的基本情况(见表 1-1)。所有参赛的国家(地区)构成一个总体,其中每个国家(地区)就是一个总体单位。它们的共性在于都是此届奥运会的参赛国家(地区),同时又在各类奖牌获得数方面存在差异。

表 1-1　2021 年东京奥运会参赛国家(地区)获奖情况(按金牌总数前 5 名排序)

排名	国家(地区)	金牌(枚)	银牌(枚)	铜牌(枚)	奖牌总数(枚)
1	美国	39	41	33	113
2	中国	38	32	18	88
3	日本	27	14	17	58
4	英国	22	21	22	65
5	俄罗斯	20	28	23	71

2. 样本的概念及其特征

样本是从总体中抽取的一部分总体单位的集合。应用统计的一个主要研究目的是确定总体的某些重要数量特征,但在实践中,在大多数情况下,总体单位的数目众多甚至是无限的,这时就不可能也没必要对每个总体单位都进行调查,通常的做法是以某种或某几种方式从总体中抽取一部分总体单位进行研究。例如,某采购商从其订购的 10 万袋、300 克/袋的茶叶中随机抽取 100 袋进行检验并以某种概率推断其平均重量和方差,这 100 袋茶叶也就构成了一个样本。

一般来说,样本具有特定性、随机性和代表性三个基本特性。特定性是指构成某一样本的每一个单位都必须取自某一特定的统计总体,不允许该总体之外的样本进入该总体样本。随机性是指样本单位的抽取是按照一定概率进行的,而具体某一单位样本的产生则是完全随机的,完全排除了所有因素对样本单位抽取的影响。代表性是指样本包含总体特性中的所有信息,因而能够代表总体的特性,能够由其推断总体。

(二) 标志与标志数值

标志是指总体单位所具有的属性和特征,它是反映总体单位特征的"统计指标"。例如,就学生这个总体而言,每个学生的性别、年龄、籍贯、身高、体重、学习成绩等属性和特征,可以说明每个学生的具体情况,这些属性和特征就叫作标志。

标志可分为品质标志和数量标志。品质标志表明总体单位属性方面的特征,只能用文字来表示,该文字称为标志值,例如学生的性别、籍贯等。数量标志表明总体单位数量方面的特征,例如学生的年龄、身高、体重、学习成绩等。数量标志可以用数值来表示,该数值就是标志数值,有时也简称标志值。表 1-2 列出了某单位人力资源管理部门员工状况的五个标志:性别、年龄、民族、受教育年限、公司服务年限。其中,性别和民族是品质标志,年龄、受教育年限和公司服务年限是数量标志。表中各标志下面所列出的文字或数值就是各标志的标志值。

表 1-2　某单位人力资源管理部门员工基本情况

员工	性别	年龄(岁)	民族	受教育年限(年)	公司服务年限(年)
张某	男	45	汉	15	10
王某	女	39	汉	12	12
李某	女	28	汉	16	3
赵某	男	30	汉	18	5
程某	女	25	回	16	2

（三）变量与变异

1. 变量

可变的数量标志又称为变量。变量的具体表现值称为变量值。例如，工人的工龄、工资等标志又称变量。这些变量的具体表现值，如工龄 5 年、10 年，月工资 2 600 元、3 000 元等，就是变量值。有时为了研究的需要，我们将可变的品质标志也用变量来描述，称为定性变量。这时，为了区别起见，我们将可变的数值变量称为定量变量。例如表 1-2 中，年龄、受教育年限、公司服务年限为定量变量，性别、民族为定性变量。数量标志总是数值型的，而品质标志可能是数值型的，也可能是非数值型的。例如，为了方便数据的采集，以及将数据输入计算机的数据库中，我们可以使用数字代码作为性别变量，用"1"表示男性，用"2"表示女性。对于民族变量也可以做类似处理。在这种情况下，数值就是用于标示性别和民族的标记或代码。即使显示的数据是数值型的，该变量仍是定性的。

就统计分析来说，定性变量和定量变量最显著的区别是，对于通常的算术运算来说，只有定量变量才有意义。例如，对于定量变量，将变量值相加，然后再除以变量的个数，就可以计算变量的平均值。这个平均值有意义，而且容易解释。但是，当定性变量被记录为数值型时，这种算术运算的结果就没有任何意义。

定量变量按其变量值的连续性可分为连续变量和离散变量。连续的或相邻两值之间可无限分割的变量称为连续变量，如身高、体重等都是连续变量。连续变量的数值要通过测量或计算的方法取得。各变量值之间以整数断开的变量称为离散变量，如人数、机器数、废品个数等。离散变量可以按其大小顺序排列起来，得到变量数列。

2. 变异

指标具体表现之间的差别称为变异。变异有属性上的差别，也有数量上的差别。例如，性别标志的表现分为男、女，年龄标志的表现为 25 岁、35 岁等，这些表现的差异称为变异。

（四）指标

1. 统计指标的概念

统计指标是指表明统计所研究的社会经济现象的数量方面的科学范畴。社会经济现象及统计总体的特征，都具有复杂多样性，不同特征形成不同指标，同一总体的各个指标分别从不同角度反映总体的特征。例如，人口数量、土地面积、国民生产总值、成本、利润、国民收入等概念，当它们用于反映某个特定总体的数量特征时，就是指标。

统计指标总是要通过一定的数值来加以说明的，这样的数值称为指标数值。指标数值表示社会经济现象在一定的时间、地点和条件下所达到的规模及水平。指标与指标数值既有联系又有区别。通常情况下,反映某种现象的统计指标只有一个,而指标数值可以有若干个。指标总是要通过数值来说明,而数值若离开指标也就没有任何意义。

2. 统计指标的分类

按指标的作用不同,统计指标分为数量指标和质量指标。

数量指标是指用来反映社会经济现象规模大小或总量多少的指标,一般用绝对数表示,如工业总产值1.1亿元、职工人数2 300人等。数量指标是计算质量指标和进行统计分析的基础。质量指标是指用来反映社会经济现象相对水平或工作质量的指标,通常由两个有联系的指标对比求得,如废品率、平均工资、利润率等。质量指标一般用相对数或平均数表示。

例 1-2 表 1-3 为某私营企业每月薪金情况。对于该私营企业来说,数量指标计算为:

每月总薪金 = $2\,000 \times 2 + 2\,500 \times 8 + 3\,000 \times 6 + 8\,000 \times 3 + 12\,000 \times 1$
$= 78\,000(元)$

总人数 = $2 + 8 + 6 + 3 + 1 = 20(人)$

质量指标计算为:

平均薪金 = 每月总薪金 ÷ 总人数 = $78\,000 \div 20 = 3\,900(元/人)$

表 1-3 某私营企业每月薪金情况

职别	薪金(元)	人数
工人	2 000	2
办事员	2 500	8
店员	3 000	6
经理	8 000	3
老板	12 000	1

3. 统计指标和统计标志的区别与联系

统计指标和统计标志是一对既有明显区别又有密切联系的概念。统计指标是说明总体特征的,统计标志是说明总体单位特征的。统计指标具有可量性,无论是数量指标还是质量指标,都能用数值表示;而统计标志不一定,数量标志具有可量性,品质标志不具有可量性。统计指标和统计标志又是密切联系的:统计指标值往往由数量标志值汇总而来;在一定条件下,数量标志和统计指标存在变换关系。

三、统计学的内容

统计学的内容包括哪些呢?有些人会以为统计学只不过是将人类的行为与自然现象的结果加以记录、整理,并以数字、统计图表的形式将数据或事物的特质表示出来而已。其实,这只是统计学中较为粗浅、常见的部分,是所谓的叙述统计学。叙述统计学包括搜集、整理、表现、分析与解释资料,即讨论如何搜集调查资料,以及将所搜集到的资料加以整理、表现、分析与解释。叙述统计学在一般人的日常生活中最为常见与常用。新闻报道、电视节目、杂志文章、公司、机关、学校乃至家庭和个人的资料等,大都可利用叙述统计学的方法表现出来。事实上,统计学除了资料的搜集、整理、表现等,还进一步采用科学的方法,利用已获得的样本数据去推断未知的总体,以获得较为客观可靠的结果,这一部分称为推论统计学。推论统计学是根据叙述统计中由样本数据所获得的结果,将之一般化推论至总体,或是根据样本统计量去推论总体参数的方法,又称为归纳统计学。推论统计学基本上是在讨论总体与样本间的关系,从已知推论至未知,从局部推论至全体。统计推论是一个工具,在情况不明或不详时,可帮助决策者做出最佳的选择与判断。

举个例子,根据过去十年的统计,每年来我国旅游观光的人数、平均每人停留的天数、平均每人每天的花费、十年内哪一年创最高纪录等都属于叙述统计的范围;但是如果我们根据这些年所得的数据来预测来年可能的观光客人数就是统计推论的范围了。

大致说来,统计推论分为估计、检定和分类与选择三大类。例如,美国加州某议员想竞选州长,他想估计一下有多少人会投票给他,于是以随机抽样的方式,询问了100位有投票权的市民的意见,然后根据所得的结果推论全市有多少人会选他,这就是估计。又如,某家庭主妇想知道洁王牌洗衣粉的洗净力是否比爱王牌洗衣粉强,她首先假设洁王牌洗衣粉的洗净力比爱王牌好,然后通过试验来测定该假设是否成立。在这一例子中并没有估计任何参数,而是检验事先所叙述的假设是否成立、其可靠性有多大,这就是检定。

统计推论的实施一般包括五个步骤,如图1-1所示。

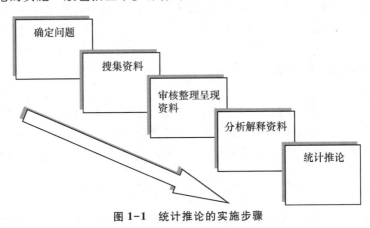

图1-1 统计推论的实施步骤

(1) 确定问题。首先必须确定问题的所在,以及研究分析的目的、对象与范围。

(2) 搜集资料。针对研究对象、目的进行数据搜集。搜集资料时应考虑是否有现成的资料、搜集的成本或费用如何、搜集的方式、数据涵盖的范围等。

(3) 审核整理呈现资料。对于搜集到的资料,应先审核其是否完整、正确、合理、一致,然后利用叙述统计学中所介绍的方法进行分类整理,并以文字、统计图、统计表及统计测量数的形式将所获得的结果呈现出来。

(4) 分析解释资料。根据整理的结果进行分析研究,探讨各数值间的相互关系并加以分析比较。

(5) 统计推论。根据步骤(3)、(4)所得的结果,来推论总体指标并下结论或提出建议。

统计的主要工作在于认识纷繁复杂的社会现象,为了达到这一目的,要利用合适的统计方法,并找到适当的统计变量来解释这些现象。在统计的初始发展阶段,统计范围仅限于现象已出现的事件上。这一时期主要是整理和简化统计数据。但如果该现象是一个更庞大的事实,那么我们可以将之普遍化,用以推论和预测其所能代表的这个庞大事实的一些方面。这个情形比较复杂,我们要考虑这个庞大事实的规律性问题。如果样本统计数据可以控制,那么就可以进一步验证它是否服从某种概率分布,在此基础上建立相应的数学模型;如果不可以控制,那么假设模型的分析方法就基本上行不通了,只好根据过去的相关经验来进行研究。目前研究得比较清楚、应用得比较多的是假设其服从某些已知的概率模型,尤其是在实施的时候。例如,我们可以在庞大的事实现象中,抽取较大的有代表性的样本,因而可以进一步考虑它是否服从正态分布。这就需要我们找到总体标志,来估计它的标志值,或推论及预测整个现象的趋向问题,甚至可以依照某些原则来做出一些决策。例如,根据避免最大损失或平均盈利最多这一类原则,我们对决策函数进行判定。至此,统计的结果不仅能够反映数据的特性,而且能指导人们进一步采取某些行动。

我们可以这样总结:统计的过程是先分析事实,然后再采取行动,通过数据和模型推论事实的真相、特质并预测事实的未来走向。

按照性质分类,统计学还可分为理论统计学与应用统计学两大类。理论统计学是发展统计推论,并证明统计方法的可靠性,由此得出一些定理、公式的方法;应用统计学是讨论如何将理论统计应用于日常生活中的问题。

附录　常用统计软件简介

常用统计软件包括 Excel、SPSS、R 语言、Python、SAS、Stata、S-plus 等。这些软件经过多年来的完善和发展,基本具备了统计分析、描述统计、相关分析、回归分析、概率计算、假设检验、方差分析和时间序列分析等功能,但不同的软件,其功能特点也各有侧重,下面进行简单的介绍。

1. Excel

Excel 在 Windows 下可进行操作,它是 Office 组件中的一员,安装了 Office 的计算机都拥有 Excel 的相关功能,使用方式为菜单式和窗口方式,其显著特点是易学易用。Excel 具有比较强大的数据处理功能,此外,还提供了优良的统计函数和统计分析工具,可以完成很多类型的数据处理和分析任务。

2. SPSS

SPSS 是最早的统计软件之一,它也具备易学易用的特点,并且提供了后续编程的操作方法。

SPSS 的数据编辑窗口与 Excel 类似,最多允许有 4 096 个变量。但它的数据管理功能较弱,一个 SPSS 过程只允许打开一个数据文件,这对于某些分析工作来说是不方便的,也是远远不够的。SPSS 是一个模块式软件,可以根据具体的需要选择购买不同的功能模块。SPSS 拥有强大的图形功能,可以输出高质量的图形,并且容易编辑,在方差分析和多元统计分析(如聚类分析、因子分析)方面功能突出。

3. R 语言

R 语言是一套完整的数据处理、计算和制图软件系统。其功能主要有：数据存储和处理系统；数组运算工具（其向量、矩阵运算方面的功能尤其强大）；完整连贯的统计分析工具；优秀的统计制图功能；简便而强大的编程语言；可操纵数据的输入和输出，可实现分支、循环，用户可自定义功能。与其说 R 语言是一种统计软件，还不如说 R 语言是一种数学计算的环境，因为 R 语言并不仅仅是提供若干统计程序，使用者只需指定数据库和若干参数便可进行统计分析。

4. Python

Python 是一种面向对象、解释型的计算机程序设计语言。Python 语法简洁而清晰，具有丰富和强大的类库。它常被称为"胶水语言"，因为它能够把用其他语言（尤其是 C/C++）制作的各种模块很轻松地联结在一起。Python 的主要优点有简单易学、速度快、免费、开源、高层语言、可移植性、解释性、面向对象、可扩展性、可嵌入性、丰富的库、规范的代码。

5. SAS

SAS 现有的功能已远远超出了统计分析的范畴，其丰富强大的功能已被众多超级用户普遍采用。SAS 的显著特点是可以同时处理多个数据集，有很多模块，功能非常全面，这一特点正好弥补了 SPSS 软件的缺陷，两个软件结合使用效果更好。SAS 虽然提供了许多菜单式的操作方式，但其以编程为主，所以学习和使用起来较困难。SAS 的绘图功能是现今所有软件中最强大的，它提供了很多交互式的制图界面，但掌握起来难度较大，与其他软件相比，使用起来也不够方便。

6. Stata

Stata 具有菜单式的操作界面，易学易用，扩展性很强，更新速度快，同时提供了强大的再编写程序功能，很容易将自己或别人的程序加载其中应用。Stata 的回归分析和回归诊断部分的功能十分强大，几乎能覆盖所有统计学和计量经济学的回归模型，这也是众多经济学和社会科学领域的工作者十分乐意使用这一软件的主要原因之一，但其在多元统计分析方面的功能明显不足。Stata 也可以输出高质量的各种图形，但图形完成后不能进行再编辑作业。

7. S-plus

S-plus 是统计学家通常喜爱的软件。其齐全的功能和强大的编程功能，使得研究人员可以编制自己的程序来形成自己的理论和方法。它也在进行"傻瓜化"改进，以争取用户。目前，S-plus 仍然以编程方便为用户所青睐。

综上所述，各个软件都有其独特的功能，若能结合统计任务的特点选择使用其中一个或多个软件，则能收到事半功倍的效果。

本书将采用 Office 2013 Excel 对相关各章的例题进行求解，在求解过程中主要会用到"分析数据库"功能，下面介绍加载这一功能的方法。

第一步，进入 Office 2013 Excel，单击"开始"按钮，下拉菜单选择"选项"按钮，如图 1-2 所示。

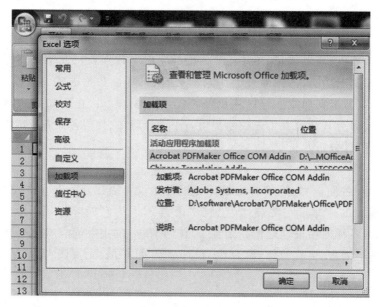

图 1-2　Office 按钮示意图

第二步，选择上图"加载项"，单击"确定"，选中"分析工具库"，单击下方"转到(G)…"，如图 1-3 所示。

图 1-3　加载项操作示意图

第三步，选中"分析工具库"，单击"确定"，完成加载，如图 1-4 所示。

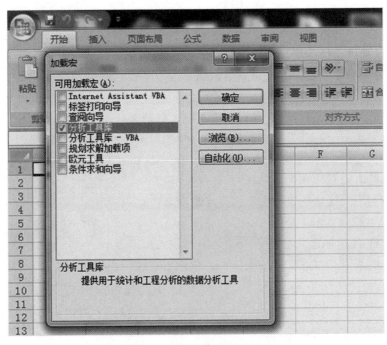

图 1-4 选中加载宏示意图

本章小结

本章介绍了统计的含义,发展历程,主要的统计学派,统计的任务、作用、基本特点,以及统计学的研究对象、基本概念、内容。

1. "统计"一词包括统计工作、统计资料和统计学三个含义。统计学是统计实践经验的理论概括和深化,统计学来源于统计工作,其形成后又对统计工作起到理论指导作用。

2. 统计作为一项社会实践活动已有非常悠久的历史,但作为学术名词使用却始于18世纪。经过两个多世纪的发展,统计学已渗透到社会科学与自然科学的各个领域。在近代统计学发展的一百年中,最为著名的两个学派为数理统计学派和社会统计学派。

3. 统计学的任务可以概括为统计服务与统计监督。其作用主要有两点:认识作用和指导监督作用。统计学具有数量性、具体性、社会性和总体性的基本特点。

4. 统计学的研究对象为社会经济现象的数量方面。学好统计学,需要掌握以下基本概念:总体与总体单位、标志与标志数值、变量与变异、指标。统计学包括两方面的内容,即叙述统计学与推论统计学。

本章习题

1. "统计"一词有哪些含义?它们之间有什么关系?
2. 理论统计学和应用统计学有何联系及区别?
3. 统计学的研究对象是什么?它有哪些特点?

4. 统计工作有哪些任务？
5. 简述统计学的基本特点。
6. 什么是统计总体和统计总体单位？
7. 什么是变异和变量？什么是变量数列？
8. 什么是总体、个体、指标和标志？它们之间有什么区别和联系？
9. 实践习题:利用互联网,查询我国第七次人口普查的相关内容。
10. 实践习题:利用互联网,查询你所感兴趣的股票数据的相关内容。
11. 请举例说明统计总体、样本、总体单位的含义,以及它们之间的联系。
12. 什么是有限总体和无限总体？请举例说明。
13. 请指出下列变量是定性变量还是定量变量：
    （1）年龄；
    （2）性别；
    （3）购买商品时的支付方式(现金、信用卡、支票)。

第二章 统计调查、统计整理与统计描述

导入案例

有效应对大数据技术的伦理问题

运用大数据技术,能够发现新知识、创造新价值、提升新能力。大数据具有的强大张力,给我们的生产生活和思维方式带来革命性改变。但在大数据热中也需要冷思考,特别是正确认识和应对大数据技术所带来的伦理问题,以更好地趋利避害。

大数据技术带来的伦理问题主要包括以下几个方面:

一是隐私泄露问题。大数据技术具有随时随地保真性记录、永久性保存、还原性画像等强大功能。个人的身份信息、行为信息、位置信息甚至信仰、观念、情感与社交关系等隐私信息,都可能被记录、保存、呈现。在现代社会,人们几乎无时无刻不暴露在智能设备面前,时时刻刻在产生数据并被记录。如果任由网络平台运营商收集、存储、兜售用户数据,个人隐私将无从谈起。

二是信息安全问题。个人所产生的数据包括主动产生的数据和被动留下的数据,其删除权、存储权、使用权、知情权等本属于个人可以自主的权利,但在很多情况下难以保障安全。一些信息技术本身就存在安全漏洞,可能导致数据泄露、伪造、失真等问题,影响信息安全。此外,大数据使用的失范与误导,如大数据使用的权责问题、相关信息产品的社会责任问题以及高科技犯罪活动等,也是信息安全问题衍生的伦理问题。

三是数据鸿沟问题。一部分人能够较好地占有并利用大数据资源,而另一部分人则难以占有和利用大数据资源,造成数据鸿沟。数据鸿沟会产生信息红利分配不公问题,加剧群体差异和社会矛盾。

学术界普遍认为,应针对大数据技术引发的伦理问题,确立相应的伦理原则。一是无害性原则,即大数据技术发展应坚持以人为本,服务于人类社会健康发展和人民生活质量提高。二是权责统一原则,即谁搜集谁负责、谁使用谁负责。三是尊重自主原则,即数据的存储、删除、使用、知情等权利应充分赋予数据产生者。

现实生活中,除了遵循这些伦理原则,还应采取必要措施,消除大数据异化引起的伦理风险。

一是加强技术创新和技术控制。解铃还须系铃人。对于大数据技术带来的伦理问题,最有效的解决之道就是推动技术进步。解决隐私保护和信息安全问题,需要加强事中、事后监管,但从根本上看要靠技术事前保护。应鼓励以技术进步消除大数据技术的负面效应,从技术层面提高数据安全管理水平。例如,对个人身份信息、敏感信息等采取数据加密升级和认证保护技术;将隐私保护和信息安全纳入技术开发程序,作为技术原则和标准。

二是建立健全监管机制。加强顶层设计,进一步完善大数据发展战略,明确规定大数据产业生态环境建设、大数据技术发展目标以及大数据核心技术突破等内容。同时,逐步完善数据信息分类保护的法律规范,明确数据挖掘、存储、传输、发布以及二次利用等环节的权责关系,特别是强化个人隐私保护。加强行业自律,注重对从业人员数据伦理准则和道德责任的教育培训,规范大数据技术应用的标准、流程和方法。

三是培育开放共享理念。进入大数据时代,人们的隐私观念正悄然发生变化,如通过各种"晒"将自己的数据信息置于公共空间,隐私意识逐渐淡化。这种淡化就是基于对大数据开放共享价值的认同。应适时调整传统隐私观念和隐私领域认知,培育开放共享的大数据时代精神,使人们的价值理念更契合大数据技术发展的文化环境,实现更加有效的隐私保护。在此过程中,不断提高广大人民群众的网络素养,逐步消弭数据鸿沟。

资料来源:杨维东.有效应对大数据技术的伦理问题[N].人民日报,2018-3-23(07).

我们经常会从各种新闻媒体听到或看到各式各样的叙述及图表,如家庭收入情况调查和人口情况调查数据、电视节目的收视率数据、水文数据、气象数据、新药的疗效试验数据、温度和施肥量对农作物产量的影响数据等。

CNNIC(中国互联网络信息中心)发布的第46次《中国互联网络发展状况统计报告》显示,截至2020年6月,我国网民规模为9.4亿人。其中,受教育程度为初中的网民比例最高,为40.5%;其次是高中/中专/技校,为21.5%;受教育程度在本科及以上的网民比例为8.8%,受教育程度在本科以下的网民比例达到91.2%。显然,受教育程度在本科以下的网民占据绝大多数,如图2-1所示。

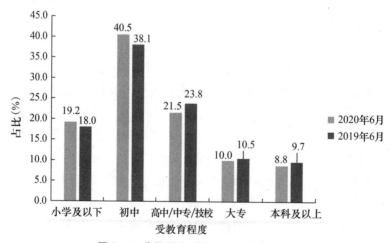

图2-1 我国网民受教育程度分布情况

资料来源:国家互联网信息办公室,第46次《中国互联网络发展状况统计报告》(全文),第44次《中国互联网络发展状况统计报告》(全文)。

高中及以上学历人群中,互联网普及率已达到较高水平,未来进一步增长空间有限。2020年,受教育程度为小学及以下的网民占比为19.2%,相比2019年有所上升,说明我国网民继续向低学历人群扩散。

上述数字和图形是怎么得到的呢？这就需要用到统计调查、统计整理与统计描述的知识。

第一节　统计调查与统计整理的概念及其作用

一、统计调查的概念及其作用

（一）统计调查的概念和要求

统计调查也称为统计资料的搜集。统计调查与一般社会调查一样，同属于调查研究活动，但它以搜集数字信息为主要特征。统计调查是根据统计研究的目的，有组织、有计划地搜集统计资料的过程。统计调查必须达到准确性、及时性和完整性三个基本要求。

（二）统计调查的种类

统计调查可以按一系列标志来分类，归纳起来主要有以下几种划分方法：

1. 按照被研究总体的范围，分为全面调查和非全面调查

全面调查是对构成被研究总体的所有单位都进行调查，如人口普查。非全面调查是对被研究总体的一部分单位进行调查，如人口寿命调查，在进行调查时，通过科学的方法，抽取一部分进行检验。全面调查和非全面调查是相对的，关键在于对总体的界定。例如，对某企业所有员工的收入情况的统计调查，如果把该企业的所有员工作为总体，该项统计调查就是全面调查；如果把该市所有企业的员工作为整体，仅就该企业所有员工的统计调查就是非全面调查。

2. 按照调查登记的时间是否连续，分为连续调查和不连续调查

连续调查是随着被研究对象的变化，连续不断地进行登记。连续调查获得的资料说明了现象发展的过程，体现现象在一段时期的总量。例如，某超市要对所有产品每天的销售情况进行跟踪调查，以便进行进货调整。

不连续调查是间隔一段相当长的时间所进行的登记。不连续调查获得的资料说明了现象在某一时刻或某一天的数量。例如，某商场对情人节当天的零售营业额进行调查。

连续调查与不连续调查的区分也是相对的。例如，对某一年情人节零售额的统计调查属于不连续调查，如果将此调查连续进行十年，统计调查每一年情人节的零售额，那么该项统计调查又可以看作连续调查。一般来说，连续调查主要用于相对于时间的纵向比较分析，不连续调查主要用于相对于时间的横向比较分析。

3. 按照所搜集资料的来源，分为直接调查、凭证调查、询问调查和问卷调查

直接调查是调查人员对调查单位进行察看、测量，例如，某商业房地产公司的招商部为了了解各种品牌的商品在大商场的经营资料，派招商代表直接前往各大商场进行市场调查。凭证调查是以各种原始和编纂凭证为调查资料来源，向有关单位提供资料的方法。询问调查是调查人员直接向被调查者进行提问，被询问者的回答是调查资料的来源。问卷调查是调查者设计调查问卷，发给被调查者，并在其作答后回收问卷，以此来收集资料。

4. 按照组织形式，分为统计报表调查和专门调查

统计报表是具有统一规定的表格形式、统一的报送程序和报表时间的一种具有法律

性质的报表。统计报表调查是一种多层级合作,自上而下布置统计调查要求,自下而上通过填制统计报表搜集数据的制度。专门调查是为了认识某一特定现象,对某一个项目进行调查,是我国统计工作中重要的统计调查组织形式。专门调查主要包括普查、重点调查、抽样调查和典型调查四种。

随着社会的发展和科学技术的进步,尤其是各种先进的通信技术的产生和普及,统计调查的方法也日益多样化,例如,互联网技术和移动通信技术为统计调查提供了良好的工作平台,同时也为统计调查创新提供了坚实的工具基础。在统计调查方案的设计和选择上,应本着科学性、经济性和时效性相结合的原则。在选择之前,应先回答以下几个问题:统计调查是否能满足统计的目的?统计调查方案的设计和执行是否还有更经济的方法?在达到目的的前提下,是否有更便捷快速的方法?

二、统计整理的概念与步骤

(一)统计整理的概念与作用

统计整理就是根据统计研究任务的要求,对统计调查搜集到的原始资料进行科学分组、汇总,使其条理化、系统化的工作过程。统计整理在整个统计研究中占有重要的位置。统计整理是进行统计分析的必要前提。统计整理的质量直接影响统计分析的质量。

(二)统计整理的步骤

统计整理是一项细致的、科学性很强的工作,需要有计划、按步骤地进行。统计整理的基本步骤如图 2-2 所示。

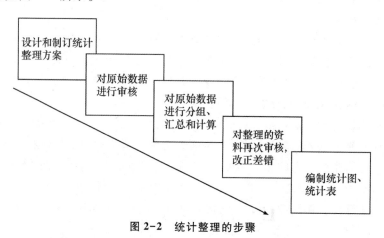

图 2-2 统计整理的步骤

三、统计调查与统计整理的关系

统计调查属于感性认识阶段,统计整理和统计分析属于理性认识阶段。感性认识与理性认识的关系是,感性认识是理性认识的基础,只有获得十分丰富和合乎实际的感性认识材料,才有可能形成正确的理性认识。因此,统计调查是对总体加以认识的起点,是整理与分析的前提。统计调查工作的质量如何,直接影响以后的统计整理和统计分析的质量。统计调查搜集的资料对总体来说,是零碎的、分散的、不系统的,有待于上升为理性认识,为此要对统计调查资料进行改造加工,这就需要统计整理。统计整理是统计调查的继续,同时又为统计分析做准备。所以,统计整理是统计调查和统计分析之间的桥梁,起着承上启下的作用。

第二节 统计调查的基本方法

统计调查包括设计统计调查方案、确定统计调查的组织形式和确定统计调查的调查形式。它们的关系如图2-3所示。

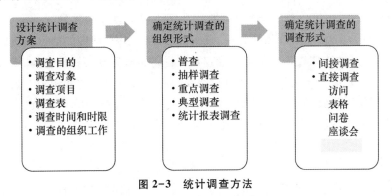

图2-3 统计调查方法

一、设计统计调查方案

统计调查方案应包括:① 调查目的,即统计研究所要解决的问题。② 调查对象,即应搜集其资料的单位的总体。确定调查对象的同时,还必须确定调查单位和报告单位。③ 调查项目,又称调查纲要,是依附于调查单位的基本标志,由调查的目的、任务和调查对象的性质、特点决定。④ 调查表,即容纳调查项目的表格,可使调查登记资料规范化、标准化。⑤ 调查时间和时限。调查时间是调查资料所属的时间,即所谓客观时间,又分为时期时间和时点时间。调查时限是进行调查工作的期限,包括搜集资料和报送资料的整个工作所需要的时间,即所谓主观时间。⑥ 调查的组织工作,包括明确调查机构、调查地点,选择调查的组织形式等,如图2-4所示。

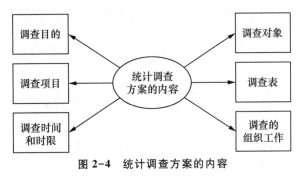

图2-4 统计调查方案的内容

二、统计调查的组织形式

《中华人民共和国统计法》第十六条规定:"搜集、整理统计资料,应当以周期性普查为基础,以经常性抽样调查为主体,综合运用全面调查、重点调查等方法,并充分利用行政记录等资料。"

(一)普查

普查是为某一特定目的而专门组织的一次性全面调查。常用的普查如一个国家或地区为详细地了解某项重要的国情、国力而专门组织的一次性、大规模的全面调查,主要用来收集某些无法或不适宜用定期的全面调查报表收集的信息资料。普查的主要特点:① 普查所得到的资料比其他调查方式、方法所取得的资料更全面、更系统;② 普查主要调查在特定时点(有时也可以是一定时期)的社会经济现象总体的数量。

普查为制订长期计划、宏伟发展目标、重大决策提供全面、详细的信息和资料,同时为搞好定期调查和开展抽样调查奠定基础。普查具有收集的信息资料比较全面、系统、准确可靠的优点。但是,它也有不足之处,比如,普查涉及面广、工作量大、时间较长,而且需要大量的人力和物力,组织工作较为繁重。目前,我国所进行的普查主要有人口普查、农业普查、工业普查、第三产业普查、基本单位普查等。第七次全国人口普查方案参见本章附录 A。

(二)抽样调查

抽样调查是一种非全面调查,按照抽取样本原则的不同,可分为概率型抽样调查和非概率型抽样调查。概率型抽样调查是按照随机原则从总体中抽取样本进行调查,并根据样本数据推断总体的数量特征。概率型抽样调查有三个突出特点:① 按随机原则抽选样本;② 总体中每一个单位都有一定的概率被抽中;③ 可以用一定的概率来保证将误差控制在规定的范围之内。抽样方式包括简单随机抽样、分层抽样、整群抽样、等距抽样、多阶段抽样、双重抽样等。在我国,抽样调查通常是指概率型抽样调查。非概率型抽样调查是指调查者根据自己的方便或主观判断抽取样本的方法。它不是严格按随机原则来抽取样本,所以失去了大数定律的存在基础,也就无法确定抽样误差,无法正确地说明样本的统计值在多大程度上适合总体。虽然根据样本调查的结果也可以在一定程度上说明总体的性质、特征,但不能从数量上推断总体。非概率型抽样调查主要有偶遇抽样、主观抽样、定额抽样、滚雪球抽样等。综上,非概率型抽样调查是一种随便或有意识地抽取样本进行调查,从而认识研究对象的变动情况或发展规律的方式。非概率型抽样调查的结果一般不用于推断总体的数量特征,因为它不是按随机原则抽取样本,无法确定其推断结果的精确程度和可靠性。

总体与样本之间的关系如图 2-5 所示。

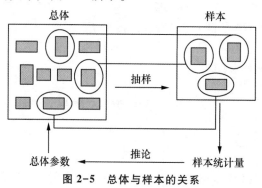

图 2-5 总体与样本的关系

总体参数是描述总体资料特性的统计测量数,简称参数。参数是我们想要获取的,是统计的核心。例如,总体平均数、变异数、标准差及总体比例等都是总体参数。这些参数大部分都是未知的。总体参数值是固定的,而且是一个常数。样本统计量是描述样本数据特性的统计测量数,简称统计量。样本统计量通常用来推论总体参数,例如样本平均数、变异数、标准差及样本比例等都是样本统计量。这些样本统计量可通过计算样本观察值而获得。样本统计量的数值随样本的不同而不同,例如由同一总体抽出的数个样本组,其样本平均数可能不同。

显然,抽样调查虽然是非全面调查,但它的目的却在于取得反映总体情况的信息资料,因而也可起到全面调查的作用。由于资源有限、毁坏性测验等原因,总体资料不易取得,因此研究人员只好利用抽样方法来搜集资料。抽样是指以某种抽样方法从总体中抽取若干个元素作为样本。抽样比较省时、省事,但是,样本是否能够代表并真实反映总体,是一个非常重要的问题。当然,样本越多,越能代表总体并反映真实状况。另外,抽样方法也是非常重要的影响因素。然而,不论抽样方法如何,难免会有误差存在,因而使得样本数据与总体的真实情况或多或少有些差异。尽管如此,由于总体数据采集比较困难,样本数据就成为最重要的数据。抽样调查使科学家、研究人员超越其原有的限制,扩大了其研究结论的使用范围,促进了科技的发展,拓展了人类的知识领域。

(三) 重点调查

重点调查是一种非全面调查,它是在调查对象中,选择一部分重点单位作为样本进行调查。

重点调查主要适用于那些反映主要情况或基本趋势的调查。

重点调查的重点单位,通常是指那些在调查总体中举足轻重,能够代表总体的情况、特征和主要发展变化趋势的样本单位。这些单位可能数目不多,但有代表性,能够反映调查对象总体的基本情况。例如,要了解全国钢铁生产的基本情况,只要对少数几家大型钢铁企业(如首钢、鞍钢、宝钢、武钢、包钢等)的生产情况进行调查即可,因为这些企业的钢产量占全国钢铁企业总产量的绝大部分,调查结果足以反映总体的基本情况。选取重点单位,应遵循两个原则:一是要根据调查任务的要求和调查对象的基本情况来确定选取的重点单位及数量。一般来讲,重点单位应尽可能少,而其标志值在总体中所占的比例应尽可能大,以保证有足够的代表性。二是要注意选取那些管理比较健全、业务力量较强、统计工作基础较好的单位作为重点单位。重点调查的主要特点是投入少,调查速度快,所反映的主要情况或基本趋势比较准确。根据重点调查的特点,重点调查的主要作用在于反映调查总体的主要情况或基本趋势。因此,重点调查通常用于不定期的一次性调查,但有时也用于经常性的连续调查。

(四) 典型调查

典型调查也是一种非全面调查,它是从众多的调查研究对象中,有意识地选择若干个具有代表性的典型单位进行深入、周密、系统的调查研究。

一般来说,典型调查有两种类型:一是一般的典型调查,即对个别典型单位进行"解剖麻雀"式的调查研究。在这种典型调查中,只需在总体中选出少数几个典型单位,通过对这几个典型单位的调查研究来说明事物的一般情况或事物发展的一般规律。二是具有统计特征的"划类选典"式的调查，即将调查总体划分为若干类别，再从每类中选择若干个典型进行调查，以说明各类的情况。典型调查的作用主要有两点：一是在特定的条件下用于对数据的质量检查；二是了解与数字相关的生动、具体的情况。

典型调查的优点在于调查范围小、调查单位少、灵活机动、具体深入、节省人力财力物力等；缺点是在实际操作中选择真正有代表性的典型单位比较困难，而且还容易受人为因素的干扰，从而可能导致调查的结论有一定的倾向性，而且典型调查的结果一般情况下不宜用以推算全面数据。

（五）统计报表调查

统计报表调查是我国统计调查方法体系中的一种重要的组织方式。它是根据国家的统一规定，按统一的表格形式、统一的指标内容、统一的报送时间，自下而上逐级提供统计资料的统计报告制度。统计报表制度具有统一性、时效性、全面性、可靠性的特点，可以满足各管理层级的需要。参见本章附录B。

三、统计调查的调查形式

统计调查的具体调查形式主要包括间接调查法和直接调查法两大类。

（一）间接调查法

间接调查法包括外部间接调查法和内部间接调查法。

1. 外部间接调查法

外部间接调查法是指通过各种渠道收集外部的二手资料，如从统计年鉴、上市公司的年报、各种媒体上的统计报表等各种文献档案中收集资料。例如，企业的市场调查人员通过对间接资料的收集，可以使企业迅速了解有关市场，把握市场机会，也可以帮助市场人员对要了解的市场情况有初步认识，为进一步的直接调查奠定基础。

外部资料主要来自被调查企业以外的信息资料，主要包括以下几个方面：

（1）政府机构及经济管理部门发布的有关方针、政策、法令、经济公报、统计公报等信息资料。

（2）行业协会发布和保存的行业销售情况、经营特点、发展趋势等信息资料。

（3）各种信息咨询机构所提供的各类统计资料。随着计算机技术的普及，数据库联网服务已成为一种必然趋势，市场调查人员可以通过已有的计算机数据库进行查询。

（4）其他各种大众传播媒介，如电视、广播、报纸、杂志及文献资料，也含有丰富的经济信息和技术情况。

（5）图书馆是各种文献资料集中的地方，市场调查人员可以充分利用图书馆的优势，获得关于某个特定调查主题的信息资料。

2. 内部间接调查法

内部间接调查法，也称文案调查，是指搜集、取得并利用（本部门或其他部门）现有的有关资料，对某一专题进行研究的一种统计调查形式。某些文案调查往往还需要辅以必要的专题调查。采用文案调查的重要意义在于充分利用现有资料。除了直接利用二手资料就某一专题进行研究，文案调查一般还用于确定是否有必要专门组织一次专题调查、确定专题调查的范围和具体调查内容等。

内部资料主要是由所调查企业的各经营环节、各管理部门和管理层级产生并发出的，主要包括以下三个方面：

（1）企业职能管理部门提供的资料，如会计、统计、计划部门的统计数字、报表、原始凭证、会计账目、分析总结报告等。

（2）企业经营机构提供的资料，如进货统计、销售报告、库存动态记录、合同签订执行情况、广告宣传效果、消费者意见反馈等。

（3）其他各类记录，如来自企业领导决策层的各种规划方案、企业自己做的专门审计报告，以及以前的市场调查报告等。

3. 间接调查的优点和缺点

间接调查的优点在于：首先，调查人员只需较少的费用和时间就可以获得有用的信息资料；其次，间接调查可以不受时间和空间的限制，通过文献档案资料的收集和分析，不仅可以获得有价值的历史资料，而且可以收集到比直接调查范围更广泛的资料；最后，间接调查收集的资料都是书面形式的，因此不受调查人员和被调查者主观因素的干扰，反映的信息内容更为真实、客观。

间接调查也存在一些缺点：首先，间接资料都是历史资料，随着时间的推移和市场环境的改变，这些数据资料难免会过时；其次，文献档案中所记载的内容，大多数是为其他目的而做的，因此很难与调查人员从事的调查活动要求相一致，需要进一步加工处理；最后，间接资料的分析工作通常需要使用难度较高的数量分析技术，这在一定程度上限制了它的利用率。

4. 间接资料选择的基本原则

由于二手资料的来源不同、资料的时间区间不同、口径范围不同，在使用间接调查法时必须注意资料的可利用性，具体可概括为：① 资料的完整性；② 资料的准确性；③ 资料的科学性；④ 资料的可比性，即资料的来源、口径、范围、时间及计算方法等方面的可比性。调查人员在进行间接资料调查的过程中，要根据调查的目的和要求，从繁杂的文献档案中识别、归纳出有价值的信息资料，减少资料收集的盲目性，就必须遵循以下原则：

（1）系统性原则。间接资料调查的主要任务是从众多的信息资料中选出符合调查需要的内容，而一般情况下，调查人员收集的资料并不能直接、全面地说明所要调查的主题，需要调查人员在已有资料的基础上，进行必要的加工和处理。例如，用一个平均数代替某个遗漏的、难以查找的特定年份的销售额，以提高间接资料的准确性，确保间接资料的系统性、全面性。

（2）相关性原则。这是间接资料调查的首要原则，也是调查人员选定间接资料的主要标准。调查人员必须根据调查的目标要求，确定资料选择的范围和内容，把与调查主题切实相关的资料选择出来。

（3）时效性原则。由于间接资料大多数是历史资料，因此要求调查人员在资料的收集过程中，必须考虑资料的时间背景，摒弃过时的、与目前市场情况不相符的资料内容，确保收集的资料能够准确反映调查对象的发展规律。

(4) 经济效益原则。间接资料调查的主要优点是省时省钱,如果费用支出过高,调查周期过长,就失去了它的优势。

(二) 直接调查法

1. 访问调查

访问调查是按所拟调查事项,有计划地通过访谈、询问方式向被调查者提出问题,通过他们的回答来获得相关信息和资料的一种统计调查形式,也是统计调查的一种基本形式。调查人员实地与对方有关人员进行接洽,从中了解情况和搜集所需要的资料,如工业品市场调查、消费品市场调查等。访问调查分为结构性访问调查(也称作标准式访问调查)和非结构性访问调查(也称作非标准式访问调查)。前者通常按事先设计好的问卷进行,而后者一般事先不制作问卷。

结构性访问调查是访问者在访问前制定好详细的标准化的访谈提纲,对被访者进行访问的调查方法。其特点是获得的资料便于比较和进行量化处理,能减少交谈中的主观成分,避免被访者含糊地回答或偏离访谈提纲的谈话。在进行结构性访问调查时,所有访问者都要遵循事先制定好的访谈提纲,按照一定的顺序提出问题,不能随意偏离访谈提纲。制定访谈提纲是进行结构性访问的一项重要工作。研究人员将需要询问的问题及其可能出现的答案筛选排列,分类编码,制成统一的访问调查表。访谈提纲中可以包括少量的开放性问题,以及供当场使用的较为复杂的量表和图表。

非结构性访问调查是访问者不依照某种统一的访问调查表,而是围绕研究的问题与被访者进行自由交谈的调查方法。其特点是交谈自然,可以深入了解多方面的情况。它常用于探索性研究。与结构性访问调查相比,它对访问员的要求较高,访问耗费的时间较多,访问者与被访者之间的社会互动对访问调查结果的影响更为显著。进行非结构性访问调查的关键在于有效地控制谈话,准确地做好访谈记录。访问者要在保持融洽的交谈气氛的前提下,主动引导交谈,随时纠正偏离研究主题或冗长的谈话。

访问调查最突出的优点是可以在双方接洽的过程中直接观察对方对问题的反应,在整个访问过程中,调查者与被调查者直接见面,并相互影响、相互作用。与此同时,访问调查方便灵活、回答率高,搜集的资料真实可靠,还可沟通感情,观察被调查者的态度,从而判断资料的准确性,因而是一种十分有价值的"第一手资料"。访问调查通常被认为是获取调查资料最为可靠的方法,也是任何实地调查获取详细、准确的调查资料的重要方法。此外,访问调查还可以使交谈双方在较为广泛的问题上交换意见,无论所调查的问题多么复杂烦琐,均可提交双方讨论,保证调查工作能够达到一定的深度、广度和准确程度,把调查与讨论研究结合起来,不仅能提出问题,还能探讨、研究解决问题的途径。同时,在人员走访中,调查人员可以适当控制对话的场面和气氛,既要适当地提出问题,又要细心观察对话人的反应,较电话采访更为主动、灵活。此外,通过人员走访,调查者可结识更多的其他消息灵通人士,为今后持续性的调查创造良好的条件。

访问调查的缺点是费用太高。另外,面谈调查对调查人员要求较高,调查人员的素质不高,其态度、语气和技术不当等,都会影响调查资料的质量。这是因为如果不能与对方融洽地交谈,或不能理解对方回答问题的论点,或记录发生错误,就无法控制交谈场面。因此,访问调查要取得成功,不仅要求调查者做好各种调查准备工作,熟练掌握访谈技巧,还要求被调查者的密切配合。另外,由于被访者的素质、被访者的人数限制,以及被访者的代表性不足等,统计调查的结果可能会受到影响。

2. 发表格调查

所谓发表格调查,是指通过印发统计调查表来定期或不定期地收集统计调查资料的一种统计调查形式。统计调查表的结构、形式与通常的统计报表的结构、形式基本相同,内容则需根据该统计调查的目的、要求、所需搜集的资料等确定。发表格调查特别适用于那些纳入统计制度、定期进行的统计调查。发表格调查的优点在于调查表的回收率高,可以充分利用统计调查表;缺点在于受地域、交通等因素限制,不宜广泛进行,而且时间较长、调查费用相对较高。

3. 问卷调查

所谓问卷调查,就是根据调查目的,制作调查问卷,由被调查者按调查问卷所提的问题和给定的选择答案进行回答的一种统计调查形式。问卷调查是一种常用的统计调查手段,是国际通行的一种统计调查形式,也是我国近年来进行统计调查的一种主要形式。

问卷调查的具体特点如下:

(1) 通俗易懂,实施方便。采用问卷形式进行统计调查,由于将调查的问题和可供选择的答案均提供给被调查者,由其从中选择,因此容易为被调查者所接受。

(2) 适用范围广。问卷调查既适用于对社会政治经济现象进行统计调查,也适用于对社会广大群众关心的问题进行统计调查,还适用于对调查者关心的其他问题进行统计调查。

(3) 节省调查时间,提高调查效率。由于在调查问卷中已将调查目的、内容和问题及可供选择的答案列出,因此,除特殊情况外,无须再详细说明,只需由被调查者进行选择回答即可,从而节省了时间,加快了调查进度。

问卷调查的问卷除了可以直接发放给被调查人,还有多种发放形式。例如,以新闻媒介(如电视、广播、报纸、杂志、互联网等)为载体,发布统计调查问卷,通过广大听众、观众、读者自愿回答并反馈的结果来搜集调查资料。这种方式的优点主要有:① 广泛性。这是因为各新闻媒都拥有大量的听众、观众或读者,而且来自不同的阶层,在不同的岗位工作。② 时效性。这是因为新闻媒介传播快,不受时空、地域等条件限制。③ 公开性。通过新闻媒介进行统计调查,使被调查者认为统计调查透明度高。④ 客观性。由于被调查者自愿参与,能够真实反映被调查者的真实想法和情况。其不足之处在于调查误差不易控制,受新闻媒介发行量或收视率、阅读率等影响。

通过新闻媒介进行统计调查,应注意选择那些广大群众关心的、有影响力的、波及面较广的统计调查题目,否则将难以收到比较理想的效果。

还可以通过发送邮件(包括普通的邮件和电子邮件)进行统计调查,这样可以减少实地走访的人次,从而减少整个调查项目的费用支出。这种方式的缺陷主要有三点:一是难以选择具有代表性的邮件问卷发送对象;二是通过邮件询问的问题必须简短明了,然而这却限制了调查问题的深度;三是回复率低,难以得到较为全面的资料。

4. 座谈会

座谈会也被称为集体访谈,是由训练有素的主持人以非结构化的自然方式对一小群调查对象进行的访谈。从适当的目标市场中抽取一群人集中在调查现场，由主持人引导讨论，通过听他们谈论研究人员所感兴趣的话题来得到观点。这一方法的价值在于自由的小组讨论经常可以得到意想不到的发现，是最重要的定性研究方法。参加座谈会的人数不宜过多，一般为 6—10 人。

四、统计调查问卷设计

统计调查问卷设计的质量对统计调查的成败影响极大。根据调查目的、调查对象、调查方法来设计科学、有效的调查问卷，是一项技术性较强的工作。通常，在问卷设计之前，要初步熟悉和掌握调查对象的特点及调查内容的基本情况，然后结合实际需要与可能，全面、慎重地思考，多方征询意见，把统计调查问卷设计得科学、实用，以保证取得较好的调查效果。

（一）统计调查问卷的结构和内容

一份较好的统计调查问卷，通常包括以下内容：

1. 问卷的名称

问卷的名称应简明扼要，概括统计调查的主题，以使被调查者明确主要的调查内容和调查目的。对于相关机关单位发起的以国家为主体的问卷调查，即国家确定的调查问卷，还应在表头的左上方列出《中华人民共和国统计法》第七条的规定："国家机关、企业事业单位和其他组织以及个体工商户和个人等统计调查对象，必须依照本法和国家有关规定，真实、准确、完整、及时地提供统计调查所需的资料，不得提供不真实或者不完整的统计资料，不得迟报、拒报统计资料。"右上方标明表号、制表机关和文号等信息。

2. 被调查者的基本情况

所谓被调查者的基本情况，主要是指被调查者的一些主要特征。例如，对企业进行统计调查，其基本情况是指企业名称、单位代码、行政区划代码、企业地址、企业规模、企业所在国民经济行业、企业登记注册类型、职工人数、销售收入等。具体列入多少项目，应根据调查目的、调查要求而定，并非多多益善。设置这些项目，一是为了满足对调查资料进行分组研究的需要，二是为了进一步了解被调查者的情况，三是为了满足查询的需要。

3. 调查问卷的主体内容

所谓调查问卷的主体内容，就是调查者所要调查的基本内容，这是调查问卷中最重要的部分。由于采用问卷的形式，所以调查问卷的主体内容应主要是根据调查目的，提出调查的问题和可供选择的答案。调查问卷的主体内容设计的好坏，将直接影响整个统计调查的价值。调查问卷的主体内容主要包括三个方面：一是人们的行为，包括被调查者本人的行为或通过被调查者了解他人的行为。例如，对消费者的消费行为进行统计调查，就要调查消费者的具体消费行为。二是人们的行为后果。例如，对开征利息税的社会效应进行统计调查，就要调查开征利息税对被调查者实际收入的影响、开征利息税后被调查者将如何处置银行存款等。三是人们的态度、意见、感觉、偏好等。例如，进行下岗职工再就业意向统计调查，就要调查下岗职工目前是否有就业愿望、不愿再就业的原因、未能就业的原因、现在寻找工作的方式、希望从事哪些新工作、对政府及有关部门实施的再就业工程的要求或建议等。

设计调查问卷的主体内容应注意两点:一是内容不宜过多、过繁,应根据需要而确定;二是上述三项内容并非在每份统计调查问卷中都要设置,而应根据调查的需要来决定。

4. 作业证明的记载

所谓作业证明的记载,是指要在调查问卷的最后注明调查员的姓名、访问日期、访问时间等。如有必要,还需注明被调查者的姓名、单位或家庭住址、电话等,以便于审核和进一步追踪调查。当然,对于涉及被调查者隐私的问卷,则应视情况而定,可以考虑不列入上述内容。

5. 问卷说明

一份完整的统计调查问卷,还应包括必要的问卷说明。问卷说明通常包括如下内容:调查的目的和意义;指标解释、调查须知及其他说明事项等;如涉及需为被调查者保密的内容,必须指明予以保密,不对外提供等,以消除被调查者的顾虑。

(二) 统计调查问卷的形式

统计调查问卷的形式主要有开放式、封闭式、半开放式三种。

开放式调查问卷是指对问题的回答不提供任何具体的答案,而由被调查人自由回答的调查问卷。使用开放式调查问卷的优点在于调查所获得的答案比较符合被调查者的实际情况,缺点是有时意见比较分散,难以综合。

封闭式调查问卷是指答案已经确定,由被调查者从中选择答案的调查问卷。封闭式调查问卷的优点是便于综合,缺点是有时答案可能不全。因此,使用封闭式调查问卷时,必须把答案给全。

半开放式调查问卷是指给出部分答案(通常是主要的),而将未给出的答案或用其他栏表示,或留以空格,由被调查者自行填写。

(三) 设计统计调查问卷需要注意的问题

在设计统计调查问卷时,要注意几点:① 问卷要编码,目的是满足统计调查数据处理的需要;② 目的要明确,重点要突出,内容要简洁,避免可有可无的问题;③ 提问自然,用词准确,通俗易懂,适合被调查者身份,易为被调查者接受;④ 要充分考虑到分析和研究的需要。

下面的专栏中给出了一份比较规范的网上调查问卷,供读者参考借鉴。

专 栏 　　　　　**南方基金客户服务调查问卷**[①]

尊敬的客户:

为准确了解您的理财偏好与需求,从而为您提供更优化、更合理、更贴心的优质服务,请您配合我们的服务调查,花 3 分钟时间完成以下调查问卷。我们将在回收的调查问卷中随机抽取 20 名幸运客户,赠送精美礼品一份,感谢您的支持与配合!

---

① 南方基金官网,http://www.nffund.com/nfwebquery/webquery/e_web/interface/09tzz/index.html,访问日期:2015年12月30日。

1. 姓名：　　　　年龄：　　　　所在城市：　　　　手机号码：　　　　身份证号码：
2. 您的"基龄"有多长？_____
   A. 以前从未涉及过，刚开始买基金，不超过1年
   B. 以前涉足股市，但未买过基金，刚开始买基金，不超过1年
   C. 1—3年　　　　D. 3—5年　　　　E. 5—10年　　　　F. 10年以上
3. 您购买的基金主要是哪种类型？_____
   A. 高风险(股票型、指数型)　　　　B. 中等风险(偏债型、债券型)
   C. 低风险(保本型、货币型)　　　　D. 全面配置　　　　E. 其他
4. 您用于投资的金额是多少？_____
   A. 5万元以下　　　B. 5万—10万元　　　C. 10万—20万元　　　D. 20万—50万元
   E. 50万—100万元　　　F. 100万元以上
5. 选择基金时，您认为哪个方面最重要？_____
   A. 基金经理　　　B. 服务质量　　　C. 历史业绩　　　D. 基金公司投研能力
   E. 朋友介绍　　　F. 客户经理、专家介绍推荐　　　G. 规模大小
   H. 新基金　　　I. 基金净值
6. 您目前持有几家公司的基金？_____
   A. 1家　　　B. 2—4家　　　C. 5—8家　　　D. 9家及以上
7. 您认为哪家公司的服务最好？_____
   原因：_____
8. 哪一种沟通方式您比较喜欢？(可选择多项)_____
   A. 电话沟通　　　B. 手机短信　　　C. 电子邮件　　　D. 现场活动
   E. 网站在线交流　　　F. 纸质材料邮寄
9. 您最想要得到的服务是以下哪几项？(可选择多项)_____
   A. 专属理财顾问　　　B. 市场波动分析　　　C. 重要信息通告　　　D. 交易信息反馈
   E. 节日问候关怀　　　F. 理财资讯　　　G. 现场活动
   H. 其他建议：_____
10. 参加现场活动，您最想了解的内容：(可选择多项)_____
    A. 理财知识和理财技巧　　　B. 基金投资策略
    C. 宏观市场分析　　　D. 基金产品　　　E. 其他
11. 您对以下哪些领域的知识感兴趣？(可选择多项)_____
    A. 金融、证券、投资等　　　B. 汽车　　　C. 养生
    D. 旅游　　　E. 运动　　　F. 奢侈品　　　G. 休闲时尚
    H. 子女教育　　　I. 其他
12. 您对南方基金为您提供短信、邮件、电话、网站、邮寄服务及现场活动服务的总体评价是：_____
    A. 非常满意　　　B. 满意　　　C. 一般　　　D. 不满意，原因_____
    E. 非常不满意，原因_____

13. 以下哪些方式是您购买基金的主要方式?(可选择多项)_____

A. 基金公司网站直销　　　　B. 银行柜台　　　　C. 银行网银

D. 券商柜台　　　　　　　　E. 券商网上交易

14. 您希望得到,但目前我公司还没有提供的服务,或我公司已提供,但需要改进的服务有:_____

第三节　统计整理与统计描述

一、统计整理的方法

(一) 统计分组

1. 统计分组的定义

根据统计研究任务的要求和现象总体的内在特点,把统计总体按照某一标志划分为若干性质不同而又有联系的几个部分,称为统计分组。这些若干部分中的每一个部分就叫作一个分组。例如,研究某一地区人口状况时,可按年龄这一标志将人口区分为不同年龄组。从这个例子可以看出,各组之间的年龄是不同的,而每个组中人口所表现的年龄特征是相同的。基于这个特点,统计分组的根本任务在于区分事物之间存在的质的差异。为了从数量方面深入地研究总体的特征,揭示统计总体中的矛盾,就要进行统计分组。

2. 统计分组的作用

通过分组,可以把总体中各个不同性质的单位区分开,使性质相同的单位归在一个组内。只有这样,才能从数量方面剖析事物,揭示事物内部的联系,深入研究总体的特征,认识事物的本质及规律性。具体来讲,统计分组有以下重要作用:

(1) 统计分组可以划分社会现象的不同类型。例如,企业按所有制分组,消费者按年龄、性别分组,社会从业人员按年收入分组等。通过科学地分组,可以从千差万别的社会经济现象中,了解各种社会经济现象的性质、特点及其相互关系,从而揭示不同社会经济现象的质的差异。

(2) 统计分组可以揭示社会现象的内部结构。总体的内部结构可以体现部分与整体的关系,以及各部分之间存在的差别和相互联系,反映事物从量变到质变的过程,帮助人们掌握事物的特征,认识事物的性质。

(3) 通过统计分组可以分析社会现象之间的依存关系。社会经济现象之间广泛存在着相互依存的关系,例如,人均收入水平与消费水平之间、企业资产与企业利润之间、工人的劳动生产率与产品成本之间、市场商品价格与其需求量之间,都在一定程度上存在相互依存的关系。所有这些依存关系,都可以通过统计分组来查明影响因素和结果因素之间的变化规律。

科学分组是做好统计整理的前提条件,是基本统计方法之一。统计工作自始至终都离不开统计分组的应用,在统计调查方案中必须对统计分组做出具体规定,才能搜集到能够满足分组需要的资料。统计资料整理的任务是使零散资料系统化,但怎样使资料系统化,根据什么来归类,就取决于统计分组。因此,在取得完整、正确的统计资料的前提下,统计分组的优劣是决定整个统计研究成败的关键,它直接关系到统计分析的质量。

目前,统计工作中常用的分组有按生产资料所有制性质分组、按国民经济行业分组、按单位隶属关系分组、按地区分组、按三次产业分组、按企业规模分组、按职业分组等,其中重要的分组都有全国统一的分类标准。

3. 统计分组的种类

按任务和作用的不同,统计分组可分为类型分组、结构分组和分析分组。类型分组是指现象总体按主要的品质标志分组。按数量标志进行分组多属于结构分组。进行结构分组的现象总体的同类性较强。分析分组是指为研究现象总体诸标志之间的依存关系而进行的分组。其分组标志称为原因标志,与原因标志对应的标志称为结果标志。原因标志多是数量标志,也运用品质标志;结果标志一定是数量标志,而且要求必须是相对数或平均数。

按分组标志的多少,统计分组可分为简单分组和复合分组。简单分组是指分组仅按一个标志来进行;复合分组是指分组按两个或两个以上的标志进行,并且层叠在一起。

按分组标志的性质,统计分组可分为品质分组和变量分组。品质分组是指按品质标志进行的分组。品质分组有情况比较简单的,也有情况比较复杂的。例如,人口按性别分组、按学历分组、按职业分组,企业按经济类型分组等。再如,工业统计分组是根据工业统计研究的需要,按照一定的分组标志,将工业统计资料的总体划分为若干个组成部分。目前常用的工业统计分组主要有按工业行业分组、按经济成分分组、按企业组织形式分组、按企业规模分组、按隶属关系分组、按轻重工业分组等。品质分组选择反映事物属性差异的品质标志作为分组标志,一旦分组标志确定,组名称和组数就可以确定下来,不存在组与组之间界限区分困难的情况。

变量分组是指按数量标志进行的分组。按数量标志分组,其变量有离散型变量和连续型变量两种类型。变量分组选择反映事物数量差异的数量标志作为分组标志,确定各组在数量上的差别,并通过数量上的变化来区分各组的不同类型和性质。变量分组分为单项式分组和组距式分组,组距式分组又分为等距分组和不等距分组。

单项式分组是依次将每个变量值作为一组。对于离散型变量所描述对象的数量特征,可以按一定的次序一一列举它的数值。离散型变量如果变动幅度小,可以用单项式分组,如人口按年龄分组、学生按报考科目分组等。

组距式分组是把整个变量值依次划分为几个区间,各个变量值按其大小确定所归属的区间,区间的距离称为组距。连续型变量由于无法逐一列举其数值,其分组方式只能是组距式分组,相邻组限可重叠也可不重叠。离散型变量如果数值的变动幅度很大,也应该用组距式分组方式。

编制组距式变量时,应恰当地划分总体变量的组数。组距的大小关系到组数的多少。组距过小,组数过多,容易把同类现象划到不同组;组距过大,组数过少,可能把不同类的现象划到同一组。这两种情况往往会掩盖总体分配的规律性,因此要尽量避免。

等距分组即标志值在各组保持相等的组距的分组方式。在分组标志变更比较均匀的情况下,等距分组比较合适。如表 2-1 所示,某电脑公司 5 月电脑销售量的频数分布的组距均为 20。

表 2-1　某电脑公司 5 月电脑销售量频数分布

按销售量分组(台)	频数(天)
180—200	5
200—220	3
220—240	14
240—260	6
260—280	3
合计	31

不等距分组即标志值在各组的组距不等的分组方式。这种方式适用于资料分布离差较大的情形,或者是为了满足特殊的研究需要。当标志变异差急剧增长或下降时,就应采用不等距分组方式。不等距分组更多地应根据事物性质变化的数量界限来确定组距。

组限即组距两端的数值,其中每组的起点数值称为下限,每组的终点数值称为上限。在连续型变量中,上一组的上限同时也是下一组的下限。在分组时,凡遇到标志值刚好等于相邻两组上下限数值时,一般把此值归并到作为下限的那一组。

组中值即每组上限与下限之间的中点数值,是各组的假定平均数。分组时,对于位于上下两端的组,通常使用开放式的组距,即第一组用"××以下"表示,最后一组用"××以上"表示,这两个组的组中值可参照相邻组的组距来决定。

　　　　　　　　组中值 =(上限值 + 下限值)÷ 2

开口组组中值的计算公式为:

　　　　　　缺下限:组中值 = 本组上限 − 相邻组组距 ÷ 2
　　　　　　缺上限:组中值 = 本组下限 + 相邻组组距 ÷ 2

表 2-2 是对某地区 50 家企业的投资总额的统计数据。

表 2-2　某地区 50 家企业的投资总额

投资总额(元)	企业数(家)
25 000 以下	19
25 000—50 000	9
50 000—100 000	12
100 000 以上	20
合计	60

根据表中的数据可以计算:

　　　　第二组的组中值 =(25 000 + 50 000)÷ 2 = 37 500
　　　　第二组的组距 = 50 000 − 25 000 = 25 000

第三组的组中值 =（50 000 + 100 000）÷ 2 = 75 000

第三组的组距 = 100 000 - 50 000 = 50 000

第一组的组中值 = 25 000 - 25 000 ÷ 2 = 12 500

第四组的组中值 = 100 000 + 50 000 ÷ 2 = 125 000

4. 数据比较多时的分组方法

当数据比较多时,进行组距式分组一般要经过以下三个步骤:第一,根据斯特格斯(Sturges)经验公式来确定组数,即 $k = 1 + \lg N/\lg 2 = 1 + 3.322\lg N(\lg 2 = 0.30103)$,其中,$N$ 为样本量。第二,根据组距 =(最大值 - 最小值)/组数,确定组距。第三,编制频数分布表。注意,在确定组距时,有时为了研究的需要,以及计算的简洁性和观察的方便性,会根据计算值来选取整数。

例 2-1 对 2013 年天津居民的收入情况进行调查,得到 40 户家庭的人均月收入(单位:元)如下:

```
4 735  4 195  4 812  3 989  4 401  5 070  4 426  4 066  3 577  4 452
3 834  2 985  2 831  3 654  2 162  2 779  2 548  4 246  5 353  3 860
2 368  4 838  3 191  4 298  4 246  4 092  5 893  3 371  2 882  2 059
3 474  4 092  4 040  4 993  3 757  3 371  2 882  4 787  2 702  3 088
```

试编制频数分布表。

解 首先,确定组数 $k = 1 + 3.322\lg N = 6.33 ≈ 6$。

接着,计算组距 =(5 893 - 2 059)/6 = 639。

为了计算的方便,我们取组距为 640。然后,编制频数分布表,如表 2-3 所示。

表 2-3　家庭人均月收入频数分布

按人均月收入分组（元）	频数（人）	频率（%）
2 055—2 695	4	10
2 695—3 335	8	20
3 335—3 975	8	20
3 975—4 615	12	30
4 615—5 255	6	15
5 255—5 895	2	5
合计	40	100

在 Excel 中利用"直方图工具"进行统计分组。

第一步,将 40 户家庭人均月收入数据输入工作表 A2:A41,并在 C2:C7 中输入组上限。这里需要注意,用 Excel 进行分组时,每组的频数包含该组的上限值。为了遵循"上组限不包括在内"的统计原则,我们做如下处理:在"接受区域"一列依次输入:2694,3334,3974,4614,5254,5894。

第二步,在"数据"选项卡上的"分析"组中,单击"数据分析",在"分析工具"框中单击"直方图",在"直方图"对话框中进行设置,如图 2-6 所示。

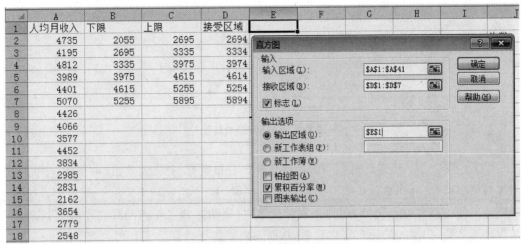

图 2-6 直方图对话框

第三步,显示分组结果。单击"确定"按钮,即可输出结果,如图 2-7 所示。

	A	B	C	D	E	F	G
1	人均月收入	下限	上限	接受区域	接受区域	频率	累积 %
2	4735	2055	2695	2694	2694	4	10.00%
3	4195	2695	3335	3334	3334	8	30.00%
4	4812	3335	3975	3974	3974	8	50.00%
5	3989	3975	4615	4614	4614	12	80.00%
6	4401	4615	5255	5254	5254	6	95.00%
7	5070	5255	5895	5894	5894	2	100.00%
8	4426				其他	0	100.00%
9	4066						

图 2-7 分组结果

(二)统计分布

在分组的基础上,把总体的所有单位按组归并排列,形成总体中各个单位在各组间的分布,称为统计分布。统计分布的实质是把总体的全部单位按某标志所分的组进行分配所形成的数列,又称分配数列或分布数列,也称次数(或频数)分布。分配数列包括两个要素:总体按某标志所分的组、各组所占有的单位数"次数"。根据分组标志的不同,分配数列分为品质分配数列和变量分配数列。变量分配数列又有单项式数列和组距式数列之分。任何一个分布都必须满足以下条件:各组的频率大于 0,各组的频率和等于 1(或者说 100%)。

次数分布的主要类型有钟形分布、U 形分布和 J 形分布。

(1)钟形分布。钟形分布曲线图的特征是"中间大,两头小",即靠近中间的变量值分布的次数多,靠近两端的变量值分布的次数少,像一口大钟,因此而得名,如图 2-8 所示。根据其对称性又可分为正态分布和非正态分布。非正态分布的图形有不同的方向和程度的偏斜,故又称为偏态分布。根据其偏斜的方式,非正态分布可分为左偏斜曲线和右偏斜曲线。

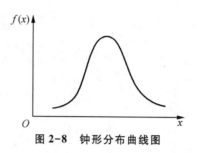

图 2-8　钟形分布曲线图

（2）U形分布。U形分布数列则正好与钟形分布数列相反，表现出"两头大，中间小"的次数分布特征，其次数分布曲线图就像英文字母"U"，如图 2-9 所示。例如，人口死亡率按年龄分组就呈 U 形分布，因为在人口总体中，婴幼儿和老年人的死亡率最高，青少年的死亡率最低，中年人的死亡率也较低，从而死亡率按年龄分组呈 U 形分布。

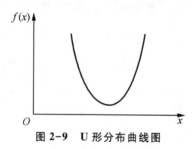

图 2-9　U形分布曲线图

（3）J形分布。J形分布曲线图具有两种具体形式：一是次数随着变量值的增大而增多，曲线图像正写的英文字母"J"，如图 2-10（a）所示；二是次数随着变量值的增大而减少，曲线图像反写的英文字母"J"，如图 2-10（b）所示。

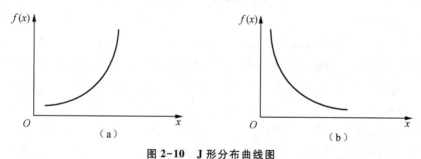

图 2-10　J形分布曲线图

（4）累计次数分布。为了了解截止到某一组变量值以下或以上所对应的分配次数，以及事物发展进度等情况，需要对有关组的分配次数进行累加。这就需要编制累计次数分布（也叫累次分布）。累计次数分布有累计次数分布表和累计次数分布图两种表现形式。累计次数分布的编制需要计算累计次数和累计频率。有两种计算方法：向上累计，就是从低组向高组累计，每一组的累计次数或累计频率表示该组上限以下的次数或频率是多少；向下累计，就是从高组向低组累计，每一组的累计次数或累计频率表示该组下限以上的次数或频率是多少。例如，例 2-1 中数据的累计次数分布如表 2-4 所示。

表 2-4　家庭人均月收入累计次数分布

按人均月收入分组(元)	次数(人)	频率(%)	向上累计		向下累计	
			次数	频率(%)	次数	频率(%)
2 055—2 695	4	10	4	10	40	100
2 695—3 335	8	20	12	30	36	90
3 335—3 975	8	20	20	50	28	70
3 975—4 615	12	30	32	80	20	50
4 615—5 255	6	15	38	95	8	20
5 255—5 895	2	5	40	100	2	5
合计	40	100	—	—	—	—

根据累计次数分布表的资料,可以绘制累计次数分布图,如图 2-11 所示。图中由左下角至右上角的曲线为向上累计曲线,由左上角至右下角的曲线为向下累计曲线。

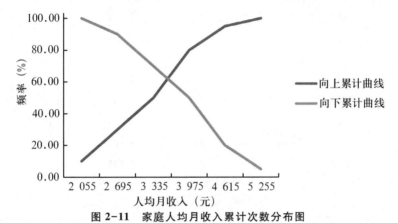

图 2-11　家庭人均月收入累计次数分布图

二、统计描述

大多数统计信息都是由概括性的和介绍性的数据组成的,读者很容易理解。这些概括性数据可以统计表、统计图或数字等形式表现出来,称为统计描述。

统计表与统计图是整理、表达和分析数字资料的重要工具。运用统计表可以避免冗长的方案叙述;同时,将有关的数字列在一起,既便于计算比较,又易于发现错误和遗漏。绘制统计图可使数字资料形象化,从而使其变得通俗易懂,同时将资料的变化趋势与各种现象间的关系明确表示出来,可使读者在短时间内获得清晰的印象。但是,统计图只能表示概数,要想了解准确的数字,仍需查看统计表。

(一)统计表

1. 统计表的概念

将汇总结果的资料按一定的规则在表格上表现出来,这种表格就叫统计表。广义上说,任何用以反映统计资料的表格都是统计表,包括调查表、登记表、过渡表及表示统计结果的统计表等。狭义上说,统计表是指表示统计结果的统计表。下面简述狭义统计表的结构和编制。

2. 统计表的结构

从统计表的外表形式看,由标题、横行和纵栏、数字等部分构成。标题分为三种:总标题是表的名称,放在表的上端;横行标题称为横标目,写在表的左方,纵栏标题称为纵标目,写在表的上方,横标目和纵标目分别说明横行或纵栏所填列数字资料的内容。从表的内容看,包括主词和宾词两个部分。主词就是统计表所要说明的总体、总体的各个组或各个单位的名称。宾词是用来说明主词的各种指标。通常主词列在表的左方,即列于横行;宾词列在表的上方,即列于纵栏,如表2-5所示。

表2-5　2020年我国内地对主要国家和地区货物进出口额、增长速度及其比重

国家和地区	出口额（亿元）	比上年增长（%）	占全部出口比重（%）	进口额（亿元）	比上年增长（%）	占全部进口比重（%）
东盟	26 550	7.0	14.8	20 807	6.9	14.6
欧盟	27 084	7.2	15.1	17 874	2.6	12.6
美国	31 279	8.4	17.4	9 319	10.1	6.6
日本	9 883	0.1	5.5	12 090	2.1	8.5
韩国	7 787	1.8	4.3	11 957	0.0	8.4
中国香港地区	18 830	−2.2	10.5	482	−22.9	0.3
中国台湾地区	4 163	9.5	2.3	13 873	16.2	9.8
巴西	2 417	−1.5	1.3	5 834	5.8	4.1
俄罗斯	3 506	2.1	2.0	3 960	−6.1	2.8
印度	4 613	−10.5	2.6	1 445	16.7	1.0
南非	1 055	−7.5	0.6	1 422	−20.4	1.0
其他	42 159	—	23.5	43 168	—	30.4
合计	179 326	—	—	142 231	—	—

资料来源:国家统计局.中华人民共和国2020年国民经济和社会发展统计公报[R].北京:中国统计出版社,2021.

3. 统计表的种类

统计表按主词是否分组和分组的程度分为简单表、分组表和复合表。主词未经任何分组的统计表称为简单表。主词按某一标志进行分组的统计表称为分组表(如表2-5所示)。主词按两个或两个以上标志进行复合分组的统计表称为复合表(如表2-6所示)。

表2-6　2015—2019年我国就业人员统计　　　　　　　　　　　　单位:万人

项目	2015	2016	2017	2018	2019
按产业划分					
第一产业	21 919	21 496	20 944	20 258	19 445
第二产业	22 693	22 350	21 824	21 390	21 305
第三产业	32 839	33 757	34 872	35 938	36 721
按城乡划分					
城镇就业人员	40 410	41 428	42 462	43 419	44 247
乡村就业人员	37 041	36 175	35 178	34 167	33 224

资料来源:国家统计局.中国统计年鉴2020[M].北京:中国统计出版社,2021.

4. 统计表的编制规则

统计表的各种标题应简明、确切,概括地反映出表的内容;表中的主词各行和宾词各栏应先列各个项目,后列总计;如果统计表的栏数较多,通常要加以编号;表中数字应填写整齐,对准位数;统计表中必须注明数字资料的计量单位;必要时统计表应加注明或注释。

(二)统计图

统计数据还可以用统计图来表示。统计图的优点是形象、直观、生动,可以将现象之间的相互联系表现出来。统计图主要有直方图、折线图、茎叶图、条形图、饼状图等。

1. 直方图

直方图是在平面坐标上,以横轴表示各组组限,纵轴表示次数和频率,按分布在各组的次数和频率确定各组在纵轴上的坐标,并依据各组组距的宽度和次数的高度所绘制的条形图,如图2-12中的细实线所示。

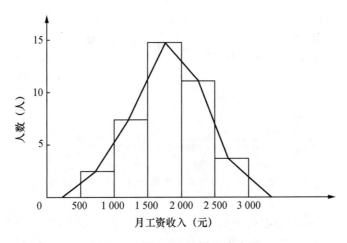

图 2-12 员工月工资收入直方图

2. 折线图

折线图是在直方图的基础上将每个矩形顶边的中点用线段顺序连接而成的几何图形,如图2-12中的粗实线所示。另外还有一种情况,并不需要事先画出直方图,可以根据有关数据,直接描出数据点,然后用线段将各点依次相连,如根据表2-7中的数据绘制出图2-13。

表 2-7 2010—2019年我国总人口与城镇人口数量　　　　　　　　单位:万人

年份	总人口	城镇人口
2010	134 091	66 978
2011	134 735	69 079
2012	135 404	71 182
2013	136 072	73 111
2014	136 782	74 916

单位:万人　（续表）

年份	总人口	城镇人口
2015	137 462	77 116
2016	138 271	79 298
2017	139 008	81 347
2018	139 538	83 137
2019	140 005	84 843

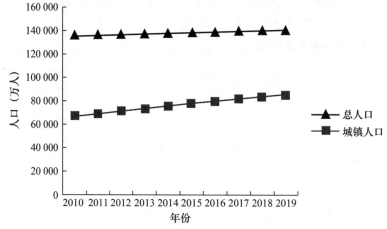

图 2-13　2010—2019 年我国总人口与城镇人口数量

3. 茎叶图

茎叶图是另一种呈现数据分配的方法。先将资料由小到大排好,以各数值最右边的一位数字作为叶,另外的部分作为茎,再将茎的部分由上到下、由小到大垂直排好,画一垂直线,最后将叶子按大小归入所属茎类别内。

例 2-2　某数学辅导班 20 名学生的测验成绩(满分 130 分)如表 2-8 所示,其茎叶图如图 2-14(a)所示。

表 2-8　某数学辅导班学生测验成绩

学生编号	成绩(分)	学生编号	成绩(分)
1	108	11	107
2	99	12	106
3	89	13	95
4	110	14	121
5	91	15	101
6	119	16	103
7	111	17	119
8	128	18	96
9	105	19	118
10	85	20	102

```
     树茎           树叶
  8  │ 9  5                      │  2
  9  │ 9  1  5  6                │  4
 10  │ 8  5  7  6  1  3  1       │  7
 11  │ 0  9  1  8                │  5
 12  │ 8  1                      │  2
```

图 2-14(a)　某数学辅导班学生测验成绩的茎叶图

为了更有利于统计研究,一般情况下还要对茎叶图进行调整,把树叶部分的数字按顺序排列,如图 2-14(b) 所示。

```
     树茎           树叶
  8  │ 5  9                      │  2
  9  │ 1  5  6  9                │  4
 10  │ 1  2  3  5  6  7  8       │  7
 11  │ 0  2  8  9  9             │  5
 12  │ 1  8                      │  2
```

图 2-14(b)　调整后的某数学辅导班学生测验成绩的茎叶图

如果将上面的茎叶图逆时针旋转 90 度,就变为直方图,如图 2-14(c) 所示。

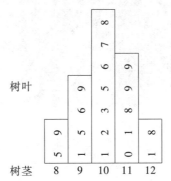

图 2-14(c)　旋转后的某数学辅导班学生测验成绩的茎叶图

4. 条形图

条形图又称长条图,以条形的长短来表示非连续性资料(该资料可以是绝对数,也可以是相对数)的数量大小,如图 2-15(采用表 2-7 中的部分数据)所示。

绘制条形图时应注意以下几点:① 图中各条要有同一基线,其尺度必须从"0"开始,否则会改变条间的比例关系;② 条的排列顺序由高到低,如事物有自然顺序者,也可按自然顺序排列;③ 各条的宽度要一致,条间的空隙要相等,条间空隙一般不要大于条宽;④ 尽量避免用折断或回转的条。

5. 饼状图

很多资料经常使用饼状图来表示数据的相对频数分布和百分比频数分布。画饼状图时,先画一个圆,然后将圆细分为扇形区域或部分,它们对应于每组的相对频数。例如,由表 2-5 可知,2020 年我国内地对欧盟的货物出口额占总货物出口额的 15.1%,相对频

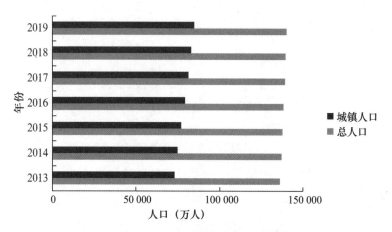

图 2-15　2013—2019 年我国总人口与城镇人口数量

数为 0.151。圆有 360 度,所以,饼状图中标记为"欧盟"的扇形区包含 $0.151×360 = 54.36$ (度)。使用同样的方法可以计算其他组对应的扇形区的度数,得到如图 2-16 所示的饼状图。每个扇形显示的数值可以是频数、相对频数或百分比。

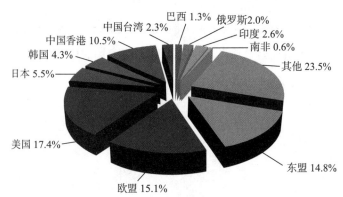

图 2-16　2020 年我国内地对主要国家和地区货物出口额占比

6. 次数分布曲线图

次数分布曲线图包括钟形分布曲线图、U 形分布曲线图和 J 形分布曲线图,如图 2-8、图 2-9 和图 2-10 所示。

7. 动态曲线图

动态曲线图是通过曲线随时间推移发生的升降变化,来表明社会经济现象发展动态的图形。为了反映不同地区、不同企业、不同产品生产的动态变化,以及相互联系的指标之间的动态对比关系,可以在同一坐标图上绘制两条或多条曲线进行比较分析。这种图称为复合曲线图,以表 2-9 中的数据为基础,可以得到图 2-17。动态曲线图是用线条的上下波动形式,反映连续性的相对数资料的变化趋势,常用于表示事物或现象在时间上的发展变化。绘制动态曲线图时,通常以横轴表示时间或变量,纵轴表示指标,两轴的尺度均可不从"0"点开始。图内线条一般不超过五条。对于复合曲线图,可以选用不同的颜色、不同的形式或不同粗细的曲线来表示,并附图例说明,这样便于对各条曲线的不同变化趋势进行观察和分析。

表 2-9 2016—2020 年我国各类教育招生人数　　　　　　　　　　单位:万人

年份	普通高等教育	中等职业教育	普通高中教育
2016	749	539	803
2017	761	582	800
2018	791	557	793
2019	915	600	839
2020	967	645	876

资料来源:国家统计局.中华人民共和国 2020 年国民经济和社会发展统计公报[R].北京:中国统计出版社,2021.

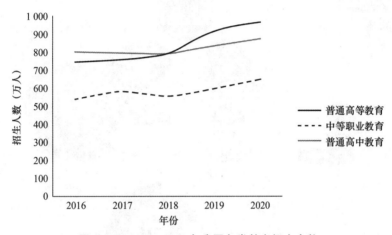

图 2-17　2016—2020 年我国各类教育招生人数

8. 散点图

散点图是表示两个变量之间关系的图,又称相关图,如图 2-18 中的黑点就是散点。散点图可以用于分析两测定值之间的相关关系。散点图具有直观简便的优点,不但可以从点的位置判断测量值的高低、大小、变动趋势或变化范围,还可以通过剔除异常数据,提高用计算法估算相关程度的准确性。

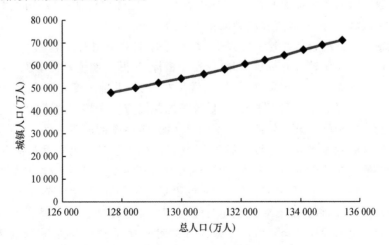

图 2-18　我国城镇人口与总人口的变动关系

9. 相关曲线图

相关曲线图是指可以用来表明现象之间相互依存的变动关系的曲线图。一般用横轴表示原因变量，纵轴表示结果变量，如图 2-18 中的线段。

10. 统计图

统计图用以表示事物（或现象）在地域上的分布情况，多用点、线、颜色、符号等表示某种现象的数量。图 2-19 给出了 2013 年国际糖尿病联盟（The International Diabetes Federation，IDF）按区域统计的糖尿病患者数量分布情况。

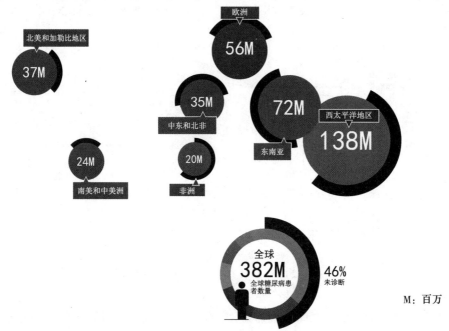

图 2-19　2013 年 IDF 按区域统计的糖尿病患者数量分布情况

通常，统计图由以下各部分构成：

（1）标题。每幅图都应有标题。标题要简明确切，通常包括内容、时间和地点等要点。其位置在图域之外，一般放在图域的正上方或正下方。

（2）图域。图域的长宽之比一般以 7∶5 为美观，圆图除外。

（3）标目。纵横两轴应有标目，即纵标目和横标目，并注明度量衡单位。

（4）尺度。纵横两轴都有尺度，横轴尺度从左至右，纵轴尺度自下而上，数值一律由小到大。尺度间隔要宽松。用算术尺度时，等长的距离应代表相等的数量。

（5）图例。用不同线条或颜色代表不同事物时，需用图例说明。

随着统计学的发展和电子计算机的普及，统计图的表现形式也变得多种多样、丰富多彩。在统计图的选择上应本着科学性、时间性与生动性相统一的原则。科学性要求统计图能够准确地反映统计数据。随着科学技术的迅猛发展，人们的生活节奏不断加快，时间成为一种稀缺资源，能否更加有效地利用时间，成为一个人乃至一个国家能否快速发展的重要标志。信息化的现代社会经济活动对统计的时间性要求非常高，这就要求统计工作者要充分利用电子计算机的优势，熟练运用统计软件，合理选择统计图的形式，便捷、及时地绘制统计图。生动性要求统计图要便于观察、分析,即应保证统计图所表现的数据让读者一目了然。

第四节 相对指标

相对指标是两个有联系的指标之间的比值,反映指标之间的数量对比关系,说明计划完成的好坏、事物内部之间的结构和比例,以及不同时间的发展速度。统计上所说的相对指标,一般包括计划完成的相对数、结构相对数、比较相对数、动态相对数和强度相对数五种基本类型。

一、总的计划完成程度和评价

$$计划完成相对数 = \frac{实际任务}{计划完成水平} \times 100\%$$

$$总的计划完成相对数 = \frac{各部分的实际完成程度}{各部分的计划完成程度} \times 100\%$$

例 2-3 表 2-10 给出了某快餐连锁店 2021 年的经营数据,试计算总的计划完成相对数。

表 2-10 某快餐连锁店 2021 年计划完成情况

连锁店	计划任务(万元)	实际完成(万元)	完成计划相对数(%)
1	500	480	96.00
2	350	370	105.71
3	600	610	101.67
4	260	300	115.38
5	480	520	108.33
6	550	490	89.09
7	370	400	108.11
合计	3 110	3 170	101.93

解 $$总的计划完成相对数 = \frac{3\ 170}{3\ 110} \times 100\% = 101.93\%$$

按最低限额制订计划指标,是规定实际完成水平至少要达到计划任务水平,如产量、销售额、劳动生产率等。用计划完成相对数减去 100%,正值为超额完成相对数,负值为欠额完成相对数。

$$计划完成相对数 - 100\% = 差额 \begin{cases} 正值为超额完成相对数 \\ 负值为欠额完成相对数 \end{cases}$$

例 2-4 计算例 2-3 中快餐连锁店在 2021 年中超额完成的相对数。

解 超额完成的相对数 = 101.93% - 100% = 1.93%

按最高限额制订计划指标,是规定实际完成水平至多能达到计划任务水平,如产品单位成本、商品流通费用等。用计划完成相对数减去 100%,正值为欠额完成相对数,负值为超额完成相对数。

计划完成相对数 − 100% = 差额 $\begin{cases} \text{正值为欠额完成相对数} \\ \text{负值为超额完成相对数} \end{cases}$

二、中长期计划完成程度考核

(一) 水平法

用水平法检验计划完成情况,计算提前完成计划的时间,应以计划期内连续一年(12个月,不论是否在一个日历年度)实际达到计划规定达到的水平为准,若连续12个月实际完成的水平达到计划规定的最后一年的水平,就算完成了计划,剩下的时间就是提前完成计划时间。

$$\text{计划完成相对数} = \frac{\text{长期计划末期实际完成水平}}{\text{长期计划规定的末期水平}} \times 100\%$$

提前完成计划时间 = (计划期月数 − 实际完成月数)

$$+ \frac{\text{月(季)超额完成计划数}}{\text{达标月(季)日均产量 − 上年同月(季)日均产量}}$$

例 2-5 某电脑生产厂家的五年计划规定,计划期最后一年电脑产量应达到70万台,实际生产情况如表2-11所示。

表2-11 某电脑生产厂家计划实际执行情况   单位:万台

时间	第一年	第二年	第三年		第四年				第五年			
			上半年	下半年	第一季度	第二季度	第三季度	第四季度	第一季度	第二季度	第三季度	第四季度
产量	45	48	25	27	16	16	18	17	18	20	23	25

请计算该电脑生产厂家的产量计划完成相对数和提前完成计划时间。

解 $\text{计划完成相对数} = \frac{18+20+23+25}{70} \times 100\% = 123\%$

由表2-11中的数据可以算出,到第五年的第二季度,连续一年电脑的产量已超过70万台,所以有:

$$\text{提前完成计划时间} = (60-54)(\text{月}) + \frac{(18+17+18+20-70)/4}{(20-16)/91}(\text{天})$$
$$= 6(\text{月}) + 17(\text{天})$$

即该电脑生产厂家提前6个月零17天完成了五年计划。

(二) 累计法

累计法的计算公式如下:

$$\text{计划完成相对数} = \frac{\text{计划期内各年实际累计完成水平}}{\text{同期计划规定的累计水平}} \times 100\%$$

$$\text{提前完成计划时间} = (\text{计划期月数} - \text{实际完成月数}) + \frac{\text{超额完成计划数}}{\text{平均每日计划数}}$$

例 2-6 某电脑生产厂家的五年计划规定,计划电脑总产量应达到 250 万台,而实际生产情况如表 2-12 所示。

表 2-12　某电脑生产厂家计划实际执行情况　　　　单位:万台

时间	第一年	第二年	第三年		第四年				第五年				五年合计
			上半年	下半年	第一季度	第二季度	第三季度	第四季度	第一季度	第二季度	第三季度	第四季度	
产量	45	48	25	27	16	16	18	17	18	21	23	25	299

请计算该电脑生产厂家的产量计划完成相对数和提前完成计划时间。

解　　　　计划完成相对数 $= \dfrac{299}{250} \times 100\% = 119.6\%$

由表 2-12 中的数据可以算出,从第一年的第一季度开始至第五年的第二季度,电脑产量之和为 251 万台,所以有:

$$\text{提前完成计划时间} = (60 - 54)(\text{月}) + \dfrac{251 - 250}{250/(365 \times 4.5)}(\text{天}) = 6(\text{月}) + 7(\text{天})$$

即该电脑生产厂家提前 6 个月零 7 天完成了五年计划。

附录 A　第七次全国人口普查方案

一、总说明

根据《中华人民共和国统计法》《中华人民共和国统计法实施条例》《全国人口普查条例》和《国务院关于开展第七次全国人口普查的通知》,制定本方案。

一、普查目的

全面查清我国人口数量、结构、分布、城乡住房等方面情况,为完善人口发展战略和政策体系,促进人口长期均衡发展,科学制订国民经济和社会发展规划,推动经济高质量发展,开启全面建设社会主义现代化国家新征程,向第二个百年奋斗目标进军,提供科学准确的统计信息支持。

二、普查时点

普查的标准时点是 2020 年 11 月 1 日零时。

三、普查对象

普查对象是指普查标准时点在中华人民共和国境内的自然人以及在中华人民共和国境外但未定居的中国公民,不包括在中华人民共和国境内短期停留的境外人员。

四、普查内容和普查表

普查登记的主要内容包括姓名、公民身份号码、性别、年龄、民族、受教育程度、行业、职业、迁移流动、婚姻生育、死亡、住房情况等。

根据不同的普查对象和普查内容，具体分为四种普查表。

（一）第七次全国人口普查短表

普查短表包括反映人口基本状况的项目，由全部住户（不包括港澳台居民和外籍人员）填报。

（二）第七次全国人口普查长表

普查长表包括所有短表项目和人口的经济活动、婚姻生育和住房等情况的项目，在全部住户中抽取10%的住户（不包括港澳台居民和外籍人员）填报。

（三）第七次全国人口普查港澳台居民和外籍人员普查表

港澳台居民和外籍人员普查表包括反映人口基本状况的项目以及入境目的、居住时间、身份或国籍、就业情况等项目，由在境内居住的港澳台居民和外籍人员填报。

（四）第七次全国人口普查死亡人口调查表

死亡人口调查表包括死亡人口的基本信息，由2019年11月1日至2020年10月31日期间有死亡人口的住户填报。

五、普查方法

普查采用全面调查的方法，以户为单位进行登记。

普查采用按现住地登记的原则，每个人必须在现住地进行登记。普查对象不在户口登记地居住的，户口登记地要登记相应信息。

普查登记采用普查员入户询问、当场填报，或由普查对象自主填报等方式进行。

普查数据采集原则上采用电子化的方式。采取普查员使用电子采集设备（平板电脑或智能手机）登记普查对象信息并联网实时上报，或由普查对象通过互联网自主填报等方式进行。

普查员应按照工作要求，在户口整顿基础上对所负责普查小区进行全面摸底，掌握普查小区内的人口和居住情况，编制《户主姓名底册》，根据《户主姓名底册》进行入户登记工作，并参考部门行政记录等资料进行比对复查，确保普查登记真实准确、不重不漏。

六、普查数据处理

各级普查机构负责普查数据处理。国务院人口普查办公室统一编制数据采集、审核、编辑、汇总程序。

国务院人口普查办公室集中部署数据采集处理环境。各级普查机构应保障必要的数据处理办公环境和网络条件，采取必要的安全措施，确保数据处理工作安全、顺利地进行。

七、普查组织实施

（一）全国统一领导

国务院第七次全国人口普查领导小组负责普查组织实施中重大问题的研究和决策。普查领导小组办公室设在国家统计局，具体负责普查的组织实施。

（二）部门分工协作

领导小组各成员单位要按照职能分工，各负其责、通力协作、密切配合，共同做好普查工作。对普查工作中遇到的困难和问题，要及时采取措施予以解决。

（三）地方分级负责

地方各级人民政府设立相应的普查领导小组及其办公室，领导和组织实施本区域内的普查工作。村民委员会和居民委员会设立人口普查小组，协助街道办事处和乡镇政府动员和组织社会力量,做好本区域内的普查工作。

普查指导员和普查员可以从国家机关、社会团体、企业事业单位借调,也可以从村民委员会、居民委员会或者社会招聘。借调和招聘工作由县级人民政府负责。

(四)各方共同参与

国家机关、社会团体、企业事业单位应当按照《中华人民共和国统计法》《中华人民共和国统计法实施条例》和《全国人口普查条例》的规定,参与并配合普查工作。

八、普查质量控制

普查实行严格的质量控制制度,建立健全普查数据质量追溯和问责机制,确保普查数据可核查、可追溯、可问责。国务院人口普查办公室统一领导、统筹协调普查全过程质量控制的有关工作。地方各级普查机构主要负责人对本行政区域普查数据质量负总责,确保普查数据真实、准确、完整、及时。各级普查办公室必须严格执行各阶段工作要求,保证各阶段工作质量达到规定标准,确保普查工作质量与数据质量合格达标。

九、普查宣传

各级宣传部门和普查机构应制定宣传工作方案,深入开展普查宣传。

各级宣传部门应组织协调新闻媒体及有关部门,通过报刊、广播、电视、互联网、手机和户外广告等多种渠道,充分利用微博、微信、短视频等新媒体传播手段,宣传普查的重大意义、政策规定和工作要求,积极营造良好的普查氛围。

各级普查机构要组织开展形式多样的宣传活动,动员社会各界支持、参与普查。

十、普查法规与纪律要求

坚持依法普查,普查工作要严格按照《中华人民共和国统计法》《中华人民共和国统计法实施条例》《全国人口普查条例》《国务院关于开展第七次全国人口普查的通知》及相关规定组织开展。

普查对象应当依法履行普查义务,如实提供普查信息,不得虚报、瞒报、拒报。拒绝提供普查所需的资料,或者提供不真实、不完整的普查资料的,由县级以上人民政府统计机构责令改正,予以批评教育,情节严重的依法严肃处理。普查取得的数据,严格限定用于普查目的,不得作为任何部门和单位对各级行政管理工作实施考核、奖惩的依据。普查中获得的能够识别或者推断单个普查对象身份的资料,任何单位和个人不得对外提供、泄露,不得作为对普查对象实施处罚等具体行政行为的依据,不得用于普查以外的目的。各级普查机构及其工作人员,必须严格履行保密义务。

十一、普查主要工作阶段

普查工作分三个阶段进行:

一是准备阶段(2019年10月—2020年10月)。这一阶段的主要工作是:组建各级普查机构,制定普查方案和工作计划,进行普查试点,落实普查经费和物资,准备数据采集处理环境,开展普查宣传,选聘培训普查指导员和普查员,普查区域划分及绘图,进行户口整顿,开展摸底等。

二是普查登记阶段(2020年11月—12月)。这一阶段的主要工作是:普查员入户登记,进行比对复查,开展事后质量抽查等。

三是数据汇总和发布阶段(2020年12月—2022年12月)。这一阶段的主要工作是:

数据处理、汇总、评估,发布主要数据公报,普查资料开发利用等。

十二、其他

(一)香港特别行政区、澳门特别行政区的人口数,按照香港特别行政区政府、澳门特别行政区政府公布的资料计算。

台湾地区的人口数,按照台湾地区有关主管部门公布的资料计算。

(二)因交通极为不便等特殊因素,需采用其他登记时间和方法的地区,须报请国务院人口普查办公室批准。

(三)对认真执行本方案,忠于职守,坚持原则,在普查工作中做出显著成绩的单位和个人,按照国家有关规定给予表彰奖励。

(四)本方案由国务院人口普查办公室负责解释。

二、普查业务流程

普查的业务流程主要包括:制定普查方案,普查区域划分及绘图,户口整顿,整理部门数据,普查指导员和普查员选聘及培训,普查摸底,普查登记复查,普查数据质量检查、审核与验收,普查事后质量抽查,行职业编码,普查数据汇总,普查数据评估与发布,普查资料开发与共享,普查总结等14个环节。

一、制定普查方案

1. 制定《第七次全国人口普查方案(初稿)》。

2. 制定《第七次全国人口普查方案(征求意见稿)》,征求专家、部门、各级统计机构及基层意见。

3. 组织实施普查专项试点和综合试点。

4. 制定普查各项具体工作实施细则。

5.《第七次全国人口普查方案》定稿。

二、普查区域划分及绘图

普查区域划分坚持地域原则,做到不重不漏、完整覆盖。普查区域包括省级(省、区、市)、市级(市、地、州、盟)、县级(县、市、区、旗)、乡级(乡、镇、街道)区域,以及普查区(居委会、村委会)和普查小区共六级。普查区及以上区域与同时期统计用行政区划一致,普查区按照完整地域原则划分成若干个普查小区。

1. 国务院人口普查办公室统一准备相关基础地图资料,开发普查区域划分和地图绘制软件。普查机构开展相关培训。

2. 省市县三级普查机构对辖区边界进行确认。县级普查机构以村级单位管辖的地域范围为基础组织划分普查区,标绘建筑物,采集建筑物相关信息。

3. 县级普查机构组织实施普查小区划分。普查小区的规模原则上按一个普查员所能承担的工作量确定,一般控制在80户或250人左右。

4. 普查员绘制普查小区图。

具体按照《普查区域划分、地址编码和地图绘制工作细则》组织实施。

三、户口整顿

在普查机构统一领导下,公安部门按照普查方案的要求进行户口整顿。户口整顿应当按照普查区域的范围,清理和掌握各地以普查区为单位的常住户口、暂住户口、人户分离人员、无户口人员和应销未销户口等情况。户口整顿资料提交同级普查机构,供普查登记时参考。

具体按照《第七次全国人口普查户口整顿工作方案》组织实施。

四、整理部门数据

普查期间,市、县级卫生健康、教育、民政、人社、医保、出入境管理等相关部门应向同级普查机构提供住院分娩、出生医学证明、在校学生、死亡、社保、境外人员等方面的行政登记个体资料。资料整理后,供普查登记时参考。

五、普查指导员和普查员选聘及培训

每个普查小区至少配备1名普查员,每个普查区至少配备1名普查指导员,较大的普查区每4—5个普查小区配备1名普查指导员。普查员负责普查的入户登记等工作,普查指导员负责安排、指导、督促和检查普查员的工作,也可以直接进行入户登记。

1. 人员选聘。县级人民政府负责普查指导员和普查员选聘工作。普查指导员和普查员可以从党政机关、社会团体、企业事业单位借调,也可以从村民委员会、居民委员会或者社会招聘。普查指导员和普查员应当由具有初中以上文化水平、身体健康、经培训能够使用电子采集设备,工作认真负责、能够胜任普查工作的人员担任。

2. 业务培训。县级普查机构统一组织对普查指导员、普查员进行业务培训,明确人员职权、职责和工作任务。担当培训的教员必须经过县级以上普查机构的培训,并通过考核。普查指导员和普查员经过培训、考核合格并签订保密协议后,由县级以上普查机构颁发全国统一的证件。

具体按照《普查指导员和普查员选聘、培训和管理工作细则》组织实施。

六、普查摸底

1. 绘制普查小区图。普查员通过实地勘察,明确普查小区的地域范围,核实建筑物的用途、数量和分布情况,掌握每个建筑物内住房单元的数量。

2. 普查告知。普查员在摸底过程中,要向负责区域内的所有住户发放《致住户的一封信》,开展人口普查宣传,询问住户希望选择哪种登记方式,告知入户登记的相关安排,提醒住户做好相应准备工作。对于选择参加互联网自主填报的住户,普查员应即时提供该住户使用的账号信息,讲解填报流程和注意事项。

3. 编制《户主姓名底册》。普查员使用电子采集设备对普查小区内的建筑物和住房单元逐一入户进行摸查,掌握人口和居住情况,并编制《户主姓名底册》。

4. 上报摸底数据。普查员通过电子采集设备及时上报摸底数据,2020年10月31日前完成全部数据上报。

具体按照《普查摸底工作细则》组织实施。

七、普查登记复查

普查的登记复查工作,分为短表登记、长表登记和比对复查,从2020年11月1日开始到12月10日结束。

1. 短表登记。短表登记采用普查员入户询问、当场填报,或普查对象通过互联网自主

填报的方式进行。

选择互联网自主填报的住户在获取账号信息后即可进行填报,并应于2020年11月5日前完成普查表的填报和提交。对在规定时间内没有完成自主填报的住户,普查员将于2020年11月6日开始入户进行登记。有死亡人口的户同时填写死亡人口调查表。

短表登记期间,在境内居住的港澳台居民和外籍人员,在现住地由普查员进行登记,填写港澳台居民和外籍人员普查表。

普查指导员应做好登记的指导检查工作,组织普查员对采集完成的数据进行自查、互查、议查,督促普查员及时上报数据。各级普查办公室在短表数据上报期间要密切跟踪基层数据上报进度,并对数据进行随报随审,及时发现、核实数据差错。短表登记工作应于2020年11月15日前完成。

2. 长表登记。短表登记完成后,国务院人口普查办公室统一进行普查长表抽样,在短表住户中抽取10%的户填报长表。长表登记采用普查指导员入户询问、当场填报的方式进行。长表登记工作应于2020年11月30日前完成。

3. 比对复查。短表和长表登记结束后,国务院人口普查办公室依据部门行政记录等资料分别对普查短表、长表登记数据进行比对,并将比对结果反馈至各级普查办公室。基层普查办公室应当组织普查指导员、普查员按照比对结果进行查疑补漏,确保普查登记真实准确、不重不漏。比对复查工作应于2020年12月10日前完成。

4. 其他人员的登记办法。

4.1 中国人民解放军现役军人、武警部队人员,以及军队管理的离退休人员,由军委机关相关业务部门统一进行普查、汇总。

军队和武警部队各类单位中服务的职工、文职人员、非现役公勤人员以及家属、保姆等,在军队和武警部队营院内居住的,由当地普查机构负责协调,军队和武警部队负责普查;不在军队和武警部队营院内居住的,由地方普查机构负责普查。

4.2 依法被判处徒刑的人员,由当地公安机关和监狱进行普查,填写指定格式的电子普查表,并移交所在地县级普查办公室。

具体按照《普查登记工作细则》和《比对复查工作细则》组织实施。

八、普查数据质量检查、审核与验收

1. 现场检查。在普查各阶段,各级普查办公室应组织人员到现场检查、督导,梳理工作中存在的问题,收集、整理、分析工作质量情况。

2. 数据审核。各级普查办公室通过行政记录比对和平台监管等方式对普查数据进行审核和分析,发现问题返回核实,据实修改。

3. 数据验收。在普查摸底、登记复查、编码等环节实行质量验收。验收不合格的必须返工,直至达到规定的质量验收标准。

具体按照《普查质量控制工作细则》组织实施。

九、普查事后质量抽查

登记复查工作完成后,国务院人口普查办公室统一组织事后质量抽查。事后质量抽查结果只作为评价全国普查数据质量的依据。

具体按照《普查事后质量抽查工作细则》组织实施。

十、行职业编码

登记复查工作结束后,县级普查办公室负责组织普查长表的行业和职业编码工作。编码前应对编码人员进行严格培训。

具体按照《普查行职业编码工作细则》组织实施。

十一、普查数据汇总

1. 主要数据汇总。各级普查办公室对普查登记的人口数量、分布和主要结构数据进行汇总,获得发布公报的数据。

2. 全部数据汇总。各级普查办公室对全部数据进行汇总,获得人口、住户及居住等方面的详细结构信息。

十二、普查数据评估与发布

1. 数据质量评估。通过对事后质量抽查结果的分析,评估普查基础数据质量。结合相关历史数据、部门行政记录,对主要人口指标和分地区数据进行比较分析,评估普查数据的真实性、一致性和准确性。

2. 数据发布。按照有关规定,以公报的形式及时向社会发布普查主要成果。各省、自治区、直辖市的主要数据应于国家公报发布之后发布。

十三、普查资料开发与共享

1. 建立人口数据库和人口地理信息系统。建立国家、省、市、县各级人口普查相关数据库,全面更新覆盖全部普查小区和建筑物的人口地理信息系统,充实和完善统计电子地理信息系统。

2. 开展分析研究。各级普查机构应制定普查数据开发利用规划,充分动员社会各方面的研究力量,围绕各级党委政府和社会各界关心的热点问题,有重点、有步骤地对普查数据进行全面、系统、深入的分析研究。

3. 编印普查资料。编辑出版国家以及小区域人口普查汇总资料,以及专题普查汇总资料。

4. 资料整理。各级普查机构整理普查过程文件,编辑出版文件汇编、画册、报告选编和论文汇编等资料,对文件、资料、出版物进行整理归档等。

5. 数据共享。根据普查数据结果和部门履行职责的需求,普查相关数据可以依法在有关部门之间共享。

十四、普查总结

1. 编制报告书。国务院人口普查办公室和各省、自治区、直辖市人口普查办公室应编制普查报告书,分别向国务院和各省、自治区、直辖市人民政府报告工作。

2. 组织进行技术业务总结。各级普查机构对普查工作进行技术业务总结,按要求上报上级普查机构。

3. 总结表彰。各级普查机构按有关规定进行普查工作综合考评,开展普查表彰工作。

三、普查主要工作时间安排

一、制订普查方案,2019年1月至2020年5月。

二、普查区域划分及绘图,2019年6月至2020年10月。

三、户口整顿,2019年10月至2020年9月。

四、整理部门数据,2020年5—12月。

五、普查指导员和普查员选聘及培训,2020年7—10月。

六、普查摸底,2020年10月。

七、普查登记复查,2020年11—12月。

八、普查数据质量检查、审核与验收,2020年10月至2021年1月。

九、普查事后质量抽查,2020年12月。

十、行职业编码,2020年12月。

十一、普查数据汇总,2020年12月至2021年12月。

十二、普查数据评估与发布,2021年2—12月。

十三、普查资料开发与共享,2021年5月至2022年12月。

十四、普查总结,2021年1月至2022年12月。

资料来源:国家统计局;国务院第七次全国人口普查领导小组办公室。

附录B 统计报表制度

工业统计报表制度

国家工业统计报表制度主要是反映全国工业经济发展的基本情况,是党和国家了解工业经济现状、制定经济政策、编制和检查工业计划执行情况、进行经济管理、为宏观调控提供依据的全国性工业统计报表。依照《中华人民共和国统计法》的规定,国家统计局制定统计报表制度。

工业统计报表制度是国家统计调查的一部分,是国家统计局对各省、自治区、直辖市统计局和国务院各有关部门的综合要求,各地区和各部门按照全国统一规定的统计范围、计算方法、统计口径和填报目录,根据国家统计局拟订的工业企业报表制度的内容,组织实施,按时报送。

工业统计报表制度分为年度统计报表和定期报表两部分。工业定期统计报表的特点是,统计指标较少,统计范围较小,分类目录比较粗,时间要求比较高;工业年度统计报表的特点是,统计指标比较多,统计范围比较全,分类目录比较细,准确程度要求高。凡定期报表已有的统计内容,年度统计报表一般不再重复统计。年度统计报表和定期报表同时又分为综合表和基层表。综合表由各省、自治区、直辖市统计局和国务院各有关部门报送给国家统计局;基层表由国家统计局制定,各省、自治区、直辖市可结合地方要求进行补充,然后布置给其辖区内的工业企业填报。从2008年起,还建立了全部国有企业及年产品销售收入在500万元以上的非国有工业按月报送分企业资料制度,并着手建立5 000家大型企业对国家统计局的直报制度。

工业统计报表制度的统计范围为全部工业,即国有企业、集体企业、股份合作企业、联营企业、有限责任公司、股份有限公司、私营企业、其他内资企业、港澳台商投资企业、外商投资企业。工业统计指标包括工业增加值、工业总产值、工业销售产值、主要工业产品产量、销售量、库存量、主要工业产品生产能力、主要技术经济指标、能源购进、消费及库存，以及主要财务成本指标和从业人员、工资总额等。

企业调查统计报表制度

为了解全国企业生产经营活动的基本情况，观察和反映市场经济运行趋势，为国家制定经济政策、进行经济管理和宏观调控提供依据，国家统计局制定了企业调查统计报表制度。这包括企业调查总队负责实施的四套制度，即规模以下工业抽样调查制度、企业集团统计报表制度、重点企业建立现代企业制度跟踪监测统计报表制度和企业景气调查制度。

一、规模以下工业抽样调查制度

（一）调查目的

反映规模以下工业企业的基本总量，为国民经济核算提供基础数据。

（二）调查范围

年产品销售收入500万元以下的非国有工业企业和全部个体经营工业单位。

（三）调查内容

年产品销售收入500万元以下的非国有工业企业的基本情况，如企业详细名称、地址、企业法人代码、登记注册类型、人员及生产经营状况等；个体经营工业单位的基本情况、人员及生产经营状况等。

（四）调查方式

采用抽样调查方法。根据国民经济核算要求，将规模以下工业总体划分成两个子总体，一个是年销售收入500万元以下的非国有工业企业，另一个是全部个体经营工业单位。对调查总体中有企业名录库的部分采用目录抽样，没有企业名录库的部分采用整群抽样。

（五）调查频率

规模以下工业抽样调查制度分为年报和定期报表。

二、企业集团统计报表制度

（一）调查目的

全面反映企业集团发展情况，为国家组织与指导企业集团工作提供科学依据与咨询建议，满足国家宏观管理需要。

（二）统计范围

1. 由国务院批准的国家试点企业集团；

2. 由国务院主管部门批准的企业集团；

3. 由省、自治区、直辖市人民政府批准的企业集团；

4. 中央企业工作委员会管理的企业集团；

5. 年营业收入和资产总计均在5亿元以上的其他各类企业集团。

企业集团内部统计范围包括企业集团的母公司、在中国境内和境外的全资子公司、绝对控股子公司和相对控股子公司。

（三）调查内容

调查内容包括统计报表和调查问卷两部分。统计报表的内容分为五类：一是反映企业集团概况和母公司情况的基本属性指标；二是反映企业集团财务状况的指标；三是反映企业集团劳动工资的指标；四是反映特定企业生产经营活动的业务指标；五是反映企业集团成员企业基本情况的主要指标。调查问卷的内容主要是反映企业集团不能用统计指标量化的改革和发展情况与问题。

（四）报送渠道与方式

国务院批准的国家试点企业集团，由母公司统一编制报表，直接上报国家统计局企业调查队；国务院有关部门和各省（区、市）人民政府批准的企业集团，中央企业工作委员会管理企业集团中的非国家试点企业集团，以及年营业收入和资产总计均在5亿元以上的其他各类企业集团，统一由母公司编制报表，直接上报企业集团所在省（区、市）统计局企业调查队，再由各省（区、市）企业调查队审核、录入后，以电子邮件远程传输方式上报国家统计局企业调查总队。

（五）调查频率

企业集团统计报表制度分为年报和半年报。

三、重点企业建立现代企业制度跟踪监测统计报表制度

（一）调查目的

系统反映和深入研究我国重点企业建立现代企业制度的发展情况。

（二）统计范围

1. 国家重点企业（包括520户和重组为集团公司的原512户国家重点企业）；
2. 中央企业工作委员会管理的企业；
3. 各省、自治区、直辖市人民政府及主管部门确定的重点企业；
4. 国务院确定的建立现代企业制度原百户试点企业；
5. 各省、自治区、直辖市人民政府及主管部门确定的建立现代企业制度原试点企业；
6. 国家试点企业集团的母公司（即核心企业）。

（三）调查内容

调查内容包括统计报表和调查问卷两部分。统计报表的内容分为四类：一是反映企业概况的基本属性指标；二是反映企业财务状况的指标；三是反映企业劳动工资的指标；四是反映企业生产经营活动的业务指标。调查问卷的内容主要是反映企业改革与建立现代企业制度的有关情况和问题。

（四）报送渠道与方式

被调查企业直接报送所在省（区、市）的企业调查队，各省（区、市）的企业调查队负责审核、录入，并以OPENMAIL（电子邮箱）或远程传输方式上报国家统计局企业调查总队。

（五）调查频率

重点企业建立现代企业制度跟踪监测统计报表制度分为年报和半年报。

四、企业景气调查制度

（一）调查目的

编制景气指数；及时、准确反映宏观经济运行和企业生产经营状况，为各级党政领导

的宏观管理和决策提供参考依据;及时反映企业的要求和建议,为企业生产经营服务。

(二)调查范围

调查范围包括工业,建筑业,交通运输、仓储及邮电通信业,批发和零售贸易、餐饮业,房地产业,社会服务业。

(三)调查对象

上述调查范围内被抽中的法人企业及其负责人,以及依照法人单位进行统计的产业活动单位及其负责人。

(四)调查内容

(1)企业基本情况,包括法人单位名称、法人单位代码、法定代表人、联系电话、详细地址、企业规模、所在行业代码、上年主营业务收入等;

(2)企业家对本行业景气状况的判断与预计;

(3)企业家对企业生产经营景气状况的判断与预计;

(4)企业家对企业生产经营问题的判断与建议。

(五)调查方式

采取抽样调查方法。2002年国家样本单位总量为18 500家,各地区按各行业增加值占我国GDP的比例分配样本量。调查样本选取采用重点与抽样选取结合的方法,各地区对各行业特大型、大型企业及上市公司全部调查,从小型企业中抽取10%,其余样本从中型企业中抽取。

(六)调查频率

本调查为季报,各企业分别于每年的3、6、9、12月的15日上报。

本章小结

本章介绍了统计调查的概念、种类、基本步骤及统计调查问卷的设计,统计整理的方法,统计描述的概念以及相对指标的概念。

1. 统计调查是根据统计研究的目的,有组织、有计划地搜集统计资料的过程。准确性和及时性是统计调查必须达到的两个基本要求。

2. 统计调查按照不同的标志有不同的分类。根据被研究总体的范围,分为全面调查和非全面调查;根据调查登记的时间是否连续,分为连续调查和不连续调查;根据所搜集资料的来源,分为直接调查、凭证调查、询问调查和问卷调查。

3. 统计调查的基本步骤包括设计统计调查方案、确定统计调查的组织形式、确定统计调查的调查形式。统计调查方案应包括调查目的和调查对象。统计调查的组织形式包括普查、抽样调查、重点调查、典型调查、统计报表制度。统计调查的调查形式包括间接调查法和直接调查法两大类。其中,间接调查法包括外部间接调查法和内部间接调查法,直接调查法包括访问调查、发表格调查、问卷调查和电话调查。

4. 统计调查问卷设计通常应考虑到以下内容:问卷的名称、被调查者的基本情况、调查问卷的主体内容、作业证明的记载及问卷说明。统计调查问卷的形式有开放式、封闭式、半开放式三种。

5. 统计整理即根据统计研究任务的要求，对统计调查所搜集到的原始资料进行科学分组、汇总，使其条理化、系统化的工作过程。

6. 统计整理包括五个步骤：设计和制订统计整理方案；对原始数据进行审核；对原始数据进行分组、汇总和计算；再次对整理的资料进行审核，改正汇总中的各种差错；编制统计图、统计表。

7. 统计整理的方法包括统计分组和统计分布。统计分组，即根据统计研究任务的要求和现象总体的内在特点，按照某一标志将统计总体划分为若干性质不同而又有联系的几个部分；统计分布，即在分组的基础上，将总体的所有单位按组归并排列，形成总体中各个单位在各组间的分布。

8. 统计分组按照不同任务作用的不同分为类型分组、结构分组和分析分组；按分组标志的多少分为简单分组和复合分组；按分组标志的性质分为品质分组和变量分组。统计分布主要有钟形分布、U形分布、J形分布三种。

9. 统计描述，即将概括性的数据以统计表、统计图或数字等形式表现出来。其中，统计图主要有直方图、折线图、茎叶图、条形图、饼状图、曲线图、散点图等。

10. 统计调查属于感性认识阶段，统计整理与统计分析属于理性认识阶段。统计调查是认识总体的起点，是整理与分析阶段的前提；统计整理是统计调查的继续，同时又为统计分析做准备。统计整理是统计调查和统计分析之间的纽带。

11. 相对指标是两个有联系的指标之间的比值，反映了指标之间的数量对比关系。一般包括计划完成相对数、结构相对数、比较相对数、动态相对数和强度相对数等五种基本类型。

本章习题

1. 什么是统计调查？它在整个统计研究中处于何种地位？
2. 统计调查有哪几种组织方式？
3. 什么是统计整理？它与统计调查是何种关系？
4. 统计整理的主要步骤是什么？
5. 北方大学商学院新生入学时填写了自己所喜欢专业的调查表，得到下列数据。

喜欢专业	数量（人）
管理学	55
会计学	51
金融学	28
营销学	82

请据此绘制相应的饼状图。

6. 某财经院校就业指导中心为了了解应届毕业生择业意向单位，随机调查了80名在校生，统计表如下所示：

意向单位	数量（人）
外资企业	31
国有企业	21
金融机构	15
政府机关	11
自主创业	2
合计	80

根据上表绘制相应的饼状图。

7. 某商业房地产公司招商部20名业务代表某一周内联系客户的数量（单位：人）如下：

    85 82 75 36 76 38 64 52 91 67
    71 91 97 72 50 71 45 63 80 48

根据以上数据绘制茎叶图。

8. 某车间40名工人日加工零件数（个）如下：

    121 135 112 108 125 122 118 119 127 124
    130 133 123 122 123 128 117 126 127 120
    109 133 134 113 115 139 122 133 119 124
    117 108 110 112 137 114 134 118 131 122

根据以上数据进行适当的分组，编制频数分布表，绘制直方图和折线图，并计算累计频数和累计频率。

9. 实践习题：就本班同学的基本情况做一次统计调查，并对调查资料进行整理，绘制相关的统计表和统计图。

10. 实践习题：通过互联网查询自1978年以来我国国民生产总值的相关资料，分别画出直方图和折线图。

11. 某市某五年计划规定整个计划期间基础建设投资总额应达到500亿元，实际执行结果如下表所示：

单位：亿元

时间	第一年	第二年	第三年		第四年				第五年				五年合计
			上半年	下半年	第一季度	第二季度	第三季度	第四季度	第一季度	第二季度	第三季度	第四季度	
产量	140	135	40	30	20	16	18	26	40	22	18	25	530

计算该市五年基础建设投资计划完成相对数和提前完成计划时间。

12. 请回答间接资料调查的优点和缺点及间接资料选择的基本原则。

13. 直方图和条形图有什么异同？
14. 饼图和环形图有什么不同？
15. 下表为我国 1978—2019 年的粮食及稻谷产量，请据此画出折线图及直方图。

单位：万吨

年份	粮食产量	稻谷产量
1978	30 476.5	13 693.0
1980	32 055.5	13 990.5
1985	37 910.8	16 856.9
1990	44 624.3	18 933.1
1995	46 661.8	18 522.6
2000	46 217.5	18 790.8
2005	48 402.2	18 058.8
2006	49 804.2	18 171.8
2007	50 413.9	18 638.1
2008	53 434.3	19 261.2
2009	53 940.9	19 619.7
2010	55 911.3	19 722.6
2011	58 849.3	20 288.3
2012	61 222.6	20 653.2
2013	63 048.2	20 628.6
2014	63 964.8	20 960.9
2015	66 060.3	21 214.2
2016	66 043.5	21 109.4
2017	66 160.7	21 267.6
2018	65 789.2	21 212.9
2019	66 384.3	20 961.4

第三章 统计数据分布特征的描述

导入案例

我国区域发展不平衡问题突出

国家开发银行研究院副院长黄剑辉表示,我国区域发展不平衡问题比较突出。我国不同地域的经济发展水平差距较大,区域发展不平衡问题很突出。从总量来看,广东省2013年GDP总量是6.21万亿元人民币(约合1万亿美元),这个值已经超过了印度尼西亚的GDP总量(在世界上排名仅次于墨西哥)。但是我国西藏自治区的GDP仅相当于阿尔巴尼亚的GDP水平(居全球第122位)。我国不同地域的人均GDP也存在较大差异,北京、上海、天津的人均GDP已超过1万美元,天津的人均GDP居第一位,已经达到1.6万美元,相当于乌拉圭的人均GDP水平(居全球第13位)。

我国产业结构虽然趋于合理,但产业转型升级的任务依然非常艰巨。中西部地区面临基础设施发展的瓶颈。东部地区的基础设施比较好,但中西部地区和东部地区相比还有很大的差距,我们把各个省份及其铁路密度、公路密度、机场密度都跟世界主要发达国家(地区)进行全面的对比分析发现,我国的自然资源人均占有量低,空间分布严重不均衡。虽然改革开放以来,基础公共服务水平差距显著缩小,但是短期内很难实现公共服务的均等化。各个地区的财政金融水平差距比较大。保护环境和经济发展的深层次矛盾日益凸显,在不同的区域有不同的表现。人口红利进一步减弱,各个地区的劳动收入差距有所缩小。科技创新的实力整体不足,整体创新的能力逐渐呈现逆地形分布的态势,东、中、西部从地势来看是越往西越高,但从创新能力来看是越往西越低。

因此,中国的宏观政策应该根据不同地区生产力发展水平进行弹性调整,对东、中、西部不同的省份制定不同的宏观政策;完善跨区域的战略布局,长江经济带、丝绸之路经济带需要有相关的布局;加快中西部地区基础设施的建设;进一步完善公共服务体制,加快实现区域均等化;加快区域的金融发展;进一步推进科教兴国战略,缩小各个地区科教文卫等水平的差距。

资料来源:黄剑辉,我国区域发展不平衡问题突出[EB/OL].(2014-12-21)[2022-01-19].http://stock.hexun.com/2014-12-21/171629976.html.

第一节 平均数的概念与分类

一、平均数的概念

平均数也称平均指标,是一种被广泛使用的重要统计指标,它反映同类事物在一定时间、地点条件下所达到的一般水平。它把变量值的差异抽象化,用来反映总体在某一变量方面的一般特征。与总量指标和相对指标相比,平均指标既有具体的可量性,又具有抽象的代表性,能够反映总量指标和相对指标无法反映的总体特征。因此,平均指标是统计分析中最常用的标准化指标,是对比分析、评价的重要指标。例如,对一个班的学生的某科成绩进行平均计算,可以反映该班学生的考试成绩水平;将一个小区的居民一年的收入进行平均计算,可以反映整个小区居民的一般收入水平。

二、平均指标的特点和作用

（一）特点

平均指标具有同质性、代表性和抽象性三个特点。

1. 同质性

只有同质总体计算的平均数才有实际的意义,非同质总体的个体单位的标志值,不能混在一起计算平均数。例如,在计算某班某门课程的平均成绩时,不能将不同课程的成绩加起来求平均数,也不能将不同学校、不同考试的成绩加起来求平均数。对富豪、文体明星与一般的工薪阶层,甚至贫困、无收入的人之间的收入直接相加并求平均数,就不符合同质性的要求。从社会现实意义的角度来看,它们之间没有质的共同性。

2. 代表性

代表性反映了事物的共性,是某一事物的代表值。例如,一批日光灯管共 1 000 只,最低的寿命为 3 000 小时,最高的寿命为 4 000 小时,而其平均寿命 3 600 小时,这才能代表日光灯管的平均寿命。

3. 抽象性

抽象性将总体各单位标志值之间的差异抽象化了,它往往掩盖了先进和落后之间的差别,掩盖了深层次的社会矛盾。例如,对富豪、文体明星与一般的工薪阶层,甚至于贫困、无收入的人之间的收入直接相加并求平均数,这一平均收入水平不但没有代表性,起不到平均指标的作用,而且掩盖了贫富悬殊的社会矛盾。

（二）作用

平均指标具有以下作用:

（1）平均指标可以反映变量的集中趋势。

（2）平均指标是统计分析中常用的对比、评价标准。

（3）平均指标可以用来研究不同现象之间的相互依存关系。

三、平均数的分类

平均数按不同的标准有不同的分类:

（1）按反映的表现状态不同,可以分为静态平均数和动态平均数。

（2）在静态平均数中按计算方法的不同,又可分为算术平均数、调和平均数、几何平均数、中位数和众数等。

（3）按是否进行加权计算,分为一般平均数和加权平均数。

第二节 各类平均数指标

一、算数平均数

算术平均数是最常用的平均指标和方法,它是对总体各单位同一时期(或时点)某一变量进行平均。根据所得资料的不同,其计算方法可分为一般算术平均数和加权算术平均数。

(一) 一般算术平均数

当已知总体每一单位的标志值 x 后,标志总量为:

$$\sum_{i=1}^{n} x_i = x_1 + x_2 + x_3 + \cdots + x_n$$

则

$$\bar{x} = \frac{\sum_{i=1}^{n} x_i}{n} \tag{3-1}$$

其中,$\bar{x}$ 表示算术平均数,$\sum_{i=1}^{n} x_i$ 表示标志总量,n 表示变量个数。

例 3-1 某班 6 个同学的数学成绩分别为 75、80、69、92、59、88,求其平均成绩。

解

$$\bar{x} = \frac{75 + 80 + 69 + 92 + 59 + 88}{6} \approx 77.2$$

在实际应用中,可以利用 Excel 的统计功能直接得到一般算术平均数。

方法一 利用 Excel 统计函数中的 AVERAGE 函数计算得到算术平均数,如图 3-1 所示。

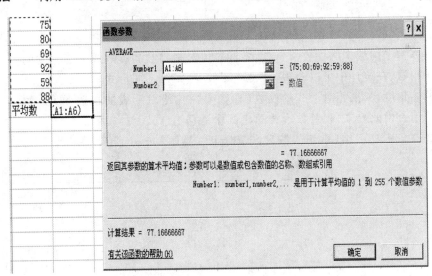

图 3-1 利用 AVERAGE 函数所得的平均数

方法二 利用分析工具库中的"描述统计"工具直接计算得到算术平均数。"描述统计"结果中的"平均"即为"一般算术平均数",如图 3-2 所示。

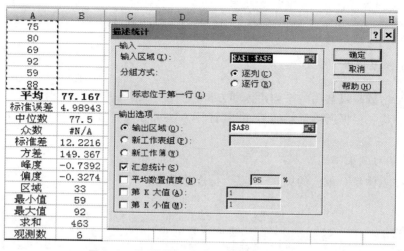

图 3-2 利用"描述统计"工具得到的平均数

(二)加权算术平均数

如果已知总体中同一标志值出现的不同次数,标志总量为:

$$x_1 f_1 + x_2 f_2 + x_3 f_3 + \cdots + x_n f_n = \sum_{i=1}^{n} x_i f_i$$

则

$$\bar{x} = \frac{\sum_{i=1}^{n} x_i f_i}{\sum_{i=1}^{n} f_i} \qquad (3-2)$$

其中,$\bar{x}$ 表示加权平均数,$\sum_{i=1}^{n} x_i f_i$ 表示标志总量,$\sum_{i=1}^{n} f_i$ 表示总次数。

加权算术平均数中的权数,是权衡各标志值对平均数的影响或决定程度的一个变量,所以叫作权数,在统计中可以表现为次数、频数、频率等不同形式。

从总体角度来看,相对形式的权数(即频率),比绝对形式的权数(即次数)更能体现权数的作用。由此看来,相对数形式的比例才是真正意义上的权数。

例 3-2 某工厂 141 名工人按日产量分组资料如表 3-1 所示。

表 3-1 工人按日产量分组资料

日产量(件) x_i	人数(个) f_i	产量总数(件) $x_i f_i$
27	15	405
28	25	700
29	35	1 015
30	34	1 020
31	20	620
32	12	384
合计	141	4 144

人均日产量为：

$$\bar{x} = \frac{\sum xf}{\sum f} = \frac{4\,144}{141} \approx 29.39（件）$$

在实际应用中，经常会遇到根据组距变量数列来计算算术平均数的情况。其计算方法是先取每个组的组中值，计算公式为：

$$\bar{x} = \frac{\sum xf}{\sum f} \qquad (3-3)$$

其中，$\bar{x}$ 表示总平均数，x 表示组平均数，f 表示组权数。其实质就是根据各组平均数来确定总体平均数。

下面我们用 Excel 来求解。

方法一　先利用鼠标拖拽复制的方法计算出各组的 $x_i f_i$，然后利用"自动求和"功能（或 SUM 函数）分别计算出 $\sum_{i=1}^{n} x_i f_i$ 和 $\sum_{i=1}^{n} f_i$，再将两者相除即可得到加权算术平均数。

方法二　先利用鼠标拖拽复制的方法计算出各组的 $x_i p_i$，然后利用"自动求和"功能（或 SUM 函数）计算出 $\sum_{i=1}^{n} x_i p_i$。计算结果如图 3-3 所示。

	A	B	C	D	E
1	x_i	f_i	$x_i f_i$	p_i	$x_i p_i$
2	27	15	405	11%	2.87
3	28	25	700	18%	4.96
4	29	35	1015	25%	7.20
5	30	34	1020	24%	7.23
6	31	20	620	14%	4.40
7	32	12	384	9%	2.72
8	合计	141	4144	100%	29.39

图 3-3　加权算术平均数的计算结果

例 3-3　某校 100 名研究生某门课程的考试成绩分组情况如表 3-2 所示，试求其加权算术平均数。

表 3-2　某校 100 名研究生某门课程的考试成绩

考试成绩（分）	组中值（分） x	学生数（人） f	xf
40 以下	35	8	280
40—50	45	13	585
50—60	55	18	990
60—70	65	36	2 340
70—80	75	16	1 200
80 以上	85	9	765
合计		100	6 160

解 加权算术平均数为:

$$\bar{x} = \frac{\sum xf}{\sum f} = \frac{6\,160}{100} = 61.6(\text{分})$$

例 3-4 某校财政系 40 名教师的月工资分组情况如表 3-3 所示,计算其加权算术平均数。

表 3-3 某校财政系 40 名教师月工资分组资料

月工资(元)	组中值(元) x	教师数(人) f	xf
5 000—5 300	5 150	5	25 750
5 300—5 600	5 450	15	81 750
5 600—5 900	5 750	16	92 000
5 900—6 200	6 050	4	24 200
合计	——	40	223 700

解 加权算术平均数为:

$$\bar{x} = \frac{\sum xf}{\sum f} = \frac{223\,700}{40} = 5\,592.5(\text{元})$$

(三)算术平均数的性质

这里只介绍算术平均数比较重要的七种性质。

性质 1 平均数与总权数之积,等于各变量与其权数之积的和。

$$\bar{x} \cdot \sum f = \sum xf$$

性质 2 对每一变量改变同一倍数,则平均数也改变同一倍数。

$$\frac{\sum C \cdot xf}{\sum f} = C \cdot \bar{x}$$

性质 3 对每一权数改变同一倍数,其平均数不变。

$$\frac{\sum x(Cf)}{\sum Cf} = \bar{x}$$

性质 4 各变量加(或减)某一常数后,其平均数等于原平均数加(或减)该常数。

$$\frac{\sum (x \pm C)}{n} = \bar{x} \pm C$$

性质 5 各变量乘以(或除以)某一常数后,则平均数等于原平均数同乘以(或除以)该常数。

$$\frac{\sum xC}{n} = \bar{x}C, \quad \frac{\sum xCf}{\sum f} = \bar{x}C \quad \text{或} \quad \frac{\sum \frac{x}{C}}{n} = \frac{\bar{x}}{C}, \quad \frac{\sum \frac{x}{C}f}{\sum f} = \frac{\bar{x}}{C}$$

性质 6 所有变量与平均数的离差之和等于零。

$$\sum(x-\bar{x})=0 \quad \text{或} \quad \sum(x-\bar{x})f=0$$

证明 $\sum(x-\bar{x})=\sum x-n\bar{x}=\sum x-n\cdot\dfrac{\sum x}{n}=\sum x-\sum x=0$

同理可证 $\sum(x-\bar{x})f=0$。

性质 7 各变量与平均数的离差平方之和最小。

$$\sum(x-\bar{x})^2=\min \quad \text{或} \quad \sum(x-\bar{x})^2 f=\min$$

证明 设 x_0 为不等于 $\bar{x}$ 的任意整数,则有 $x_0=\bar{x}-C, C\neq 0$。

$$\sum(x-x_0)^2=\sum[x-(\bar{x}-C)]^2=\sum[(x-\bar{x})+C]^2$$
$$=\sum(x-\bar{x})^2+2C\sum(x-\bar{x})+nC^2=\sum(x-\bar{x})^2+nC^2$$

所以 $\sum(x-x_0)^2>\sum(x-\bar{x})^2$, 即 $\sum(x-\bar{x})^2=\min$。

性质 7 说明,平均数的实质意义是把总体各变量的差值全部抽象化,把大于平均数的离差和小于平均数的离差抵消补齐。

(四)算术平均数的快捷算法

根据算术平均数的性质 4 和性质 5,可将原来较大的数据变换成较简单的数据后进行计算,然后将结果还原为原数据的平均数。这种变换思想在计算平均数时经常用到(尤其是在等距分组的情况下)。

设

$$x'=\frac{x-C}{i}$$

则

$$\bar{x}=\frac{\sum x'f}{\sum f}\cdot i+C=\frac{\sum\left(f\cdot\dfrac{x-C}{i}\right)}{\sum f}\cdot i+C \tag{3-4}$$

其中,C 为常数,通常选择靠近中间一组的组中值,x 为各组组中值,f 为各组次数,i 为组距。

例 3-5 某县城教师工资分组情况如表 3-4 所示,用快捷算法计算其算术平均数。

表 3-4 某县城教师工资分组资料

工资额(元)	人数	组中值(元)	总额(元)	x'	$x'f$
4 400—4 700	50	4 550	227 500	−2	−100
4 700—5 000	55	4 850	266 750	−1	−55
5 000—5 300	90	5 150	463 500	0	0
5 300—5 600	80	5 450	436 000	1	80
5 600—5 900	60	5 750	345 000	2	120
合计	335	—	1 738 750		45

解 根据资料,可以假定平均数为 $C=5\,150$,组距 $i=300$,$x'=\dfrac{x-C}{i}$,则有:

$$\bar{x} = \frac{\sum \left(f \cdot \dfrac{x-C}{i}\right)}{\sum f} \cdot i + C = \frac{45}{335} \times 300 + 5150 \approx 5190 \,(元)$$

算术平均数的快捷算法可以降低计算过程中数据过大而带来的琐碎程度。

二、调和平均数

调和平均数是组变量倒数的算术平均数的倒数,又称为倒数平均数,用 H 表示。

（一）简单调和平均数

简单调和平均数的计算公式为：

$$H = \frac{n}{\sum \dfrac{1}{x}} \tag{3-5}$$

其中,H 表示调和平均数,n 表示变量个数,x 表示变量值。

例 3-6　某人驾车从 A 市到 B 市,去时速度为 80 千米/小时,返回时速度为 120 千米/小时,计算其平均速度。

解　利用上述调和平均数公式,可知：

$$H = \frac{n}{\sum \dfrac{1}{x}} = \frac{2}{\dfrac{1}{80} + \dfrac{1}{120}} \approx 96 \,(千米/小时)$$

即平均速度为 96 千米/小时。注意,在此情况下求平均速度不能将去时和返回时的速度简单相加再除以 2,即 $\dfrac{80+120}{2} = 100$（千米/小时）,这是因为此人驾车往返的速度不同,其往返所用的时间自然就不同。

（二）加权调和平均数

加权调和平均数的计算公式为：

$$H = \frac{\sum f}{\sum \dfrac{1}{x} f} \tag{3-6}$$

当 $f_1 = f_2 = \cdots = f_n$ 时,该公式变为简单调和平均数公式。其中,H 表示加权调和平均数,f 表示变量的次数,x 表示变量。

例 3-7　假设上例中,某人从 A 市出发时,先以 80 千米/小时的速度行驶了 100 千米,又以 100 千米/小时的速度行驶了 150 千米到达 B 市,从 B 市返回时的速度为 120 千米/小时。计算其平均速度。

解　将有关数据代入加权调和平均数公式,则有：

$$H = \frac{\sum f}{\sum \dfrac{1}{x} f} = \frac{500}{\dfrac{100}{80} + \dfrac{150}{100} + \dfrac{250}{120}} \approx 103.4 \,(千米/小时)$$

即平均速度是 103.4 千米/小时。

事实上,调和平均数是算术平均数的变形。调和平均数也易受两端值的影响。上端值越大,调和平均数向上偏离集中趋势越明显;反之,下端值越大,调和平均数向下偏离集中趋势越明显。

在解决实际问题时,要注意区分算术平均数和调和平均数的使用条件,对具体问题进行具体分析。当缺少平均数的分子资料时,用算术平均数计算;当缺少分母资料时,用调和平均数直接计算。

三、几何平均数

几何平均数就是 n 个变量值乘积的 n 次方根,常用于计算发展的平均速度和各种比率平均数。

(一)简单几何平均数

简单几何平均数的计算公式为:

$$G = \sqrt[n]{x_1 x_2 \cdots x_n} = \sqrt[n]{\prod x} \tag{3-7}$$

其中,G 表示几何平均数,x 表示变量,$\prod$ 表示连乘。

手工计算几何平均数往往比较麻烦,因而可利用对数进行计算,将式(3-7)两边取对数得:

$$\lg G = \frac{1}{n}(\lg x_1 + \lg x_2 + \cdots + \lg x_n) = \frac{1}{n}\sum \lg x$$

然后,对 $\lg G$ 求反对数,得:

$$G = 10^{\frac{1}{n}\sum \lg x} \tag{3-8}$$

这样可求得 G 相应的数值。

例 3-8 某市最近五年的 GDP 增长速度分别是 7.0%、7.5%、8.5%、8.0% 和 9.0%,计算其平均增长速度。

解 由于增长速度是在往年基础上,因此 x 应当为 107.0%、107.5%、108.5%、108.0%、109.0%,所以有:

$$G = \sqrt[n]{x_1 x_2 \cdots x_n} = \sqrt[5]{1.07 \times 1.075 \times 1.085 \times 1.08 \times 1.09} \approx 1.08$$

据此可求得 GDP 年均增长速度为 8.0%。

(二)加权几何平均数

加权几何平均数的计算公式为:

$$G = \sqrt[\sum f]{x_1^{f_1} x_2^{f_2} \cdots x_n^{f_n}} = \sqrt[\sum f]{\prod x^f} \tag{3-9}$$

其中,G 表示几何平均数,x 表示变量,f 表示变量次数。

例 3-9 李某的一笔 20 年期银行按揭贷款是按复利计算的,前 3 年的年利率为 3.0%,第 4—10 年为 3.5%,第 11—15 年为 4.5%,第 16—20 年为 5.0%。计算平均年利率。

解 在计算时要先把各年利率折算成各年本利率后,再利用加权公式计算得:

$$G = \sqrt[\sum f]{x_1^{f_1} \cdot x_2^{f_2} \cdots x_n^{f_n}} = \sqrt[20]{1.03^3 \times 1.035^7 \times 1.045^5 \times 1.05^5} \approx 1.0405$$

即平均年利率是 4.05%。

(三) 三种平均数之间的关系

对于例 3-6 可求得算术平均数为:

$$\bar{x} = \frac{80 + 120}{2} = 100$$

几何平均数为:

$$G = \sqrt{80 \times 120} \approx 97.98$$

调和平均数为:

$$H = 96$$

很明显,从数值上可以看出,算术平均数、几何平均数和调和平均数之间满足:

$$H < G < \bar{x}$$

运用数学归纳法,可从理论上证明三种平均数之间满足以下关系:

$$H \leq G \leq \bar{x}$$

四、中位数

中位数是指将总体单位的某一数量标志按数值大小顺序排列后,处在数列中点位置的标志值,用 M_e 表示。定义表明,中位数将总体分为两部分,一半单位标志值小于中位数,一半单位标志值大于中位数。

(一) 未分组资料计算中位数

对未分组资料,在计算中位数时先将 n 个数值按大小顺序进行排序,则有:

当 n 为奇数时,有:

$$M_e = x_{\frac{n+1}{2}} \tag{3-10}$$

当 n 为偶数时,有:

$$M_e = \frac{x_{\frac{n}{2}} + x_{\frac{n}{2}+1}}{2} \tag{3-11}$$

例 3-10 某高校对食堂伙食满意度所进行的一次调查的数据如表 3-5 所示。

表 3-5 调查数据次数分布

回答类别	学生数(人)	学生数累计(向上累计)
非常不满意	140	140
不满意	780	920
一般	630	1 550
满意	250	1 800
非常满意	200	2 000
合计	2 000	—

先确定中位数位置:

$$2\,000/2 = 1\,000$$

从学生累计数看,中位数在第三组,所以 M_e 处于"一般"类别。

例 3-11 有 10 名工人,每人日产零件数按从低到高的顺序排列为:17、19、20、22、23、24、26、26、27、28。求这组数据的中位数。

解 $$M_e = \frac{1}{2} \times (x_{\frac{n}{2}} + x_{\frac{n}{2}+1}) = \frac{1}{2} \times (23 + 24) = 23.5$$

即中位数为 23.5 件/人,这个数字反映了工人总体日产零件数的一般水平。

(二) 分组资料计算中位数

对于组距数列,在计算中位数时,先根据累计频数除以 2 后确定中位数所在的组,然后根据中位数所在组频数占全组数的比例来推算中位数所在位置的变量值。有两种等价计算公式,分别是下限公式和上限公式。

下限公式为:

$$M_e = L + \frac{\frac{\sum f}{2} - S_{m-1}}{f_m} \times d \tag{3-12}$$

上限公式为:

$$M_e = U - \frac{\frac{\sum f}{2} - S_{m+1}}{f_m} \times d \tag{3-13}$$

其中,L 表示中位数所在组的下限,U 表示中位数所在组的上限,d 表示中位数所在组的组距,f_m 表示中位数所在组的频数,$\sum f$ 表示总频数,S_{m-1} 表示中位数所在组前一组的累计频数,S_{m+1} 表示中位数所在组后一组的累计频数。

例 3-12 某县对农民进行的一次抽样调查中,取得 600 户农民的人均纯收入资料如表 3-6 所示。计算该县农户人均纯收入的中位数。

表 3-6 农户的人均纯收入资料

人均纯收入(元)	户数(户)	累计次数	
		向下累计	向上累计
2 000 以下	5	5	600
2 000—2 400	50	55	595
2 400—2 800	180	235	545
2 800—3 200	210	445	365
3 200—3 600	101	546	155
3 600 以上	54	600	54
合计	600	—	—

解 根据上述资料,先确定中位数所在组,即 $\frac{\sum f}{2} = \frac{600}{2} = 300$,说明中位数所处位置是在累计次数达到或包括 300 户的那一组。表中数据显示,无论向上累计还是向下累计,第 300 户都包括在第四组内,说明中位数在 2 800—3 200 元组。将表内数据分别代入上限

和下限公式,可得:

$$M_e = U - \frac{\frac{\sum f}{2} - S_{m+1}}{f_m} \times d = 3\,200 - \frac{300 - 155}{210} \times 400 \approx 2\,923.8$$

$$M_e = L + \frac{\frac{\sum f}{2} - S_{m-1}}{f_m} \times d = 2\,800 + \frac{300 - 235}{210} \times 400 \approx 2\,923.8$$

两者计算结果相同。

例 3-13 某校 100 名研究生某门课程考试成绩分组情况如表 3-7 所示,试用中位数来求其平均成绩。

表 3-7 某校 100 名研究生某门课程的考试成绩

考试成绩(分)	学生人数(人)	累计次数	
		向下累计	向上累计
40 以下	8	8	100
40—50	13	21	92
50—60	18	39(S_{m-1})	79
60—70	36(f_m)	75	61
70—80	16	91	25(S_{m+1})
80 以上	9	100	9
合计	100		

解 先确定中位数位置:

$$\frac{\sum f}{2} = \frac{100}{2} = 50$$

说明中位数在第四组,代入上限公式,求得中位数。

$$M_e = U - \frac{\frac{\sum f}{2} - S_{m+1}}{f_m} \times d = 70 - \frac{\frac{100}{2} - 25}{36} \times 10 \approx 63.06$$

$$M_e = L + \frac{\frac{\sum f}{2} - S_{m-1}}{f_m} \times d = 60 + \frac{\frac{100}{2} - 39}{36} \times 10 \approx 63.06$$

上限公式和下限公式所求得的结果是一致的。

五、四分位数

(一) 四分位数的概念

中位数是用一个数将变量数列分成两个相等部分。依照此法,可用两个数将数列分成三个相等部分,而用三个数可将数列分成四个相等部分,用 $n-1$ 个数将数列分成 n 个相等部分。在统计中,最常用的是将数列四等分。

将一个数列分为四等份,其分割点称为四分位数。从数值小的一端算起,第一分割点称为第一四分位数(或下四分位数)Q_1,第二分割点称为中位数 M_e,第三分割点称为第三四分位数(或上四分位数)Q_3。Q_1、M_e、Q_3 将数列分为四等份,如图 3-4 所示。

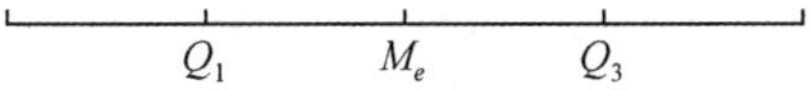

图 3-4 四分位数图

(二)未分组资料的四分位计算

对于单项式数列四分位数的计算,首先要求出它们所在的位置点,再根据位置点确定四分位数即可。

位置点的确定方法为:

$$\begin{cases} Q_1 = \dfrac{n+1}{4} \\ M_e = Q_2 = \dfrac{2(n+1)}{4} = \dfrac{n+1}{2} \\ Q_3 = \dfrac{3(n+1)}{4} \end{cases} \tag{3-14}$$

当求得的位置点不是整数时,要用位置点前后两项的数值确定四分位数的值。

例 3-14 11 个工人的日加工零件数分别为 15、16、18、18、21、22、23、23、23、24、26,求其四分位数。

解 Q_1 所在位置:$\dfrac{11+1}{4} = 3$,第三项数值是 18。

M_e 所在位置:$\dfrac{11+1}{2} = 6$,第六项数值是 22。

Q_3 所在位置:$\dfrac{3 \times (11+1)}{4} = 9$,第九项数值是 23。

计算结果表明,有 25% 的工人日加工零件的个数为 15—18 件,有 25% 的工人日加工零件的个数为 18—22 件,有 25% 的工人日加工零件的个数为 23 个,有 25% 的工人日加工零件的个数为 23—26 件。

(三)分组资料的四分位数计算

当计算分组资料四分位数时,M_e 的计算方法即为中位数的计算方法。

第一四分位数和第三四分位数的计算公式为:

$$\begin{cases} Q_1 = L_1 + \dfrac{\dfrac{\sum f}{4} - S_{m_1-1}}{f_{Q_1}} \times d \\ Q_3 = L_3 + \dfrac{3\dfrac{\sum f}{4} - S_{m_3-1}}{f_{Q_3}} \times d \end{cases} \tag{3-15}$$

其中,L_1 表示第一四分位数所在组的下限,L_3 表示第三四分位数所在组的下限;S_{m_1-1} 表示第一四分位数所在组的前面各组的累计频数之和,S_{m_3-1} 表示第三四分位数所在组的前面各组的累计频数之和;f_{Q_1} 表示第一四分位数所在组的频数,f_{Q_3} 表示第三四分位数所在组的频数;$\sum f$ 表示总频数;d 表示组距。

例 3-15 某校高三年级共 1 200 名学生,在一次体检中的体重分组资料如表 3-8 所示,计算其四分位数。

表 3-8 某校高三年级学生体重分组资料

体重(千克)	人数(人)	累计次数	
		向下累计	向上累计
45.0 以下	20	20	1 200
45.0—47.5	80	100	1 180
47.5—50.0	120	220(S_{m_1-1})	1 100
50.0(L_1)—52.5	280(Q_1 所在的组)	500(S_{m-1})	980
52.5(L)—55(U)	260(f_m)	760(S_{m_3-1})	700
55.0(L_3)—57.5	270(Q_3 所在的组)	1 030	440(S_{m+1})
57.5—60.0	130	1 160	170
60.0 以上	40	1 200	40
合计	1 200	—	

解 先确定中位数位置:

$$\frac{\sum f}{2} = \frac{1\,200}{2} = 600$$

说明中位数在第五组,代入上限公式,求得中位数为:

$$M_e = U - \frac{\frac{\sum f}{2} - S_{m+1}}{f_m} \times d = 55 - \frac{\frac{1\,200}{2} - 440}{260} \times 2.5 \approx 53.5$$

Q_1 所在位置:$\frac{\sum f}{4} = \frac{1\,200}{4} = 300$,则 $L_1 = 50$。

Q_3 所在位置:$\frac{3\sum f}{4} = \frac{3 \times 1\,200}{4} = 900$,则 $L_3 = 55$。

$$Q_1 = L_1 + \frac{\frac{\sum f}{4} - S_{m_1-1}}{f_{Q_1}} \times d = 50 + \frac{300 - 220}{280} \times 2.5 \approx 50.7$$

$$Q_3 = L_3 + \frac{\frac{3\sum f}{4} - S_{m_3-1}}{f_{Q_3}} \times d = 55 + \frac{900 - 760}{270} \times 2.5 \approx 56.3$$

计算结果说明,有 25% 的学生体重小于 50.7 千克,有 25% 的学生体重为 50.7—53.5 千克,有 25% 的学生体重为 53.5—56.3 千克,有 25% 的学生体重超过 56.3 千克。

六、众数

总体变量中出现次数最多的数值即为众数,用 M_0 表示。例如,某班期末考试成绩的统计表明,总成绩为 360 分的人最多,则 360 分即为本次考试成绩的众数。

(一) 未分组资料众数的计算

在未分组资料的单项数列中,出现次数最多的变量即为众数。

例 3-16 某班 40 名同学的英语口语测试成绩(五分制)分组情况如表 3-9 所示。

表 3-9 某班的英语口试测试成绩

成绩(分)	1	2	3	4	5
人数(人)	2	3	13	17	5

该班英语成绩得 4 分的人数最多,达 17 人,则 $M_0 = 4$。

如果总体变量中每个数值仅出现一次,则无法得到众数,应该对此数列进行分组,以求得其近似值。

(二) 分组资料众数的计算

根据分组资料计算众数时,先确定次数最多的组为众数所在组,然后根据公式计算众数的近似值。

下限公式为:

$$M_0 = L + \frac{f - f_{-1}}{(f - f_{-1}) + (f - f_{+1})} \times d \tag{3-16}$$

上限公式为:

$$M_0 = U - \frac{f - f_{+1}}{(f - f_{-1}) + (f - f_{+1})} \times d \tag{3-17}$$

其中,M_0 表示众数,L 表示众数组下限值,U 表示众数组上限值,f 表示众数所在组的次数,f_{-1} 表示众数所在组的前一组的次数,f_{+1} 表示众数所在组的后一组的次数,d 表示众数所在组的组距。

例 3-17 某校 100 名研究生某门课程考试成绩情况如表 3-10 所示。

表 3-10 某校 100 名研究生某门课程的考试成绩

考试成绩(分)	学生人数(人)
40 以下	8
40—50	13
50—60	18
60—70	36
70—80	16
80 以上	9
合计	100

用众数求其平均成绩。

解 $L = 60, U = 70, f_{-1} = 18, f = 36, f_{+1} = 16, d = 10$,则有:

$$M_o = L + \frac{f - f_{-1}}{(f - f_{-1}) + (f - f_{+1})} \times d = 60 + \frac{36 - 18}{(36 - 18) + (36 - 16)} \times 10 = 64.74(分)$$

七、平均数之间的关系及其应用中应当注意的问题

(一)算术平均数、中位数、众数的关系

算术平均数、中位数、众数三者都反映了总体单位分布的集中趋势,它们之间存在一定的关系,此关系既反映总体数量分布的特征,又可反映在相互之间的估算上。

(1) 当变量的次数分布呈完全对称的钟形分布时,三者相等,即 $\bar{x} = M_e = M_0$,如图3-5所示。然而,$\bar{x} = M_e = M_0$ 并不能说明变量的次数分布是对称的钟形分布,也就是说,三者相等只是变量的次数分布呈现对称分布的必要条件,而非充分条件。

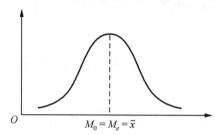

图3-5 总体次数分布的对称分布图

(2) 当总体次数分布为左偏态时,算术平均数小于中位数和众数,即 $\bar{x} < M_e < M_0$,如图3-6所示。

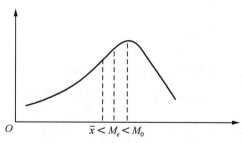

图3-6 总体次数分布的左偏态图

(3) 当总体次数分布为右偏态时,算术平均数大于中位数和众数,即 $\bar{x} > M_e > M_0$,如图3-7所示。

(二)利用三者之间的关系进行相互估算

根据实际经验,在分布偏斜程度不大的情况下,无论是呈左偏态还是右偏态,算术平均数、中位数、众数之间均存在一定的比例关系,即众数与中位数的距离约为算术平均数与中位数距离的两倍。公式为:

$$M_e - M_0 = 2(\bar{x} - M_e) \tag{3-18}$$

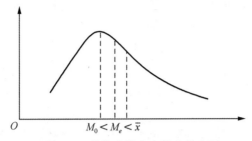

图 3-7　总体次数分布的右偏态图

则有：
$$\begin{cases} M_e = \dfrac{M_0 + 2\bar{x}}{3} \\ M_0 = 3M_e - 2\bar{x} \\ \bar{x} = \dfrac{3M_e - M_0}{2} \end{cases} \qquad (3-19)$$

例 3-18　对某地高考成绩进行抽样调查，得到其中位数为 520 分，众数为 550 分，试估算其算术平均数并指出该地考生成绩呈何种分布。

解　将有关数据代入式(3-19)得：
$$\bar{x} = \frac{3M_e - M_0}{2} = \frac{3 \times 520 - 550}{2} = 505$$

由于 $\bar{x} < M_e < M_0$，可知该地考生成绩呈左偏态分布。

（三）运用平均数应注意的问题

1. 平均数只能用于同质总体的计算

所谓同质总体，是指所研究对象的各个单位在某种标志上其性质是相同的。计算不同质总体的平均数没有实际意义，如计算人的体重和学习成绩的平均数就没有意义。

2. 要用组平均数补充说明总平均数

总平均数只能反映总体的一般水平，而总体各单位之间不仅存在量的差异，还存在性质的差别，这些差别可能对平均数具有重要影响。为了全面反映总体的共性，需要用某种对总平均数起重要作用的标志进行分组研究，用组平均数补充说明总平均数，用组平均数分析总平均数变动的原因，以深化对总体代表水平的认识。

3. 要注意和典型事例结合

平均数实际是把总体各单位之间的差异抽象化了，代表了总体某一数量标志的一般水平，掩盖了总体变量水平的分配状况，体现的是现象的共性。而分配数列反映了变量水平的具体分布，典型事例反映了现象的个性，两者都可以补充平均数的不足。

4. 注意正确选择使用平均数

各种平均数都有自身的特点，在实际应用中，要根据具体情况选择合适的平均数对资料进行分析。

算术平均数是应用最广泛的一种平均数，包括了总体变量的所有数值。变量中有极端值时,会影响算术平均数并削弱其代表性。

调和平均数通常被视为算术平均数的一种变形应用。它与算术平均数一样会受极端值的影响;当总体单位中有零数值时,调和平均数也无法计算。

几何平均数一般适用于各变量之间存在环比关系的事物,用等比级数数列计算几何平均数不会受数据极端值的影响,而采用环比指数计算几何平均数,则较易受数据极端值的影响。

中位数、四分位数、众数都是位置平均数。在有极端值的数列中,由于不受极端值的影响,它们比算术平均数更具有代表性。然而,当总体分布偏斜比较大时,其代表性相对较差。

第三节 标志变异指标

一、标志变异指标的概念

标志变异指标又称标志变动度,是描述以平均数为中心的总体各单位间标志值差异程度的统计指标。

平均指标反映了总体单位的集中趋势,变异指标反映了总体单位的离中趋势(或离散趋势),它们从两个侧面描述了总体分布的特征。集中趋势越强,离中趋势越弱;反之,集中趋势越弱,离中趋势越强。

二、标志变异指标的作用

(一)表明平均指标的代表性

总体分布的变异程度越大,标志变异指标值越大,即标志变动程度的大小与标志变异指标值的大小呈同方向变化关系;而标志变异程度的大小与平均指标的代表性呈反方向变化关系。所以,变异指标值越小,平均指标的代表性越强;变异指标值越大,平均指标的代表性越弱。平均指标代表性的强弱决定着其意义和作用的大小,没有代表性的平均指标,在统计中是没有实际意义可言的。

例如,在一次数学测验中,A组组员的成绩分别是68、70、72、77、76、78分,B组组员的成绩分别为55、72、95、68、71、80分。虽然两个组的平均成绩都是73.5分,但是离散程度不同,A组的最高分和最低分相差10分,而B组的最高分和最低分却相差40分。可见A组的平均成绩要比B组的平均成绩代表性强。

(二)反映社会经济活动过程的均衡性、节奏性和稳定性

较长时期内的经济活动是按计划实施的,因此要在各个阶段力求保持均衡和稳定、有节奏,不出现较大的差异。标志变异指标可以反映经济活动这方面的特征,为检查和修改实际操作过程提供决策依据。

三、常用的标志变异指标

常用的标志变异指标有全距、平均差、标准差和方差、变异系数、偏度和峰度。

(一) 全距

全距也称极差,即标志值的最大值与最小值之差,用 R 表示。它是最简单的测定变异程度的指标。

$$R = x_{\max} - x_{\min} \tag{3-20}$$

例 3-19 某班 10 个学生的考试成绩分别是 85、64、90、82、75、76、89、92、69、85 分,其中最高分为 92 分,最低分为 64 分,则全距 $R = x_{\max} - x_{\min} = 92 - 64 = 28$(分)。

下面介绍用 Excel 求解全距的方法。

方法一 利用统计函数计算极差,如图 3-8 所示。

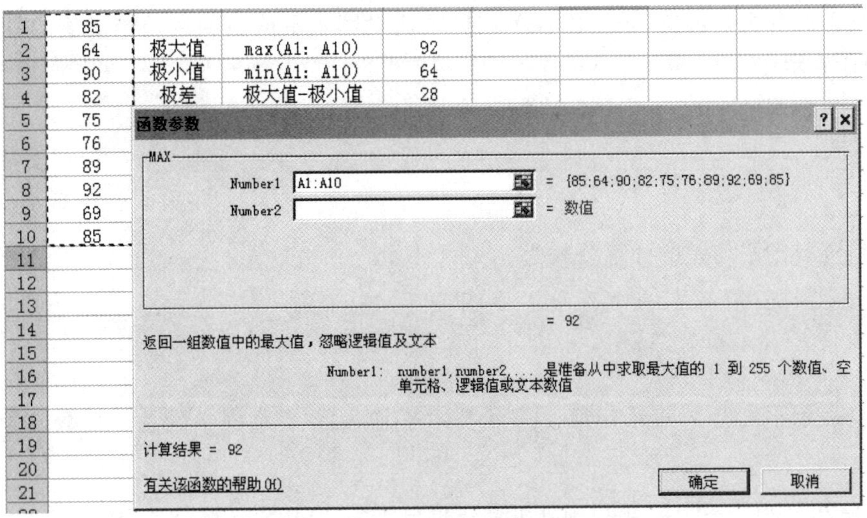

图 3-8 利用统计函数计算极差

方法二 利用"描述统计"工具也可得到最大值与最小值,从而计算出极差,如图 3-9 所示。

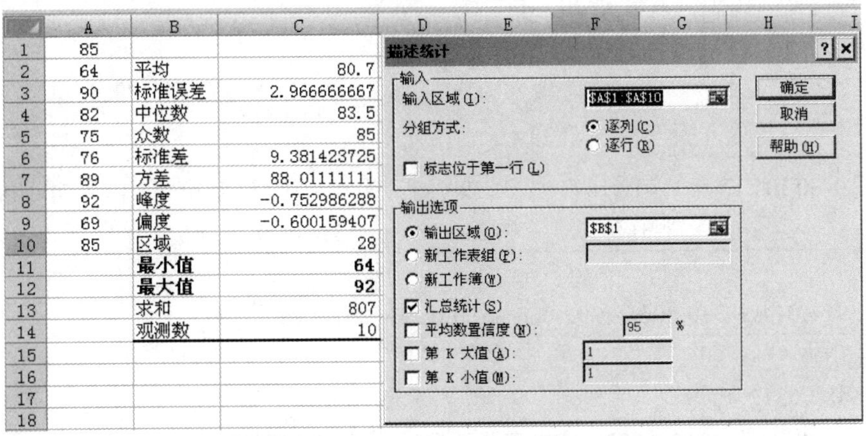

图 3-9 利用"描述统计"工具计算极差

对分组资料,可以用最大组的上限和最小组的下限之差来近似计算全距。

全距表示总体变动的范围,优点是计算简单、意义明确。但它易受极端数值的影响,表示的只是极值之间的差异,在变量数列的次数分布中,不能反映中间标志值变化的差异程度。因此,它不能全面反映总体各单位标志值的变异程度。而且若遇到开口组的组距数列,全局计算结果的误差会很大。

(二) 平均差

为弥补全距的不足之处,要有一个能把总体各单位标志值的变异程度都综合起来的指标,以便对总体标志变异程度有全面、客观的评定,这就要运用算术平均数形式的平均差。平均差又称平均离差,是总体各单位标志值对算术平均数的离差绝对值的算术平均数,用 AD 表示。

未分组资料的平均差的计算公式为:

$$AD = \frac{\sum |x - \bar{x}|}{n} \tag{3-21}$$

分组资料的平均差的计算公式为:

$$AD = \frac{\sum |x - \bar{x}| f}{\sum f} \tag{3-22}$$

其中,AD 表示平均差,x 表示变量,$\bar{x}$ 表示算术平均数,n 表示样本的总变量数,$\sum f$ 表示总次数。

例 3-20 2016—2020 年我国外汇储备额分别为 30 105.17 亿、31 399.49 亿、30 727.12 亿、31 079.24 亿、31 784.9 亿美元。计算其平均差。

解 平均数为:

$$\bar{x} = \frac{30\,105.17 + 31\,399.49 + 30\,727.12 + 31\,079.24 + 31\,784.9}{5} = 31\,019.184$$

平均差为:

$$AD = \frac{\sum |x - \bar{x}|}{n}$$

$$= \frac{|30\,105.17 - 31\,019.184| + |31\,399.49 - 31\,019.184| + |30\,727.12 - 31\,019.184| + |31\,079.24 - 31\,019.184| + |31\,784.9 - 31\,019.184|}{5}$$

$$= \frac{914.014 + 380.306 + 292.064 + 60.056 + 756.716}{5}$$

$$= 480.6312$$

计算结果说明,2016—2020 年我国外汇储备额的平均差为 480.6312 亿美元,这从侧面反映了这五年我国外汇储备额增长的平均差异程度。

例 3-21 某地 2021 年 100 家中小企业的投资额如表 3-11 所示。

表 3-11 某地 100 家中小企业的投资额

投资额(万元)	组中值(万元)	企业数(家)
0—20	10	10
20—40	30	20
40—60	50	35
60—80	70	22
80—100	90	13
合计	—	100

用平均差计算这 100 家企业投资额的差异程度。

解 $\bar{x} = \dfrac{\sum xf}{\sum f} = \dfrac{10 \times 10 + 30 \times 20 + 50 \times 35 + 70 \times 22 + 90 \times 13}{100} = 51.6$

$AD = \dfrac{\sum |x - \bar{x}|}{n}$

$= \dfrac{|10 - 51.6| \times 10 + |30 - 51.6| \times 20 + |50 - 51.6| \times 35 + |70 - 51.6| \times 22 + |90 - 51.6| \times 13}{100}$

$= 18.08$

平均差之所以用各单位值对平均数离差的绝对值来计算,是因为前一章中已提到 $\sum (x - \bar{x}) = 0$,不取绝对值就无从计算平均差。

例 3-22 计算例 3-3 中某校 100 名研究生某门课程考试成绩的平均差。相关数据如表 3-12 所示。

表 3-12 某校 100 名研究生某门课程的考试成绩

考试成绩(分)	组中值(分) x	学生人数(人) f	xf	$\|x-\bar{x}\|f$
40 以下	35	8	280	212.8
40—50	45	13	585	215.8
50—60	55	18	990	118.8
60—70	65	36	2 340	122.4
70—80	75	16	1 200	214.4
80 以上	85	9	765	210.6
合计		100	6 160	1 094.8

解 平均成绩为:

$$\bar{x} = \dfrac{\sum xf}{\sum f} = \dfrac{6\,160}{100} = 61.6$$

$$AD = \dfrac{\sum |x - \bar{x}|f}{\sum f} = \dfrac{1\,094.8}{100} = 10.948$$

(三) 标准差和方差

方差是指总体各单位标志值与算术平均数离差平方的算术平均数,用 σ^2 表示。方差的平方根就是标准差,也称均方差,用 σ 表示。

标准差的含义与平均差基本相同,也表示各标志值对算术平均数的平均离差,只是对负值在数学处理方法上不同。平均差是用绝对值来处理标志值与算术平均数离差的负值问题,而标准差是用平方的方法处理标志值与算术平均数离差的负值问题。在计算结果上,标准差稍大于平均差,对提高抽样估计的保证程度具有一定的意义。因标准差的数学性质总体上要优于平均差,所以其应用范围也较为广泛。

根据掌握资料的不同,标准差的计算分为两种情况。

1. 未分组资料标准差的计算

未分组资料标准差的计算公式为:

$$\sigma = \sqrt{\frac{\sum (x - \bar{x})^2}{n}} \tag{3-23}$$

其中,σ 表示标准差,x 表示标志值,$\bar{x}$ 表示总体的算术平均数,n 表示总体单位。

例 3-23 随机抽取 30 个网络用户,得到他们的年龄数据,如表 3-13 所示。计算该组数据的标准差。

表 3-13 网络用户的年龄   单位:周岁

19	15	29	25	24	20
23	38	22	30	18	27
19	19	16	32	23	13
23	27	22	34	24	32
41	20	31	17	23	26

解

$$\bar{x} = \frac{\sum x}{n} = \frac{732}{30} = 24.4$$

$$\sigma = \sqrt{\frac{\sum (x - \bar{x})^2}{n}} = \sqrt{\frac{1\ 311.2}{30}} \approx 6.61$$

下面介绍用 Excel 求解标准差的方法。

方法一 可利用"描述统计"工具直接得到标准差,可参照前面的图 3-9。

方法二 利用统计函数计算标准差和方差,如图 3-10 所示。

2. 分组资料标准差的计算

分组资料标准差的计算公式为:

$$\sigma = \sqrt{\frac{\sum (x - \bar{x})^2 f}{\sum f}} \tag{3-24}$$

其中,f 表示次数,$\sum f$ 表示总次数。

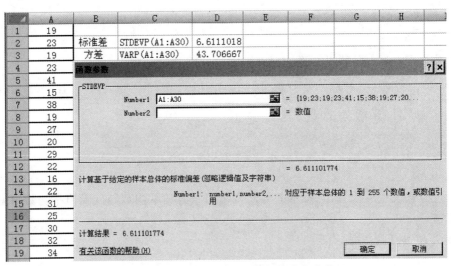

图 3-10 利用统计函数计算标准差和方差

例 3-24 某校 100 名研究生某门课程考试考生的成绩情况如表 3-14 所示,试求其平均成绩和成绩标准差。

表 3-14 某校 100 名研究生某门课程的考试成绩

考试成绩(分)	组中值(分) x	学生人数(人) f	xf	$(x-\bar{x})^2 f$
40 以下	35	8	280	5 660.48
40—50	45	13	585	3 582.28
50—60	55	18	990	784.08
60—70	65	36	2 340	416.16
70—80	75	16	1 200	2 872.96
80 以上	85	9	765	4 928.04
合计		100	6 160	18 244.00

解 平均成绩为:

$$\bar{x} = \frac{\sum xf}{\sum f} = \frac{6\,160}{100} = 61.6$$

成绩标准差为:

$$\sigma = \sqrt{\frac{\sum (x-\bar{x})^2 f}{\sum f}} = \sqrt{\frac{18\,244}{100}} \approx 13.51$$

3. 标准差的快捷计算方法

有时直接用标准差公式进行计算比较繁杂,若将公式变换一下,就可得到快捷计算公式。
未分组资料标准差公式可变换为:

$$\sigma = \sqrt{\frac{\sum (x-\bar{x})^2}{n}} = \sqrt{\frac{\sum (x^2 - 2x\bar{x} + \bar{x}^2)}{n}} = \sqrt{\frac{\sum x^2 - 2\bar{x}\sum x + n\bar{x}^2}{n}}$$

$$= \sqrt{\frac{\sum x^2}{n} - 2\bar{x}\frac{\sum x}{n} + \bar{x}^2} = \sqrt{\overline{x^2} - 2\bar{x}^2 + \bar{x}^2} = \sqrt{\overline{x^2} - \bar{x}^2} \qquad (3-25)$$

分组资料标准差公式可变换为:

$$\sigma = \sqrt{\frac{\sum (x - \bar{x})^2 f}{\sum f}} = \sqrt{\frac{\sum (x^2 - 2x\bar{x} + \bar{x}^2)f}{\sum f}} = \sqrt{\frac{\sum x^2 f - 2\bar{x}\sum xf + \bar{x}^2 \sum f}{\sum f}}$$

$$= \sqrt{\frac{\sum x^2 f}{\sum f} - 2\bar{x}\frac{\sum xf}{\sum f} + \bar{x}^2} = \sqrt{\overline{x^2} - 2\bar{x}^2 + \bar{x}^2} = \sqrt{\overline{x^2} - \bar{x}^2} \qquad (3-26)$$

通过公式变换可以看出,标准差等于变量值平方的平均数与变量值平均数平方之差的平方根。

若设 x_0 为任意数,则有:

$$\sigma^2 = \frac{\sum (x - \bar{x})^2}{n} = \frac{\sum [(x - x_0) - (\bar{x} - x_0)]^2}{n}$$

$$= \frac{\sum (x - x_0)^2}{n} + \frac{\sum [(\bar{x} - x_0)^2 - 2(x - x_0)(\bar{x} - x_0)]}{n}$$

$$= \frac{\sum (x - x_0)^2}{n} + \frac{\sum (\bar{x} - x_0)(\bar{x} - x_0 - 2x + 2x_0)}{n}$$

$$= \frac{\sum (x - x_0)^2}{n} - \frac{(x_0 - \bar{x})\sum(\bar{x} - 2x + x_0)}{n}$$

$$= \frac{\sum (x - x_0)^2}{n} - \frac{(x_0 - \bar{x})(n\bar{x} - 2n\bar{x} + nx_0)}{n}$$

$$= \frac{\sum (x - x_0)^2}{n} - \frac{n(\bar{x} - x_0)^2}{n}$$

$$= \frac{\sum (x - x_0)^2}{n} - \frac{[n(\bar{x} - x_0)]^2}{n^2}$$

$$= \frac{\sum (x - x_0)^2}{n} - \left[\frac{\sum (\bar{x} - x_0)}{n}\right]^2$$

$$= S^2 - C^2 \qquad (3-27)$$

这里 $S^2 = \dfrac{\sum (x - x_0)^2}{n}, C = \dfrac{\sum (\bar{x} - x_0)}{n}$。

注:可以证明,$\left[\dfrac{\sum (\bar{x} - x_0)}{n}\right]^2 = \left[\dfrac{\sum (x - x_0)}{n}\right]^2$。

当 $x_0 = 0$ 时,式(3-27)便成为未分组资料标准差的快捷算法的公式。式(3-27)对分组资料标准差变换快捷算法也是适用的。这时,$S^2 = \dfrac{\sum (x-x_0)^2 f}{\sum f}$,$C = \dfrac{\sum (\bar{x}-x_0)f}{\sum f}$。

快捷公式也可以变为:

$$\sigma^2 = b^2 \times \dfrac{\sum \left(\dfrac{x-\bar{x}}{b}\right)^2 f}{\sum f} = b^2 \times \dfrac{\sum \left(\dfrac{x-x_0}{b}\right)^2 f}{\sum f} - b^2 \left[\dfrac{\sum \left(\dfrac{\bar{x}-x_0}{b}\right) f}{\sum f}\right]^2 \quad (3-28)$$

其中,b 为常数,一般情况下表示组距。

例 3-25 某校 100 名研究生某门课程的考试成绩情况如表 3-15 所示,根据资料,用快捷算法计算其均方差。

表 3-15 某校 100 名研究生某门课程的考试成绩

考试成绩(分)	组中值(分) x	学生人数(人) f	$x' = \dfrac{x-x_0}{b}$ $x_0 = 60$ $b = 10$	$x'f$	$x'^2 f$
40 以下	35	8	-2.5	-20.0	50.00
40—50	45	13	-1.5	-19.5	29.25
50—60	55	18	-0.5	-9.0	4.50
60—70	65	36	0.5	18.0	9.00
70—80	75	16	1.5	24.0	36.00
80 以上	85	9	2.5	22.5	56.25
合计		100		16.0	185.00

解
$$\sigma^2 = b^2 \times \dfrac{\sum \left(\dfrac{x-\bar{x}}{b}\right)^2 f}{\sum f} = b^2 \times \dfrac{\sum \left(\dfrac{x-x_0}{b}\right)^2 f}{\sum f} - b^2 \left[\dfrac{\sum \left(\dfrac{\bar{x}-x_0}{b}\right) f}{\sum f}\right]^2$$

$$= 100 \times \dfrac{185}{100} - 100 \times \left(\dfrac{16}{100}\right)^2 = 182.44$$

$$\sigma = \sqrt{182.44} \approx 13.51$$

这与例 3-24 的计算结果是一致的。

例 3-26 标准差等于 50,平均数等于 60,试问标志变量不等于 100 的方差等于多少?

解 由于 $\sigma^2 = S^2 - C^2$,所以 $S^2 = \sigma^2 + C^2$,则有:

$$S^2 = \dfrac{\sum (x-100)^2}{n} = \sigma^2 + \left[\dfrac{\sum (\bar{x}-100)}{n}\right]^2 = \sigma^2 + (\bar{x}-100)^2$$

$$= 50^2 + (60-100)^2 = 4\,100$$

(四)变异系数

全距、平均差和标准差都是反映总体各单位标志值的绝对指标,它们与各单位标志值的计量单位相同,其缺陷在于不便于比较分析同类事物不同水平特别是不同类事物总体的变异程度。

为了便于比较分析不同事物总体的差异,人们引进一个消除了平均水平和计量单位的相对离散指标——变异系数,它是变异指标与算术平均数之比,包括全距变异系数 v_R、平均差变异系数 v_{AD}、标准差变异系数 v_σ(也称为离散系数)等。

$$\begin{cases} v_R = \dfrac{R}{\bar{x}} \\ v_{AD} = \dfrac{AD}{\bar{x}} \\ v_\sigma = \dfrac{\sigma}{\bar{x}} \end{cases} \quad (3-29)$$

例 3-27 求例 3-19 数据的全距变异系数 v_R。

解
$$v_R = \frac{R}{\bar{x}} = \frac{28}{80.7} \approx 0.347$$

例 3-28 求例 3-22 数据的平均差变异系数 v_{AD}。

解
$$v_{AD} = \frac{AD}{\bar{x}} = \frac{10.948}{61.6} \approx 0.178$$

离散系数与平均数代表性的强弱呈反方向变化,离散系数大,说明变量值的差异程度大,平均数代表性弱;变异系数小,说明变量值的差异程度小,平均数的代表性强。

例 3-29 求例 3-22 数据的标准差变异系数 v_σ。

解
$$v_\sigma = \frac{\sigma}{\bar{x}} = \frac{13.51}{61.6} \approx 0.219$$

例 3-30 已知各标志值平方的平均数为 801,各标志值平均数等于 24,求离散系数。

解 方差为:
$$\sigma^2 = \frac{\sum (x - \bar{x})^2}{n} = \frac{\sum (x - x_0)^2}{n} - \left[\frac{\sum (\bar{x} - x_0)}{n} \right]^2$$
$$= \frac{\sum x^2}{n} - \bar{x}^2 = 801 - 24^2 = 225$$

均方差为:
$$\sigma = 15$$

离散系数为:
$$v_\sigma = \frac{\sigma}{\bar{x}} = \frac{15}{24} = 0.625$$

(五)交替标志与标准差

在社会经济统计中,常把具有品质标志的单位组成的总体称为属性总体,把具有数量标志的单位组成的总体称为变量总体。有时把属性总体分为具有某种属性和不具有某种属性两部分。例如,人可分为男和女,电路可分为开和合,产品可分为合格和不合格等。

由于这类事物只表现为两类,要么"是",要么"非",因此,统计学上将这种用"是"与"非"表示的标志称为是非标志,也称交替标志。

成数就是某种属性标志占属性总体的比例,用 p 或 q 表示。

$$p = \frac{n_1}{n} \quad \text{或} \quad q = \frac{n_0}{n}$$

其中,p、q 表示成数,n_1 表示具有某种属性的标志,n_0 表示不具有某种属性的标志,n 表示属性总体。

因为 $n_1 + n_0 = n$,所以有:

$$p + q = \frac{n_1}{n} + \frac{n_0}{n} = 1, \quad p = 1 - q$$

例 3-31 某班 40 名学生中,男生 24 人,女生 16 人,则男生和女生的成数分别为:

$$p = \frac{n_1}{n} = \frac{24}{40} = 0.6$$

$$q = \frac{n_0}{n} = \frac{16}{40} = 0.4$$

事实上,由 $p + q = 1$ 可得:

$$q = 1 - p = 1 - 0.6 = 0.4$$

由于是非标志是品质标志,只表现为"是"或"非",没有数值可言,因此,为了对其进行数量计算,必须将其数量化。通常用"1"表示属性总体中具有某种属性的单位的标志值,而用"0"表示不具有此种属性的单位的标志值。这样就把"是""非"这种品质标志数量化了。

由成数的定义可知,p、q 是具有某种属性和不具有某种属性的单位占属性总体的比例(或频率),使"是"或"非"标志具有单位数,也就解决了是非标志的平均数和标志变动度的度量问题。

由此得到表 3-16 所示的分布表。

表 3-16 品质标志分布

品质标志	标志值 x	比例(或频率) $\frac{f}{\sum f}$
是	1	p
非	0	q
合计	—	1

1. 是非标志平均数的计算

是非标志平均数的计算公式为:

$$\bar{x} = \frac{\sum xf}{\sum f} = \frac{1 \cdot p + 0 \cdot q}{p + q} = p$$

公式表明,是非标志的平均数等于数列中具有某种属性的成数 p,即数列中具有某种属性的单位占属性总体的比例。

例如,有 1 000 件产品,其中合格产品 970 件,则合格品的成数平均数是 97%。

2. 是非标志方差和标准差的计算

是非标志方差的计算公式为:

$$\sigma^2 = \frac{\sum(x-\bar{x})^2 f}{\sum f} = \frac{(1-p)^2 n_1 + (0-p)^2 n_0}{n_1 + n_0}$$

$$= \frac{q^2 n_1 + p^2 n_0}{n} = \frac{\frac{n_0^2 n_1}{n^2} + \frac{n_1^2 n_0}{n^2}}{n} = \frac{\frac{n_0 n_1 (n_0 + n_1)}{n^2}}{n}$$

$$= \frac{n_1}{n} \cdot \frac{n_0}{n} = pq = p(1-p) \tag{3-30}$$

标准差的计算公式为:

$$\sigma = \sqrt{\sigma^2} = \sqrt{pq} = \sqrt{p(1-p)} \tag{3-31}$$

式(3-31)说明,是非标志的标准差等于具有某种属性的单位数占属性总体的比例与不具有某种属性的单位数占属性总体比例之乘积的平方根。

因为 $0 \leq p \leq 1, 0 \leq 1-p \leq 1, \sigma^2 = p(1-p)$,因此,当 $p = 0.5$ 时,是非标志的方差最大,即:

$$\sigma^2 = 0.5 \times 0.5 = 0.25$$

例 3-32 1 000 件产品中有合格产品 970 件,求成数方差及标准差。

解 成数方差为:

$$\sigma^2 = p(1-p) = 0.97 \times 0.03 \approx 0.029$$

成数标准差为:

$$\sigma = \sqrt{p(1-p)} = \sqrt{0.97 \times 0.03} \approx 0.17$$

(六)总方差、组间方差和平均组内方差

前面已经介绍了总方差的概念,即反映总体各单位标志值与其算术平均数之间的平均差异程度的方差。

$$\sigma^2 = \frac{\sum(x-\bar{x})^2}{n} \tag{3-32}$$

其中,σ^2 表示总方差,$\bar{x}$ 表示总体平均数,n 表示总体单位数。

在组距式数列中,反映各组组中值(平均数)与总体平均数之间平均差异程度的方差,称为组间方差,以 δ 表示,则组间方差为:

$$\delta^2 = \frac{\sum(\bar{x}_i - \bar{x})^2 n_i}{n} \tag{3-33}$$

其中,δ^2 表示组间方差,$\bar{x}_i$ 表示第 i 组的组平均数,$\bar{x}$ 表示总体平均数,n_i 表示第 i 组的总体单位数,n 表示总体单位数,$\sum n_i = n$。

在组距式数列中,反映各组内部的标志值差异程度的方差称为组内方差。由于各组的组内方差各不相同,所以必须计算组内方差的平均数,即平均组内方差,计算公式为:

$$\begin{cases} \sigma_i^2 = \dfrac{\sum (x_i - \bar{x}_i)^2}{n_i} \\ \overline{\sigma_i^2} = \dfrac{\sum \sigma_i^2 n_i}{n} \end{cases} \quad (3-34)$$

其中,σ_i^2 表示第 i 组的组内方差,$\overline{\sigma_i^2}$ 表示各组组内方差的平均数。

总方差、组间方差和平均组内方差之间的关系为:

$$\sigma^2 = \delta^2 + \overline{\sigma_i^2} \quad (3-35)$$

例 3-33 抽查某班 12 位同学某门课程的考试成绩,数据如表 3-17 所示。

表 3-17 某班 12 位同学某门课程的考试成绩

成绩(分) x_i	$(x_i - \bar{x})^2$ $\bar{x} = 84.583$
80	21.004
83	2.506
83	2.506
85	0.174
85	0.174
87	5.842
87	5.842
87	5.842
88	11.676
89	19.510
90	29.344
90	29.344
合计	133.764

总方差为: $\sigma^2 = \dfrac{\sum (x - \bar{x})^2}{n} = \dfrac{133.764}{12} = 11.147$

将上述数据分成三组并整理成组距式数列,如表 3-18 所示,计算其组间方差 δ^2。

表 3-18 组间方差相关数据

成绩(分) x_i	学生数(人) f	组平均数 $\bar{x}_i$	$(\bar{x}_i - \bar{x})^2 f$ $\bar{x} = 84.583$
80—83	3	82.00	20.016
85—87	5	86.20	13.073
88—90	4	89.25	87.124
合计	12		120.213

各组平均数为：

$$\bar{x}_1 = \frac{80+83+83}{3} = 82.00$$

$$\bar{x}_2 = \frac{85+85+87+87+87}{5} = 86.20$$

$$\bar{x}_3 = \frac{88+89+90+90}{4} = 89.25$$

$$\delta^2 = \frac{\sum(\bar{x}_i - \bar{x})^2 f}{\sum f} = \frac{120.213}{12} \approx 10.018$$

根据成绩数据（如表 3-19、表 3-20 和表 3-21 所示）计算各组内方差 σ_i^2 以及平均组内方差 $\overline{\sigma_i^2}$。

表 3-19　第一组数据

成绩（分） x_i	$(x_i - \bar{x}_1)^2$ $\bar{x}_1 = 82.00$
80	4
83	1
83	1
合计	6

表 3-20　第二组数据

成绩（分） x_i	$(x_i - \bar{x}_2)^2$ $\bar{x}_2 = 86.20$
85	1.44
85	1.44
87	0.64
87	0.64
87	0.64
合计	4.80

表 3-21　第三组数据

成绩（分） x_i	$(x_i - \bar{x}_3)^2$ $\bar{x}_3 = 89.25$
88	1.5625
89	0.0625
90	0.5625
90	0.5625
合计	2.7500

则第一组平方差为：

$$\sigma_1^2 = \frac{\sum (x_i - \bar{x}_i)^2}{n_i} = \frac{6}{3} = 2$$

第二组平方差为：

$$\sigma_2^2 = \frac{\sum (x_i - \bar{x}_i)^2}{n_i} = \frac{4.8}{5} = 0.96$$

第三组平方差为：

$$\sigma_3^2 = \frac{\sum (x_i - \bar{x}_i)^2}{n_i} = \frac{2.75}{4} = 0.6875$$

平均组内方差为：

$$\overline{\sigma_i^2} = \frac{\sum \sigma_i^2 n_i}{n} = \frac{2 \times 3 + 0.96 \times 5 + 0.6875 \times 4}{12} = 1.129$$

上述计算结果满足：

$$\sigma^2 = \delta^2 + \overline{\sigma_i^2}$$

第四节 偏度与峰度

平均指标反映了次数分布的集中趋势，变异指标反映了次数分布的离中趋势，但平均数和标准差相同的总体，其分布形态却不一定相同。为此，有必要更深入地研究次数分布的形态，这里引入偏度和峰度的概念。

一、偏度

偏度是对次数分布偏斜方向和程度的测度。它和平均数、标准差一样，也是反映次数分布性质的一个重要指标。

偏度测定方法常用的有两种，即算术平均数与众数比较法、动差法。

（一）算术平均数与众数比较法

算术平均数与众数比较法就是用算术平均数和众数之间的关系来测定分布偏斜程度的一种方法。

$$绝对偏度 = \bar{x} - M_0 \tag{3-36}$$

算术平均数与众数的差值（绝对偏度）越大，次数分布的非对称程度越大；差值越小，次数分布的非对称程度越小。

由于绝对偏度是个绝对量，因此为了便于比较，就要消除由计量单位不同等因素带来的影响，为此，这里引进一个新的指标——偏度系数（S_k）。它是绝对偏度与对应的标准差的比值，其计算公式为：

$$S_k = \frac{\bar{x} - M_0}{\sigma} \tag{3-37}$$

偏度系数不仅可以说明偏态的大小,还可以说明偏态的方向。

当 $\bar{x} - M_0 < 0$ 时,偏度系数为负值,次数分布属于负偏(左偏)分布,如图 3-6 所示;当 $\bar{x} - M_0 > 0$ 时,偏度系数为正值,次数分布属于正偏(右偏)分布,如图 3-7 所示。

在一定条件下,因 $3(\bar{x} - M_e) = \bar{x} - M_0$,所以偏度系数的计算公式也可以写为:

$$S_k = \frac{3(\bar{x} - M_e)}{\sigma} \tag{3-38}$$

例 3-34 已知 50 名男生体重的分布数列,其算术平均数为 62.1 千克,众数为 65 千克,标准差为 5.75 千克,根据以上资料:

(1)按位置法计算中位数;
(2)确定偏态方向并计算偏度系数。

解 由于 $\bar{x} = 62.1, M_o = 65, \sigma = 5.75$,所以有:

$$M_e = \bar{x} - \frac{\bar{x} - M_0}{3} \approx 63.067$$

$$S_k = \frac{\bar{x} - M_0}{\sigma} = \frac{62.1 - 65}{5.75} \approx -0.504$$

由于 $S_k < 0$,所以该分布属于左偏分布。

偏度系数不仅可以说明偏态的相对程度,而且可以说明偏态的方向,但其不足之处是由于它反映的偏态程度较为粗糙,并受到一定条件的限制,即只有当 $\bar{x} \neq M_0$ 时,比较法才能反映分布数列的偏态程度;当 $\bar{x} = M_0$ 时,用偏度系数 S_k 来判断分布数列的偏态程度就失效了。例如,某班某门课程 12 位学生的考试成绩分别为 63、67、70、75、78、78、78、82、84、85、86、90 分。这显然是一个偏态数列,但计算其算术平均数、众数和中位数均为 78 分,偏度系数为 0。由此可知,偏度系数为 0 只是数列为对称分布的必要条件,而非充分条件。在偏度系数 S_k 为 0 的时候,最好用动差法来计算偏度系数。

(二)动差法

动差又称矩,在力学中,用以表示力与力臂的关系。动差法(矩法)是通过变量的三阶中心动差与标准差的三次方的比值来反映次数分布和偏态分布的状况,是度量偏态的一个重要指标。

定义一阶原点动差为:

$$M_1 = \frac{\sum xf}{\sum f} = \bar{x}$$

二阶原点动差为:

$$M_2 = \frac{\sum x^2 f}{\sum f}$$

三阶原点动差为：

$$M_3 = \frac{\sum x^3 f}{\sum f}$$

四阶原点动差为：

$$M_4 = \frac{\sum x^4 f}{\sum f}$$

k 阶原点动差为：

$$M_k = \frac{\sum x^k f}{\sum f}$$

同理，可定义一阶中心动差为：

$$m_1 = \frac{\sum (x - \bar{x}) f}{\sum f} = 0$$

二阶中心动差为：

$$m_2 = \frac{\sum (x - \bar{x})^2 f}{\sum f} = \sigma^2$$

三阶中心动差为：

$$m_3 = \frac{\sum (x - \bar{x})^3 f}{\sum f}$$

四阶中心动差为：

$$m_4 = \frac{\sum (x - \bar{x})^4 f}{\sum f}$$

k 阶中心动差为：

$$m_k = \frac{\sum (x - \bar{x})^k f}{\sum f}$$

展开中心动差中的 $(x - \bar{x})^k$ 项，不难证明，原点动差与中心动差之间的关系为：

$$m_1 = M_1 - M_1 \tag{3-39}$$

$$m_2 = M_2 - M_1^2 \tag{3-40}$$

$$m_3 = M_3 - 3M_2 M_1 + 2M_1^3 \tag{3-41}$$

$$m_4 = M_4 - 4M_3 M_1 + 6M_2 M_1^2 - 3M_1^4 \tag{3-42}$$

……

如果做变换 $y = \dfrac{x - a}{b}$，则 x 的 k 阶中心动差与 y 的 k 阶中心动差之间的关系为：

$$m_k(x) = b^k m_k(y)$$

当资料为分组时,定义偏度系数为:

$$\alpha = \frac{\sum (x - \bar{x})^3}{n\sigma^3} \tag{3-43}$$

当资料为组距式数列时,用动差法定义的偏度系数为:

$$\alpha = \frac{\sum (x - \bar{x})^3 f}{\sigma^3 \sum f} = \frac{m_3}{\sqrt{m_2^3}} \tag{3-44}$$

二、峰度

峰度又称峭度,是反映分布集中趋势的测度。与正态分布的高峰相比,分布曲线更瘦更高的称为尖顶峰度(见图3-11),分布曲线更矮更胖的称为平顶峰度(见图3-12)。正态峰度如图3-13所示。

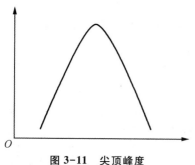
图3-11 尖顶峰度

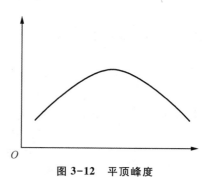
图3-12 平顶峰度

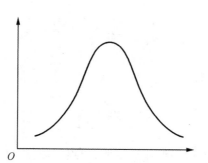
图3-13 正态峰度

峰度系数是以均值为中心的离差的四次方的平均数与其标准差的四次方之比,当资料未分组时,公式为:

$$\beta = \frac{\sum (x - \bar{x})^4}{n\sigma^4} \tag{3-45}$$

当资料为组距式数列时,公式为:

$$\beta = \frac{\sum (x - \bar{x})^4 f}{\sigma^4 \sum f} = \frac{m_4}{m_2^2} \tag{3-46}$$

式中,β 是峰度系数。

因为正态分布的峰度系数等于3,所以当 $\beta > 3$ 时,为尖顶分布,当 $\beta < 3$ 时,为平顶分布。

经验证明,当 β 值接近于1.8时,次数分布曲线趋于一条水平线,分布形态成为水平分布;当 β 值小于1.8时,次数分布曲线呈 U 形,因此,对称分布的峰度系数 β 值在1.8以上。

例 3-35 利用动差法计算例 3-22 中的偏度系数和峰度系数。

方法 1 利用原始公式求解。

利用公式分别求出 $(x-\bar{x})^2 f$、$(x-\bar{x})^3 f$、$(x-\bar{x})^4 f$,填入表 3-22 中。

表 3-22 某门课程的考试成绩

考试成绩（分）	组中值(分) x	学生人数(人) f	xf	$(x-\bar{x})^2 f$	$(x-\bar{x})^3 f$	$(x-\bar{x})^4 f$
40 以下	35	8	280	5 660.48	-150 568.768	4 005 129.2290
40—50	45	13	585	3 582.28	-59 465.848	987 133.0768
50—60	55	18	990	784.08	-5 174.928	34 154.5248
60—70	65	36	2 340	416.16	1 414.944	4 810.8096
70—80	75	16	1 200	2 872.96	38 497.664	515 868.6976
80 以上	85	9	765	4 928.04	115 316.136	2 698 397.5820
合计		100	6 160	18 244.00	-59 980.800	8 245 493.9200

平均成绩为:

$$\bar{x} = \frac{\sum xf}{\sum f} = \frac{6\,160}{100} = 61.6$$

$$\sigma = \sqrt{\frac{\sum (x-\bar{x})^2 f}{\sum f}} = \sqrt{\frac{18\,244}{100}} \approx 13.51$$

偏度系数为:

$$\alpha = \frac{\sum (x-\bar{x})^3 f}{\sigma^3 \sum f} = \frac{-59\,980.8}{100 \times 13.51^3} \approx -0.2432$$

峰度系数为:

$$\beta = \frac{\sum (x-\bar{x})^4 f}{\sigma^4 \sum f} = \frac{8\,245\,493.92}{100 \times 13.51^4} \approx 2.4751$$

方法 2 利用快捷算法求解。

根据表 3-22 中的数据分别求出 $\sum f$、yf、y^2f、y^3f、y^4f，并填入表 3-23 中。

表 3-23 根据表 3-22 中数据计算所得到的有关数据

考试成绩（分）	组中值(分) x	学生人数(人) f	xf	$\sum f$	$y = \dfrac{x-65}{10}$	yf	y^2f	y^3f	y^4f
40 以下	35	8	280	8	−3	−24	72	−216	648
40—50	45	13	585	21	−2	−26	52	−104	208
50—60	55	18	990	39	−1	−18	18	−18	18
60—70	65	36	2 340	75	0	0	0	0	0
70—80	75	16	1 200	91	1	16	16	16	16
80 以上	85	9	765	100	2	18	36	72	144
合计	—	100	6 160	—	—	−34	194	−250	1 034

$$M_1(y) = \frac{\sum yf}{\sum f} = \frac{-34}{100} = -0.34$$

$$M_2(y) = \frac{\sum y^2 f}{\sum f} = \frac{194}{100} = 1.94$$

$$M_3(y) = \frac{\sum y^3 f}{\sum f} = \frac{-250}{100} = -2.5$$

$$M_4(y) = \frac{\sum y^4 f}{\sum f} = \frac{1\,034}{100} = 10.34$$

$m_1(y) = 0$

$m_2(y) = M_2(y) - M_1^2(y) = 1.8244$

$m_3(y) = M_3(y) - 3M_2(y)M_1(y) + 2M_1^3(y) \approx -0.5998$

$m_4(y) = M_4(y) - 4M_3(y)M_1(y) + 6M_2(y)M_1^2(y) - 3M_1^4(y) \approx 8.2455$

$m_1(x) = 0$

$m_2(x) = 10^2 \times 1.8244 = 182.44$

$m_3(x) = 10^3 \times (-0.5998) = -599.8$

$m_4(x) = 10^4 \times 8.2455 = 82\,455$

偏度系数为：

$$\alpha = \frac{m_3(x)}{\sqrt{m_2^3(x)}} = \frac{-599.8}{\sqrt{182.44^3}} \approx -0.243$$

峰度系数为：

$$\beta = \frac{m_4(x)}{\sqrt{m_2^4(x)}} = \frac{82\,455}{\sqrt{182.44^4}} \approx 2.477$$

本章小结

本章详细介绍了平均数指标与标志变异指标。

1. 平均数反映同类事物在一定时间、地点条件下所达到的一般水平。它将变量的差异抽象化，用来反映总体在某一方面的一般特征。

2. 平均数指标具有同质性、代表性和抽象性的特点。它可以反映变量的集中趋势，可以用来研究不同现象之间的相互依存关系，是统计分析中常用的对比、评价标准。

3. 平均数指标按不同的标准有不同的分类。按反映的表现状态的不同，可分为静态平均数和动态平均数；按计算方法的不同，静态平均数可分为算术平均数、调和平均数、几何平均数、中位数和众数等；按是否进行加权计算，可分为一般平均数和加权平均数。

4. 常用的平均数指标有算术平均数、调和平均数、几何平均数、中位数、四分位数、众数。

5. 标志变异指标又称标志变动度，是描述以平均数为中心的总体各单位间标志值差异程度的统计指标。

6. 变异指标的作用体现在两方面：一是表明平均指标的代表性；二是反映社会经济活动过程的均衡性、节奏性和稳定性。

7. 常用的标志变异指标有全距、平均差、标准差（或方差）、变异系数、偏度和峰度。

8. 平均指标反映了总体单位的集中趋势，变异指标反映了总体单位的离中趋势（或离散趋势），它们从两个侧面描述了总体分布的特征。集中趋势越强，离中趋势越弱；反之，集中趋势越弱，则离中趋势越强。

本章习题

1. 某工业公司所属 12 家企业生产同一种产品，其单位成本分组资料见下表。

单位成本 （元/件）	企业数 （家）	总产品产量 （件）
90—100	2	1 100
100—110	7	10 800
110—120	3	2 300
合计	12	14 200

试计算产品平均单位成本。

2. 假设在习题1的例子中不知道各组产量,而知道各组总成本,资料见下表。

单位成本 (元/件)	企业数 (家)	各组总成本 (元)
90—100	2	114 000
100—110	7	1 344 000
110—120	3	230 000
合计	12	1 688 000

试计算产品平均单位成本。

3. 某项目组完成项目所需时间分布如下表所示。

项目时间(天)	频数	组中值
10—14	4	12
15—19	8	17
20—24	5	22
25—29	2	27
30—34	1	32
合计	20	—

(1) 计算完成项目平均所需时间;
(2) 计算完成项目所用时间的中位数;
(3) 计算完成项目所用时间的众数;
(4) 计算完成项目所用时间的标准差。

4. 某市100家零售企业某年的销售额分布资料见下表。

销售额(万元)	企业数(家)
100—150	4
150—200	16
200—250	40
250—300	28
300—350	10
350—400	2
合计	100

(1) 计算该市100家零售企业的年均销售额;
(2) 计算销售额的平均差;
(3) 计算销售额的频数分布的偏度系数;
(4) 计算销售额的频数分布的峰度系数;
(5) 说明销售额的频数分布是尖顶分布还是平顶分布。

5. 某房地产公司600套出租房屋的每周租金资料如下表所示,根据该资料计算中位数和四分位数租金。

每周租金(元)	房屋数(套)	累计次数	
		向下累计	向上累计
800 以下	16		
800—900	26		
900—1 000	34		
1 000—1 100	45		
1 100—1 200	60		
1 200—1 300	62		
1 300—1 400	65		
1 400—1 500	70		
1 500—1 600	56		
1 600—1 700	50		
1 700—1 800	42		
1 800—1 900	37		
1 900—2 000	28		
2 000 以上	9		
合计	600		

6. 2017—2018 年,为了统计调查某市统计专业的毕业生的平均年薪,抽样调查得到如下表所示的数据。

单位:千元

31.49	30.16	30.37	31.77	31.07
30.79	31.49	31.00	31.42	31.35
31.84	32.47	31.14	31.21	33.03
32.54	30.93	30.23	31.42	32.26
32.54	31.21	31.28	32.61	33.31
32.89	30.51	31.21	31.63	31.21

(1) 样本年薪的平均数是多少?
(2) 样本年薪的中位数是多少?
(3) 样本年薪的众数是多少?
(4) 样本年薪的第一四分位数是多少?
(5) 样本年薪的第三四分位数是多少?

7. 为统计调查某市中秋节期间月饼的销售价格,对 16 个销售点的月饼单价进行抽样调查,得到如下表所示的数据。

单位:元

2.9	3.2	2.9	3.8
3.2	3.4	3.2	3.8
3.0	3.2	3.1	3.9
3.4	3.2	3.0	3.8

（1）计算样本月饼单价的平均数、中位数和众数；

（2）计算样本月饼单价的四分位数。

8. 为了对比 A 型车和 B 型车的耗油量性能，对两种车型分别随机抽样调查了 10 辆车的百公里耗油量，统计数据如下表所示。

单位：升/百公里

A 型车	B 型车
4.9	5.8
5.0	6.2
4.8	5.5
4.3	5.8
4.6	5.2
4.8	5.2
4.6	6.3
4.6	5.8
4.6	5.6
4.9	5.6

试用平均数、中位数和众数分析这两种车型在耗油量性能上的差异。

9. 某小型合资企业的基层管理人员的年龄数据如下表所示。

年龄(岁)	24	25	26	27	28	29	30	31	32	33	34	35	36	37	38	39	40
人数(人)	2	4	7	9	3	8	16	21	24	19	16	5	7	3	2	1	1

试计算该企业基层管理人员年龄的平均数、中位数、众数和四分位数，并说明其意义。

10. 从一批螺栓中随机抽出了 100 只进行检验，其口径尺寸如下表所示，试确定这批螺栓的口径尺寸分布是否符合正态分布。

螺栓口径尺寸（毫米）	数量(只) f	组中值（毫米）	$Y = \dfrac{x - x_0}{d}$	Yf	Y^2f	Y^3f	Y^4f
10.905—10.935	4						
10.935—10.965	8						
10.965—10.995	18						
11.025—11.055	35						
11.055—11.085	19						
11.085—11.115	6						
11.115—11.145	7						
11.145—11.175	3						
	100						

11. 一组数据的分布特征可以从哪几个方面进行测度？

12. 简述众数、中位数和平均数的特点及应用场合。

13. 下表为 2018 年和 2019 年全国各省份(除港、澳、台地区)生产总值及人均可支配收入的数据。

省份	2018年生产总值（亿元）	2019年生产总值（亿元）	2018年人均可支配收入(元)	2019年人均可支配收入(元)
北京	30 319.98	35 371.28	62 361.2	67 755.9
天津	18 809.64	14 104.28	39 506.1	42 404.1
河北	36 010.27	35 104.52	23 445.7	25 664.7
山西	16 818.11	17 026.68	21 990.1	23 828.5
内蒙古	17 289.22	17 212.53	28 375.7	30 555.0
辽宁	25 315.35	24 909.45	29 701.4	31 819.7
吉林	15 074.62	11 726.82	22 798.4	24 562.9
黑龙江	16 361.62	13 612.68	22 725.8	24 253.6
上海	32 679.87	38 155.32	64 182.6	69 441.6
江苏	92 595.40	99 631.52	38 095.8	41 399.7
浙江	56 197.15	62 351.74	45 839.8	49 898.8
安徽	30 006.82	37 113.98	23 983.6	26 415.1
福建	35 804.04	42 395.00	32 643.9	35 616.1
江西	21 984.78	24 757.50	24 079.7	26 262.4
山东	76 469.67	71 067.53	29 204.6	31 597.0
河南	48 055.86	54 259.20	21 963.5	23 902.7
湖北	39 366.55	45 828.31	25 814.5	28 319.5
湖南	36 425.78	39 752.12	25 240.7	27 679.7
广东	97 277.77	107 671.07	35 809.9	39 014.3
广西	20 352.51	21 237.14	21 485.0	23 328.2
海南	4 832.05	5 308.93	24 579.0	26 679.5
重庆	20 363.19	23 605.77	26 385.8	28 920.4
四川	40 678.13	46 615.82	22 460.6	24 703.1
贵州	14 806.45	16 769.34	18 430.2	20 397.4
云南	17 881.12	23 223.75	20 084.0	22 082.4
西藏	1 477.63	1 697.82	17 286.1	19 501.3
陕西	24 438.32	25 793.17	22 528.3	24 666.3
甘肃	8 246.07	8 718.30	17 488.4	19 139.0
青海	2 865.23	2 965.95	20 757.3	22 617.7
宁夏	3 705.18	3 748.48	22 400.4	24 411.9
新疆	12 199.08	13 597.11	21 500.2	23 103.4

资料来源:相关年份《中国统计年鉴》。

(1)请分别计算 2018 年和 2019 年地区生产总值及人均可支配收入的最小值、最大值、平均数及标准差;

(2)计算 2018 年和 2019 年地区生产总值及人均可支配收入的中位数及四分位数;

(3)对比上述计算指标在 2018 年和 2019 年的变化。

第四章 统计推断的基础

第一节 基本概念

一、随机试验与随机事件

我们把对某种现象的一次观察或一次科学试验称为试验。如果这个试验在相同的条件下可以重复进行,而且每次试验可能出现的结果是事先可以预知的,则称这样的试验为随机试验。以下我们所说的试验均指随机试验。

在随机试验中,可能发生也可能不发生的试验结果称为随机事件。在试验中必然发生的事件,称为必然事件;在试验中不可能发生的事件,称为不可能事件。必然事件和不可能事件是两类比较特殊的事件。

例如,在掷硬币的试验中,"掷出反面"是随机事件,在掷骰子的试验中,"掷出1点"也是随机事件,"掷出的点数不大于6"是必然事件,而"掷出的点数大于6"则是不可能事件。随机事件也简称为事件,通常用字母 A、B、C 等表示。

二、随机变量

为了便于研究随机试验的各种结果及其发生的概率,需要将随机试验的结果与某一数值对应起来,即将随机试验的结果数量化,表示随机试验数值的量就是随机变量。

定义 设随机试验 E 的样本空间为 Ω,如果对于每一个样本点可能的试验结果 $\omega \in \Omega$,都唯一存在一个实数 $X(\omega)$ 与之对应,则称 $X(\omega)$ 为 E 的一个随机变量。

常用英文大写字母 X、Y、Z(或希腊字母 ξ、η、ζ)等表示随机变量。

从以上定义可知,随机变量是一个函数,它定义在样本空间 Ω 上,而取值在实轴上。因此,它与一般函数不同的是,它的自变量是随机试验的结果。由于随机试验结果的出现具有随机性,在一次试验之前无法预测哪一个结果会出现,所以随机变量也具有随机性,这是随机变量与一般函数最大的不同之处。

例 4-1 投掷一枚骰子,观察出现的点数。分别记事件 $\omega_1 = \{$出现1点$\}$,事件 $\omega_2 = \{$出现2点$\}$,事件 $\omega_3 = \{$出现3点$\}$,事件 $\omega_4 = \{$出现4点$\}$,事件 $\omega_5 = \{$出现5点$\}$,事件 $\omega_6 = \{$出现6点$\}$,则样本空间 $\Omega = \{\omega_1, \omega_2, \omega_3, \omega_4, \omega_5, \omega_6\}$。于是,试验有六个可能的结果。引入随机变量 X,令:

$$X = X(\omega) = \begin{cases} 1, & \text{当 } \omega = \omega_1 \\ 2, & \text{当 } \omega = \omega_2 \\ 3, & \text{当 } \omega = \omega_3 \\ 4, & \text{当 } \omega = \omega_4 \\ 5, & \text{当 } \omega = \omega_5 \\ 6, & \text{当 } \omega = \omega_6 \end{cases}$$

可以看出,X 是定义在 Ω 上的实值函数,由于试验前不能预测 ω 的取值,其可能取 1—6 的任一数值,由于试验结果的出现是随机的,所以随机变量的取值也是随机的,其值域为 $\{1,2,3,4,5,6\}$。

例 4-2 观察某个路口 24 小时内所经过的机动车辆数,记 $\omega_i = \{24$ 小时内经过的车辆数量$\}$,$i=1,2,3,\cdots$,则样本空间 $\Omega = \{\omega_i, i = 1,2,3,\cdots\}$。

由于试验的结果有无穷多个,因此引入随机变量有:

$$X(\omega_i) = i, \quad i = 1,2,3,\cdots$$

可使样本空间中的每个元素 ω_i 都与一个非负整数 i 对应,$i=1,2,3,\cdots$,由于试验结果的出现是随机的,所以随机变量 $X(\omega)$ 的取值也是随机的。

例 4-3 考虑测试灯泡寿命的试验。记 ω 为一只灯泡的寿命(以小时记),则试验的样本空间为:

$$\Omega = \{\omega, 0 < \omega < \infty\}$$

此时随机变量 $X(\omega)$ 是一个取连续值的随机变量。

通常将取有限个或可数个值的随机变量称为离散型随机变量,其余的统称为非离散型随机变量。在非离散型随机变量中,有一类是连续型随机变量,它是实际问题中最重要的一类随机变量。

第二节 离散型随机变量及其概率分布

统计中常用的概率分布分为离散型随机变量分布和连续型随机变量分布。常见的离散型随机变量分布有两点分布、二项分布、泊松分布,常见的连续型随机变量分布有均匀分布、指数分布、Γ 分布、正态分布、χ^2 分布、t 分布、F 分布。

一、两点分布

如果随机变量 X 的概率分布为 $P\{X=a\} = 1-p, P\{X=b\} = p(0 < p < 1)$,则称 X 服从参数为 p 的两点分布。表 4-1 所示为两点分布的概率分布。

表 4-1 两点分布的概率分布

X	$x_1 = a$	$x_2 = b$
P_k	$1-p$	p

当 $a=0, b=1$ 时,称 X 服从 $(0-1)$ 分布,也称为伯努利分布,记为 $X \sim B(1,p)$。表 4-2 所示为 $(0-1)$ 分布的概率分布。

表 4-2 (0-1) 分布的概率分布

X	$x_1 = 0$	$x_2 = 1$
P_k	$1-p$	p

对于任何一个只有两种可能结果的随机试验 E,如果用 $\Omega = \{\omega_1, \omega_2\}$ 表示其样本空间,我们总可以在 Ω 上定义一个服从 $(0-1)$ 分布的随机变量来描述随机试验的结果为:

$$X = \begin{cases} 1, & \text{若 } \omega = \omega_1 \\ 0, & \text{若 } \omega = \omega_2 \end{cases}$$

例如,检验产品是否合格、掷硬币时是否出现正面等均可用服从 $(0-1)$ 分布的随机变量来描述。

例 4-4 有 500 件产品,其中正品 480 件,次品 20 件,现从中随机地抽取一件,定义随机变量 X 为:

$$X = \begin{cases} 1, & \text{抽到正品} \\ 0, & \text{抽到次品} \end{cases}$$

则 $P\{X=1\} = \dfrac{480}{500} = 0.96, \quad P\{X=0\} = \dfrac{20}{500} = 0.04$

即 X 服从参数为 0.96 的 $(0-1)$ 分布,也即 $X \sim B(1, 0.96)$。

二、二项分布

一般地,设在一次试验中只可能出现两种对立的结果 A 和 $\overline{A}$,每次试验中,事件 A 出现的概率为 p,事件 $\overline{A}$ 出现的概率为 $q = 1 - p$,这样进行的 n 次独立重复试验称为 n 重伯努利试验。

如果随机变量 X 的概率分布为:

$$P\{X = k\} = C_n^k p^k q^{n-k} \tag{4-1}$$

其中, $0 < p < 1, q = 1-p, k = 0, 1, 2, \cdots, n$,则称 X 服从参数为 n、p 的二项分布,记为 $X \sim B(n, p)$。

二项分布具有如下性质:

(1) 若随机变量 $X_1, X_2, \cdots, X_n$ 相互独立,且任何一个随机变量 X_i 都服从 $(0-1)$ 分布,则这 n 个随机变量的和服从二项分布,即:

$$X = X_1 + X_2 + \cdots + X_n \sim B(n, p)$$

(2) 如果 m 个随机变量 $X_1, X_2, \cdots, X_m$ 相互独立,且 $X_i \sim B(n_i, p)$,则有:

$$X = X_1 + X_2 + \cdots + X_m \sim B(n_1 + n_2 + \cdots + n_m, p)$$

(3) 当数值 $m \leq [(n+1)p]$ 时, $C_n^m p^m q^{n-m} \geq C_n^{m-1} p^{m-1} q^{n-m+1}$。

当数值 $m > [(n+1)p]$ 时, $C_n^m p^m q^{n-m} < C_n^{m-1} p^{m-1} q^{n-m+1}$。

其中[ ]表示取不超过其值的最大整数。

(4) 当 $p = 0.5$ 时,二项分布是对称的;反之,当 $p \neq 0.5$ 时,二次分布是不对称的,当 n 越来越大时,这种不对称性变得越来越不明显。

例 4-5 某位射击选手打靶的命中率为 0.95,共射击了 10 次,求其命中目标 8 次的概率。

解 打靶 10 次即 10 次独立的伯努利试验,记 $B_k = (10$ 次射击命中了 8 次的事件$)$,则有:

$$P\{X = 8\} = C_n^k p^k (1-p)^{n-k} = C_{10}^8 (0.95)^8 (0.05)^2 \approx 0.0746$$

在利用二项分布进行计算时,当 n 很大,而 p 很小时,计算有时会非常烦琐,计算工作量也很大,这时可利用下面的泊松定理来计算近似结果。

三、泊松分布

如果随机变量 X 的概率分布为:

$$P\{X = k\} = e^{-\lambda} \frac{\lambda^k}{k!}, \quad k = 0, 1, 2, \cdots \tag{4-2}$$

其中,$\lambda > 0$ 为常数,则称随机变量 X 服从参数为 $\lambda = np$ 的泊松分布,记为 $X \sim P(\lambda)$。

下面,我们来证明泊松定理。

$$C_n^k p^k (1-p)^{n-k} = \frac{n(n-1)\cdots(n-k+1)}{k!} \left(\frac{\lambda}{n}\right)^k \left(1 - \frac{\lambda}{n}\right)^{n-k}$$

$$= \frac{\lambda^k}{k!} \left(1 - \frac{1}{n}\right)\left(1 - \frac{2}{n}\right)\cdots\left(1 - \frac{k-1}{n}\right) \frac{\left(1 - \frac{\lambda}{n}\right)^n}{\left(1 - \frac{\lambda}{n}\right)^k}$$

由于对任意指定的 k,有:

$$\lim_{n \to \infty} \left(1 - \frac{1}{n}\right)\left(1 - \frac{2}{n}\right)\cdots\left(1 - \frac{k-1}{n}\right) = 1$$

$$\lim_{n \to \infty} \left(1 - \frac{\lambda}{n}\right)^k = 1$$

$$\lim_{n \to \infty} \left(1 - \frac{\lambda}{n}\right)^n = e^{-\lambda}$$

则

$$\lim_{n \to \infty} C_n^k p^k (1-p)^{n-k} = e^{-\lambda} \frac{\lambda^k}{k!}$$

显然,定理的条件 $np = \lambda$(常数)意味着当 n 很大时,p 必然很小,因此,此定理表明,当 n 很大、p 很小时,有以下近似公式:

$$C_n^k p^k (1-p)^{n-k} \approx \frac{\lambda^k e^{-\lambda}}{k!}, \quad 其中 \lambda = np$$

显而易见,$P\{X = k\} \geq 0, k = 0, 1, 2, \cdots$,且有:

$$\sum_{k=0}^{\infty} P\{X=k\} = \sum_{k=0}^{\infty} \frac{\lambda^k e^{-\lambda}}{k!} = e^{-\lambda} \sum_{k=0}^{\infty} \frac{\lambda^k}{k!} = 1$$

在现实生活中,传呼台某段时间接到的用户呼叫次数、一本书某页中出现的错别字个数、一个商店在某段时间接待的顾客数等,通常被认为服从泊松分布。

例 4-6 已知某厂生产的某种产品的不合格率为 0.02,现从一批产品中随机抽取 100 件进行检验,试求下列事件的概率:(1) 至多 3 件产品不合格;(2) 至少 1 件产品不合格;(3) 恰有 4 件产品不合格;(4) 不合格产品为 1—5 件。

解 设 X 为不合格产品的件数,p 为产品的不合格率,显然,随机变量 X 服从二项分布。由于 $n=100$ 很大,$p=0.02$ 很小,故可以认为 X 近似服从参数 $\lambda = np = 100 \times 0.02 = 2$ 的泊松分布,于是有:

(1) $P\{X \leq 3\} = \sum_{k=0}^{3} \frac{2^k}{k!} e^{-2} = \left(\frac{2^0}{0!} + \frac{2^1}{1!} + \frac{2^2}{2!} + \frac{2^3}{3!}\right) \times 2.71828^{-2}$
≈ 0.8571

或查累积泊松分布表,得:

$$P(X \leq 3) = 0.8571$$

(2) $P\{X \geq 1\} = 1 - P(X=0) = 1 - 0.135335 \approx 0.8647$

(3) $P\{X=4\} = \frac{2^4}{4!} \times e^{-2} \approx 0.09022$

(4) $P\{1 \leq X \leq 5\} = \sum_{k=1}^{5} \frac{2^k}{k!} e^{-2} = \left(\frac{2^1}{1!} + \frac{2^2}{2!} + \frac{2^3}{3!} + \frac{2^4}{4!} + \frac{2^5}{5!}\right) \times 2.71828^{-2}$
≈ 0.8481

在自然界和现实生活中,人们经常会遇到在随机时刻出现的某种事件。我们把在随机时刻相继出现的事件所形成的序列,叫作随机事件流。若随机事件流具有平稳性、无后效性、普通性,则称该事件流为泊松事件流(泊松流)。在这里,平稳性是指在任意时间区间内,事件发生 k 次($k \geq 0$)的概率只依赖于区间长度而与区间端点无关;无后效性是指在不重叠的时间段内,事件的发生相互独立;普通性是指如果时间区间充分小,事件出现两次或两次以上的概率可以忽略不计。对于泊松流,在任意时间间隔 $(0,t)$,事件(如交通事故)出现的次数服从参数为 λ_t 的泊松分布,λ 称为泊松流的强度。例如,某电话交换台一定时间内收到的用户呼叫次数、在某机场降落的飞机数、某售票窗口接待的顾客数、一段时间间隔内放射性物质放射出的粒子数、单位时间内走进商店的顾客数、港口船舶的到达数等,这些都可看作泊松流。

我们把在每次试验中出现概率很小的事件称作稀有事件,如地震、火山爆发、特大洪水、意外事故等。根据泊松定理,n 重伯努利试验中稀有事件出现的次数近似地服从泊松分布。泊松分布在管理科学、运筹学以及自然科学的某些问题中都占据重要地位。

例 4-7 1961—2010 年的 50 年间,某县夏季(5—9 月)共发生大暴雨 150 次,试建立该县夏季暴雨发生次数的概率分布模型。

解 每年夏季共有 $n = 31+30+31+31+30 = 153$(天),每次暴雨发生时长以 1 天计算,则夏季每天发生暴雨的概率 $p = 150/(50 \times 153)$。

将暴雨发生看作稀有事件,利用泊松分布来建立一个该县夏季暴雨发生 $k(k=0,1,2,\cdots)$ 次的概率分布模型。

设 X 表示夏季发生暴雨的次数,由于

$$\lambda = np = 153 \times \frac{150}{50 \times 153} = 3$$

故可知该县暴雨发生次数的概率分布模型为:

$$P\{X = k\} = \frac{3^k}{k!}e^{-3}, \quad k = 0,1,2,\cdots$$

由上述 X 的概率分布计算 50 年中该县夏季发生 k 次暴雨的理论年数 $50P(X=k)$,并将它与资料记载的实际年数进行对照,这些值及 $P(X=k)$ 的值均列入表 4-3。

表 4-3 概率模型

X	0	1	2	3	4	5	6
P_k	0.05	0.149	0.224	0.224	0.168	0.101	0.05
理论年数	2.5	7.5	11.2	11.2	8.4	5.1	2.5
实际年数	3	7	12	11	9	4	2
X	7	8	9	10	11	12	⋯
P_k	0.022	0.008	0.003	0.0008	0.0002	0	⋯
理论年数	1.1	0.4	0.15	0.04	0.01	0	⋯
实际年数	1	1	0	0	0	0	⋯

由表 4-3 可知,总体而言,按建立的概率分布模型计算出的理论年数与实际年数较为符合,这表明所建立的模型能够近似描述该县夏季暴雨的发生情况。

第三节 连续型随机变量及其概率分布

一、均匀分布

设 a, b 是两个有限实数,如果随机变量 X 的概率密度为

$$f(x) = \begin{cases} \dfrac{1}{b-a}, & x \in (a,b) \\ 0, & 其他 \end{cases}$$

则称在区间上服从均匀分布。

随机变量 X 的分布函数为

$$F(x) = \begin{cases} 0, & x < a \\ \dfrac{x-a}{b-a}, & a \leq x \leq b \\ 1, & x > b \end{cases}$$

均匀分布的概率密度函数与分布函数图形如图 4-1 和图 4-2 所示。

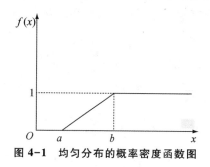

图 4-1 均匀分布的概率密度函数图

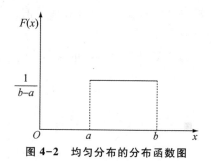

图 4-2 均匀分布的分布函数图

二、指数分布

如果随机变量 X 的概率密度为

$$f(x) = \begin{cases} \lambda e^{-\lambda x}, & x > 0 \\ 0, & x \leq 0 \end{cases}$$

其中,λ 为大于 0 的常数,则称随机变量 X 服从参数为 λ 的指数分布。

指数分布的分布函数为

$$F(x) = \begin{cases} 1 - e^{-\lambda x}, & x > 0 \\ 0, & x \leq 0 \end{cases}$$

指数分布的概率密度函数与分布函数图形如图 4-3 和图 4-4 所示。

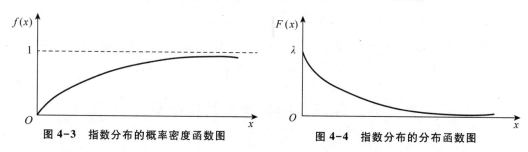

图 4-3 指数分布的概率密度函数图　　　图 4-4 指数分布的分布函数图

在实际应用中,指数分布常常被用来作为多种"寿命"的分布模型,如电子元器件的寿命、动物的寿命、电力设备的寿命、随机服务系统的服务时间等都近似地服从指数分布。

三、Γ 分布

如果随机变量 X 的概率密度为

$$f(x) = \begin{cases} \dfrac{\lambda^{\alpha}}{\Gamma(\alpha)} x^{\alpha-1} e^{-\lambda x}, & x > 0 \\ 0, & x \leq 0 \end{cases}$$

其中,$\alpha > 0, \lambda > 0$,且均为常数,则称 X 服从参数为 α, λ 的 Γ 分布,记作 $X \sim \Gamma(\alpha, \lambda)$。

式中 $\Gamma(\alpha) = \int_0^{+\infty} x^{\alpha-1} e^{-x} dx$ 为 Γ 函数,其主要性质有:

(1) $\Gamma(\alpha + 1) = \alpha\Gamma(\alpha)$。

当 α 为正整数 n 时,$\Gamma(n + 1) = n!$。

(2) $\Gamma(1) = 1, \Gamma\left(\dfrac{1}{2}\right) = \sqrt{\pi}$。

在某些参数值组合条件下,Γ 分布的概率密度函数图如图 4-5 所示。

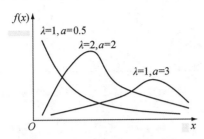

图 4-5　Γ 分布的概率密度函数图

Γ 分布常被作为服务等待时间的概率分布模型。当 $\alpha = 1$ 时,Γ 分布即为指数分布,而 $\lambda = \dfrac{1}{2}, \alpha = \dfrac{n}{2}$ 时,Γ 分布为统计中常用的一种分布类型,常常被用于水文统计、气象统计等领域。

四、正态分布

设连续型随机变量 X 的概率密度为:

$$f(x) = \frac{1}{\sqrt{2\pi}\sigma} e^{-\frac{(x-u)^2}{2\sigma^2}}, \quad -\infty < x < +\infty \tag{4-3}$$

其中,$u > 0, \sigma > 0$,且为常数,则称 X 服从参数为 u, σ^2 的正态分布,记为 $X \sim N(u, \sigma^2)$。

正态分布的分布函数为:

$$F(x) = \frac{1}{\sqrt{2\pi}\sigma} \int_{-\infty}^{x} e^{\frac{-(x-u)}{2\sigma^2}} dx \tag{4-4}$$

正态分布的概率密度函数与分布函数图形如图 4-6 和图 4-7 所示。

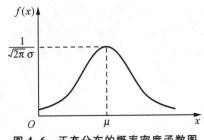
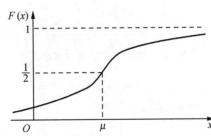

图 4-6　正态分布的概率密度函数图　　**图 4-7　正态分布的分布函数图**

正态分布密度函数曲线关于 $x = \mu$ 直线对称,并且在 $x = \mu$ 处,达到最大值 $\dfrac{1}{\sqrt{2\pi}\sigma}$。这说明 μ 是正态分布的中心,x 离 μ 越远,$f(x)$ 的值越小,正态分布的密度函数以 x 轴为渐近线,它在 $x = \mu \pm \sigma$ 处有拐点。

若固定 σ，改变 μ 的值，那么 $f(x)$ 的图形形状不变，只是沿着 x 轴平行移动，所以参数 μ 决定了密度函数曲线的中心位置，如图 4-8 所示。

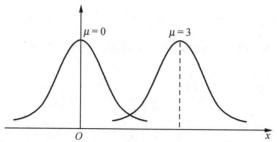

图 4-8　参数 μ 变动时的正态分布的概率密度函数图

若固定 μ，改变 σ 的值，由于最大值 $f(\mu) = \dfrac{1}{\sqrt{2\pi}\,\sigma}$，可知 σ 越小，图形变得越尖，因而 X 的取值就比较集中，落在 μ 附近的概率比较大；反之，σ 越大，图形变得越平坦，因而 X 的取值就比较分散，落在 μ 附近的概率比较小。所以，参数 σ 反映了 X 取值的集中或分散程度。

当 $\mu = 0, \sigma = 1$ 时，即 $X \sim N(0,1)$，称 X 服从标准正态分布，分别用 $\varphi(x)$ 和 $\Phi(x)$ 来表示 X 的概率密度函数及分布函数。

$$\varphi(x) = \frac{1}{\sqrt{2\pi}} e^{-\frac{x^2}{2}}, \quad -\infty < x < +\infty$$

$$\Phi(x) = \frac{1}{\sqrt{2\pi}} \int_{-\infty}^{x} e^{-\frac{t^2}{2}} dt$$

$\varphi(x)$ 和 $\Phi(x)$ 的图形如图 4-9 和图 4-10 所示。

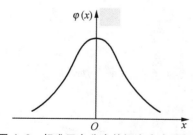
图 4-9　标准正态分布的概率密度函数图

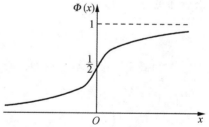
图 4-10　标准正态分布的分布函数图

$\varphi(x)$ 和 $\Phi(x)$ 具有以下性质：

(1) $\varphi(x)$ 是偶函数，即：

$$\varphi(-x) = \varphi(x)$$

(2) 当 $x = 0$ 时，$\varphi(x)$ 取最大值 $\dfrac{1}{\sqrt{2\pi}}$。

(3) $\Phi(-x) = 1 - \Phi(x)$ 且 $\Phi(0) = \dfrac{1}{2}$。

性质(3)如图 4-11 所示。

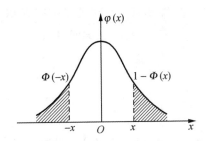

图 4-11 标准正态分布的分布函数性质

在解决实际问题时,随机变量 X 通常服从一般正态分布,即 $X \sim N(\mu, \sigma^2)$。它表示 X 是具有平均值 μ 和方差 σ^2 的正态随机变量;也有可能服从标准正态分布,即 $X \sim N(0,1)$,表示 X 是标准正态随机变量。由于标准正态分布可以由标准正态分布函数表查得,因此对于一般正态分布问题,需要转化为标准正态分布进行计算。

一般正态分布与标准正态分布之间的关系如下:

如果随机变量服从参数为 μ, σ^2 的正态分布,即 $X \sim N(\mu, \sigma^2)$,则随机变量 $\dfrac{X-\mu}{\sigma}$ 服从参数为 $(0,1)$ 的标准正态分布,即:

$$\frac{X-u}{\sigma} \sim N(0,1)$$

那么,对于任意的 $x_1 < x_2$,有:

$$P\{x_1 < X \leqslant x_2\} = \frac{1}{\sqrt{2\pi}\sigma}\int_{x_1}^{x_2} e^{-\frac{(x-\mu)^2}{2\sigma^2}} dx = P\left\{\frac{x_1-\mu}{\sigma} < \frac{X-\mu}{\sigma} < \frac{x_2-\mu}{\sigma}\right\}$$

$$= \frac{1}{\sqrt{2\pi}}\int_{\frac{x_1-\mu}{\sigma}}^{\frac{x_2-\mu}{\sigma}} e^{-\frac{x^2}{2}} dx = \Phi\left(\frac{x_2-\mu}{\sigma}\right) - \Phi\left(\frac{x_1-\mu}{\sigma}\right) \quad (4-5)$$

正态分布函数如图 4-12 所示。

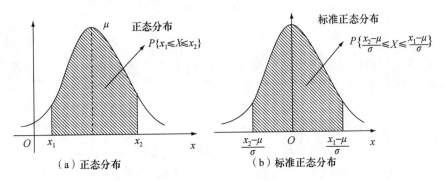

(a)正态分布　　　　　　　(b)标准正态分布

图 4-12 正态分布函数

标准正态函数表通常只列出 $x \geqslant 0$ 的 $\Phi(x)$ 值,当 $x < 0$ 时,可根据 $\Phi(-x) = 1 - \Phi(x)$ 的性质,求得 $\Phi(-x)$ 的值。

例 4-8 某次研究生考试中,参加某门考试的考生有 20 000 人,算得其平均成绩为 55 分,标准差为 8 分。现从中随机抽取 1 名考生,试求其成绩在下述区间的概率:

(1) 40—55 分的概率;

(2) 55—70 分的概率。

解 (1) $P\{40 < X \leqslant 55\} = P\left\{\dfrac{40-55}{8} < \dfrac{X-55}{8} < \dfrac{55-55}{8}\right\}$

$$= \Phi\left(\dfrac{55-55}{8}\right) - \Phi\left(\dfrac{40-55}{8}\right)$$

$$= \dfrac{1}{2} - \left[1 - \Phi\left(\dfrac{55-40}{8}\right)\right]$$

$$= \Phi(1.875) - 0.5 = 0.4696$$

(2) $P\{55 < X \leqslant 70\} = P\left\{\dfrac{55-55}{8} < \dfrac{X-55}{8} < \dfrac{70-55}{8}\right\}$

$$= \Phi\left(\dfrac{70-55}{8}\right) - \Phi\left(\dfrac{55-55}{8}\right)$$

$$= \Phi(1.875) - \dfrac{1}{2} = 0.4696$$

查表得 $\Phi(1.875) = 0.9696$,数值示意图如图 4-13 所示。

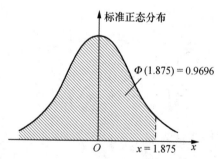

图 4-13 $x = 1.875$ 时的概率分布图

例 4-9 设随机变量 X 服从标准正态分布,求 $P\{X < 2.35\}$,$P\{X > -1.24\}$ 和 $P\{|X| \leqslant 1.58\}$。

解 $P\{X < 2.35\} = \Phi(2.35) = 0.9906$

$P\{X > -1.24\} = \Phi(+\infty) - \Phi(-1.24)$

$$= 1 - [1 - \Phi(1.24)] = \Phi(1.24) = 0.8925$$

$P\{|X| \leqslant 1.58\} = \Phi(1.58) - \Phi(-1.58) = \Phi(1.58) - [1 - \Phi(1.58)]$

$$= 2\Phi(1.58) - 1 = 2 \times 0.9429 - 1 = 0.8858$$

其对应的概率分布图分别如图 4-14、图 4-15(a)、图 4-15(b) 和图 4-16 所示。

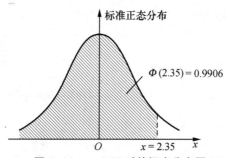

图 4-14　$x=2.35$ 时的概率分布图

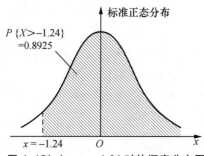

图 4-15(a)　$x=-1.24$ 时的概率分布图

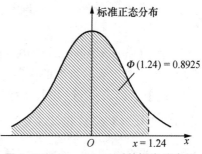

图 4-15(b)　$x=1.24$ 时的概率分布图

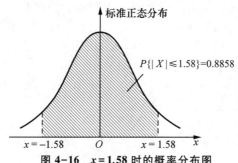

图 4-16　$x=1.58$ 时的概率分布图

例 4-10　某车间生产的零件长度 X（单位：毫米）服从正态分布 $N(50,0.75^2)$。如果产品的质量规定零件的长度在 50 ± 1.5 毫米之间为合格品，求生产的零件是合格品的概率。

解　依题意求得的概率为：

$$P\{48.5<X<51.5\}=\Phi\left(\frac{51.5-50}{0.75}\right)-\Phi\left(\frac{48.5-50}{0.75}\right)$$
$$=\Phi(2)-\Phi(-2)=2\Phi(2)-1$$
$$=2\times0.97725-1=0.9545$$

其对应的概率分布图分别如图 4-17 和图 4-18 所示。

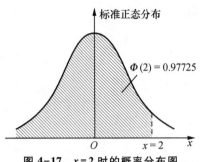
图 4-17　$x=2$ 时的概率分布图

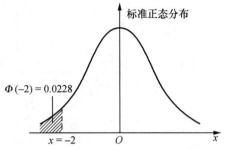
图 4-18　$x=-2$ 时的概率分布图

五、χ^2 分布

χ^2 分布是由 Hermert Solomon 和 Karl Pearson 分别于 1875 年、1900 年推导出来的,它在很多实际问题中都有着较重要的作用,并且在统计学中占有较高的地位。

设随机变量 $X_1,X_2,\cdots,X_n$ 均服从标准正态分布 $N(0,1)$ 且相互独立,则由这 n 个变量平方的和所组成的新随机变量 $X=\sum_{i=1}^{n}X_i^2$ 所服从的分布称为 χ^2 分布,并记为 $X\sim\chi^2$。其中,参数 n 称为自由度,表示 $\sum_{i=1}^{n}X_i^2$ 中独立随机变量的个数。

χ^2 分布为不对称分布,一般为正偏分布。但随着自由度的增大,曲线逐渐趋向于对称,并趋于正态分布,如图 4-19 所示。

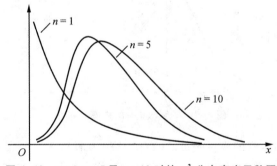
图 4-19　$n=1,n=5$ 及 $n=10$ 时的 χ^2 分布密度函数图

$\chi^2(n)$ 分布的数学期望 $\mu=n$,方差 $\sigma^2=2n$。χ^2 分布具有线性可加性,即若 $X\sim\chi^2(n),Y\sim\chi^2(m)$,且 X 和 Y 相互独立,则 $X+Y\sim\chi^2(n+m)$。

χ^2 分布可用于某一指标值的区间估计、假设检验、方差估计与检查、拟合优度检验和独立性检验等。

例如,$P\{\chi^2(n)>\chi^2_\alpha\}=\alpha$。根据本书附录七可查,当 $n=24,\alpha=0.95$ 时,即 $P\{\chi^2(n)>\chi^2_{0.95}(24)\}=0.95$,则 $\chi^2_{0.95}(24)=13.848$,如图 4-20 所示;当 $n=24,\alpha=0.05$ 时,即 $P\{\chi^2(n)>\chi^2_{0.05}(24)\}=0.05$,则 $\chi^2_{0.05}(24)=36.415$,如图 4-21 所示。

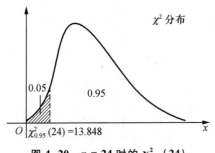
图 4-20　$n=24$ 时的 $\chi^2_{0.95}(24)$
分布临界值与面积

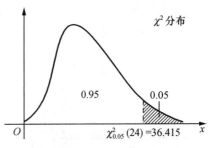
图 4-21　$n=24$ 时的 $\chi^2_{0.05}(24)$
分布临界值与面积

六、t 分布

设随机变量 X 服从标准正态分布,即 $X \sim N(0,1)$,Y 服从 χ^2 分布,即 $Y \sim \chi^2(n)$,且 X 与 Y 相互独立,则随机变量 $T = \dfrac{X}{\sqrt{Y/n}}$ 的分布称为自由度为 n 的 t 分布,记为 $T \sim t(n)$。

t 分布的曲线与标准正态分布的概率密度曲线相似,都是均值为零的钟形曲线。但 t 分布曲线的中心部位较低,两尾较高。随着自由度的增大,t 分布越来越接近标准正态分布,并以其为极限。因此,t 分布多用于小样本 ($n \leq 30$) 条件下某一指标值的区间估计、假设检验、方差估计情况,如图 4-22 所示。

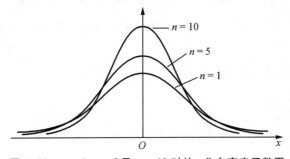
图 4-22　$n=1$,$n=5$ 及 $n=10$ 时的 t 分布密度函数图

t 分布的数学期望为 0,方差为 $\sigma^2 = \dfrac{n}{n-2}(n>2)$。$t$ 分布可用于总体方差未知时正态总体平均值的估计和假设检验等。

例如,$P\{t(n) > t_\alpha(n)\} = \alpha$。当 $n=24$,$\alpha=0.05$ 时,即 $P\{t(24) > t_{0.05}(24)\} = 0.05$,则 $t_{0.05}(24) = 1.7109$,如图 4-23 所示;当 $n=24$,$\alpha=0.95$ 时,即 $P\{t(24) > t_{0.95}(24)\} = 0.95$,则 $t_{0.95}(24) = -1.7109$。很明显,t 分布为对称分布,如图 4-24 所示。

七、F 分布

设随机变量 X 服从自由度为 n 的 χ^2 分布,即 $X \sim \chi^2(n)$,Y 服从自由度为 m 的 χ^2 分布,即 $Y \sim \chi^2(m)$,且 X 与 Y 相互独立,则随机变量 $F = \dfrac{X/n}{Y/m}$ 服从自由度为 (n,m) 的 F 分布,

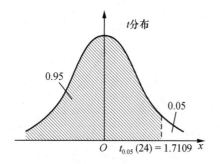

图 4-23 $n=24$ 时的 $t_{0.05}(24)$ 分布临界值与面积

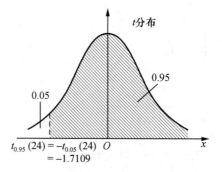

图 4-24 $n=24$ 时的 $t_{0.95}(24)$ 分布临界值与面积

记为 $F \sim F(n,m)$。F 分布一般为正偏分布,如图 4-25 所示。

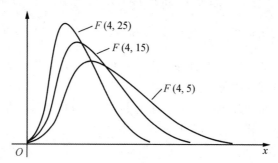

图 4-25 $n=4, m=5, m=15$ 及 $m=25$ 时的 F 分布密度函数图

$F(n,m)$ 分布的数学期望为 $\mu = \dfrac{m}{m-2}(m>2)$,方差为 $\sigma^2 = \dfrac{2m^2(n+m-2)}{n(m-2)^2(m-4)}(m>4)$。$F$ 分布的一个重要性质为:

$$F_{1-\alpha}(n,m) = \dfrac{1}{F_\alpha(m,n)} \tag{4-6}$$

F 分布可用于两个正态总体方差的比较检验、方差分析和线性回归模型的检验等。

例如 $P\{F(n,m) > F_\alpha(n,m)\} = \alpha$。当 $n=24, m=16, \alpha=0.05$ 时,$P\{F(24,16) > F_{0.05}(24,16)\} = 0.05$,则 $F_{0.05}(24,16) = 2.24$,如图 4-26 所示。

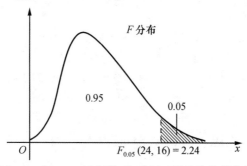

图 4-26 $n=24, m=16$ 时的 $F_{0.05}(24,16)$ 分布临界值与面积

第四节 大数定律与中心极限定理

极限定理是指采用极限的方法研究某一随机变量分布特性的一系列定理。其涉及的内容比较广泛,主要分成两类:一类是表述试验概率与理论概率关系以及随机变量与均值差值长期变化趋势的大数定律;另一类是表述样本均值与总体均值差异以及样本成数与总体成数差异长期变化趋势的中心极限定理,它提供了用样本均值代替总体均值的理论根据,以及利用样本均值对总体均值做出区间估计值的概率保证程度。

一、大数定律

大数定律是指大量随机变量的平均结果具有稳定性的一系列定律,主要有伯努利大数定律和切比雪夫大数定律等。

1. 伯努利大数定律

设 m 是 n 重伯努利试验中事件 A 出现的次数,p 是事件 A 在每次试验中发生的概率,则对任意给定的实数 $\varepsilon > 0$,有 $\lim\limits_{n \to \infty} P\left\{\left|\dfrac{m}{n} - P\right| < \varepsilon\right\} = 1$。

此定律说明,当试验次数 n 充分大时,事件 A 发生的频率 $\dfrac{m}{n}$ 具有稳定性,其稳定值为事件 A 发生的概率 $p = P(A)$,也就是说,随机变量的试验概率依概率收敛于事件理论上发生的概率值。

2. 切比雪夫不等式

切比雪夫不等式由俄国数学家切比雪夫于 1867 年提出,并给出了相应的详细证明,对概率论的发展做出了杰出的贡献。

设随机变量 X 的数学期望 $E(X)$ 和方差 $D(X)$ 存在,则对任意常数 $\varepsilon > 0$,下列不等式成立:

$$P\{|X - E(X)| \geq \varepsilon\} \leq \frac{D(X)}{\varepsilon^2} \quad \text{或} \quad P\{|X - E(X)| < \varepsilon\} > 1 - \frac{D(X)}{\varepsilon^2}$$

此不等式在概率的理论推断和概率的估计中都有重要应用。

3. 切比雪夫大数定律

设独立随机变量序列 $x_1, x_2, \cdots, x_n, \cdots$ 的第 i 个随机变量的数学期望为 $E(x_i)$,存在某一常数 k,使得方差满足 $D(x_i) \leq k (i = 1, 2, \cdots)$,则对于任意给定的正实数 ε,恒有:

$$\lim_{n \to \infty}\left\{\left|\frac{1}{n}\sum_{i=1}^{n} x_i - \frac{1}{n}\sum_{i=1}^{n} E(x_i)\right| < \varepsilon\right\} = 1$$

也就是说,当 n 趋于无穷大时,随机变量变化的均值依概率收敛于这 n 个随机变量均值和的均值。

大数定律为抽样调查奠定了理论基础,尽管随机变量的总体指标往往是未知的,但该定律告诉我们可以通过从总体中抽取的少量样本所算得的平均指标来推断总体的平均指标。

二、中心极限定理

中心极限定理是指随机变量的极限分布逐渐趋近于标准正态分布的一系列定理的总称。中心极限定理最早由法国裔英国籍数学家棣莫弗提出,后经法国数学家拉普拉斯、俄国数学家李亚普诺夫、苏联数学家辛钦等人的丰富与发展,逐步趋于完善,现已成为解决实际问题的重要工具。

设随机变量序列 $x_1, x_2, \cdots, x_n, \cdots$ 是相互独立的,均具有有限的数学期望 $E(x_i)$ 和方差 $D(x_i), i = 1, 2, \cdots$,其前 n 项和的标准化随机变量序列为:

$$Y_n = \frac{\sum_{i=1}^n x_i - \sum_{i=1}^n E(x_i)}{\sqrt{\sum_{i=1}^n D(x_i)}}, \quad n = 1, 2, \cdots$$

Y_n 的分布函数记为 $F_n(x) = P\{Y_n \leq x\}$,则有:

$$\lim_{n \to +\infty} F_n(x) = \lim_{n \to +\infty} P\{Y_n \leq x\} = \lim_{n \to +\infty} P\left\{\frac{\sum_{i=1}^n x_i - \sum_{i=1}^n E(x_i)}{\sqrt{\sum_{i=1}^n D(x_i)}} \leq x\right\}$$

$$= \frac{1}{\sqrt{2\pi}} \int_{-\infty}^x e^{-\frac{t^2}{2}} dt, \quad -\infty < x < +\infty$$

即随机变量序列 $\{Y_n\}$ 依分布率收敛于标准正态随机变量。

1. 独立同分布中心极限定理

设随机变量序列 $x_1, x_2, \cdots, x_n, \cdots$ 是相互独立同分布的,具有数学期望 $E(x_i) = \overline{x}$ 和方差 $D(x_i) = \sigma^2, i = 1, 2, \cdots$,则对于任意的实数 x,有:

$$\lim_{n \to +\infty} P\left\{\frac{\sum_{i=1}^n x_i - n\overline{X}}{\sqrt{n\sigma^2}} \leq x\right\} = \frac{1}{\sqrt{2\pi}} \int_{-\infty}^x e^{-\frac{t^2}{2}} dt, \quad -\infty < x < +\infty$$

推论 设 $\overline{x} = \dfrac{\sum_{i=1}^n x_i}{n}$,则有:

$$\lim_{n \to +\infty} P\left\{\frac{\overline{x} - \overline{X}}{\sigma/\sqrt{n}} \leq x\right\} = \frac{1}{\sqrt{2\pi}} \int_{-\infty}^x e^{-\frac{t^2}{2}} dt, \quad -\infty < x < +\infty$$

此定理说明当 n 足够大时,随机变量 $\dfrac{\overline{x} - \overline{X}}{\sigma/\sqrt{n}}$ 服从 $N(0,1)$ 分布。

而随机变量为:

$$\sum_{i=1}^n x_i = n\overline{X} + \sqrt{n}\sigma \tag{4-7}$$

近似服从 $N(n\mu, n\sigma^2)$ 分布，随机变量序列 $\{x_i\}$ 前 n 项的算术平均 $\bar{x}$ 近似服从 $N\left(\mu, \dfrac{\sigma^2}{n}\right)$ 分布。

因此，当 n 足够大时，概率计算的近似公式为：

$$P\left\{x_1 < \sum_{i=1}^{n} x_i \leq x_2\right\} = P\left\{\frac{x_1 - n\overline{X}}{\sqrt{n}\sigma} < Y_n \leq \frac{x_2 - n\overline{X}}{\sqrt{n}\sigma}\right\}$$

$$= \Phi\left(\frac{x_2 - n\overline{X}}{\sqrt{n}\sigma}\right) - \Phi\left(\frac{x_1 - n\overline{X}}{\sqrt{n}\sigma}\right) \tag{4-8}$$

例 4-11 假设 20 000 名考生的分数情况未知，现从中随机抽出 144 名考生，测得平均成绩为 58 分，标准差为 9 分，试求其极限误差小于 1.5 分的概率。

解 设样本 $x_1, x_2, \cdots, x_{144}$ 独立同分布，由独立同分布中心极限定理可知：

$$P\{|\bar{x} - \overline{X}| < 1.5\} = P\left\{\left|\frac{\sum_{i=1}^{144} x_i - 144\overline{X}}{\sqrt{144\sigma^2}}\right| < \frac{1.5 \times 12}{\sigma}\right\} = \int_{-2}^{2} \frac{1}{\sqrt{2\pi}} e^{-\frac{x^2}{2}} dx$$

$$= \Phi(2) - \Phi(-2) = 2 \times 0.9772 - 1 = 0.9545$$

其相应的值分别如图 4-27 和图 4-28 所示。

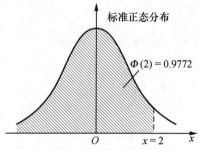
图 4-27 $x=2$ 时的 $\Phi(2)$ 概率分布图

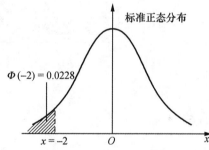
图 4-28 $x=-2$ 时的 $\Phi(-2)$ 概率分布图

2. 棣莫弗-拉普拉斯中心极限定理

设随机变量 $x_n(n=1,2,\cdots)$ 服从参数为 $n, p(0 < p < 1)$ 的二项分布 $B(n,p)$，则对于任意区间 $(a,b]$，恒有：

$$\lim_{n \to \infty} P\left\{a < \frac{x_n - np}{\sqrt{np(1-p)}} \leq b\right\} = \int_a^b \frac{1}{\sqrt{2\pi}} e^{-\frac{t^2}{2}} dt$$

即若 x_n 服从二项分布，且 $E(x_n) = np, D(x_n) = np(1-p)$，那么随机变量 $\dfrac{x_n - np}{\sqrt{np(1-p)}}$ 服从标准正态分布。

推论 设 p 为 n 次独立试验中事件 A 发生的频率（或样本成数），P 为事件 A 在每次试验中发生的概率（或总体成数），则对于任意实数 x，有：

$$\lim_{n \to \infty} P\left\{\frac{p - P}{\sqrt{p(1-p)/n}} \leq x\right\} = \int_{-\infty}^{x} \frac{1}{\sqrt{2\pi}} e^{-\frac{t^2}{2}} dt$$

即当 n 趋于无穷大时，随机变量 $\dfrac{p-P}{\sqrt{p(1-p)/n}}$ 服从样本成数 p 趋于总体成数 P、标准差为 $\sqrt{\dfrac{p(1-p)}{n}}$ 的标准正态分布。

例 4-12 某次随机试验共掷了硬币 10 000 次，用中心极限定理求其所掷的正面次数大于 5 060 次的概率。

解
$$P\{x > 5\,060\} = P\left\{\dfrac{x-np}{\sqrt{npq}} > \dfrac{5\,060-np}{\sqrt{npq}}\right\}$$
$$= 1 - \Phi\left(\dfrac{5\,060-np}{\sqrt{npq}}\right)$$
$$= 1 - \Phi(1.2) = 1 - 0.88493 = 0.11507$$

相应的值如图 4-29 所示。

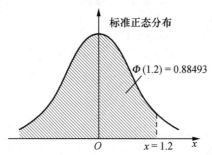

图 4-29　$x = 1.2$ 时的概率分布图

本章小结

本章介绍了随机试验、随机事件、随机变量的概念，统计中常见的概率分布，大数定律与中心极限定理。

1. 对某种现象的一次观察或进行一次科学试验称为试验。如果这个试验在相同的条件下可以重复进行，能事先明确试验的所有可能结果，但每次试验出现的结果事先无法预知，则称这样的试验为随机试验。

2. 在随机试验中，可能发生也可能不发生的试验结果称为随机事件。

3. 为便于研究随机试验的各种结果及其发生的概率，将随机试验的结果与某一数值对应起来，表示随机试验数值的量就是随机变量。

4. 统计中常见的概率分布分为离散型随机变量分布和连续型随机变量分布。常见的离散型随机变量分布有两点分布、二项分布和泊松分布。常见的连续性随机变量分布有均匀分布、指数分布、Γ 分布、正态分布、χ^2 分布、t 分布和 F 分布。

5. 大数定律是大量随机变量的平均结果具有稳定性的一系列定律，主要包括伯努利大数定律和切比雪夫大数定律等。

6. 中心极限定理是随机变量的极限分布逐渐趋近于标准正态分布的一系列定理的总称,主要包括独立同分布中心极限定理和棣莫弗-拉普拉斯中心极限定理等。

本章习题

1. 简述随机试验、随机事件及随机变量的概念。
2. 什么是二项分布?它有哪些性质?
3. 在何种情况下可以利用泊松定理来简化二项分布的计算?
4. 正态分布有哪些主要性质?
5. 简述大数定律的内容。
6. 简述中心极限定理的内容。
7. 一名射击手打靶,命中率为 0.85,共射击 10 次。求该射击手至少命中 7 次的概率。
8. 两个随机数生成器生成 A、B 两个数字的机会相等,且生成的数字 X 服从参数为 λ 的泊松分布。求生成数字 A 而未生成数字 B 的概率。
9. 某年某省参加统计学自学考试的考生有 10 000 名,10 000 名考生的分数情况未知。现从中随机抽取 100 名考生,测得平均成绩为 57 分,标准差为 8 分,试求抽样极限误差小于 2 分的概率。
10. 设某保险公司的老年人寿保险有 10 000 人参加,每人每年交 400 元。若老人死亡,保险公司付给家属 20 000 元,设老人死亡率为 0.017,试求保险公司在这次保险中亏本的概率。
11. 某栋高楼内装有 400 台同型号的分体式空调,每台空调独立运行,使用率各为 0.7,每台使用时耗电各为 1 千瓦。问供电所至少要给这栋高楼供多少电力,才能以 99.9% 的概率保证这栋大楼不会因供电不足而影响空调的使用?
12. 请简述 χ^2 分布、t 分布、F 分布及正态分布之间的关系。
13. 根据自己的经验体会举几个服从泊松分布的随机变量的实例。
14. 根据自己的经验体会举几个服从正态分布的随机变量的实例。

第五章 抽样调查

导入案例

基于正确抽样调查的指数编制是科学决策的基石

2014年2月,阿根廷政府当地时间13日公布新的消费者物价指数和统计方法,并确定1月通货膨胀率为3.7%,1月成为近来阿根廷官方和私人统计这一指数差距最小的月份。

阿根廷经济部长基西洛夫、国家统计局局长安娜·玛利亚·埃德温等介绍说,新的城市消费者物价指数涉及全国23.5万种商品和服务价格,统计人员对9大类、26组、58个基本分类的商品和服务价格进行抽样和测量,统计出100多个代表性指数,并据此编制总指数。其中的9大类商品和服务分别为食品和饮料、服装、住房和基本服务、家用设备和维护、医疗保障和卫生支出、交通和通信、娱乐、教育及其他。

私人统计机构编制的国会消费者物价指数显示,1月通货膨胀率为4.61%,与官方指数的差距不超过1个百分点,这是官方和私人统计的这一指数的最小差距。2013年12月,官方公布的消费者物价指数为1.4%,而国会消费者物价指数为3.38%。

新的官方消费者物价指数显示,公共交通以13.9%居1月物价涨幅之首。阿根廷国家统计局承认,交通和通信类物价上涨拖累当月物价总指数约1个百分点。

根据拉美洲各国1月公布的消费者物价指数,阿根廷通货膨胀率最高,其次为委内瑞拉,乌拉圭位居第三。

此前,阿根廷国家统计局编制的消费者物价指数一直遭到国内外诟病。国际货币基金组织曾因阿根廷政府不提供真实统计数据,于2013年2月启动对阿根廷的制裁措施,并强调,阿根廷政府制定新的、可信和合理的消费者物价指数,是改善其国际形象和建立国家经济公信力的前提。

阿根廷国家统计局此次编制的消费者物价指数,得到国立布宜诺斯艾利斯大学、阿根廷各省统计机构,以及国际货币基金组织等国际机构的配合和协助。

资料来源:裘征宇.阿根廷政府公布新的消费者物价指数和统计方法[EB/OL].(2014-02-14)[2022-02-21].http://news.fjsen.com/2014-02/14/content_13497094.htm.

在进行统计分析的过程中,很多现象是无法进行全面调查的,如对于某些具有消耗性、破坏性的物品的调查,对病毒传播速度、贵重元器件使用寿命的检验等;同时,对于样本容量过大的总体也很难进行全面调查,如物种的种群、环境的污染状况等。因此,为了节省人力、财力及时间等,可以通过抽样统计的方法,在不影响可靠性和精度的前提下进行总体情况的判断。

通过抽样的方法来对样本总体进行相应的替代,在不影响可靠性和精度的前提下,使得样本在一定程度内能够很好地表征总体的相应状态,这就需要对样本的选取过程进行一定的要求约束,最大限度地避免在抽样过程中引入误差。应用最广泛同时也最简单的抽样方式是简单随机抽样,这种抽样方式满足两个基本条件:① 总体中的任何一个个体进入样本的机会是相等的;② 每个样本相互独立,即样本中的任何一个个体的取值并不影响其他样本的取值。满足这两个基本条件的样本选取方式即为简单随机抽样,所选取的样本为简单随机样本。除了简单随机抽样,还有分层抽样、系统抽样和整群抽样方式等。不同抽样方式所得到的样本不尽相同,统计推断的方法也各异。在本书中,如无特别说明,所有样本的选取方式均为简单随机抽样。

第一节 抽样调查的基本概念和作用

一、抽样调查的基本概念

(一) 抽样调查

抽样调查有广义和狭义之分。广义来说,抽样调查就是非全面调查,这是从研究的总体中按照一定的抽样原则抽取部分单位作为样本,进行观察研究,以达到认识总体特性的一种统计调查方法;狭义来说,抽样调查是指概率抽样。

(二) 总体与样本

总体是指所要研究的调查对象的全体,是所要说明其数量特征的研究对象,是由具有某种相同性质的所有单位组成的集合。构成总体的个别单位就是总体单位,也称个体。

样本是从总体中随机抽取的部分单位的整体,它是总体的一个子集。

总体单位的总数称为总体容量,一般用 N 表示;样本中所包含的单位数称为样本容量,一般用 n 表示。

(三) 概率抽样和非概率抽样

根据抽取样本的方式不同,抽样调查可分为概率抽样和非概率抽样。

概率抽样是指采用随机原则,从总体中抽取样本单位。它的基本特征是,每个总体单位都有可能入选样本,且被抽中的概率可以计算出来。在抽样时,如果每个个体被抽中的概率是相等的,称为等概率抽样;如果每个个体被抽中的概率是不等的,称为不等概率抽样。

非概率抽样是指从总体中抽取样本时,不总是采用随机原则,而是可以有意识地选择样本。在市场调查和民意测验中,经常用方便抽样、判断抽样、配额抽样和滚雪球抽样等非概率的抽样方式。

根据调查者的知识、经验和能力,非概率样本也可能会对总体特性做出比较好的估计,但非概率抽样无法对估计的精度做出较为准确的评价。在这一点上,概率抽样则能够保证样本的代表性,避免人为因素对样本选取带来的干扰,而且概率抽样可以对抽样的随机性所引起的误差进行估计,并由此获得估计的精度,调查者也可以利用样本数据对总体的有关参数进行估计。因此,我们主要介绍概率抽样。

(四) 抽样框

在抽样之前,总体必须划分成一个个的抽样单位,这些单位必须互不重叠而且能合成总体,即总体中的每个个体独立而且只属于一个单位。在大多数情况下,抽样单位是很明显的,如调查某一车床生产的产品的合格率时,抽样单位就是每一个车床生产出来的产品;但在有些情况下,需要选择抽样单位,如调查某一地区农村家庭收入状况时,抽样单位可以是一个家庭,也可以是一个村庄或者是一个乡镇等。全部抽样单位合在一起构成了抽样框。具体操作时,要从抽样框中抽选样本。抽样框是抽样的基础资料,它在很大程度上决定着抽样数据的计算结果,能否取得完整的抽样框也关系到抽样调查的成败,因此必须重视抽样框的编制。

(五) 随机抽样的方式

在实际问题中,最常用、最基本的随机抽样方式有纯随机抽样、类型抽样、分层抽样、等距抽样、整群抽样和多阶段抽样等。

(六) 抽样误差和非抽样误差

抽样误差是指用抽样资料推断总体的特征时所产生的误差。这种误差在全面调查中是不存在的,它是抽样调查本身所固有的、不可避免且无法消除。但可以通过对抽样方法进行精心设计来减小和控制抽样误差的大小。由于抽样误差是一个随机变量,随样本的不同而变化,因此,对一次抽样而言,确切的抽样误差是未知的,而对于在同一总体上反复多次使用同一抽样方法所产生的抽样误差可以通过样本数据估算出来。一般来说,影响抽样误差的因素主要有总体的差异程度、样本容量的大小、样本的抽取方式、抽样调查的组织方式、估计量的选择等。

非抽样误差也称调查误差,是指在调查取得资料的过程中,由于各种主观方面的原因,在观察、计量、登记、汇总、计算等环节上产生的差错。这种误差是由人为因素和技术方面的原因造成的,与具体的抽样方法无关,在抽样调查和普查中都会存在。从理论上讲,这种误差是可以完全避免或消除的。

二、抽样调查的特点和作用

(一) 抽样调查的特点

(1) 抽样调查是一种非全面调查方式。抽样调查的目的并不是了解部分单位的情况,而是作为认识总体的一种手段,利用样本的信息,推断总体的有关信息。相对于全面调查,抽样调查的费用较低,获得资料的速度较快。

(2) 按随机原则抽取样本单位。所谓随机原则,是指在选择样本单位时,哪个单位被选中,哪个单位不被选中,完全是偶然的,不是凭调查人员的主观意识去选择,因此能够保证每个单位有同等的机会被选中,这使得选中的样本和总体有相似或相同的分布情况。只有遵循随机原则,才能用数理统计提供的方法,对总体的数量分布特征做出判断,因此,它是抽样调查的前提。

(3) 用样本指标值估计总体指标值。重点调查和典型调查也是非全面调查,但调查结果一般不用来估计总体指标数值。抽样调查则是根据所获得的数据资料对总体的数量特征进行推断,这是抽样调查的基本特征和目的所在。

(4)抽样调查中产生的抽样误差,可以事先计算并加以控制。抽样调查是以样本的统计量来估计总体的数量特征,虽然也存在一定的误差,但在随机抽样条件下,其误差可以事先通过资料计算出来,并加以控制,从而使抽样调查在一定的可信度下进行。

（二）抽样调查的作用

抽样调查与全面调查相比,具有节省人、财、物和时间等优点,可以用于推断那些无法进行全面调查的总体的数量特征,也可以用于检验全面质量调查,补充全面质量调查的不足,例如用于对某种新政策、新工艺或新方法效果的检验。其主要作用表现在以下几个方面：

(1)对无限总体的调查。无限总体是指总体单位数无限多或不可数,因此无法对该类总体进行全面调查,只能进行抽样调查。例如,对空气质量、大气污染、水文等情况的调查。在现实问题中,虽然有些调查对象包含的单位数有限,但难以一一列出总体单位数,通常也把它们当作无限总体,不进行全面调查而采取抽样调查的方法来处理。

(2)破坏性试验。对于炮弹的杀伤力、汽车轮胎或灯泡的使用寿命等的检验,都是破坏性的,不能采用全面调查方法,实际问题中往往又需要了解总体的情况,这时只能采用抽样调查的方法。

(3)大规模的调查。有些现象从理论上讲可以进行全面调查,但实际操作起来却十分困难,甚至是不可能的,如某些社会经济现象、居民收入情况、民意测验情况等,大都需要使用抽样调查。

(4)对全面调查资料的评价和验证。由于全面调查范围广、工作量大,需要动用的人力和使用的物力很多,并且在观察、记录和汇总资料等过程中受主观因素的影响,会出现比较大的非抽样误差,而随机抽样的调查范围较窄,造成的各类非抽样误差较小,因此为了提高全面调查资料的准确性,可以用抽样调查的方法对全面调查资料的准确性加以验证和评价。

(5)时效性强。统计工作对有些资料的时效性要求较高,要在较短的时间内完成调查任务基本上是不可能的。此时采用全面调查,可能会延长调查时间,无法满足工作需要。例如,要对我国的人口进行全面的普查,需要花费大量的人力和物力,更需要大量的时间,由于人口数量一直处于演变的过程中,因此持续半年或一年以上的人口普查所得到的统计结果可能是很不准确的。而抽样调查的单位数少,所用的时间短,因此一些迫切需要的资料或对时间敏感的总体调查就可以用抽样调查的方法来获取结果。

三、抽样调查的步骤

一次完整的抽样调查工作主要包括以下步骤：
(1)明确调查的意图和目的,并确定所需要的目标量。
(2)正确确定总体的范围及样本单位。
(3)选择调查指标;
(4)编制抽样框;
(5)确定精度要求和样本容量;
(6)抽选样本;

(7) 向样本单位搜集资料;

(8) 综合和分析调查数据。

第二节 随机抽样的样本数目和代表性误差

本节我们将主要介绍不同随机抽样的样本数目及其理论代表性误差的大小。

一、抽样样本的数目

不同随机抽样的样本数目受到总体的单位个数、抽样样本中的单位个数以及所采用的抽样方式等诸多因素的影响。我们在这里将以纯随机抽样为例介绍其可能的抽样样本数目。

例 5-1 设一个盒子里装有编号为①、②、③、④的四个球,若按重复和不重复方式、考虑顺序和不考虑顺序的方法从中随机抽出两个球,问:有多少种组合形式? 其样本可能数目各为多少?

解 共有 4 种组合方式。已知 $N = 4, n = 2$。

(1) 考虑顺序的不重复随机抽样数目为:

$$A_N^n = \frac{N!}{(N-n)!} = \frac{4!}{(4-2)!} = 12$$，其所有的样本组合如表 5-1 所示。

表 5-1 考虑顺序的不重复随机抽样组合

样本序号	样本组合	样本序号	样本组合
1	1,2	7	3,1
2	1,3	8	3,2
3	1,4	9	3,4
4	2,1	10	4,1
5	2,3	11	4,2
6	2,4	12	4,3

(2) 考虑顺序的重复随机抽样数目为:

$B_N^n = N^n = 4^2 = 16$，其所有的样本组合如表 5-2 所示。

表 5-2 考虑顺序的重复随机抽样组合

样本序号	样本组合	样本序号	样本组合	样本序号	样本组合
1	1,1	7	1,4	13	3,4
2	2,2	8	2,1	14	4,1
3	3,3	9	2,3	15	4,2
4	4,4	10	2,4	16	4,3
5	1,2	11	3,1		
6	1,3	12	3,2		

(3) 不考虑顺序的不重复随机抽样数目为：

$C_N^n = \dfrac{N!}{n!(N-n)!} = \dfrac{4!}{2!(4-2)!} = 6$，其所有的样本组合如表 5-3 所示。

表 5-3 不考虑顺序的不重复随机抽样组合

样本序号	样本组合
1	1,2
2	1,3
3	1,4
4	2,3
5	2,4
6	3,4

(4) 不考虑顺序的重复随机抽样数目为：

$D_N^n = C_{N+n-1}^n = \dfrac{(N+n-1)!}{n!(N-1)!} = \dfrac{(4+2-1)!}{2!(4-1)!} = 10$，其所有的样本组合如表 5-4 所示。

表 5-4 不考虑顺序的重复随机抽样组合

样本序号	样本组合	样本序号	样本组合
1	1,1	7	1,4
2	2,2	8	2,3
3	3,3	9	2,4
4	4,4	10	3,4
5	1,2		
6	1,3		

二、随机抽样的代表性误差

众所周知，样本只是按照某种抽样方式从总体中得到的，它自然不能完全与总体等同。因此样本指标与总体指标之间就必然会存在误差。代表性误差就是总体指标与其估计量（即样本指标）之间的差值。如果样本的平均数为 $\bar{x}$，总体的平均数为 $\bar{X}$，那么代表性误差就等于 $\bar{x} - \bar{X}$。这种误差是抽样引起的，所以也称为抽样误差。总体指标在一般情况下是未知的，所以代表性误差也是未知的，但是统计工作者已经从理论上得到了不同抽样方式的代表性平均误差的计算公式。

（一）重复纯随机抽样平均误差的估计

我们在前面已经介绍了考虑顺序的重复随机抽样组合可能有 N^n 个，这样重复随机抽样的样本平均数 $\bar{x}$ 就有 N^n 个，其可能的取值分别为 $\bar{x}_1, \bar{x}_2, \bar{x}_3, \cdots, \bar{x}_{N^n}$，因此，代表性误差 $\bar{x} - \bar{X}$ 也有 N^n 个，由此可以给出抽样的平均误差的估计式，一般用 $\mu_{\bar{x}}$ 来表示。

$$\mu_{\bar{x}} = \sqrt{\dfrac{1}{N^n} \sum_{i=1}^{N^n} (\bar{x}_i - \bar{X})^2} \tag{5-1}$$

由于 $\bar{x} = \frac{1}{N^n} \sum_{i=1}^{N^n} \bar{x}_i$,所以式(5-1)也可以看作样本平均数的标准差计算公式。

统计工作者已将式(5-1)表述为下列简单形式:

$$\mu_{\bar{x}} = \sqrt{\frac{1}{N^n} \sum_{i=1}^{N^n} (\bar{x}_i - \overline{X})^2} = \sqrt{\frac{1}{n} \frac{1}{N} \sum_{i=1}^{N} (x_i - \overline{X})^2} = \sqrt{\frac{1}{n} \sigma^2} \quad (5-2)$$

其中,$\sigma^2 = \frac{1}{N} \sum_{i=1}^{N} (x_i - \overline{X})^2$ 是通过总体估计出来的,但实际问题中总体往往是未知的,所以通常用样本的方差来近似代替总体方差,采用 $\hat{\sigma}^2 = \frac{1}{n} \sum_{i=1}^{n} (x_i - \bar{x})^2$ 来代替 σ^2(在大样本的情况下)。

这样式(5-2)可以重新表述为:

$$\hat{\mu}_{\bar{x}} = \sqrt{\frac{1}{n} \hat{\sigma}^2} = \frac{\hat{\sigma}}{\sqrt{n}} \quad (5-3)$$

(二)不重复纯随机抽样平均误差的估计

在不重复随机抽样条件下,样本可能的组合形式有 C_N^n 个,不重复随机抽样的样本平均数 $\bar{x}$ 就有 C_N^n 个,其可能的取值分别为 $\bar{x}_1, \bar{x}_2, \bar{x}_3, \cdots, \bar{x}_{C_N^n}$,因此,根据平均误差的概念,可以得到 $\mu_{\bar{x}}$ 的公式。

$$\mu_{\bar{x}} = \sqrt{\frac{1}{C_N^n} \sum_{i=1}^{C_N^n} (\bar{x}_i - \overline{X})^2} = \sqrt{\frac{1}{n} \left(1 - \frac{n}{N}\right) \sigma^2} \quad (5-4)$$

在实际计算的过程中,式(5-4)无法使用,所以可以采用的计算公式为:

$$\hat{\mu}_{\bar{x}} = \sqrt{\frac{1}{n} \left(1 - \frac{n}{N}\right) \frac{1}{N-1} \sum_{i=1}^{N} (x_i - \overline{X})^2} = \sqrt{\frac{1}{n} \left(1 - \frac{n}{N}\right) S^2}$$

$$= \sqrt{\frac{1}{n} \left(1 - \frac{n}{N}\right) \hat{\sigma}^2} \quad (5-5)$$

其中,$\hat{\sigma}^2 = \frac{1}{n} \sum_{i=1}^{n} (x_i - \bar{x})^2$ 是样本的方差。

例 5-2 设一个盒子里装有编号为①、②、③、④的四个球,若按不考虑顺序的不重复抽样方式从中随机抽出两个球,试用两种方法求抽样的平均误差。

方法一 按抽样平均误差的理论公式(5-4)计算。

不考虑顺序的不重复抽样数目为:

$C_N^n = \frac{N!}{n!(N-n)!} = \frac{4!}{2!(4-2)!} = 6$,样本组合按样本序号列于表5-5中。

表5-5 不考虑顺序的不重复抽样算法一

样本序号	样本	$\bar{x}_i$	$(\bar{x}_i - \overline{X})^2$
1	1,2	1.5	1
2	1,3	2	0.25

（续表）

样本序号	样本	$\bar{x}_i$	$(\bar{x}_i - \bar{X})^2$
3	1,4	2.5	0
4	2,3	2.5	0
5	2,4	3	0.25
6	3,4	3.5	1
合计	—	—	2.5

表 5-5 中的总体平均数计算如下：

$$\bar{X} = \frac{\sum_{i=1}^{N} X_i}{N} = \frac{1+2+3+4}{4} = 2.5$$

抽样平均误差为：

$$\mu_{\bar{x}} = \sqrt{\frac{\sum_{i=1}^{C_N^n}(\bar{x}_i - \bar{X})^2}{C_N^n}} = \sqrt{\frac{2.50}{6}} = 0.6455$$

方法二 按抽样平均误差的实际公式(5-5)计算，结果如表 5-6 所示。

表 5-6 不考虑顺序的不重复抽样算法二

X_i	$(X_i - \bar{X})^2$
1	2.25
2	0.25
3	0.25
4	2.25
合计	5

总体方差为：

$$\sigma^2 = \frac{\sum_{i=1}^{N}(X_i - \bar{X})^2}{N} = \frac{5}{4}$$

抽样平均误差为：

$$\mu_{\bar{x}} = \sqrt{\frac{1}{n}\left(1 - \frac{n}{N}\right)\sigma^2} = \sqrt{\frac{1}{2} \times \left(1 - \frac{2}{4}\right) \times \frac{5}{4}} = 0.559$$

虽然两种方法得到的抽样平均误差的结果有所差别，但当总体总量 N 很大时，这种数值上的差异可以忽略。当然，当总体总量 N 很大时，在总体方差未知的情况下，式(5-2)和式(5-4)是不能用的，而应该采用式(5-3)和式(5-5)。

第三节 简单随机抽样

自本节起，我们将重点介绍五种基本的概率抽样方法，即简单随机抽样、分层抽样、等距抽样、整群抽样和多阶段抽样。某些抽样方法又可分为重复抽样和不重复抽样、等概率抽样和不等概率抽样。在实际问题中,既可以采用单一的抽样方法,也可以采用多种抽样方法的组合。

一、简单随机抽样的概念及抽选方法

简单随机抽样,又称纯随机抽样,是最简单的概率抽样方法,是指按照随机原则直接从总体的 N 个单位中抽取 n 个单位作为样本,抽样时要保证总体中任意 n 个单位被抽取的概率相等。简单随机抽样主要有以下三种抽选方法:

(1)直接抽选法。直接从调查对象中随机抽选。

(2)抽签法。先将总体的全部单位编号,将号码写在标签上,将其充分混合后,再从中随机抽选,直到抽足预先规定的样本单位数量为止。

(3)随机数表法。先将总体的全部单位编号,根据编号的位数确定随机数的位数(例如,总共有90个单位,编号为 01,02,03,…,90,则随机数的位数应为 2 位),然后从随机数表中任意位置开始,向任意方向选取数字(在上例中,每次为两个数字)。如果数字大于总体单位总数,则舍掉,直至获得所需样本数。

二、简单随机抽样的估计量及抽样误差

(一)总体平均数及总体总值的估计

设 $X_1, X_2, \cdots, X_n$ 为总体各单位指标,经随机抽样得到 $x_1, x_2, \cdots, x_n$,称 $x_1, x_2, \cdots, x_n$ 为来自总体的随机样本。于是有:

总体总值为:
$$X = \sum_{i=1}^{N} X_i \tag{5-6}$$

总体平均数为:
$$\overline{X} = \frac{1}{N} \sum_{i=1}^{N} X_i \tag{5-7}$$

总体方差为:
$$\sigma^2 = \frac{1}{N} \sum_{i=1}^{N} (X_i - \overline{X})^2 \tag{5-8}$$

样本总值为:
$$x = \sum_{i=1}^{n} x_i \tag{5-9}$$

样本平均数为:
$$\overline{x} = \frac{1}{n} \sum_{i=1}^{n} x_i \tag{5-10}$$

样本方差为:
$$s_{n-1}^2 = \frac{1}{n-1} \sum_{i=1}^{n} (x_i - \overline{x})^2 \tag{5-11}$$

由此,我们得到:

总体总值的估计值为:
$$\hat{X} = N\overline{x} \tag{5-12}$$

总体平均数的估计值为:
$$\hat{\overline{X}} = \overline{x} = \frac{1}{n} \sum_{i=1}^{n} x_i \tag{5-13}$$

这样,重复抽样平均误差的估计值便为式(5-3),不重复抽样平均误差的估计值便为式(5-5)。

用样本方差代替总体方差,在大样本($n \geq 30$)的情况下,有:

$$\hat{\sigma}^2 = \frac{1}{n} \sum_{i=1}^{n} (x_i - \bar{x})^2 \quad (5-14)$$

在小样本($n<30$)的情况下,有:

$$\hat{\sigma}^2 = s_{n-1}^2 = \frac{1}{n-1} \sum_{i=1}^{n} (x_i - \bar{x})^2 \quad (5-15)$$

用 $\Delta_{\bar{x}}$ 表示抽样极限误差,即:

$$\Delta_{\bar{x}} = |\bar{x} - \bar{X}| \quad (5-16)$$

接下来介绍置信度与置信区间的概念。

置信度是指全体指标落在某一区间内的概率保证程度,用抽样极限误差除以相应抽样平均误差得出的相对数称为概率度,用公式表示为:

$$t = \frac{\Delta_{\bar{x}}}{\mu_{\bar{x}}} \quad 或 \quad \Delta_{\bar{x}} = t\mu_{\bar{x}} \quad (5-17)$$

即

$$P\left\{\frac{\Delta_{\bar{x}}}{\mu_{\bar{x}}} = \frac{|\bar{x} - \bar{X}|}{\mu_{\bar{x}}} \leqslant t\right\} = F(t) \quad (5-18)$$

所以,可以求得总体均值 $\bar{X}$ 满足某一置信度的置信区间为:

$$\bar{x} - t\mu_{\bar{x}} \leqslant \bar{X} \leqslant \bar{x} + t\mu_{\bar{x}} \quad (5-19)$$

当 $t=1$ 时,总体均值 $\bar{X}$ 落入区间 $(\bar{x} - \mu_{\bar{x}}, \bar{x} + \mu_{\bar{x}})$ 的置信度为 68.27%;当 $t=2$ 时,总体均值 $\bar{X}$ 落入区间 $(\bar{x} - 2\mu_{\bar{x}}, \bar{x} + 2\mu_{\bar{x}})$ 的置信度为 95.45%;当 $t=3$ 时,总体均值 $\bar{X}$ 落入区间 $(\bar{x} - 3\mu_{\bar{x}}, \bar{x} + 3\mu_{\bar{x}})$ 的置信度为 99.73%,如图 5-1 所示。而当 $\bar{x}=0$ 时,图 5-1 就变成了图 5-2 的情况。

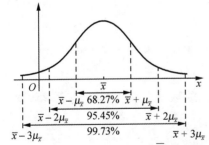

图 5-1 不同置信度下总体均值 $\bar{X}$ 的置信区间

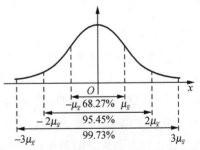

图 5-2 $\bar{x}=0$ 时不同置信度下总体均值 $\bar{X}$ 的置信区间

例 5-3 外商订购了 10 万包小包装茶叶,合同规定每包茶叶的净重不能低于 250 克,现采用简单不重复随机抽样的方式抽取 1‰进行检验,检验结果如表 5-7 所示。

表 5-7 茶叶抽样检验的基本情况

每包茶叶的重量(克)	包数 f_i	组中值 x_i	$x_i f_i$	$x_i - \bar{x}$	$(x_i - \bar{x})^2 f_i$
248 以下	12	247	2 964	-3.84	176.9472
248—250	16	249	3 984	-1.84	54.1696

(续表)

每包茶叶的重量(克)	包数 f_i	组中值 x_i	$x_i f_i$	$x_i - \bar{x}$	$(x_i - \bar{x})^2 f_i$
250—252	45	251	11 295	0.16	1.1520
252—254	22	253	5 566	2.16	102.6432
254 以上	5	255	1 275	4.16	86.5280
合计	100		25 084		421.4400

根据上述资料，在 95.45% 的概率保证程度下：(1) 估计该批茶叶每包的平均重量。(2) 试推断该批茶叶是否符合合同规定的要求。

解 样本平均数 $\bar{x} = \dfrac{\sum\limits_{i=1}^{n} x_i f_i}{\sum\limits_{i=1}^{n} f_i} = \dfrac{25\,084}{100} = 250.84$

即估计该批茶叶每包重量为 250.84 克。

样本方差 $\hat{\sigma}^2 = \dfrac{\sum\limits_{i=1}^{n}(x_i - \bar{x})^2 f_i}{\sum\limits_{i=1}^{n} f_i} = \dfrac{421.44}{100} = 4.2144$

抽样平均误差 $\hat{\mu}_{\bar{x}} = \sqrt{\dfrac{\hat{\sigma}^2}{n}\left(1 - \dfrac{n}{N}\right)} = \sqrt{\dfrac{4.2144}{100}\left(1 - \dfrac{100}{100\,000}\right)} = 0.2052$

由于 $\dfrac{\Delta_{\bar{x}}}{\mu_{\bar{x}}} = \dfrac{|\bar{x} - \bar{X}|}{\mu_{\bar{x}}} \leq t$，在 95.45% 的概率保证程度下 $t = 2$。因此，该批茶叶每包平均重量的区间估计为：

$$[\bar{x} - t\hat{\mu}_{\bar{x}}, \bar{x} + t\hat{\mu}_{\bar{x}}] = [250.84 - 2 \times 0.2052, 250.84 + 2 \times 0.2052]$$
$$= [250.4296, 251.2504]$$

在 95.45% 的概率保证程度下，该批茶叶每包的重量在 250.4296 克至 251.2504 克之间，符合合同规定的要求。

以下是小样本条件下的简单随机抽样的例子。

例 5-4 某洗发水生产公司在进行市场调查时，从一个有 15 600 户居民的小区内抽取一个 24 户的简单随机样本，样本中的每户年消费洗发水数量(单位：瓶)为：

3,4,4,5,3,2,2,4,3,3,4,3

4,5,5,4,3,2,3,5,4,6,4,7

试在 95% 的概率水平下估计该小区居民年消费洗发水总量。

解 该题中，$n < 30$，为小样本抽样检验。

样本平均数 $\bar{x} = \dfrac{1}{n}\sum\limits_{i=1}^{n} x_i = \dfrac{1}{24}(3 + 4 + \cdots + 7) = 3.83$

样本方差 $s_{n-1}^2 = \dfrac{1}{n-1}\sum_{i=1}^{n}(x_i - \bar{x})^2$

$\qquad\qquad = \dfrac{1}{23}[(3-3.83)^2 + (4-3.83)^2 + \cdots + (7-3.83)^2] = 1.54$

所以 $\hat{\sigma}^2 = 1.54$。

可求得其抽样平均误差 $\hat{\mu}_{\bar{x}} = \sqrt{\dfrac{\hat{\sigma}^2}{n}\left(1 - \dfrac{n}{N}\right)} = \sqrt{\dfrac{1.54}{24}\left(1 - \dfrac{24}{15\,600}\right)} = 0.2531$。

由于 $t = \dfrac{|\bar{x} - \bar{X}|}{\mu_{\bar{x}}}$ 近似服从自由度为 23 的 t 分布，所以在 95% 的概率度下，$t_{\frac{\alpha}{2}}(n-1) = t_{0.025}(23) = 2.0687$。

由此可求得总体均值的区间估计为：

$[\bar{x} - t\hat{\mu}_{\bar{x}}, \bar{x} + t\hat{\mu}_{\bar{x}}] = [3.83 - 2.0687 \times 0.2531, 3.83 + 2.0687 \times 0.2531]$

$\qquad\qquad\qquad\qquad = [3.3064, 4.3536]$

这样就可以得出该小区居民年消费洗发水总量的估计区间为：

$[3.3064 \times 15\,600, 4.3536 \times 15\,600] = [51\,580, 67\,916]$

即在 95% 的概率水平下，该小区居民年消费洗发水总量在 51 580 瓶至 67 916 瓶之间。

（二）总体成数的估计

成数又叫比例数，是具有某种属性特征的单位数在全部单位数中所占的比例。在总体中，若第 i 个单位具有某种属性特征，可令 $X_i = 1$；若该单位不具有某种属性特征，可令 $X_i = 0$。对所抽样本也做同样的处理，这样对总体成数的抽样估计问题就转化为对总体平均数的抽样估计问题，因而可利用上一部分所得到的结论。

因为 $\bar{X} = \dfrac{1}{N}\sum_{i=1}^{N}X_i = \dfrac{N_1}{N} = P$，其中 N_1 为具有某种性质的单位数。

同理，$\bar{x} = \dfrac{1}{n}\sum_{i=1}^{n}x_i = \dfrac{n_1}{n} = p$，其中 n_1 为抽样样本中具有某种性质的单位数。

因此，总体成数转化为总体平均数，抽样成数也转化为抽样平均数，两者就统一起来了。

总体成数为： $\qquad\qquad\qquad P = \dfrac{N_1}{N} \qquad\qquad\qquad\qquad (5\text{-}20)$

总体方差为： $\qquad\qquad\qquad \sigma^2 = P(1-P) \qquad\qquad\qquad (5\text{-}21)$

样本成数为： $\qquad\qquad\qquad p = \dfrac{n_1}{n} \qquad\qquad\qquad\qquad (5\text{-}22)$

样本方差为： $\qquad\qquad\qquad s_{n-1}^2 = \dfrac{np(1-p)}{n-1} \qquad\qquad (5\text{-}23)$

总体成数的点估计值为： $\qquad \bar{P} \approx \dfrac{n_1}{n}$ [总体成数的区间估计值见式(5-30)] $\quad(5\text{-}24)$

抽样平均误差估计值：

重复抽样下为
$$\hat{\mu}_p = \sqrt{\frac{\hat{\sigma}^2}{n}} = \sqrt{\frac{p(1-p)}{n}} \tag{5-25}$$

不重复抽样下为
$$\hat{\mu}_p = \sqrt{\frac{\hat{\sigma}^2}{n}\left(1 - \frac{n}{N}\right)} = \sqrt{\frac{p(1-p)}{n}\left(1 - \frac{n}{N}\right)} \tag{5-26}$$

用 Δ_p 表示抽样成数的极限误差，表达式为：

$$\Delta_p = |p - P| \tag{5-27}$$

我们给出求置信度为 $F(t)$ 的总体成数区间估计的以下表达式：

$$t = \frac{\Delta_p}{\hat{\mu}_p} \tag{5-28}$$

即在大样本 $[np > 5, n(1-p) > 5]$ 的条件下，$\frac{\Delta_p}{\hat{\mu}_p}$ 近似服从标准正态分布；在小样本条件下，$\frac{\Delta_p}{\hat{\mu}_p}$ 近似服从自由度为 $n-1$ 的 t 分布，表达式为：

$$P\left\{\frac{\Delta_p}{\hat{\mu}_p} = \frac{|p - P|}{\hat{\mu}_p} \leq t\right\} = F(t) \tag{5-29}$$

解不等式 $\frac{|p - P|}{\hat{\mu}_p} \leq t$ 可以求得总体成数 P 满足某一置信度的置信区间为：

$$p - t\hat{\mu}_p \leq P \leq p + t\hat{\mu}_p \tag{5-30}$$

例 5-5 某公司对一批总数为 10 000 件的货物采取不重复抽样的方式抽取 400 件进行检验，发现有 80 件不合格。试估计该批货物的不合格产品数，并计算抽样误差。

解 已知 $N = 10\,000, n = 400, n_1 = 80$。

据此计算出 $p = \frac{n_1}{n} = \frac{80}{400} = 20\%$，不合格产品总数估计值 $N_1 = Np = 10\,000 \times 20\% = 2\,000$。于是，可算得抽样平均误差为：

$$\hat{\mu}_p = \sqrt{\frac{p(1-p)}{n}\left(1 - \frac{n}{N}\right)} = \sqrt{\frac{0.2 \times 0.8}{400} \times \left(1 - \frac{400}{10\,000}\right)}$$
$$= 0.019596$$

（三）简单随机抽样样本容量的确定

样本容量的确定是抽样调查设计阶段必须考虑的问题之一。在实际抽样过程中，首先要确定样本容量，然后抽取样本进行推断。所谓样本容量，是指为了使抽样误差不超过给定的允许范围，至少应抽取的样本单位数目。样本容量过大，会增加调查工作量并耗费过多的人力、财力、物力；样本容量过小，则会增大抽样误差。因此在确定样本容量时，要兼顾调查费用和抽样精度两方面的要求。

抽样精度可以用代表性误差的绝对值或平均误差来表达。代表性误差的绝对值在抽样调查中被称为极限误差，用符号 $\Delta_{\bar{x}}$ 表示。估计量样本平均数、样本成数的极限误差表示为：

$$\Delta_{\bar{x}} = |\bar{x} - \bar{X}|, \quad \Delta_p = |p - P|$$

由

$$F(t) = P\{|\bar{x} - \bar{X}| \leq tu_{\bar{x}}\}$$

得到

$$F(t) = P\{\Delta_{\bar{x}} \leq tu_{\bar{x}}\} \tag{5-31}$$

其中,t 表示概率度。

1. 估计总体平均数时样本容量的确定

在重复抽样情况下,有:

$$\Delta_{\bar{x}} = tu_{\bar{x}} = t\sqrt{\frac{\hat{\sigma}^2}{n}} \tag{5-32}$$

可得

$$\Delta_{\bar{x}}^2 = t^2 \frac{\hat{\sigma}^2}{n} \tag{5-33}$$

所以,样本容量为:

$$n = t^2 \frac{\hat{\sigma}^2}{\Delta_{\bar{x}}^2} \tag{5-34}$$

在不重复抽样情况下,有:

$$\Delta_{\bar{x}}^2 = t^2 u_{\bar{x}}^2 = t^2 \frac{\sigma^2}{n}\left(1 - \frac{n}{N}\right) \tag{5-35}$$

可得到:

$$n = \frac{Nt^2\sigma^2}{N\Delta_{\bar{x}}^2 + t^2\sigma^2} \tag{5-36}$$

重复抽样样本容量与不重复抽样样本容量存在如下关系:若重复抽样样本容量为 n_1,则不重复抽样样本容量为 $n = \dfrac{n_1}{1 + \dfrac{n_1}{N}}$。

因为 $n < n_1$,所以不重复抽样与重复抽样相比,在相同的精度条件下,所需的必要样本数目要更少一些。

例 5-6 对某地区进行城镇经济调查,已知该地区居民平均年收入标准差为 40 元,要求概率保证程度为 95.45%,允许误差为 6 元,试计算:重复抽样条件下应抽取多少样本?

解 已知 $\hat{\sigma} = 40, t = 2, \Delta_{\bar{x}} = 6$,可得:

$$n = t^2 \frac{\hat{\sigma}^2}{\Delta_{\bar{x}}^2} = \frac{2^2 \times 40^2}{6^2} \approx 178$$

即要得到较准确的抽样结果,至少应该抽取 178 个样本。

2. 估计总体成数时样本容量的确定

在重复抽样情况下,有:

$$n = \frac{t^2 p(1-p)}{\Delta_p^2} \tag{5-37}$$

在不重复抽样情况下,有:

$$n = \frac{Nt^2p(1-p)}{N\Delta_p^2 + t^2p(1-p)} \quad (5-38)$$

例 5-7 某大学进行学生英语四级考试通过率调查,已知过去的及格率为 90%,现要求极限误差不超过 4%,置信度为 95%,试计算需要抽样调查的学生数。

解 已知 $\Delta_p = 4\%$,$t = 1.96$,$p = 0.9$,可得:

$$n = \frac{t^2p(1-p)}{\Delta_p^2} = \frac{1.96^2 \times 0.9 \times 0.1}{0.04^2} \approx 217$$

即要得到较准确的抽样结果,至少应该调查 217 名学生。

第四节 分层抽样

一、分层抽样的概念

分层抽样又称为类型抽样、分类抽样,是指先对总体各单位主要标志进行分层,然后从各层中按随机原则抽取一定数目的单位构成样本。

若总体由 N 个单位组成,将其划分为互不交叉的若干层,设为 k 层,每层所包含的单位数分别为 $N_1, N_2, \cdots, N_k$,且 $\sum_{i=1}^{k} N_i = N$。从每层中抽取 n_i 单位构成样本容量为 n 的抽样总体,即 $\sum_{i=1}^{k} n_i = n$,先对各层进行估计,然后再综合对总体参数进行推断。

当层间的差异比较大时,通过分层可以使层内各单位之间的差异缩小,降低了抽样平均误差,使各层能以较小的样本容量达到预期精度要求。另外,分层抽样可以解决在不同层内采用不同抽样方法的问题。当总体各部分的分布差异很大时,对不同的部分采用不同的抽样程序很有必要。

二、简单随机抽样法

设总体分为 k 层,$N_1 + N_2 + \cdots + N_k = N$,第 i 层的总体单位为 $X_{i1}, X_{i2}, \cdots, X_{iN_i}$。设在第 i 层内抽取样本为 $x_{i1}, x_{i2}, \cdots, x_{in_i}$,如表 5-8 所示,样本中的各层数据如表 5-9 所示。

表 5-8 分层抽样数据

各层的序号	各层中的总体	各层的单位数
1	$X_{11}, X_{12}, \cdots, X_{1N_1}$	N_1
2	$X_{21}, X_{22}, \cdots, X_{2N_2}$	N_2
3	$X_{31}, X_{32}, \cdots, X_{3N_3}$	N_3
⋮	⋮	⋮
k	$X_{k1}, X_{k2}, \cdots, X_{kN_k}$	N_k

表 5-9 样本分层数据及其指标值

样本的各层序号	样本各层中的总体	样本各层的单位数	样本平均数	样本方差
1	$x_{11}, x_{12}, \cdots, x_{1n_1}$	n_1	$\bar{x}_1$	σ_1^2
2	$x_{21}, x_{22}, \cdots, x_{2n_2}$	n_2	$\bar{x}_2$	σ_2^2
3	$x_{31}, x_{32}, \cdots, x_{3n_3}$	n_3	$\bar{x}_3$	σ_3^2
⋮	⋮	⋮	⋮	⋮
k	$x_{k1}, x_{k2}, \cdots, x_{kn_k}$	n_k	$\bar{x}_k$	σ_k^2

对第 i 层，层平均数为：

$$\bar{X}_i = \frac{1}{N_i} \sum_{j=1}^{N_i} X_{ij} \tag{5-39}$$

层方差为：

$$\sigma_i^2 = \frac{1}{N_i} \sum_{j=1}^{N_i} (X_{ij} - \bar{X}_i)^2 \tag{5-40}$$

或用无偏估计 $S_{N_i-1} = \frac{1}{N_i - 1} \sum_{j=1}^{N_i} (X_{ij} - \bar{X}_i)^2$ 来代替层方差。

$W_i = \frac{N_i}{N}$ 为第 i 层的总体单位数占全部总体单位数的比例，简称层权数，$f_i = \frac{n_i}{N_i}$ 为第 i 层的抽样比。

总体均值为：

$$\bar{X} = \sum_{i=1}^{k} W_i \bar{X}_i = \sum_{i=1}^{k} \sum_{j=1}^{N_i} \frac{X_{ij}}{N} \tag{5-41}$$

层抽样平均数为：

$$\bar{x}_i = \frac{1}{n_i} \sum_{j=1}^{n_i} x_{ij} \tag{5-42}$$

层抽样方差为：

$$S_{n_i-1}^2 = \frac{1}{n_i - 1} \sum_{j=1}^{n_i} (x_{ij} - \bar{x}_i)^2 \tag{5-43}$$

总抽样平均数为：

$$\bar{x} = \sum_{i=1}^{k} W_i \bar{x}_i \tag{5-44}$$

总抽样方差为：

$$S_{\bar{x}}^2 = \sum_{i=1}^{k} W_i S_{\bar{x}_i}^2 \tag{5-45}$$

对总体均值的估计，用 $\bar{x}$ 来估计总体均值 $\bar{X}$，抽样平均误差为：

$$\mu_{\bar{x}}^2 = \sum_{i=1}^{k} W_i^2 \frac{S_{n_i-1}^2}{n_i} (1 - f_i) \tag{5-46}$$

当总体方差未知时，用抽样方差 $S_{\bar{x}}^2$ 估计 $\sigma_{\bar{x}}^2$。

三、按比例抽样法

采取分层抽样法，从每层中抽取样本单位时，为了保持样本结构与总体结构相同，通常采用按比例抽样，也就是说，按各层单位数占总体单位数的比例从中抽取样本，使各层样本单位数与各层总体单位数之比等于样本容量与总体单位数之比。按比例抽样法是将样本单位数 n 按总体中各类型所占的比例分配到各类型中的一种类型抽样。计算公式为：

$$\frac{n_1}{N_1} = \frac{n_2}{N_1} = \cdots \frac{n_k}{N_k} = \frac{n}{N}, \quad n_1 = \frac{N_1}{N}n, \quad n_2 = \frac{N_2}{N}n, \quad \cdots, \quad n_k = \frac{N_k}{N}n$$

$$n_1 + n_2 + \cdots + n_k = n$$

总抽样平均数为：

$$\bar{x} = \frac{1}{n}\sum_{i=1}^{k}\sum_{j=1}^{n_i} x_{ij} = \sum_{i=1}^{k}\frac{n_i}{n}\bar{x_i} \tag{5-47}$$

它是总体平均数的无偏估计。

（一）按比例抽样平均数代表性平均误差的估计

由于我们将类型抽样划分成 k 组，所以可以求得每组的抽样平均数代表性平均误差。在各类型中采用重复纯随机抽样时，第一组的抽样平均数代表性平均误差为：

$$\hat{\mu}_{\bar{x}_1} = \sqrt{\frac{1}{n_1}\hat{\sigma}_1^2} \tag{5-48}$$

式中，$\hat{\sigma}_1^2 = \frac{1}{n_1}\sum_{j=1}^{n_1}(x_{1j} - \bar{x}_1)^2$。

同样，在各类型中采用不重复纯随机抽样时，第一组的抽样平均数代表性平均误差为：

$$\hat{\mu}_{\bar{x}_1} = \sqrt{\frac{1}{n_1}\hat{\sigma}_1^2\left(1 - \frac{n_1}{N_1}\right)} \tag{5-49}$$

其他组的抽样平均数代表性平均误差可以类推。

各组样本平均数的方差可以通过各类型抽样平均数的方差 $\hat{\mu}_{\bar{x}_i}^2$ 得到。

$$\hat{\mu}_{\bar{x}}^2 = \sum_{i=1}^{k}\left(\frac{n_i}{n}\right)^2 \hat{\mu}_{\bar{x}_i}^2 \tag{5-50}$$

这样，在采用重复纯随机抽样的条件下，按比例抽样的代表性平均误差的估计式为：

$$\hat{\mu}_{\bar{x}} = \sqrt{\sum_{i=1}^{k}\left(\frac{n_i}{n}\right)^2 \frac{\hat{\sigma}_i^2}{n_i}} = \sqrt{\frac{\hat{\sigma}^2}{n}} \tag{5-51}$$

式中，$\hat{\sigma}^2 = \dfrac{\sum_{i=1}^{k}n_i\hat{\sigma}_i^2}{n}$。

同样，在采用不重复纯随机抽样的条件下，按比例抽样的代表性平均误差的估计式为：

$$\hat{\mu}_{\bar{x}} = \sqrt{\sum_{i=1}^{k}\left(\frac{n_i}{n}\right)^2 \hat{\mu}_{\bar{x}_i}^2} = \sqrt{\left(1 - \frac{n}{N}\right)\frac{\hat{\sigma}^2}{n}} \tag{5-52}$$

与简单随机抽样法相比，按比例抽样法的抽样平均误差较小。

例 5-8 设某校共有某专业四年级学生 2 000 人,其中英语成绩优秀者 800 人,良好者 1 000 人,一般者 200 人。现对其采用按比例抽样法共抽取 300 人进行考试。根据以往的经验,已知成绩优秀者的方差估计为 $\hat{\sigma}_1^2 = 5.2$,成绩良好者的方差估计为 $\hat{\sigma}_2^2 = 7.5$,成绩一般者的方差估计为 $\hat{\sigma}_3^2 = 8.6$。在各类型中分别采用重复和不重复的纯随机抽样,试求:在两种情况下,该校该专业四年级学生的英语平均成绩的代表性误差。

解 已知 $N = 2\,000$,$N_1 = 800$,$N_2 = 1\,000$,$N_3 = 200$,$n = 300$,$\hat{\sigma}_1^2 = 5.2$,$\hat{\sigma}_2^2 = 7.5$,$\hat{\sigma}_3^2 = 8.6$。所以,类型样本的抽样人数分别为:

$$n_1 = \frac{N_1}{N} \cdot n = \frac{800}{2\,000} \times 300 = 120$$

$$n_2 = \frac{N_2}{N} \cdot n = \frac{1\,000}{2\,000} \times 300 = 150$$

$$n_3 = \frac{N_3}{N} \cdot n = \frac{200}{2\,000} \times 300 = 30$$

$$\overline{\hat{\sigma}^2} = \frac{\sum_{i=1}^{3} n_i \hat{\sigma}_i^2}{n} = \frac{120 \times 5.2 + 150 \times 7.5 + 30 \times 8.6}{300} = 6.69$$

在采用重复纯随机抽样的条件下,按比例抽样的代表性平均误差的估计式为:

$$\hat{\mu}_{\bar{x}} = \sqrt{\sum_{i=1}^{k} \left(\frac{n_i}{n}\right)^2 \frac{\hat{\sigma}_i^2}{n_i}} = \sqrt{\frac{\overline{\hat{\sigma}^2}}{n}} = \sqrt{\frac{6.69}{300}} = 0.1493$$

同样,在采用不重复纯随机抽样的条件下,按比例抽样的代表性平均误差的估计式为:

$$\hat{\mu}_{\bar{x}} = \sqrt{\sum_{i=1}^{k} \left(\frac{n_i}{n}\right)^2 \hat{\mu}_{x_i}^2} = \sqrt{\left(1 - \frac{n}{N}\right)\frac{\overline{\hat{\sigma}^2}}{n}} = \sqrt{\left(1 - \frac{300}{2\,000}\right)\frac{6.69}{300}} \approx 0.1377$$

(二)按比例抽样成数代表性平均误差的估计

1. 在各类型中采用重复纯随机抽样

$$\hat{\mu}_p = \sqrt{\frac{\overline{pq}}{n}} \tag{5-53}$$

其中,$\overline{pq} = \frac{\sum n_i p_i q_i}{n}$。其中,抽样成数 $p = \frac{\sum n_i p_i}{n}$,$p_i$ 是具有某种属性的单位在样本第 i 个类型中所占的比例,$q_i = 1 - p_i$。

2. 在各类型中采用不重复纯随机抽样

$$\hat{\mu}_p = \sqrt{\frac{\overline{pq}}{n}\left(1 - \frac{n}{N}\right)} \tag{5-54}$$

例 5-9 某民营家电企业有三个液晶显示器生产工厂,年产量共 150 000 台。现对其采用按比例抽样法,样本资料如表 5-10 所示。根据这些资料,试求样本合格率的代表性平均误差的估计,并在 95.45% 的概率保证程度下,估算这批液晶显示器合格率的区间。

表 5-10　某家电企业的液晶显示器抽样资料

生产工厂	抽样数量(台) n_i	样本中产品合格率 p_i
1	500	0.98
2	450	0.96
3	300	0.99

解　根据已知条件,样本容量为:

$$n = n_1 + n_2 + n_2 = 500 + 450 + 300 = 1\,250$$

$$\overline{pq} = \overline{p(1-p)} = \frac{\sum_{i=1}^{3} p_i(1-p_i)n_i}{n}$$

$$= \frac{0.98 \times 0.02 \times 500 + 0.96 \times 0.04 \times 450 + 0.99 \times 0.01 \times 300}{1\,250}$$

$$= 0.02404(或\ 2.404\%)$$

样本中产品合格率为:

$$p = \frac{\sum_{i=1}^{3} n_i p_i}{n} = \frac{500 \times 0.98 + 450 \times 0.96 + 300 \times 0.99}{1\,250}$$

$$= 0.9752(或\ 97.52\%)$$

抽样的平均误差为:

$$\hat{\mu}_p = \sqrt{\frac{\overline{pq}}{n}\left(1 - \frac{n}{N}\right)} = \sqrt{\frac{0.02404}{1\,250}\left(1 - \frac{1\,250}{150\,000}\right)} \approx 0.004367(或\ 0.4367\%)$$

在 95.45% 的概率保证程度下,$t = 2$。抽样的极限误差 $\Delta_p = t\hat{\mu}_{\bar{x}} = 2 \times 0.004367 = 0.008734$。区间估计 $P = p \pm \Delta_p = 0.9752 \pm 0.008734$,即在 95.45% 的概率保证程度下,该批液晶显示器合格率的区间为 96.65%—98.39%。

(三) 按比例抽样根据平均指标计算必要样本单位数

1. 在各类型中采用重复纯随机抽样

$$\Delta_{\bar{x}}^2 = t^2 \mu_{\bar{x}}^2 = t^2 \frac{\overline{\sigma}^2}{n} \tag{5-55}$$

可以得到:

$$n = \frac{t^2 \overline{\sigma}^2}{\Delta_{\bar{x}}^2} \tag{5-56}$$

式中,$\overline{\sigma}^2 = \dfrac{\sum_{i=1}^{k} n_i \sigma_i^2}{n} = \dfrac{\sum_{i=1}^{k} N_i \sigma_i^2}{N}$。

2. 在各类型中采用不重复纯随机抽样

$$\Delta_{\bar{x}}^2 = t^2 \mu_{\bar{x}}^2 = t^2 \frac{\overline{\sigma}^2}{n}\left(1 - \frac{n}{N}\right) \tag{5-57}$$

可以得到：

$$n = \frac{Nt^2 \overline{\sigma^2}}{N\Delta_{\bar{x}}^2 + t^2 \overline{\sigma^2}} \tag{5-58}$$

（四）比例抽样根据成数指标计算必要样本单位数

1. 在各类型中采用重复纯随机抽样

由于

$$\overline{\sigma^2} = \overline{P(1-P)} = \frac{\sum_{i=1}^{k} n_i P_i (1-P_i)}{n} = \frac{\sum_{i=1}^{k} N_i P_i (1-P_i)}{N} \tag{5-59}$$

所以

$$n = \frac{t^2 \overline{P(1-P)}}{\Delta_P^2} \tag{5-60}$$

2. 在各类型中采用不重复纯随机抽样

$$n = \frac{Nt^2 \overline{P(1-P)}}{N\Delta_P^2 + t^2 \overline{P(1-P)}} \tag{5-61}$$

由于总体成数 P_i 在大多数情况下是未知的，所以实际计算过程中，式(5-59)至式(5-61)中的 P_i 可换算成样本成数 p_i 来计算。

例 5-10 对某民营家电企业的产品合格率进行按比例抽样，其各加工厂的产量资料如表 5-11 所示。根据以往资料，$\overline{pq} = \overline{p(1-p)} = 0.0736$。试求：在各个加工厂分别采用重复纯随机抽样和不重复纯随机抽样的条件下，必要的样本单位数分别为多少？要求概率保证程度为 95.45%，极限误差不超过 2%。

表 5-11 某家电企业各加工厂的产量

加工厂	产量（台）
1	70 000
2	50 000
3	30 000

解 根据题意，$F(t) = 95.45\%$，查表得 $t = 2$。

在各类型中采取重复纯随机抽样条件下，必要样本单位数为：

$$n = \frac{t^2 \overline{p(1-p)}}{\Delta_p^2} = \frac{2^2 \times 0.0736}{0.02^2} = 736$$

$$n_1 = \frac{N_1}{N} \cdot n = \frac{70\,000}{150\,000} \times 736 \approx 344$$

$$n_2 = \frac{N_2}{N} \cdot n = \frac{50\,000}{150\,000} \times 736 \approx 245$$

$$n_3 = \frac{N_3}{N} \cdot n = \frac{30\,000}{150\,000} \times 736 \approx 147$$

由上面的计算可知，在各个加工厂采用重复纯随机抽样的条件下，必要样本单位数为 736 台，三个加工厂的抽样数分别为 344 台、245 台和 147 台。

在各类型中采取不重复纯随机抽样条件下，必要样本单位数为：

$$n = \frac{Nt^2 \overline{p(1-p)}}{N\Delta_p^2 + t^2 \overline{p(1-p)}} = \frac{150\,000 \times 2^2 \times 0.0736}{150\,000 \times 0.02^2 + 2^2 \times 0.0736} = 732$$

$$n_1 = \frac{N_1}{N} \cdot n = \frac{70\,000}{150\,000} \times 732 \approx 342$$

$$n_2 = \frac{N_2}{N} \cdot n = \frac{50\,000}{150\,000} \times 732 = 244$$

$$n_3 = \frac{N_3}{N} \cdot n = \frac{30\,000}{150\,000} \times 732 \approx 146$$

由上面的计算可知，在各个加工厂采用不重复纯随机抽样的条件下，必要样本单位数为 732 台，三个加工厂的抽样数分别为 342 台、244 台和 146 台。

第五节 等距抽样

一、等距抽样的概念

等距抽样又称机械抽样或系统抽样，是将总体全部单位按某一标志排序，然后按固定顺序和间隔来抽取样本单位。

总体各单位排列顺序时所依据的标志，可以是无关标志，即所依据的标志和所调查研究的标志无关或不起主要影响作用，如地理位置、姓氏笔画、随机编号等；也可以是有关标志，即所依据的标志与所调查研究的标志有关，如调查某次学生成绩时，按分数由高到低排列等。

二、抽样方法

（一）随机等距

设总体有 N 个单位，为抽取一个容量为 n 的样本，可以先将总体单位按一定标志排序，然后将 N 划分为 n 个单位相等的部分，每部分包含 k 个单位，即 $k = \frac{N}{n}$，并在第一部分 1 到 k 个单位中随机抽取第 i 个单位，在第二部分 $k+1$ 到 $2k$ 个单位中抽取第 $k+i$ 个单位，依此类推，在第 n 部分中抽取第 $(n-1)(k+i)$ 个单位，共抽取 n 个单位组成样本。

如在总体的 500 个单位中，抽取 20 个组成样本，此时 $k = 500/20 = 25$，在第一部分 1，2，…，25 中抽取随机数 6，则第 6，31，56，…，481 号共 20 个单位入样。

这种方法的随机性表现在抽取第一个样本单位时。当第一个样本单位确定后，其余的样本单位也就随之确定了。

（二）中点等距

就是在每部分的中间（抽样距离的一半）抽取一个单位组成样本，即在第一部分抽取第 $k/2$ 个单位，在第二部分抽取第 $\frac{k}{2}+k$ 个单位，一直到第 n 部分抽取第 $\frac{k}{2}+(n-1)k$ 个单位。这种取样方法的优点是所抽取的各单位均能代表每部分的一般水平，从而提高了样本代表性，其不足之处是完全不符合随机原则。

（三）对称等距

在第一部分随机抽取一个单位，然后据此在各部分中抽取两两对称的样本单位组成样本，即在第一部分抽取第 i 个单位，在第二部分抽取第 $2k-i+1$ 个单位，在第三部分抽取第 $3k-i-1$ 个单位，在第四部分抽取第 $4k-i+1$ 个单位，在第五部分抽取第 $5k-i-1$ 个单位，直到取足 n 个单位为止。这种抽样方法既遵循随机原则，又能取到较有代表性的样本，并且可以抽取足够多的样本。

当总体按无关标志排列时，可按简单随机不重复抽样方法计算；当总体按有关标志排列时，等距抽样可视为分层抽样的特殊形式，这时可按分层抽样方法计算。

统计工作者给出了不重复纯随机抽样样本平均数平均误差的估计式：

$$\hat{\mu}_{\bar{x}} = \sqrt{\frac{1}{k}\sum_{i=1}^{k}(\overline{x_i}-\overline{X})^2} = \sqrt{\left(1-\frac{n}{N}\right)\frac{\hat{\sigma}_{\bar{x}}^2}{n}} \tag{5-62}$$

式中，$\hat{\sigma}_{\bar{x}}^2 = \dfrac{\sum\limits_{i=1}^{n}(x_i-\bar{x})^2 n_i}{\sum\limits_{i=1}^{n} n_i}$。

例 5-11 为调查 A 市居民家庭人均可支配收入情况，对该市 30 万户居民（96 万人）采用按街区每隔 1 000 户抽取 1 户的等距抽样方法进行抽样调查，共调查了 300 户，有关数据如表 5-12 所示。试计算置信度为 95% 的居民家庭人均可支配收入的置信区间，并推断该市居民家庭可支配收入总额的区间范围。

表 5-12 居民家庭人均可支配收入调查数据

人均可支配收入额 （千元/人）	调查户数（户） n_i	组中值 x_i	$n_i x_i$	$x_i - \bar{x}$	$(x_i - \bar{x})^2 n_i$
4 以下	8	3	24	−6.38	325.64
4—6	22	5	110	−4.38	422.06
6—8	40	7	280	−2.38	226.58
8—10	125	9	1 125	−0.38	18.05
10—12	60	11	660	1.62	157.46
12—14	30	13	390	3.62	393.13
14 以上	15	15	225	5.62	473.77
合计	300	—	2 814	—	2 016.69

解 根据上述资料可知：

(1) 样本平均数 $\bar{x} = \dfrac{\sum\limits_{i=1}^{n} n_i x_i}{\sum\limits_{i=1}^{n} n_i} = \dfrac{2\,814}{300} = 9.38$

样本方差 $\hat{\sigma}_{\bar{x}}^2 = \dfrac{\sum\limits_{i=1}^{n}(x_i - \bar{x})^2 n_i}{\sum\limits_{i=1}^{n} n_i} = \dfrac{2\,016.69}{300} \approx 6.72$

抽样平均误差 $\hat{\mu}_{\bar{x}} = \sqrt{\dfrac{\hat{\sigma}_{\bar{x}}^2}{n}\left(1 - \dfrac{n}{N}\right)} = \sqrt{\dfrac{6.72}{300} \times 0.999} \approx 0.15$

抽样极限误差 $\Delta_{\bar{x}} = t\hat{\mu}_{\bar{x}} = 1.96 \times 0.15 \approx 0.29$

置信区间 $[\bar{x} - \Delta_{\bar{x}}, \bar{x} + \Delta_{\bar{x}}] = [9.38 - 0.29, 9.38 + 0.29] = [9.09, 9.67]$

(2) 总体总量估计

由 $(\bar{x} - \Delta_{\bar{x}})N \leqslant \hat{X} \leqslant (\bar{x} + \Delta_{\bar{x}})N$，计算得到区间范围 $[872.64, 928.32]$。

因此，在95%的置信度下，该市居民家庭人均可支配收入额为9 090—9 670元/人，居民家庭可支配收入总额为87.264亿—92.832亿元。

等距抽样平均极限误差 $\hat{\mu}_p$ 的估计式为：

$$\hat{\mu}_p = \sqrt{\dfrac{pq}{n}\left(1 - \dfrac{n}{N}\right)} \tag{5-63}$$

例 5—12 某电子元件厂生产某型号的电子管，按正常生产经验，产品中属于一级品的占70%。现在从10 000件电子管中，按每隔5件抽取1件的方式抽取200件进行检验，求一级品率的标准误差。

解 根据已知条件可知，$p = 0.7$，$\sigma^2 = pq = 0.7 \times 0.3 = 0.21$。

根据等距抽样平均极限误差的估计式可知，一级品的抽样误差为：

$$\hat{\mu}_p = \sqrt{\dfrac{pq}{n}\left(1 - \dfrac{n}{N}\right)} = \sqrt{\dfrac{0.21}{200}\left(1 - \dfrac{200}{10\,000}\right)} \approx 0.032$$

所以该等距抽样的一级品率的标准误差为0.032。

三、等距抽样必要样本数的计算

(一) 根据平均指标计算必要样本数

$$\Delta_{\bar{x}}^2 = t^2 \hat{\mu}_{\bar{x}}^2 = t^2 \dfrac{\hat{\sigma}_{\bar{x}}^2}{n}\left(1 - \dfrac{n}{N}\right) \tag{5-64}$$

可以得到：

$$n = \frac{\dfrac{t^2 \hat{\sigma}_{\bar{x}}^2}{\Delta_{\bar{x}}^2}}{1 + \dfrac{1}{N}\left(\dfrac{t^2 \hat{\sigma}_{\bar{x}}^2}{\Delta_{\bar{x}}^2}\right)} = \frac{N t^2 \hat{\sigma}_{\bar{x}}^2}{N\Delta_{\bar{x}}^2 + t^2 \hat{\sigma}_{\bar{x}}^2} \qquad (5-65)$$

（二）根据成数指标计算必要样本数

由于 $\sigma^2 = \overline{p(1-p)}$，因此，可以根据样本成数得到必要的抽样样本数。

$$n = \frac{\dfrac{t^2 \overline{p(1-p)}}{\Delta_p^2}}{1 + \dfrac{1}{N}\dfrac{t^2 \overline{p(1-p)}}{\Delta_p^2}} = \frac{N t^2 \overline{p(1-p)}}{N\Delta_p^2 + t^2 \overline{p(1-p)}} \qquad (5-66)$$

例 5-13 现在需要抽样调查一批产品的合格率，根据以往的资料，产品的合格率为 99%，现在要求允许误差不超过 1.5%，概率保证程度为 95%，这批产品总数为 1 000。试计算，若按等距抽样，应至少抽取多少样本？

解 已知 $\bar{p} = 0.99, \Delta_p = 1.5\%, t = 1.96, N = 1\,000$，则有：

$$n = \frac{N t^2 \overline{p(1-p)}}{N\Delta_p^2 + t^2 \overline{p(1-p)}} = \frac{1\,000 \times 1.96^2 \times 0.99 \times 0.01}{1\,000 \times 0.015^2 + 1.96^2 \times 0.99 \times 0.01} \approx 145$$

所以，若按等距抽样，则应至少抽取 145 个样本。

第六节 整群抽样

一、整群抽样的概念及分类

整群抽样就是先将总体的全部个体单位划分为若干个群体，并按纯随机抽样方式，从全部整体中抽取一部分群体作为样本，然后对抽中的每个群体里的个体单位进行全面调查的一种调查组织形式。

整群抽样的优点主要包括：① 设计和组织抽样比较方便；② 调查单位比较集中，可以减少调查费用，节省时间；③ 效率比较高。

整群抽样的主要缺点是，调查单位只能集中在若干群体中，而不能均匀分布在总体各个部分，因此抽样精度一般低于纯随机抽样的精度。

群的划分办法大致有两类：一是根据行政区划、所在地域以及其他自然形成的特征（如学校、村庄、乡镇等）进行群的划分；二是根据调查对象本身的情况，由调查人员自行确定群的划分。对整群抽样而言，不是求必要样本单位数，而是求必要样本群数。

二、整群抽样与分层抽样的异同

整群抽样与分层抽样的相同之处在于两者都是先选择分组标志，将总体分为一定数量的群或层，并要求群或层之间不能有交叉，使每一个总体单位能归属且只能归属于一个群或层。

整群抽样与分层抽样的区别在于目的和作用不同。整群抽样的抽样误差只受群间差异程度的影响,因此要尽量使各群内部调查变量的各个标志值之间差别增大,扩大群内各标志值的变化程度,抽取的单位是总体的群;而分层抽样的抽样误差只受层内差异程度的影响,因此分层标志的选择要尽量使各层内部调查变量各变量值之间相近,缩小层内各标志值的变化程度,抽取的单位是总体的单位。

整群抽样中划分群的原则和分层抽样中划分层的原则如图 5-3 所示。

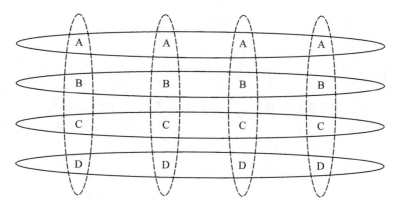

图 5-3 整群抽样中理想的群(虚线)与理想的层(实线)示意图

三、整群抽样平均误差的计算

设总体 N 划分为 R 个群,每个群包含单位数 M,即 $N=RM$,现从总体 R 个群中随机抽取 r 个群组成样本,对所有选中群的 rM 个样本进行调查。

第 i 个群的样本平均数:

$$\bar{x}_i = \frac{1}{M} \sum_{j=1}^{M} x_{ij} \tag{5-67}$$

样本抽样的平均数:

$$\bar{x} = \frac{1}{r} \sum_{i=1}^{r} \bar{x}_i \tag{5-68}$$

采用不重复的抽样方法,整群抽样的平均误差为:

$$\hat{\mu}_{\bar{x}} = \sqrt{\frac{\hat{\sigma}_{\bar{x}}^2}{r} \left(\frac{R-r}{R-1} \right)} \tag{5-69}$$

其中,

$$\hat{\sigma}_{\bar{x}}^2 = \frac{\sum_{i=1}^{r} (\bar{x}_i - \bar{x})}{r}$$

当 R 很大时,采用不重复的抽样方法,整群抽样的平均误差公式也常被写为:

$$\hat{\mu}_{\bar{x}} = \sqrt{\frac{\hat{\sigma}_{\bar{x}}^2}{r}\left(1 - \frac{r}{R}\right)} \qquad (5-70)$$

例 5-14 将某校的 160 个班分成 40 个群,每个群 4 个班。从这 40 个群中随机抽取 4 个群,重新命名为群 A、B、C、D,共包含 16 个班。对每个班通过英语四级考试的同学进行调查,调查数据如表 5-13 所示。根据表中数据,采用不重复的抽样,计算整群抽样的平均误差。

表 5-13 某校英语四级考试通过情况

群 A 中的班	四级通过人数(人)	群 B 中的班	四级通过人数(人)	群 C 中的班	四级通过人数(人)	群 D 中的班	四级通过人数(人)
1	30	5	25	9	26	13	28
2	28	6	28	10	26	14	29
3	32	7	30	11	30	15	30
4	27	8	32	12	30	16	35

解 根据已知条件,可知:

A 群内平均数 $\bar{x}_1 = \dfrac{30 + 28 + 32 + 27}{4} = 29.25$

B 群内平均数 $\bar{x}_2 = \dfrac{25 + 28 + 30 + 32}{4} = 28.75$

C 群内平均数 $\bar{x}_3 = \dfrac{26 + 26 + 30 + 30}{4} = 28$

D 群内平均数 $\bar{x}_4 = \dfrac{28 + 29 + 30 + 35}{4} = 30.5$

样本平均数 $\bar{x} = \dfrac{\bar{x}_1 + \bar{x}_2 + \bar{x}_3 + \bar{x}_4}{4} = \dfrac{29.25 + 28.75 + 28 + 30.5}{4} = 29.125$

组间方差 $\hat{\sigma}_{\bar{x}}^2 = \dfrac{(29.25 - 29.125)^2 + (28.75 - 29.125)^2 + (28 - 29.125)^2 + (30.5 - 29.125)^2}{4}$

$= \dfrac{0.015625 + 0.140625 + 1.265625 + 1.890625}{4} = 0.828125$

由于 $R = 40, r = 4$,故采用不重复抽样,整群抽样的平均误差为:

$$\hat{\mu}_{\bar{x}} = \sqrt{\frac{\hat{\sigma}_{\bar{x}}^2}{r}\left(\frac{R - r}{R - 1}\right)} = \sqrt{\frac{0.828125}{4}\left(\frac{40 - 36}{40 - 1}\right)} \approx 0.4372$$

四、整群抽样成数的平均误差的估计式

$$\hat{\mu}_{\bar{p}} = \sqrt{\frac{pq}{r}\left(1 - \frac{r}{R}\right)} \qquad (5-71)$$

其中,

$$\overline{pq} = \frac{1}{r}\sum(p_i - \bar{p})^2, \quad \bar{p} = \frac{1}{r}\sum p_i$$

例 5-15 某工厂一次生产 200 个茶杯,分成 20 个群,每个群 10 个茶杯。从 20 个群中抽取 5 个群,得到产品不合格率分别为 0.01、0.02、0.04、0.10、0.05。采用不重复抽样,试计算整群抽样成数的平均误差。

解 根据已知条件,$R=20, r=5, p_1=0.01, p_2=0.02, p_3=0.04, p_4=0.10, p_5=0.05$。

$$\bar{p} = \frac{1}{r}\sum p_i = \frac{1}{5} \times (0.01 + 0.02 + 0.04 + 0.10 + 0.05) = 0.044$$

$$\overline{pq} = \frac{1}{r}\sum(p_i - \bar{p})^2$$

$$= \frac{(0.01-0.044)^2 + (0.02-0.044)^2 + (0.04-0.044)^2 + (0.10-0.044)^2 + (0.05-0.044)^2}{5}$$

$$= 0.000984$$

$$\hat{\mu}_{\bar{p}} = \sqrt{\frac{\overline{pq}}{r}\left(1 - \frac{r}{R}\right)} = \sqrt{\frac{0.000984}{5}\left(1 - \frac{5}{20}\right)} \approx 0.012$$

第七节 多阶段抽样

一、多阶段抽样的概念

多阶段抽样又称多级抽样,是把抽取样本单位分为 n 个步骤进行,而不是一次性从总体中抽取。设总体共有 N 个抽样单位,每个一级抽样单位包含若干个次级单位,按某种方法从 N 个一级单位中抽取一定数量的二级单位,最后对抽取出来的全部二级单位都进行调查并用以推断总体,这就是两阶段抽样调查。如果二级单位还包含若干个三级单位,那么对抽取出的二级单位再进行抽样,就是三阶段抽样调查。类似地,可以定义高阶段抽样调查。

多阶段抽样、分层抽样和整群抽样三者都需要先对总体加以分组,然后抽取样本。多阶段抽样在层间和层内的抽样都是随机抽样;分层抽样对层而言是全面调查,在层内属随机抽样;整群抽样的随机性体现在群间抽样上,对抽取的群进行的则是全面调查。此外,分层抽样出现误差的主要原因在于层内变异,而多阶段抽样推断误差包括层间与层内两方面抽样误差,整群抽样推断误差则主要表现在群间抽样误差上。

二、多阶段抽样均值平均误差的估计

设总体 N 个单位共分为 R 组,每组包含 M 个单位,即 $N=RM$。第一阶段,在 R 个组中采用不重复抽样的方式,抽取 r 个组,$r<R$;第二阶段,在选取的每个组中再采用不重复纯随机抽样,抽取 m 个单位,$m \leqslant M$,样本单位总数为 $n=rm$。

我们用 $X_{ij}(1 \leqslant i \leqslant R, 1 \leqslant j \leqslant M)$ 表示总体的标志值,$x_{ij}(1 \leqslant i \leqslant r, 1 \leqslant j \leqslant m)$ 表示样本的标志值。

总体第 i 组平均数为:
$$\overline{X}_i = \frac{1}{M}\sum_{j=1}^{M} X_{ij} \tag{5-72}$$

总体平均数为:
$$\overline{X} = \frac{1}{R}\sum_{i=1}^{R} \overline{X}_i \tag{5-73}$$

样本第 i 组平均数为:
$$\overline{x}_i = \frac{1}{m}\sum_{j=1}^{m} x_{ij} \tag{5-74}$$

样本平均数为:
$$\overline{x} = \frac{1}{r}\sum_{i=1}^{r} \overline{x}_i \tag{5-75}$$

统计工作者给出了以下的两阶段抽样平均误差估计式:

$$\hat{\mu}_{\overline{x}} = \sqrt{\left(1 - \frac{r}{R}\right) \cdot \frac{S_1^2}{r} + \left(1 - \frac{m}{M}\right) \cdot \frac{r}{R} \cdot \frac{S_2^2}{n}} \tag{5-76}$$

其中,$\overline{x}$ 是 $\overline{X}$ 的无偏估计量,S_1^2、S_2^2 的表达式分别为:

$$S_1^2 = \frac{1}{r-1}\sum_{i=1}^{r}(\overline{x}_i - \overline{x})^2$$

$$S_2^2 = \frac{1}{r(m-1)}\sum_{i=1}^{r}\sum_{j=1}^{m}(x_{ij} - \overline{x}_i)^2$$

例 5-16 采用两阶段方法抽样调查某校学生英语四级考试成绩。该校共有 800 名学生参加某次英语四级考试,将其划分为 10 个组,用二级抽样方法从 10 个组中抽取 4 个组,然后从所抽选组中抽取 5% 的学生组成样本。根据给定的资料(见表 5-14)计算样本平均数的平均误差。

表 5-14 某校英语四级考试成绩

组别	成绩(分) x_{ij}	样本平均数(分) $\overline{x}_i$	$x_{ij} - \overline{x}_i$	$(x_{ij} - \overline{x}_i)^2$
1	46	47	−1	1
	46		−1	1
	48		1	1
	48		1	1
2	60	62	−2	4
	62		0	0
	62		0	0
	64		2	4
3	72	73	−1	1
	73		0	0
	73		0	0
	74		1	1
4	79	83	−4	16
	83		0	0
	84		1	1
	86		3	9
总计	—	265	—	40

解 已知 $R=10, r=4, M=80, m=80\times 5\%=4, n=rm=4\times 4=16$。

$$\bar{x}=\frac{1}{r}\sum_{i=1}^{r}\bar{x}_i=\frac{47+62+73+83}{4}=66.25$$

$$S_1^2=\frac{1}{r-1}\sum_{i=1}^{r}(\bar{x}_i-\bar{x})^2$$

$$=\frac{1}{r-1}\left(\sum_{i=1}^{r}\bar{x}_i^2-r\bar{x}^2\right)$$

$$=\frac{1}{4-1}\times\left[(47^2+62^2+73^2+83^2)-4\times 66.25^2\right]$$

$$=238.25$$

$$S_2^2=\frac{1}{r(m-1)}\sum_{i=1}^{r}\sum_{j=1}^{m}(x_{ij}-\bar{x}_i)^2$$

$$=\frac{1}{4\times 3}\times(1+1+1+1+4+4+1+1+16+1+9)$$

$$\approx 3.33$$

$$\hat{\mu}_{\bar{x}}=\sqrt{\left(1-\frac{r}{R}\right)\cdot\frac{S_1^2}{r}+\left(1-\frac{m}{M}\right)\cdot\frac{r}{R}\cdot\frac{S_2^2}{n}}$$

$$=\sqrt{\left(1-\frac{4}{10}\right)\times\frac{238.25}{4}+\left(1-\frac{4}{80}\right)\times\frac{4}{10}\times\frac{3.33}{16}}$$

$$\approx 5.9847$$

三、两阶段抽样成数平均误差的估计

$$\hat{\mu}_{\bar{p}}=\sqrt{\left(1-\frac{r}{R}\right)\cdot\frac{\overline{pq_1}}{r}+\left(1-\frac{m}{M}\right)\cdot\frac{r}{R}\cdot\frac{\overline{pq_2}}{n}} \tag{5-77}$$

式中，

$$\bar{p}=\frac{1}{r}\sum_{i=1}^{r}p_i,\quad \overline{pq_1}=\frac{1}{r-1}\sum_{i=1}^{r}(p_i-\bar{p})^2\approx\frac{1}{r}\sum_{i=1}^{r}(p_i-\bar{p})^2$$

$$\overline{pq_2}=\frac{m}{r(m-1)}\sum_{i=1}^{r}p_iq_i\approx\frac{1}{r}\sum_{i=1}^{r}p_iq_i$$

其中，q_i 是具有某种属性的单位在样本第 i 组内的成数，$q_i=1-p_i$。

例 5-17 对某超市某种品牌的饮料进行质量检验。饮料共 100 箱，每箱 48 件。现从中随机抽出 3 箱，在抽出的 3 箱中，再分别采用不重复纯随机抽样，每箱抽出 12 件。发现这 3 箱样本的质量不合格率分别为 0.01、0.02、0.03。试求这种饮料样本质量不合格率的平均误差。

解 已知 $R=100, r=3, M=48, m=12, n=rm=3\times 12=36, p_1=0.01, p_2=0.02, p_3=0.03$，可求得样本质量不合格率为：

$$\bar{p}=\frac{1}{r}\sum_{i=1}^{r}p_i=\frac{1}{3}\times(0.01+0.02+0.03)=0.02$$

$$\overline{pq_1} = \frac{1}{r}\sum_{i=1}^{r}(p_i - \overline{p})^2$$
$$= \frac{1}{3}[(0.01-0.02)^2 + (0.02-0.02)^2 + (0.03-0.02)^2]$$
$$= \frac{1}{3} \times 0.0002$$
$$\overline{pq_2} = \frac{1}{r}\sum_{i=1}^{r} p_i q_i$$
$$= \frac{1}{3} \times (0.01 \times 0.99 + 0.02 \times 0.98 + 0.03 \times 0.97)$$
$$= \frac{1}{3} \times 0.0586$$
$$\hat{\mu}_{\bar{p}} = \sqrt{\left(1 - \frac{r}{R}\right) \cdot \frac{\overline{pq_1}}{r} + \left(1 - \frac{m}{M}\right) \cdot \frac{r}{R} \cdot \frac{\overline{pq_2}}{n}}$$
$$= \sqrt{\left(1 - \frac{3}{100}\right) \times \frac{0.0002}{3 \times 3} + \left(1 - \frac{12}{48}\right) \times \frac{3}{100} \times \frac{0.0586}{3 \times 36}}$$
$$\approx 0.005810669$$

第八节 抽样分布的基本类型

根据样本统计量去估计总体参数,必须知道样本统计量的分布。从总体中抽取样本的方法有许多种,简单随机抽样是最常用的一种,本章讨论在简单随机抽样方法下有关抽样分布的问题。

在抽样过程中,由于样本是随机抽取的,因此统计量是一个随机变量,其取值随样本的不同而不同;在一个总体中用简单随机抽样的方法抽出容量相同的各种随机样本,再根据这些样本计算出某种统计量的所有可能值。通常将样本统计量所有可能取值形成的概率分布称为**抽样分布**。

一、单一样本统计量的抽样分布

当我们要对某一总体的参数进行估计时,就要研究来自该总体的所有可能的样本统计量的分布问题,比如样本均值的分布、样本比例的分布,从而概括有关统计量抽样分布的一般规律。

(一) 样本均值的抽样分布

1. 样本均值抽样分布的形成

样本均值抽样分布即所有样本均值的可能取值形成的概率分布。例如,某高校大一年级参加英语四级考试的人数为6000人,为了研究这6000人的平均成绩,欲从中随机抽取500人组成样本进行观察。若逐一抽取全部可能样本,并计算出每个样本的平均成绩,将会得出很多不完全相同的样本均值,全部可能的样本均值有一个相应的概率分布,即为样本均值的抽样分布。

我们知道,从总体的 N 个单位中抽取一个容量为 n 的随机样本,在重复抽样条件下,共有 N^n 个可能的样本;在不重复抽样条件下,共有 $C_N^n = \dfrac{N!}{n!(N-n)!}$ 个可能的样本。因此,样本均值是一个随机变量。

2. 样本均值抽样分布的特征

从抽样分布的角度看,我们所关心的分布的特征主要是数学期望和方差。这两个特征一方面与总体分布的均值和方差有关,另一方面也与抽样的方法是重复抽样还是不重复抽样有关。

无论是重复抽样还是不重复抽样,样本均值的期望值总是等于总体均值 μ,即:

$$E(\bar{x}) = \mu \tag{5-78}$$

样本均值的方差则与抽样方法有关。在重复抽样条件下,样本均值的方差为总体方差的 $\dfrac{1}{n}$,即:

$$\sigma_{\bar{x}}^2 = \dfrac{\sigma^2}{n} \tag{5-79}$$

在不重复抽样条件下,样本均值的方差为:

$$\sigma_{\bar{x}}^2 = \dfrac{\sigma^2}{n}\left(\dfrac{N-n}{N-1}\right) \tag{5-80}$$

从式(5-79)和式(5-80)可以看出两者仅相差系数 $\dfrac{N-n}{N-1}$,该系数通常被称为有限总体修正系数。在实际应用中,这一系数常常被忽略不计,这主要是因为对无限总体进行不重复抽样时,由于 N 未知,此时样本均值的标准差仍可按式(5-79)计算,即可按重复抽样处理;对于有限总体,当 N 很大而抽样比例 n/N 很小时,其修正系数 $\dfrac{N-n}{N-1} \approx 1 - \dfrac{n}{N} \to 1$,通常在样本容量 n 小于总体容量 N 的 5% 时,有限总体修正系数就可以忽略不计。因此,式(5-79)是计算样本均值方差的常用公式。

3. 样本均值抽样分布的形式

样本均值抽样分布的形式与原有总体的分布和样本容量 n 的大小有关。

如果原有总体是正态分布,那么无论样本容量大小,样本均值的抽样分布都服从正态分布。

如果原有总体的分布是非正态分布,就要看样本容量的大小。随着样本容量 n 的增大(通常要求 $n \geq 30$),不论原来的总体是否服从正态分布,样本均值的抽样分布都将趋于正态分布,即统计上著名的中心极限定理。

例 5-18 某高校大学一年级学生英语四级考试的平均成绩为 512 分,标准差为 240 分,若从考生中随机抽取 150 人,求:(1) 样本平均成绩的数学期望与标准差;(2) 分析样本平均成绩的抽样分布。

解 （1）$E(\bar{x}) = \mu = 512$，$\sigma_{\bar{x}} = \dfrac{\sigma}{\sqrt{n}} = \dfrac{240}{\sqrt{150}} \approx 20$。

（2）虽然总体成绩的分布形态未知，但 σ 已知，且 $n = 150$ 为大样本，依据中心极限定理可知：样本均值的抽样分布近似为正态分布。

（二）样本比例的抽样分布

样本比例即指样本中具有某种特征的单位所占的比例。样本比例的抽样分布就是所有样本比例的可能取值形成的概率分布。例如，某高校大学一年级学生参加英语四级考试的人数为 6 000 人，为了估计这 6 000 人中男生所占的比例，从中抽取 500 人组成样本进行观察，若逐一抽取全部可能样本，并计算出每个样本的男生比例，则全部可能样本的比例的概率分布即为样本比例的抽样分布。可见，样本比例是一个随机变量。

1. 样本比例抽样分布的特征

在大样本情况下，样本比例的抽样分布特征可概括为：无论是重复抽样还是不重复抽样，样本比例 p 的数学期望总是等于总体比例 P，即：

$$E(p) = P \tag{5-81}$$

而样本比例 p 的方差，在重复抽样条件下为：

$$\sigma_p^2 = \dfrac{P(1-P)}{n} \tag{5-82}$$

在不重复抽样条件下为：

$$\sigma_p^2 = \dfrac{P(1-P)}{n}\left(\dfrac{N-n}{N-1}\right) \tag{5-83}$$

2. 样本比例抽样分布的形式

样本比例的分布属于二项分布问题，当样本容量 n 足够大时，即当 nP 与 $n(1-P)$ 都不小于 5 时，样本比例的抽样分布近似为正态分布。

例 5-19 已知某工厂零件加工的不合格比率达到 4%，先从中随机抽取 150 件，求：（1）样本不合格率的期望值与方差；（2）此时样本不合格率的抽样分布。

解 （1）$P = 0.04$，$n = 150$。

$$E(p) = P = 0.04, \quad \sigma_p^2 = \dfrac{P(1-P)}{n} = \dfrac{0.04 \times (1-0.04)}{80} = 0.00048$$

（2）已知 $P = 0.04$，$n = 150$，则 $nP = 6$，$n(1-P) = 144$，均大于 5，所以样本不合格率的抽样分布近似为正态分布。

二、两个样本统计量的抽样分布

如果要对两个总体有关参数的差异进行估计，就要研究来自这两个总体的所有可能样本的相应统计量差异的抽样分布。

（一）两个样本均值差异的抽样分布

若从总体 X_1、总体 X_2 中分别独立地抽取容量为 n_1 和 n_2 的样本，则由两个样本均值

之差 $\bar{x}_1 - \bar{x}_2$ 的所有可能取值形成的概率分布称为两个样本均值差异的抽样分布。

设总体 X_1、总体 X_2 的均值分别为 μ_1 和 μ_2,标准差分别为 σ_1 和 σ_2,则两个样本均值之差 $\bar{x}_1 - \bar{x}_2$ 的抽样分布可概括为两种情况:

(1) 若总体 $X_1 \sim N(\mu_1, \sigma_1^2)$,总体 $X_2 \sim N(\mu_2, \sigma_2^2)$,则

$$\bar{x}_1 - \bar{x}_2 \sim N\left(\mu_1 - \mu_2, \frac{\sigma_1^2}{n} + \frac{\sigma_2^2}{n}\right)$$

(2) 若两个总体都是非正态总体,当两个样本容量 n_1 和 n_2 都足够大时,依据中心极限定理,$\bar{x}_1$ 和 $\bar{x}_2$ 分别近似服从正态分布,则

$$\bar{x}_1 - \bar{x}_2 \sim N\left(\mu_1 - \mu_2, \frac{\sigma_1^2}{n} + \frac{\sigma_2^2}{n}\right)$$

例 5-20 某公司在甲城市和乙城市分别有一家分公司,某年的销售统计资料如表 5-15 所示。

表 5-15 某公司在甲城市和乙城市的销售统计资料

	总体平均消费额(元)	总体标准差(元)
甲城市	5 000	900
乙城市	6 500	1 300

现从甲城市、乙城市的消费者中随机抽取 50 人和 65 人,问:(1) 样本平均消费额差异的抽样分布如何?(2) 样本平均消费额差异的标准差是多少?

解 (1) 由于两个随机样本是独立大样本,所以样本平均消费额差异的抽样分布近似为正态分布。

(2) $\sqrt{\dfrac{\sigma_1^2}{n} + \dfrac{\sigma_2^2}{n}} = \sqrt{\dfrac{900^2}{50} + \dfrac{1\,300^2}{65}} \approx 205.43$。因此,样本平均消费额差异的标准差是 205.43 元。

(二) 两个样本比例差异的抽样分布

若从总体 X_1、总体 X_2 中分别独立地抽取容量为 n_1 和 n_2 的样本,则由两个样本比例之差 $p_1 - p_2$ 的所有可能取值形成的概率分布,称为两个样本比例差异的抽样分布。

设两个总体的比例分别为 P_1 和 P_2,当两个样本容量 n_1 和 n_2 都足够大时,根据中心极限定理,p_1 和 p_2 分别近似服从正态分布,则有:

$$p_1 - p_2 \sim N\left(P_1 - P_2, \frac{P_1(1-P_1)}{n_1} + \frac{P_2(1-P_2)}{n_2}\right)$$

例 5-21 某高中体检,男生和女生中近视的比例分别为 35% 和 47%,现分别从男生和女生中随机抽取 150 人和 200 人,问:(1) 两个样本中近视比例差异的抽样分布如何?(2) 样本比例差异的标准差是多少?

解 （1）$P_1 = 35\%, P_2 = 47\%, n_1 = 150, n_2 = 200$。

由于 n_1P_1、$n_1(1-P_1)$、n_2P_2 与 $n_2(1-P_2)$ 均不小于 5，所以样本比例差异的抽样分布近似为正态分布。

（2）$\sqrt{\dfrac{P_1(1-P_1)}{n_1}+\dfrac{P_2(1-P_2)}{n_2}} = \sqrt{\dfrac{0.35\times(1-0.35)}{150}+\dfrac{0.47\times(1-0.47)}{200}} \approx 0.053$。

附录　用 Excel 进行抽样

1. 利用随机数发生器产生一些随机数

利用 Excel 中的随机数发生器，可以产生服从二项分布、泊松分布、均匀分布、正态分布等的随机数。

单击"数据"选项，再单击右上方的"数据分析"，选择"随机数发生器"，如图 5-4 所示。

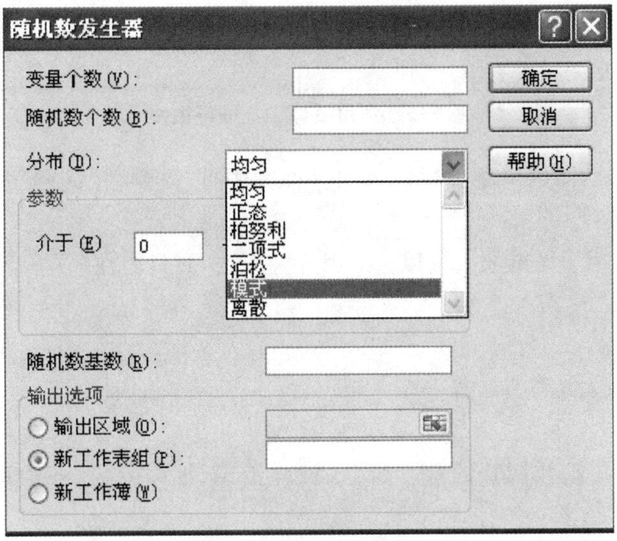

图 5-4　随机数发生器

根据自己的实际需要，选择并生成随机数。

2. 利用抽样工具对已知整体进行抽样

例 5-22　某机器生产 25 个零件的重量（单位：克）如下，要求从 25 个零件中抽取 4 件进行检查分析。

```
49  67  55  63  66  69  71  65  68  61  53  63
57  57  63  51  54  55  68  68  54  53  51  53  59
```

在 Excel 中输入总体即编号，单击"数据分析"命令，选择"抽样"，在抽样的对话框中进行设置。单击"确定"就得到所需要的样本数据，如图 5-5 所示。

在抽样方法下，有"周期"与"随机"两种抽样模式。

图 5-5 利用抽样工具进行抽样

"周期"模式即所谓的等距抽样。采用这种方法时,需要在"间隔"栏中填入样本选取时的周期间隔。

"随机"模式适用于简单随机模拟。采用这种方法时,只需在"样本数"栏中填入所需抽取的样本单位数。

本章小结

本章主要介绍了抽样调查的基本概念、抽样步骤、抽样分类、各类型抽样误差的计算以及样本容量的确定等。

1. 抽样调查,广义来说,是指非全面调查,即从研究总体中按一定的原则抽取部分单位作为样本,进行观察研究,以达到认识总体的目的的一种统计调查方法;狭义来说,是指概率抽样。

2. 抽样调查的基本概念有总体与样本、概率抽样与非概率抽样、重复抽样与非重复抽样、抽样数目、抽样的代表性误差等。

3. 概率抽样的基本方法有简单随机抽样、分层抽样、等距抽样、整群抽样、多阶段抽样。在实践中,由于各方面条件的限制,会采用不同的抽样方法。不同抽样方法的抽样误差不同,评价多种抽样方法的抽样效果的关键是对抽样误差进行控制。

4. 抽样调查的步骤:① 明确调查的意图和目的;② 正确确定总体的范围;③ 选择调查指标;④ 编制抽样框;⑤ 确定精度要求和样本容量;⑥ 抽选样本;⑦ 向样本单位搜集资料;⑧ 综合和分析调查数据。

5. 简单随机抽样,又称纯随机抽样,是最简单的概率抽样方法,是指按照随机原则直

接从总体的 N 个单位中抽取 n 个单位作为样本，抽样时要保证总体中任意 n 个单位被抽取的概率相等。在重复和非重复抽样条件下，抽样误差有所不同。

6. 分层抽样，又称类型抽样、分类抽样，是指先对总体各单位主要标志进行分层，然后从各层中按随机原则抽取一定数目的单位构成样本。分层抽样包括简单的随机抽样和按比例抽样。同样，它的抽样误差也要分情况考虑。

7. 等距抽样，又称机械抽样或系统抽样，是将总体全部单位按某一标志排序，然后按固定顺序和间隔来抽取样本单位。抽样方法有随机等距、中点等距和对称等距等。

8. 整群抽样，就是先将总体的全部个体单位划分为若干个群体，并按纯随机抽样方式，从全部整体中抽取一部分群体作为样本，然后对抽中的群体里的个体单位进行全面调查的一种调查组织形式。需要注意整群抽样与分层抽样的异同。

9. 多阶段抽样，又称多级抽样，是把抽取样本单位分为 n 个步骤进行，而不是一次性从总体中抽取。多阶段抽样在层间和层内的抽样都是随机抽样。

10. 抽样分布的基本类型包括单一样本统计量的抽样分布和两个样本统计量的抽样分布。前者包括样本均值的抽样分布和样本比例的抽样分布，后者包括两个样本均值差异的抽样分布和两个样本比例差异的抽样分布。

本章习题

1. 设一个盒子里装有编号为①、②、③、④的四个球，若按考虑顺序的不重复抽样方式从中随机抽出两个球，试用两种方法求其抽样平均误差。

2. 用简单随机抽样，从容量为 600 的总体中选择一个容量为 40 的样本，样本均值 $\bar{x} = 350$，样本标准差 $S_n = 25$。
   (1) 估计总体均值；
   (2) 估计均值的标准误差；
   (3) 计算置信度为 95.45% 的置信区间。

3. 进行大学生生活费支出情况调查。已知某校有在校生 12 000 人，现采用简单随机不重复抽样方法调查 24 名学生，月生活费支出(单位:元)分别为：

   600 700 650 750 900 1000 800 680 700 690 580 640
   500 720 660 720 730 800 720 680 740 850 650 700

   在 95.45% 的置信度下，试估计该校学生月生活费支出区间。

4. 某外贸公司出口 6 万包小包装茶叶，与外商签订的合同规定每包茶叶的平均重量不能低于 150 克。现采用简单随机不重复方式抽取 2‰进行检验，检验结果如下表所示：

每包茶叶重量(克)	包数 f_i	组中值 x_i	$x_i f_i$	$x_i - \bar{x}$	$(x_i - \bar{x})^2 f_i$
148 以下	16	147			
148—150	19	149			

(续表)

每包茶叶重量(克)	包数 f_i	组中值 x_i	$x_i f_i$	$x_i - \bar{x}$	$(x_i - \bar{x})^2 f_i$
150—152	50	151			
152—154	26	153			
154 以上	9	155			
合计	120	—		—	

根据上述资料,在95%的概率保证程度下:(1)试估计该批茶叶每包的平均重量。(2)试推断该批茶叶是否符合合同规定的要求。(3)试推断该批茶叶总重量区间范围。

5. 在上题中,按质量规定,凡每包重量达不到148克的茶叶为不合格品,试以95%的概率保证程度估计该批茶叶的合格率区间范围。

6. 在第4题中,其他条件不变,只是抽样极限误差可放宽到1克,在95%的概率保证程度下,做下一次抽样检验,需要抽多少包茶叶?

7. 某地区有耕地7 500公顷,按不同地势(平原、丘陵和山区)的面积等比例共抽900平方米,对粮食产量进行实割实测,计算结果如下表所示:

按地势分组	全部面积 (公顷) N_i	抽样面积 (平方米) n_i	抽样平均 (千克/平方米) $\bar{x}_i$	产量标准差 (千克/平方米) σ_i	样本中高产田的比例 p_i
平原	4 500	540	0.72	0.15	0.8
丘陵	1 875	225	0.56	0.25	0.5
山区	1 125	135	0.40	0.23	0.3
合计	7 500	900	—	—	—

根据上述资料,在95%的概率保证程度下:(1)试估计该县耕地平均每平方米粮食产量的区间范围;(2)试推断该县粮食总产量的区间范围。

8. 在第7题中,已知该县有耕地7 500公顷,现确定按不同地势(平原、丘陵和山区)的面积等比例共抽900平方米,对粮食产量进行实割实测,试分别采用平均法、比例法、适度法、最优法分配样本容量,并计算平均每平方米产量、抽样平均误差和总费用,结果填入下表中:

按地势分组	全部面积 (公顷) N_i	标准差 σ_i	调查费用 (元/平方米) C_i	平均法 (平方米) n_i	比例法 (平方米) n_i	适度法 (平方米) n_i	最优法 (平方米) n_i
平原	4 500	0.15	10				
丘陵	1 875	0.25	20				
山区	1 125	0.23	30				
合计	7 500						

(续表)

按地势分组	全部面积 (公顷) N_i	标准差 σ_i	调查费用 (元/平方米) C_i	平均法 (平方米) n_i	比例法 (平方米) n_i	适度法 (平方米) n_i	最优法 (平方米) n_i
平均每平方米产量 $\bar{x}$							
抽样平均误差 $\mu_{\bar{x}}$							
总费用(元)							

注:在不同方法下,平原、丘陵、山区的样本容量计算公式为:平均法,$n_1 = n_2 = n_3 = n\frac{1}{k}$;比例法,$n_j = n\frac{N_j}{\sum_{i=1}^{k} N_i}, j = 1,2,3$;适度法,$n_j = n\frac{N_j \sigma_j}{\sum_{i=1}^{k} N_i \sigma_i}, j = 1,2,3$;最优法,$n_j = n\frac{N_j \sigma_j / \sqrt{C_j}}{\sum_{i=1}^{k} N_i \sigma_i / \sqrt{C_i}}, j = 1,2,3$。

9. 某工厂希望估计某个月内由事故引起的工时损失,由于管理人员、技术人员、工人的事故率是不同的,故采用分层抽样的方式取得以下资料:

	管理人员	技术人员	工人
样本数	$N_1 = 25$	$N_2 = 88$	$N_3 = 144$
样本方差	$S_1^2 = 9$	$S_2^2 = 14$	$S_3^2 = 25$

现抽取 4 名管理人员、16 名技术人员、20 名工人组成样本,调查结果为:
$$\bar{x}_1 = 3.9, \quad \bar{x}_2 = 5.4, \quad \bar{x}_3 = 9.2$$
试估计总的工时损失数和置信度为 95% 的置信区间。

10. 某地区为了调查小麦产量,将土地划分为平原、丘陵、山区三种类型进行分层抽样。已知平原有 300 个村,丘陵有 150 个村,山区有 100 个村。现按平原村、丘陵村、山区村等比例各抽 4% 的样本村,测得产量如下表所示:

平原		丘陵		山区	
样本村	产量(千克/亩*)	样本村	产量(千克/亩)	样本村	产量(千克/亩)
1	400	1	260	1	150
2	450	2	220	2	180
3	500	3	180	3	120
4	300	4	300	4	160
5	260	5	210		
6	380	6	200		
7	420				
8	350				
9	380				

(续表)

平原		丘陵		山区	
样本村	产量(千克/亩*)	样本村	产量(千克/亩)	样本村	产量(千克/亩)
10	350				
11	340				
12	400				

* 1 亩 ≈ 666.67 平方米。

根据上述资料:(1) 在 95% 的置信度下,试估计该地区小麦平均产量的区间范围;(2) 试推断该地区小麦产量的区间范围。

11. 某工厂连续生产某种产品,为了解某月份该产品的合格率,采用整群抽样方法,在全月连续生产的 720 小时中,每隔 20 小时抽取 1 小时的产品进行全面检验,结果表明产品合格率为 90%,群间方差为 6%。试计算抽样误差和在 95% 的置信度下的置信区间。

12. 某工厂一批零件直径的平均值 μ 为 32.3 厘米,标准差 σ 为 4.9 厘米,若从该批零件中随机抽取 100 件,求:(1) 样本平均直径的数学期望与标准差;(2) 样本平均直径的抽样分布。

13. 已知某门考试的通过率为 13.2%,现从该门考试的考生中随机抽取 150 人,求:(1) 样本通过率的期望值与方差;(2) 样本通过率的抽样分布。

14. 某工厂生产甲、乙两种零件,根据某批次零件规格的统计有如下资料:

	直径平均值(厘米)	直径标准差(厘米)
甲零件	38.5	6.4
乙零件	42.7	5.3

现从甲零件、乙零件中随机抽取 80 件和 100 件,求:(1) 样本平均直径差异的抽样分布;(2) 样本平均直径差异的标准差。

15. 某门考试中,甲、乙两个系的不及格率分别为 12% 和 18%,现分别从甲系、乙系参加该门课程考试的学生中随机抽取 60 人和 80 人,求:(1) 两个样本中不及格比例差异的抽样分布;(2) 样本比例差异的标准差。

16. 某学校年级组长为了解该年级 1 500 名学生某门课程的期末考试情况,从中抽取了 60 名学生组成一个简单随机样本。问:(1) 在计算样本均值的抽样标准差时,是否有必要用到有限总体修正系数?(2) 当 $n/N \leqslant 0.05$ 时,为什么可以忽略有限总体修正系数?(3) 当总体标准差 $\sigma = 13$ 分时,分别计算用有限总体修正系数和不用有限总体修正系数两种情况下的抽样标准差。

17. 抽样误差的影响因素有哪些?

18. 抽样调查的步骤是什么?

第六章 参 数 估 计

抽样统计推断是管理统计学研究过程中的一个重要组成部分,主要包含参数估计(parameter estimation)和假设检验(hypothesis testing)两大内容(见图6-1)。其根本原理是根据所选取的样本资料,通过科学的统计学理论和计算方法对所选样本进行推断。其中,参数估计是要对所研究总体的相关参数,通过一定的原理给出相应的估计量或估计区间;假设检验是要对针对总体或其参数所提出的某个陈述进行相应检验,以判别其正确与否。

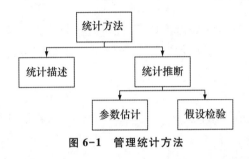

图6-1 管理统计方法

假设你是药品监督协会的成员,负责检查相关药物的药效持续时间。如果你知道某药品公司生产的一种药剂,其宣传中说明其药效持续时间为12小时,你从市场中随机抽取25盒该药剂,通过药物测试,得知其药效平均持续时间为11小时50分钟,标准差为30分钟。通过这些数据,可以做两件事情:一是做一个估计,在置信水平为99%时,可估计出该药剂的药效持续时间为11.55—12.11小时,进而向药品监督协会递交一份报告;二是做一个相应的判断,"该药剂存在药效持续时间不足的问题"证据不足。其中,前者为参数估计,后者为假设检验。

参数估计是统计推断的基本问题之一。设有一个统计总体X,在其分布类型确定之后,比如正态分布总体$N(\mu,\sigma^2)$,其分布中含有一个或几个参数。当这些参数未知时,借助总体的样本对这些未知参数做出估计,就是所谓的参数估计问题。参数估计分为参数的点估计和参数的区间估计两类。

在对真实情况进行推断和估计的过程中,总是会存在总体参数未知及统计量之间的差异。这样的绝对差异是抽样统计推断方法所固有的,我们无法完全消除,只能通过一定的方法和措施(如增大样本容量、提高样本代表性等)使其相应减少。

第一节 点 估 计

一、点估计的概念

当总体随机变量X的分布函数形式已知,但它的一个或多个参数未知时,可以通过该总体的样本值对其参数做出估计。这种利用总体随机变量X的样本值$x_1,x_2,\cdots,x_n$,对X

的已知分布函数形式中未知参数的值做出合理估计的方法,称为参数的点估计。

例如,在某村所有种植水稻的专业户中随机抽取 100 户,对他们种植的水稻进行实割实测,得到的平均亩产量为 406 千克(注:1 亩 ≈ 666.67 平方米)。如果用这一结果作为全村的水稻亩产量的估计值,就是点估计。

点估计的优点在于能够提供总体参数的具体估计值,为未来的决策行为提供具体的数量依据,如对系统运行状况的预测、对未来市场销售情况的估计,都可以为整体决策的制定提供具体数值上的支持。但同时,点估计也存在一定的不足之处:一方面,点估计通过计算样本指标直接得到总体指标的估计值,但无法表明该估计值与真实值之间的误差大小;另一方面,由于所构造的统计量的不同,其估计结果也不尽相同。

二、点估计的优良性标准

对于同一参数,用不同方法做出估计,可能得到不同的估计量。人们总是希望估计量能真实地代表参数,这就涉及采用什么标准来评价估计量的问题。以下将介绍三种常用的标准。

1. 无偏性

设未知参数为 θ,其估计量记为 $\hat{\theta} = g(X_1, X_2, \cdots, X_n)$,若估计量 $\hat{\theta}$ 的数学期望等于未知参数 θ,即 $E(\hat{\theta}) = \theta$,则称 $\hat{\theta}$ 为 θ 的无偏估计。这里的"无偏",是指 $\hat{\theta}$ 作为 θ 的估计量,没有系统性误差,而随机性误差是存在的。

例 6-1 判断样本均值 $\bar{x}$、样本方差 S^2 是不是总体均值 μ 和总体方差 σ^2 的无偏估计量。

$$\begin{aligned}
E(\bar{x}) &= E\left[\frac{1}{n}(x_1 + x_2 + \cdots + x_n)\right] \\
&= \frac{1}{n}[E(x_1) + E(x_2) + \cdots + E(x_n)] \\
&= \frac{1}{n} \cdot nE(x) \\
&= \mu
\end{aligned}$$

即样本均值 $\bar{x}$ 是总体均值 μ 的一个无偏估计量。

下面研究样本方差 S_n^2 是不是总体方差 σ^2 的无偏估计量。

$$\begin{aligned}
E(S_n^2) &= E\left[\frac{1}{n}\sum_{i=1}^{n}(x_i - \bar{x})^2\right] \\
&= \frac{1}{n}E\left\{\sum_{i=1}^{n}[(x_i - \mu) - (\bar{x} - \mu)]^2\right\} \\
&= \frac{1}{n}E\left[\sum_{i=1}^{n}(x_i - \mu)^2 - 2\sum_{i=1}^{n}(x_i - \mu)(\bar{x} - \mu) + n(\bar{x} - \mu)^2\right] \\
&= \frac{1}{n}\left(n\sigma^2 - n\frac{\sigma^2}{n}\right) \\
&= \frac{n-1}{n}\sigma^2
\end{aligned}$$

因为 $E(S_n^2) \neq \sigma^2$，所以样本方差 S_n^2 不是总体方差 σ^2 的无偏估计量，但对于无限总体，样本方差 S_n^2 也可以看作总体方差 σ^2 的无偏估计。一般情况下，有：

$$E(S_{n-1}^2) = E\left[\frac{1}{n-1}\sum_{i=1}^{n}(x_i - \mu)^2\right]$$

$$= \frac{1}{n-1}\left(n\sigma^2 - n\frac{\sigma^2}{n}\right)$$

$$= \sigma^2$$

即 S_{n-1}^2 是 σ^2 的无偏估计量。

2. 一致性

若当 $n \to \infty$ 时，$\hat{\theta}$ 依概率收敛于被估参数 θ，即对任意 $\varepsilon > 0$，有

$$\lim_{n \to \infty} P\{|\hat{\theta} - \theta| < \varepsilon\} = 1$$

成立，则称 $\hat{\theta}$ 为 θ 的一致估计量。

如果某一估计量 $\hat{\theta}$ 是 θ 的一致估计量，则说明随着 n 的增大，$\hat{\theta}$ 将为 θ 的无偏估计量，并且 $\hat{\theta}$ 的均方差趋于零。

根据切比雪夫大数定律，对任意 $\varepsilon > 0$，有

$$\lim_{n \to \infty} P\{|\bar{x} - \mu| < \varepsilon\} = 1$$

成立，可知样本均值 $\bar{x}$ 是总体均值 μ 的一致估计量。

显然，方差 S_{n-1}^2 也是总体方差 σ^2 的一致估计量。

3. 有效性

无偏性只考虑估计值的平均结果是否等于被估参数的真值，而不考虑每个估计值与被估参数真值之间的偏差。在解决实际问题时，往往被估参数的无偏估计不止一个，需要进一步判断哪个更有效。

设 $\hat{\theta}_1$、$\hat{\theta}_2$ 是总体参数 θ 的两个无偏估计，若

$$D(\hat{\theta}_1) < D(\hat{\theta}_2)$$

成立，则称 $\hat{\theta}_1$ 比 $\hat{\theta}_2$ 更有效。其中，D 表示两个无偏估计抽样分布的方差。

当不存在比无偏估计 $\hat{\theta}$ 更有效的无偏估计时，则称 $\hat{\theta}$ 为 θ 的最小方差无偏估计。

可以证明，在总体期望值 $E(X) = \mu$ 的一切线性无偏估计中，样本均值 $\bar{x} = \frac{1}{n}\sum_{i=1}^{n} x_i$ 是其最小方差的无偏估计量。

因为

$$E(\bar{x}) = E(X) = \mu$$

$$D(\bar{x}) = \frac{\sigma^2}{n} < D(X) = \sigma^2$$

由此可见，当 n 越大时，$D(\bar{x})$ 越小，说明 n 越大，用 $\bar{x}$ 去估计 μ 值越有效。

三、点估计的方法

参数的点估计有许多方法,如矩法、极大似然估计法、贝叶斯法等,以下将介绍矩法和极大似然估计法。

(一) 矩法

矩法是 1894 年由卡尔·皮尔逊提出来的点估计方法。矩在统计学中是指以数学期望为基础而定义的数字特征,如数学期望、方差、协方差等。矩可分为原点矩和中心矩两种。矩法是指用样本数字特征作为总体的数字特征的估计。

设 X 为随机变量,对任意正整数 k,称 $E(X^k)$ 为随机变量 X 的 k 阶原点矩,记作 $M_k = E(X^k)$。当 $k=1$ 时,$M_1 = E(X) = \mu$,即一阶原点矩是随机变量 X 的数学期望,$m_k = E[X-E(X)]^k$ 称为以 $E(X)$ 为中心的 k 阶中心矩;当 $k=2$ 时,$m_2 = E[X-E(X)]^2 = \sigma^2$,即二阶中心矩是随机变量 X 的方差。

设总体 X 的分布函数 $F(x;\theta_1,\theta_2,\cdots,\theta_m)$ 中有 m 个未知参数 θ_i($i=1,2,\cdots,m$),假定总体 X 的 m 阶原点矩 $E(X^m)$ 存在,并记 $\alpha_m(\theta_1,\theta_2,\cdots,\theta_m) = E_{\theta_1,\theta_2,\cdots,\theta_m}(X^k)$($k=1,2,\cdots,m$),构造方程组:

$$\begin{cases} \dfrac{1}{n}\sum_{i=1}^{n} x_i = \hat{\alpha}_1(\theta_1,\theta_2,\cdots,\theta_m) \\ \dfrac{1}{n}\sum_{i=1}^{n} x_i^2 = \hat{\alpha}_2(\theta_1,\theta_2,\cdots,\theta_m) \\ \quad\quad\vdots \\ \dfrac{1}{n}\sum_{i=1}^{n} x_i^m = \hat{\alpha}_m(\theta_1,\theta_2,\cdots,\theta_m) \end{cases}$$

解得 $\hat{\theta}_k = \hat{\theta}_k(x_1,x_2,\cdots,x_n)$($k=1,2,\cdots,m$),并以 $\hat{\theta}_k$ 作为参数 θ_k 的估计量,则称 $\hat{\theta}_k$ 为参数 θ_k 的矩估计量。

例 6-2 设 $x_1,x_2,\cdots,x_n$ 是服从总体正态分布 $N(\mu,\sigma^2)$ 的一个样本,若 μ、σ^2 均未知,因 $E(X) = \mu$,$E(X^2) = \mu^2 + \sigma^2$,故由矩法可得到方程组:

$$\begin{cases} \dfrac{1}{n}\sum_{i=1}^{n} x_i = \hat{\mu} \\ \dfrac{1}{n}\sum_{i=1}^{n} x_i^2 = \hat{\mu}^2 + \hat{\sigma}^2 \end{cases}$$

解之,可得:

$$\begin{cases} \hat{\mu} = \bar{x} \\ \hat{\sigma}^2 = \dfrac{1}{n}\sum_{i=1}^{n}(x_i-\bar{x})^2 \end{cases} \tag{6-1}$$

$\hat{\mu}$、$\hat{\sigma}^2$ 即为 μ、σ^2 的矩估计量。

矩法在解决实际问题时比较常用,其优点是简便、直观,但也有局限性,当总体的 k 阶原点矩不存在时就无法估计,另外,矩法也不能充分利用估计时已掌握的有关总体分布形式的信息资料。

(二) 极大似然估计法

极大似然估计法是英国统计学家 Ronald A. Fisher 于 1912 年提出的,它是利用总体的分布密度或概率分布的表达式及样本所提供的信息建立起来的求解未知参数估计量的一种方法。

设总体 X 的密度函数是 $f(x_i;\theta_1,\theta_2,\cdots,\theta_m)$,其中 $\theta_1,\theta_2,\cdots,\theta_m$ 是未知参数 $x_1,x_2,\cdots,x_n$ 的一个样本,其联合密度函数为 $f(x_1,x_2,\cdots,x_n;\theta_1,\theta_2,\cdots,\theta_m)$,则称 $L(\theta_1,\theta_2,\cdots,\theta_m) = \prod_{i=1}^{n} f(x_i;\theta_1,\theta_2,\cdots,\theta_m)$ 为 $\theta_1,\theta_2,\cdots,\theta_m$ 的似然函数。

若有 $\hat{\theta}_1,\hat{\theta}_2,\cdots,\hat{\theta}_m$ 使得 $L(\hat{\theta}_1,\hat{\theta}_2,\cdots,\hat{\theta}_m) = \max_{\theta} L(\theta)$ 成立,则称 $\hat{\theta}_j = \hat{\theta}_j(x_1,x_2,\cdots,x_n)$ 为 $\hat{\theta}_j$ 的极大似然估计量。为求得极大似然估计量,可以利用微分法,根据极值存在的必要条件列出方程组 $\frac{\partial L(\theta)}{\partial \theta_j} = 0 (j=1,2,\cdots,m)$,称作似然方程(组),也可利用方程组 $\frac{\partial \ln L(\theta)}{\partial \theta_j} = 0 (j=1,2,\cdots,m)$,然后求出 θ 的极大似然估计量 $\hat{\theta} = (\hat{\theta}_1,\hat{\theta}_2,\cdots,\hat{\theta}_n)$。

例 6-3 设 $x_1,x_2,\cdots,x_n$ 来自正态总体 $N(\mu,\sigma^2)$,μ、σ^2 为未知参数,求 μ、σ^2 的极大似然估计量。

解 由正态分布的概率密度函数

$$f(x;\mu,\sigma^2) = \frac{1}{\sqrt{2\pi}\sigma} e^{-\frac{1}{2\sigma^2}(x-\mu)^2}$$

可得到似然函数为:

$$L(x_i;\mu,\sigma^2) = \prod_{i=1}^{n} \left[\frac{1}{\sqrt{2\pi}\sigma} e^{-\frac{1}{2\sigma^2}(x_i-\mu)^2}\right] = \frac{1}{(2\pi)^{\frac{n}{2}}(\sigma^2)^{\frac{n}{2}}} e^{-\frac{1}{2\sigma^2}\sum_{i=1}^{n}(x_i-\mu)^2}$$

对其两次求对数后,再对 μ 和 σ^2 分别求导,得:

$$\ln L(x_i;\mu,\sigma^2) = -\frac{n}{2}\ln(2\pi) - \frac{n}{2}\ln\sigma^2 - \frac{1}{2\sigma^2}\sum_{i=1}^{n}(x_i-\mu)^2$$

$$\begin{cases} \dfrac{\partial \ln L(x_i;\mu,\sigma^2)}{\partial \mu} = -\dfrac{1}{2\sigma^2} \times 2 \times (-1) \times \sum_{i=1}^{n}(x_i-\mu) = \dfrac{1}{\sigma^2}\sum_{i=1}^{n}(x_i-\mu) = 0 \\ \dfrac{\partial \ln L(x_i;\mu,\sigma^2)}{\partial \sigma^2} = -\dfrac{n}{2} \times \dfrac{1}{\sigma^2} + \dfrac{1}{2} \times \dfrac{1}{\sigma^4}\sum_{i=1}^{n}(x_i-\mu)^2 \\ \qquad\qquad\qquad\quad = -\dfrac{n}{2\sigma^2} + \dfrac{1}{2(\sigma^2)^2}\sum_{i=1}^{n}(x_i-\mu)^2 = 0 \end{cases}$$

解方程组,得到 μ 和 σ^2 的极大似然估计量为:

$$\hat{\mu} = \bar{x}, \quad \hat{\sigma}^2 = \frac{1}{n}\sum_{i=1}^{n}(x_i-\bar{x})^2$$

第二节 区间估计

在上一节中,我们讨论了参数的点估计,就是用样本值去估计总体的未知参数值。参数估计的值虽然能够给出一个很明确的数量概念,但由于其估计的是 θ 的一种近似值,同时由于点估计本身特有的不足,因此它既不能反映这种近似值的精确程度,也不能给出误差范围及该值落入误差范围的可能性。因此在一些情况下,点估计的方法是不适用的,解决点估计存在的这些问题的一种方法是"区间估计"。区间估计是用一个区间来估计未知参数值,即将未知参数值估计在某两个界限之间,并确立这一估计的置信度,它可以弥补点估计反映不出估计值的置信度范围的缺陷。例如,在估计某路口的 24 小时车流量时,如果知道车流量的点估计值为 3 000 辆,则这一估计值肯定是存在误差的,但误差范围却不得而知;如果知道车流量的区间估计值为 2 700—3 300 辆,则一般认为这一估计值已考虑到误差的因素,其可信程度自然也就较高。

一、区间估计的概念

设总体的概率分布 $F(x_i;\theta)$ 中包括某未知参数 θ,$x_1,x_2,x_3,\cdots,x_n$ 是该总体的一个样本,则区间估计就是以两个统计量 $\hat{\theta}_1(x_1,x_2,x_3,\cdots,x_n) \leqslant \hat{\theta}_2(x_1,x_2,x_3,\cdots,x_n)$ 为端点的区间 $[\hat{\theta}_1,\hat{\theta}_2]$。如果有了样本,就可以把 θ 估计在上面的区间内。

这里要求参数的估计值落入相应区间的概率 $P\{\hat{\theta}_1 \leqslant \theta \leqslant \hat{\theta}_2\}$ 尽可能大,而所落入的区间长度 $\hat{\theta}_2 - \hat{\theta}_1$ 尽可能小。

例如,对某人身高(单位:厘米)的区间估计 [170,175] 和区间估计 [100,200],显然是区间范围大的估计比较准确,但其精度却较差,这样使得其在实际问题中的应用受到了很大的限制。而区间范围小的估计虽然不一定准确,但如果处理得好,其在实际问题中的应用会很多。

由此可见,区间估计的可靠度和精度是相互矛盾的。在实际应用中,统计工作者总是在保证可靠度的前提下,尽可能地提高区间估计的精度。

在统计实践中,可靠度通常称为置信水平或置信系数,区间估计通常称为置信区间。下面介绍参数区间估计的定义。

设 θ 是总体中的未知参数,$x_1,x_2,x_3,\cdots,x_n$ 是总体中的样本,记 $\hat{\theta}_1 = \hat{\theta}_1(x_1,x_2,x_3,\cdots,x_n)$,$\hat{\theta}_2 = \hat{\theta}_2(x_1,x_2,x_3,\cdots,x_n)$ 为两个统计量,对给定的 $\alpha(0 < \alpha < 1)$,若 $P\{\hat{\theta}_1 \leqslant \theta \leqslant \hat{\theta}_2\} = 1 - \alpha$,则称区间 $[\hat{\theta}_1,\hat{\theta}_2]$ 为 θ 的置信水平为 $1-\alpha$ 的置信区间,$\hat{\theta}_1$ 与 $\hat{\theta}_2$ 分别称为 θ 的 $1-\alpha$ 置信下限与置信上限。

置信区间 $[\hat{\theta}_1,\hat{\theta}_2]$ 是一个随机区间,未知参数 θ 可能包含也可能不包含在此区间内。但定义表明,对置信水平为 $1-\alpha$ 的置信区间,它包含未知参数的概率是 $1-\alpha$。一般取 $\alpha = 0.05$ 最多,即置信区间包含未知参数的概率是 95%,当然视情况需要还可以取 α 为

0.1、0.01、0.001等,这个数字本身并无特殊意义,主要是这样标准化了以后对制表(正态分布、χ^2分布、t分布、F分布)等比较方便。

二、区间估计的方法

(一)总体均值的区间估计

设$x_1,x_2,x_3,\cdots,x_n$为来自正态总体$N(\mu,\sigma^2)$的样本,若σ^2已知,求均值μ的置信水平为$1-\alpha$的置信区间。

1. σ已知的情况下对μ的区间估计

样本均值$\bar{x}$是μ的无偏估计,由总体服从正态分布可知:

$$\frac{\bar{x}-\mu}{\sigma/\sqrt{n}} \sim N(0,1)$$

即

$$P\left\{\left|\frac{\bar{x}-\mu}{\sigma/\sqrt{n}}\right| \leqslant Z_{\frac{\alpha}{2}}\right\} = 1-\alpha$$

可以得到μ的置信水平为$1-\alpha$的置信区间为:

$$\left[\bar{x}-\frac{\sigma}{\sqrt{n}}Z_{\frac{\alpha}{2}}, \bar{x}+\frac{\sigma}{\sqrt{n}}Z_{\frac{\alpha}{2}}\right]$$

其中,$\frac{\sigma}{\sqrt{n}}=\sigma(\bar{x})$是$\bar{x}$的标准差,也称为标准误差。当$\sigma$已知时,正态均值$\mu$的$1-\alpha$置信区间是以样本均值$\bar{x}$为中心、标准误差$\frac{\sigma}{\sqrt{n}}$的$Z_{\frac{\alpha}{2}}$倍为半径的区间。这里$Z_{\frac{\alpha}{2}}$是标准正态分布右侧的$\frac{\alpha}{2}$面积的$Z$值,如图6-2和图6-3所示。

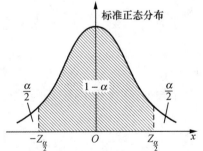
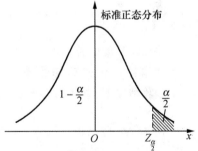

图6-2 面积为$1-\alpha$的标准正态分布的临界值图　　图6-3 面积为$\frac{\alpha}{2}$的标准正态分布的临界值图

例6-4 某药品公司生产的一种药品,其宣传中说明药效持续时间为12小时,拟从市场中随机抽取25盒该药品,通过药物测试,得知药效平均持续时间为11小时50分钟,标准差为30分钟。试求该公司生产的这种药品的平均持续时间的置信水平为99%的置信区间(假定药品的药效持续时间服从正态分布$N(\mu,\sigma^2)$)。

解 用μ表示药品的药效平均持续时间,由已知可得,样本容量为25,样本均值$\bar{x}=$

11.83 小时，样本标准差 $s = 0.5$ 小时，置信水平为 $1 - \alpha = 0.99$，查 t 分布分位数表得 $t_{\frac{\alpha}{2}}(n - 1) = t_{0.005}(24) = 2.797$，所以：

$$\bar{x} - t_{\frac{\alpha}{2}}(n - 1) \times \frac{s}{\sqrt{n}} = 11.83 - 2.797 \times \frac{0.5}{\sqrt{25}} = 11.5503$$

$$\bar{x} + t_{\frac{\alpha}{2}}(n - 1) \times \frac{s}{\sqrt{n}} = 11.83 + 2.797 \times \frac{0.5}{\sqrt{25}} = 12.1097$$

因此，该公司生产的这种药品的药效平均持续时间的置信水平为 99% 的置信区间为 [11.5503, 12.1097]。

例 6-5 某种零件的长度服从正态分布，从该批产品中随机抽取 36 件，测得它们的平均长度为 31.5 毫米。已知总体标准差 $\sigma = 0.16$ 毫米，试确定这种零件平均长度的置信区间，给定置信度为 0.95。

解 已知 $X \sim N(\mu, 0.16^2)$，样本均值 $\bar{x} = 31.5$，样本容量为 36。

置信度 $1 - \alpha = 0.95$，查表得临界值 $Z_{\frac{\alpha}{2}} = Z_{0.025} = 1.96$，如图 6-4 所示。

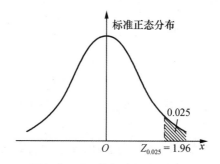

图 6-4 面积为 0.025 的标准正态分布的临界值图

可知总体均值 μ 的置信区间为：

$$\left[\bar{x} - \frac{\sigma}{\sqrt{n}}Z_{\frac{\alpha}{2}}, \bar{x} + \frac{\sigma}{\sqrt{n}}Z_{\frac{\alpha}{2}}\right] = \left[31.5 - 1.96 \times \frac{0.16}{\sqrt{36}}, 31.5 + 1.96 \times \frac{0.16}{\sqrt{36}}\right]$$

即这批零件平均长度的置信区间为 [31.4477, 31.5523]。

2. 大样本且方差 σ^2 未知的情况下对 μ 的区间估计

绝大多数情况下，总体的方差 σ^2 或标准差 σ 是未知的，在大样本（$n \geq 30$）的情况下，可以用样本标准差 S_n 的值来代替总体标准差 σ 的点估计值。这里 $S_n = \sqrt{\frac{1}{n}\sum_{i=1}^{n}(x_i - \bar{x})^2}$，可得 μ 的置信水平为 $1 - \alpha$ 的置信区间，即：

$$\left[\bar{x} - \frac{S_n}{\sqrt{n}}Z_{\frac{\alpha}{2}}, \bar{x} + \frac{S_n}{\sqrt{n}}Z_{\frac{\alpha}{2}}\right]$$

其中，S_n 为样本标准差，$1 - \alpha$ 为置信水平，如图 6-3 所示，$Z_{\frac{\alpha}{2}}$ 为标准正态分布右侧的 $\frac{\alpha}{2}$ 面积的 Z 值。

例 6-6　某保险公司每年对人寿保险投保人的年龄进行抽样调查,根据抽查的结果决定是否对来年的保费数量、保险单的现金值、残疾补偿选择等项目进行修改。现随机抽取 36 名投保人,相应的数据如表 6-1 所示,试在 0.95 的置信水平下,估计人寿保险投保人总体平均年龄的区间。

表 6-1　某保险公司人寿保险投保人的年龄资料

投保人	年龄(岁)	投保人	年龄(岁)	投保人	年龄(岁)
1	32	13	39	25	23
2	50	14	46	26	36
3	40	15	45	27	42
4	24	16	39	28	34
5	33	17	38	29	39
6	44	18	45	30	34
7	45	19	27	31	35
8	48	20	43	32	42
9	44	21	54	33	53
10	47	22	36	34	28
11	31	23	34	35	49
12	36	24	48	36	39

解　根据表 6-1 中的数据算得样本的平均年龄 $\bar{x}=39.5$,这是总体平均年龄的点估计。算得样本的标准差 $S_n=7.77$,在 0.95 的置信水平下,$Z_{\frac{\alpha}{2}}=Z_{0.025}=1.96$,如图 6-4 所示。

由于是大样本的情况,可用 S_n 取代 σ,所以对 μ 的区间估计为:

$$\left[\bar{x}-\frac{S_n}{\sqrt{n}}Z_{\frac{\alpha}{2}},\bar{x}+\frac{S_n}{\sqrt{n}}Z_{\frac{\alpha}{2}}\right]=\left[39.5-\frac{7.77}{\sqrt{36}}\times 1.96,39.5+\frac{7.77}{\sqrt{36}}\times 1.96\right]$$

$$=[36.9618,42.0382]$$

因此,总体均值 95%的置信区间为[36.9618,42.0382],即该保险公司寿险投保人总体的平均年龄约在 37 岁到 42 岁之间。

样本均值与样本标准差可以直接通过 Excel 软件中的描述统计功能计算得出,计算结果如图 6-5 所示。

	A	B	C
1	投保人年龄	列1	
2	32		
3	50	平均	39.5
4	40	标准误差	1.295597
5	24	中位数	39
6	33	众数	39
7	44	标准差	7.773582
8	45	方差	60.42857
9	48	峰度	-0.44764
10	44	偏度	-0.22663
11	47	区域	31
12	31	最小值	23
13	36	最大值	54
14	39	求和	1422
15	46	观测数	36

图 6-5　描述统计运行结果

根据表 6-1 中的数据可直接得到 $\bar{x} = 39.5$,$S_n = 7.77$,然后套用公式即可求得置信区间。

3. 小样本且方差 σ^2 未知的情况下对 μ 的区间估计

由于随机变量 $\dfrac{\bar{x} - \mu}{S_{n-1}/\sqrt{n}}$ 服从自由度为 $n-1$ 的 $t(n-1)$ 分布,如图 6-6 所示,并且它只与被估参数 μ 有关,因此其置信水平为 $1-\alpha$ 的置信区间为:

$$\left[\bar{x} - \frac{S_{n-1}}{\sqrt{n}} t_{\frac{\alpha}{2}}(n-1), \bar{x} + \frac{S_{n-1}}{\sqrt{n}} t_{\frac{\alpha}{2}}(n-1)\right]$$

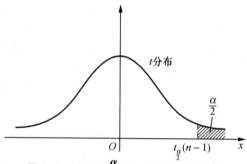

图 6-6　面积为 $\dfrac{\alpha}{2}$ 的 t 分布的临界值图

例 6-7　为测量某种材料的耐温程度,从中抽取五个试验样品,测得耐温值分别为 1 250、1 265、1 245、1 260、1 275 摄氏度。如果其耐温值服从正态分布,求其耐温值在置信水平为 0.95 时的置信区间。

解　根据例 6-7 中给出的数据算得试验样品的耐温值均值 $\bar{x} = 1\,259$,标准差 $S_{n-1} = 11.94$。在 0.95 的置信水平下,$n=5$,自由度 = 4 时,查分布表,得 $t_{0.025}(4) = 2.7764$,如图 6-7 所示。因 $\dfrac{\bar{x} - \mu}{S_{n-1}/\sqrt{n}} \sim t(n-1)$,由于是小样本的情况,所以对 μ 的区间估计为:

$$P\left\{\left|\frac{\bar{x} - \mu}{S_{n-1}/\sqrt{n}}\right| < t_{0.025}(4) = 2.7764\right\} = 0.95$$

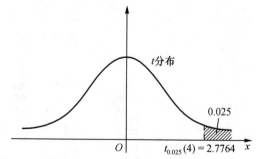

图 6-7　面积为 0.025、自由度为 4 的 t 分布的临界值图

解之,得 μ 的置信区间:

$$\left[\bar{x} - \frac{S_{n-1}}{\sqrt{n}} \times 2.7764, \bar{x} + \frac{S_{n-1}}{\sqrt{n}} \times 2.7764\right] = [1\,244, 1\,274]$$

所以,在 0.95 的置信水平下,这种材料的耐温值在 1 244 摄氏度到 1 274 摄氏度之间。

例 6-8 已知某种灯泡的寿命服从正态分布,现从一批灯泡中随机抽取 16 只,测得其使用寿命如表 6-2 所示。

表 6-2 16 只灯泡的使用寿命　　　　　　　　　　单位:小时

1 480	1 510	1 530	1 470
1 500	1 520	1 510	1 470
1 510	1 450	1 480	1 460
1 520	1 480	1 490	1 460

求这批灯泡平均使用寿命在置信水平为 0.95 时的置信区间。

解 已知灯泡寿命服从正态分布,$n = 16$,$1 - \alpha = 0.95$,$t_{\alpha/2} = 2.131$

根据样本数据计算得:$\bar{x} = 1\,490$,$s = 24.77$。虽然本例中,总体为正态分布,但总体的方差未知,因为是小样本,故基于 t 分布进行估计,按双侧置信限确定区间。

$$\bar{x} \pm t_{\alpha/2} \frac{s}{\sqrt{n}} = 1\,490 \pm 2.131 \times \frac{24.77}{\sqrt{16}}$$

$$= 1\,490 \pm 13.2$$

从而,在 0.95 的置信水平下,该批灯泡平均使用寿命的置信区间为 $[1\,476.8, 1\,503.2]$。

(二)总体方差的区间估计

设 $x_1, x_2, \cdots, x_n$ 是服从正态分布 $N(\mu, \sigma^2)$ 的一个随机样本,S_n^2 是样本方差,确定 σ^2 的置信水平为 $1 - \alpha$ 的置信区间。

1. 大样本且总体均值 μ 已知

$$S_n^2 = \frac{1}{n} \sum_{i=1}^{n} (x_i - \mu)^2$$

若总体均值已知,则有:

$$\frac{nS_n^2}{\sigma^2} \sim \chi^2(n)$$

如图 6-8 所示,有:

$$P\left\{\chi^2_{1-\frac{\alpha}{2}}(n) \leq \frac{nS_n^2}{\sigma^2} \leq \chi^2_{\frac{\alpha}{2}}(n)\right\} = 1 - \alpha$$

得 σ^2 的置信水平为 $1 - \alpha$ 的置信区间,即:

$$\left[\frac{nS_n^2}{\chi^2_{\frac{\alpha}{2}}(n)}, \frac{nS_n^2}{\chi^2_{1-\frac{\alpha}{2}}(n)}\right]$$

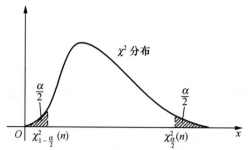

图6-8 面积为 $\frac{\alpha}{2}$、自由度为 n 的 χ^2 分布的临界值图

2. 小样本且总体均值 μ 未知

此时,需用样本方差 $S_{n-1}^2 = \dfrac{1}{n-1}\sum\limits_{i=1}^{n}(x_i - \bar{x})^2$ 去估计 σ^2。因此有:

$$\frac{(n-1)S_{n-1}^2}{\sigma^2} \sim \chi^2(n-1)$$

如图6-9所示,则 σ^2 的置信水平为 $1-\alpha$ 的置信区间为:

$$\left[\frac{(n-1)S_{n-1}^2}{\chi_{\frac{\alpha}{2}}^2(n-1)}, \frac{(n-1)S_{n-1}^2}{\chi_{1-\frac{\alpha}{2}}^2(n-1)}\right]$$

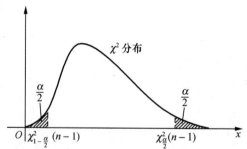

图6-9 面积为 $\frac{\alpha}{2}$、自由度为 $n-1$ 的 χ^2 分布的临界值图

例6-9 为测定某一型号的产品,现随机抽取16件,测得其半径(单位:厘米)分别为:

12.01	12.15	12.28	12.12
12.07	12.09	12.03	12.06
12.13	12.11	12.08	12.06
12.01	12.16	12.03	12.01

求该产品半径的方差在置信水平为0.95时的置信区间。

解 假设该产品半径服从正态分布,根据资料可算得:

$$\bar{x} = \frac{1}{n}\sum_{i=1}^{n} x_i = \frac{1}{16} \times (12.01 + 12.15 + \cdots + 12.01) = 12.09$$

$$S_{n-1}^2 = \frac{1}{n-1}\sum_{i=1}^{n}(x_i - \bar{x})^2$$
$$= \frac{1}{15} \times [(12.01-12.09)^2 + (12.15-12.09)^2 + \cdots + (12.01-12.09)^2]$$
$$= 0.005$$

$1-\alpha = 0.95$，查 χ^2 分布分位数表得：
$$\chi_{1-\frac{\alpha}{2}}^2(n-1) = \chi_{0.975}^2(15) = 6.262$$
$$\chi_{\frac{\alpha}{2}}^2(n-1) = \chi_{0.025}^2(15) = 27.488$$

即面积为 0.025、自由度为 15 的 χ^2 分布的临界值图如图 6-10 所示。

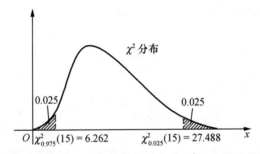

图 6-10 面积为 **0.025**、自由度为 **15** 的 χ^2 分布的临界值图

$$\frac{(n-1)S_{n-1}^2}{\chi_{\frac{\alpha}{2}}^2(n-1)} = \frac{15 \times 0.005}{27.488} \approx 0.002728$$

$$\frac{(n-1)S_{n-1}^2}{\chi_{1-\frac{\alpha}{2}}^2(n-1)} = \frac{15 \times 0.005}{6.262} \approx 0.011977$$

即产品半径方差在置信水平为 0.95 时的置信区间为 [0.002728, 0.011977]。

例 6-10 设某种产品的直径近似服从正态分布 $N(\mu, \sigma^2)$，从一批产品中任取 20 个，测得样本均值 $\bar{x} = 31.76$ 厘米，样本修正标准差 $S_{n-1} = 0.9830$ 厘米。假定 $\alpha = 0.05$，试求产品直径的均值 μ 和方差 σ^2 的置信区间。

解 因为在小样本且总体方差 σ^2 未知的情况下，对总体均值进行区间估计所使用的统计量为：
$$T = \frac{\bar{x}-\mu}{S_{n-1}/\sqrt{n}} \sim t(n-1) = t(20-1)$$

查表求得：$t_{\frac{\alpha}{2}}(n-1) = t_{0.025}(19) = 2.093$，如图 6-11 所示。

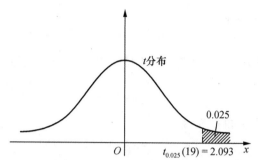

图 6-11 面积为 0.025、自由度为 4 的 t 分布的临界值图

根据样本值计算,可得产品直径的均值 μ 在置信水平为 0.95 时的置信区间为:

$$\left[\bar{x} - t_{\frac{\alpha}{2}}(n-1)\frac{S_{n-1}}{\sqrt{n}}, \bar{x} + t_{\frac{\alpha}{2}}(n-1)\frac{S_{n-1}}{\sqrt{n}}\right]$$

$$= \left[31.76 - 2.09 \times \frac{0.983}{\sqrt{20}}, 31.76 + 2.09 \times \frac{0.983}{\sqrt{20}}\right]$$

$$= [31.30, 32.22]$$

下面对总体方差进行区间估计,使用的统计量为:

$$\chi^2 = \frac{\sum(x_i - \bar{x})^2}{\sigma^2} = \frac{(20-1)S_{n-1}^2}{\sigma^2} \sim \chi^2(n-1) = \chi^2(19), \quad \alpha = 0.05$$

查表求得:

$$\lambda_1 = \chi^2_{1-\frac{\alpha}{2}}(n-1) = \chi^2_{0.975}(19) = 8.907$$

$$\lambda_2 = \chi^2_{\frac{\alpha}{2}}(n-1) = \chi^2_{0.025}(19) = 32.852$$

如图 6-12 所示,总体方差 σ^2 在置信水平为 0.95 时的置信区间为:

$$\left[\frac{(n-1)S_{n-1}^2}{\chi^2_{\frac{\alpha}{2}}(n-1)}, \frac{(n-1)S_{n-1}^2}{\chi^2_{1-\frac{\alpha}{2}}(n-1)}\right]$$

$$= \left[\frac{(20-1) \times 0.983^2}{32.852}, \frac{(20-1) \times 0.983^2}{8.907}\right] = [0.5589, 2.0612]$$

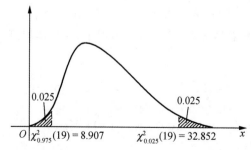

图 6-12 面积为 0.025、自由度为 19 的 χ^2 分布的临界值图

第三节 两个总体均值之差的区间估计

一、大样本的情况

本部分内容研究大样本($n_1 \geq 30, n_2 \geq 30$)的情况下,两个总体均值差异的区间估计。在大样本的情况下,当两个总体均服从正态分布或者虽然两个总体的分布形式未知,但是来自两个总体的两个样本为大样本并且两个总体的方差σ_1^2、σ_2^2已知时,由两个独立样本计算出的$\bar{x}_1 - \bar{x}_2$的抽样分布可以近似看成正态分布,其期望为$\mu_1 - \mu_2$,标准差为:

$$\sigma_{\bar{x}_1 - \bar{x}_2} = \sqrt{\frac{\sigma_1^2}{n_1} + \frac{\sigma_2^2}{n_2}} \tag{6-2}$$

构造统计量Z,从而有:

$$Z = \frac{(\bar{x}_1 - \bar{x}_2) - (\mu_1 - \mu_2)}{\sqrt{\frac{\sigma_1^2}{n_1} + \frac{\sigma_2^2}{n_2}}} \sim N(0,1)$$

可得:

$$P\left\{ -Z_{\frac{\alpha}{2}} < \frac{(\bar{x}_1 - \bar{x}_2) - (\mu_1 - \mu_2)}{\sqrt{\frac{\sigma_1^2}{n_1} + \frac{\sigma_2^2}{n_2}}} < Z_{\frac{\alpha}{2}} \right\} = 1 - \alpha$$

$$P\left\{ (\bar{x}_1 - \bar{x}_2) - Z_{\frac{\alpha}{2}}\sqrt{\frac{\sigma_1^2}{n_1} + \frac{\sigma_2^2}{n_2}} < \mu_1 - \mu_2 < (\bar{x}_1 - \bar{x}_2) + Z_{\frac{\alpha}{2}}\sqrt{\frac{\sigma_1^2}{n_1} + \frac{\sigma_2^2}{n_2}} \right\} = 1 - \alpha$$

则总体均值之差$\mu_1 - \mu_2$在置信水平$1 - \alpha$之下的置信区间为:

$$\left[(\bar{x}_1 - \bar{x}_2) - Z_{\frac{\alpha}{2}}\sqrt{\frac{\sigma_1^2}{n_1} + \frac{\sigma_2^2}{n_2}}, (\bar{x}_1 - \bar{x}_2) + Z_{\frac{\alpha}{2}}\sqrt{\frac{\sigma_1^2}{n_1} + \frac{\sigma_2^2}{n_2}} \right]$$

当总体的标准差未知时,可以用样本的标准差来估计总体的标准差,所以$\sigma_{\bar{x}_1 - \bar{x}_2}$的点估计量为:

$$S_{\bar{x}_1 - \bar{x}_2} = \sqrt{\frac{S_1^2}{n_1} + \frac{S_2^2}{n_2}}$$

因此,在大样本($n_1 \geq 30, n_2 \geq 30$)的情况下,当两个总体的方差σ_1^2、σ_2^2未知时,总体均值之差$\mu_1 - \mu_2$在置信水平$1 - \alpha$之下的置信区间为:

$$\left[(\bar{x}_1 - \bar{x}_2) - Z_{\frac{\alpha}{2}}\sqrt{\frac{S_1^2}{n_1} + \frac{S_2^2}{n_2}}, (\bar{x}_1 - \bar{x}_2) + Z_{\frac{\alpha}{2}}\sqrt{\frac{S_1^2}{n_1} + \frac{S_2^2}{n_2}} \right]$$

$\bar{x}_1 - \bar{x}_2$的抽样分布与$\bar{x}_1$和$\bar{x}_2$单个抽样分布之间的关系图如图6-13所示。

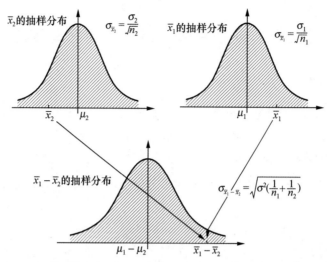

图 6-13 $\bar{x}_1 - \bar{x}_2$ 的抽样分布与 $\bar{x}_1$ 和 $\bar{x}_2$ 单个抽样分布之间的关系

例 6-11 公司 1 和公司 2 分别为处于市中心及郊区的两家公司。它们的公司性质、销售产品等都类似。现在为了了解市中心及郊区的产品销售平均价格之差,在两家公司中独立抽取了两个随机样本,有关数据如表 6-3 所示。

表 6-3 市中心店和郊区店产品销售价格的统计量

公司 1	公司 2
$n_1 = 55$	$n_2 = 45$
$\bar{x}_1 = 90$	$\bar{x}_2 = 80$
$S_1 = 6$	$S_2 = 7.5$

请以 0.95 的置信水平建立两家公司的产品销售平均价格之差的置信区间。

解 根据题述可知:

$$Z_{\frac{\alpha}{2}}\sqrt{\frac{\sigma_1^2}{n_1} + \frac{\sigma_2^2}{n_2}} \approx Z_{\frac{\alpha}{2}}\sqrt{\frac{S_1^2}{n_1} + \frac{S_2^2}{n_2}} = 1.96 \times \sqrt{\frac{6^2}{55} + \frac{7.5^2}{45}} = 1.96 \times 1.38 = 2.7048$$

从而:

$$P\{(90-80) - 2.7048 \leq \mu_1 - \mu_2 \leq (90-80) + 2.7048\} = 0.95$$

$$P\{7.2952 \leq \mu_1 - \mu_2 \leq 12.7048\} = 0.95$$

在 0.95 的置信水平下,两家公司的产品销售平均价格之差的置信区间为 [7.2952, 12.7048]。

二、小样本的情况

本部分内容研究至少有一个样本的容量小于 30,即 $n_1 < 30$ 和/或 $n_2 < 30$ 的情况下,两个总体均值差异区间估计的过程。

假定两个总体都服从正态分布,且两个总体的方差相等。在一般情况下,方差 σ_1^2、σ_2^2 都是未知的,可以先求两个样本方差 S_1^2、S_2^2 的加权平均数,并用符号 S^2 来表示 σ^2 的合并

估计值。计算公式为:

$$S^2 = \frac{(n_1-1)S_1^2 + (n_2-1)S_2^2}{n_1+n_2-2} \tag{6-3}$$

这样就可以得到 $\bar{x}_1 - \bar{x}_2$ 标准差的估计式为:

$$S_{\bar{x}_1-\bar{x}_2} = \sqrt{S^2\left(\frac{1}{n_1}+\frac{1}{n_2}\right)} \tag{6-4}$$

现在可以用 t 分布来计算两个总体均值差异的区间估计。第一个简单随机样本的自由度为 n_1-1,第二个简单随机样本的自由度为 n_2-1,因此 t 分布的自由度为 n_1+n_2-2。

$$P\left\{-t_{\frac{\alpha}{2}}(n_1+n_2-2) < \frac{(\bar{x}_1-\bar{x}_2)-(\mu_1-\mu_2)}{S_{\bar{x}_1-\bar{x}_2}} < t_{\frac{\alpha}{2}}(n_1+n_2-2)\right\} = 1-\alpha$$

则总体均值之差 $\mu_1-\mu_2$ 在置信水平 $1-\alpha$ 之下的置信区间为:

$$[(\bar{x}_1-\bar{x}_2)-t_{\frac{\alpha}{2}}(n_1+n_2-2)S_{\bar{x}_1-\bar{x}_2},(\bar{x}_1-\bar{x}_2)+t_{\frac{\alpha}{2}}(n_1+n_2-2)S_{\bar{x}_1-\bar{x}_2}]$$

这里,t 值取决于自由度为 n_1+n_2-2 的 t 分布的 $1-\alpha$ 的置信系数,如图 6-14 所示。

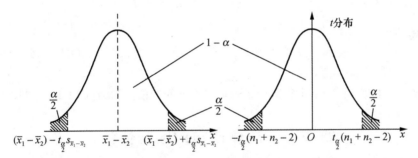

图 6-14 小样本条件下两个总体均值差异的区间估计的 t 分布的临界值图

例 6-12 某银行对其两个支行顾客(独立随机样本)的账户余额进行了检查,得到的数据如表 6-4 所示。

表 6-4 光顾某银行两个支行的顾客统计量数据

支行	样本容量	样本平均余额(元)	样本标准差(元)
甲	15	$\bar{x}_1 = 1\,600$	$S_1 = 150$
乙	11	$\bar{x}_2 = 860$	$S_2 = 100$

用这些数据来建立两个支行账户余额样本均值差异 $\mu_1-\mu_2$ 在置信水平为 0.95 时的置信区间。

解 假定两个支行所检查的账户余额均服从正态分布,且两个支行所检查的账户余额的方差相等。可以得到总体方差的合并估计值为:

$$S^2 = \frac{(n_1-1)S_1^2+(n_2-1)S_2^2}{n_1+n_2-2} = \frac{14 \times 150^2 + 10 \times 100^2}{15+11-2} \approx 17\,291.6667$$

这样就可以得到 $\bar{x}_1 - \bar{x}_2$ 标准差的估计式为:

$$S_{\bar{x}_1-\bar{x}_2} = \sqrt{S^2\left(\frac{1}{n_1}+\frac{1}{n_2}\right)} = \sqrt{17\,291.6667 \times \left(\frac{1}{15}+\frac{1}{11}\right)} \approx 52.199$$

适合该区间估计过程的 t 分布的自由度为:

$$n_1 + n_2 - 2 = 15 + 11 - 2 = 24$$

在 0.95 的置信水平下,自由度为 24 时,查分布表,得 $t_{0.025}(24) = 2.0639$,如图 6-15 所示。

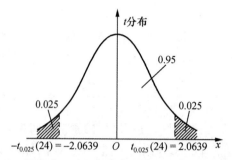

图 6-15　面积为 0.025、自由度为 24 的 t 分布的临界值图

因此,总体均值之差 $\mu_1 - \mu_2$ 在置信水平 0.95 之下的置信区间为:

$$\left[(\bar{x}_1-\bar{x}_2) - t_{\frac{\alpha}{2}}(n_1+n_2-2)S_{\bar{x}_1-\bar{x}_2},\, (\bar{x}_1-\bar{x}_2) + t_{\frac{\alpha}{2}}(n_1+n_2-2)S_{\bar{x}_1-\bar{x}_2}\right]$$
$$= \left[(1\,600-860) - 2.0639 \times 52.199,\, (1\,600-860) + 2.0639 \times 52.199\right]$$
$$= [632.266,\, 847.734]$$

即在置信水平为 0.95 时,两个支行账户余额均值差异的置信区间为 $[632.266, 847.734]$。

第四节　总体成数的区间估计

一、大样本条件下单总体成数的区间估计

在实际应用中,常常需要估计总体中具有某种属性或特征的单位在全部总体单位中所占的比例,即需要对成数进行估计,例如在对产品质量所进行的检验中,需要了解合格产品所占的比例等。

下面计算大样本条件下抽样成数的期望和方差。

假设 $z_1, z_2, \cdots, z_n$ 为服从二项分布的样本,其取值的特征为:

$$z_i = \begin{cases} 1, & \text{具有某种性质的事件发生} \\ 0, & \text{具有某种性质的事件未发生} \end{cases}$$

p 为事件发生的概率,q 为事件未发生的概率,且 $p + q = 1$。

令 P 表示样本中具有某种性质的事件发生的比例,则有:

$$P = \frac{1}{n}\sum_{i=1}^{n} z_i$$

在重复抽样的情况下,P 的期望和方差为:

$$E(P) = E\left(\frac{1}{n}\sum_{i=1}^{n} z_i\right) = \frac{1}{n}\sum_{i=1}^{n} E(z_i) = \frac{1}{n}\sum_{i=1}^{n} p_i = p$$

$$\text{Var}(P) = \text{Var}\left(\frac{1}{n}\sum_{i=1}^{n} z_i\right) = \frac{1}{n^2}\sum_{i=1}^{n}\text{Var}(z_i) = \frac{1}{n^2}\sum_{i=1}^{n} pq = \frac{pq}{n}$$

在大样本条件下,根据中心极限定理,如果满足条件:$np > 5, n(1-p) > 5$,那么二项分布问题可转换成正态分布问题来近似地求解。此时,样本比例 P 服从期望值为 p、方差为 $\frac{1}{n}p(1-p)$ 的正态分布,即:

$$P \sim N\left[p, \frac{1}{n}p(1-p)\right]$$

因此,在 $1-\alpha$ 的置信水平下,总体比例的置信区间为:

$$\left[p - Z_{\frac{\alpha}{2}}\sqrt{\frac{p(1-p)}{n}}, p + Z_{\frac{\alpha}{2}}\sqrt{\frac{p(1-p)}{n}}\right]$$

例 6-13 在一项新家电产品的市场调查中,随机选取 450 位顾客为样本,询问他们是否购买了该产品,其中 76.6% 的顾客表示购买了该产品。试在 0.95 的置信水平下,估计该产品的市场占有率。

解 根据题意,可知 $n = 450, p = 0.766, np = 450 \times 0.766 = 344.7 > 5, n(1-p) = 450 \times (1-0.766) = 105.3 > 5$。

由 $1-\alpha = 0.95$,得 $\alpha = 0.05$,查表得 $Z_{\frac{\alpha}{2}} = 1.96$。根据棣莫弗-拉普拉斯中心极限定理可得:

$$\frac{|p - P|}{\sqrt{\frac{p(1-p)}{n}}} < Z_{\frac{\alpha}{2}}$$

这样可求得该产品在顾客中的占有率为:

$$\left[p - Z_{\frac{\alpha}{2}}\sqrt{\frac{p(1-p)}{n}}, p + Z_{\frac{\alpha}{2}}\sqrt{\frac{p(1-p)}{n}}\right]$$
$$= \left[0.766 - 1.96\sqrt{\frac{0.766(1-0.766)}{450}}, 0.766 + 1.96\sqrt{\frac{0.766(1-0.766)}{450}}\right]$$
$$= [0.727, 0.805]$$

即在 0.95 的置信水平下,该产品的市场占有率为 72.7%—80.5%。

二、大样本条件下两个总体比例之差的区间估计

假设 n_1 表示来自总体 1 的简单随机样本的样本容量,n_2 表示来自总体 2 的简单随机样本的样本容量;p_1 表示来自总体 1 的某种属性的成数,p_2 表示来自总体 2 的某种属性的成数;$\bar{p}_1$ 表示来自总体 1 的简单随机样本的某种属性的成数,$\bar{p}_2$ 表示来自总体 2 的简单随机样本的某种属性的成数。如果样本容量很大,也就是说,$n_1 p_1 \geq 5$,$n_1(1-p_1) \geq 5, n_2 p_2 \geq 5, n_2(1-p_2) \geq 5$,可以将 $\bar{p}_1 - \bar{p}_2$ 的抽样分布近似看成正态分

布。一般情况下，用 $\bar{p}_1$ 作为 p_1 的一个点估计，用 $\bar{p}_2$ 作为 p_2 的一个点估计，在对两总体比例之差 $p_1 - p_2$ 进行区间估计时可用 $S_{\bar{p}_1-\bar{p}_2}$ 给出 $\sigma_{\bar{p}_1-\bar{p}_2}$ 的一个点估计为：

$$S_{\bar{p}_1-\bar{p}_2} = \sqrt{\frac{\bar{p}_1(1-\bar{p}_1)}{n_1} + \frac{\bar{p}_2(1-\bar{p}_2)}{n_2}} \tag{6-5}$$

因此，在大样本条件下，总体比例之差在 $1-\alpha$ 的置信水平下的置信区间为：

$$\left[(\bar{p}_1 - \bar{p}_2) - Z_{\frac{\alpha}{2}} S_{\bar{p}_1-\bar{p}_2}, (\bar{p}_1 - \bar{p}_2) + Z_{\frac{\alpha}{2}} S_{\bar{p}_1-\bar{p}_2} \right]$$

例 6-14 某部门决定对 A、B 两个电视广告的效果进行检查。在一周内两个广告在不同检验区域播放了 7 次。一周后该部门进行了一次电话调查以便确认收看过广告的人。调查要求收看过广告的人陈述广告的主要词语。表 6-5 是记录的结果。

表 6-5 收看过广告 A、B 及能够回忆起广告主要词语的人数

广告	收看过广告的人数	能够回忆起广告主要词语的人数
A	150	65
B	240	80

计算两个总体回忆比例之差在 0.95 置信水平下的置信区间。

解 两个电视广告的样本比例为：

$$\bar{p}_1 = \frac{65}{150} \approx 0.433333$$

$$\bar{p}_2 = \frac{80}{240} \approx 0.333333$$

能够回忆起两个电视广告主要词语的人数比例之差的点估计是：

$$\bar{p}_1 - \bar{p}_2 = 0.1$$

可算得：

$$S_{\bar{p}_1-\bar{p}_2} = \sqrt{\frac{\bar{p}_1(1-\bar{p}_1)}{n_1} + \frac{\bar{p}_2(1-\bar{p}_2)}{n_2}}$$

$$= \sqrt{\frac{0.433333(1-0.433333)}{150} + \frac{0.333333(1-0.333333)}{240}}$$

$$\approx 0.0506$$

在大样本条件下，两个总体回忆比例之差在 0.95 置信水平下的置信区间为：

$$\left[(\bar{p}_1 - \bar{p}_2) - Z_{\frac{\alpha}{2}} S_{\bar{p}_1-\bar{p}_2}, (\bar{p}_1 - \bar{p}_2) + Z_{\frac{\alpha}{2}} S_{\bar{p}_1-\bar{p}_2} \right]$$

$$= [0.1 - 1.96 \times 0.0506, 0.1 + 1.96 \times 0.0506]$$

$$= [0.000824, 0.199176]$$

即能够回忆起两个电视广告主要词语的人数比例之差在 0.95 置信水平下的值在 0.000824 和 0.199176 之间。

对于两个总体参数的区间估计，我们可以用树状图进行小结（见图 6-16）。

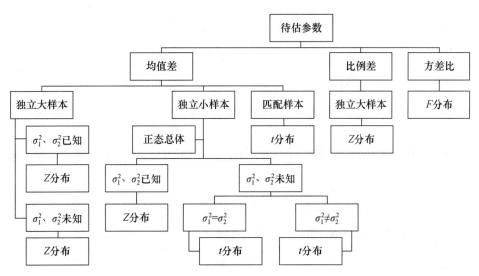

图 6-16 两个总体参数的区间估计

第五节 单侧置信区间

在上面已讨论的置信区间中,置信限都是双侧的,但对于一些实际问题,人们往往只关心某些参数的上限或下限。例如,对于电子元件的寿命,人们希望其越长越好,这时寿命的下限就是人们关心的一个重要指标,此时可将置信上限取为 $+\infty$,而重点着眼于置信下限,这样求得的置信区间称为单侧置信区间。

设 θ 是总体的某一未知参数,对给定的 $\alpha(0 < \alpha < 1)$,由来自该总体的样本 $x_1, x_2, \cdots, x_n$ 确定的统计量 $\hat{\theta}_1 = \hat{\theta}_1(x_1, x_2, \cdots, x_n)$ 满足:

$$P\{\theta \geq \hat{\theta}_1\} = 1 - \alpha$$

则称 $\hat{\theta}_1$ 为置信水平是 $1-\alpha$ 的单侧置信下限,简称 $1-\alpha$ 置信下限。

若由样本确定的统计量 $\hat{\theta}_2 = \hat{\theta}_2(x_1, x_2, \cdots, x_n)$ 满足

$$P\{\theta \leq \hat{\theta}_2\} = 1 - \alpha$$

则称 $\hat{\theta}_2$ 为置信水平是 $1-\alpha$ 的单侧置信上限,简称 $1-\alpha$ 置信上限。

例 6-15 某车间生产一种机器零件,为测其寿命,随机抽取 16 个零件进行测试并记录实际使用时间(单位:小时),对数据进行计算后得到 $\bar{x} = 41\,116$,$S_{n-1} = 6346$。若此样本服从总体正态分布,σ^2 未知,求该机器零件的平均使用寿命 μ 的置信水平为 0.95 的置信下限。

解 由于该正态总体中 σ^2 未知,$t = \dfrac{\bar{x} - \mu}{S_{n-1}/\sqrt{n}} \sim t(n-1)$,由 t 分布可知,对给定的 α,可以找到 $t_\alpha(n-1)$,使得:

$$P\left\{\dfrac{\bar{x} - \mu}{S_{n-1}/\sqrt{n}} \leq t_\alpha(n-1)\right\} = 1 - \alpha$$

由此推得：

$$\mu \geqslant \bar{x} - \frac{S_{n-1}}{\sqrt{n}} t_\alpha(n-1)$$

故 μ 的置信水平为 $1-\alpha$ 的置信下限为：

$$\hat{\theta}_1 = \bar{x} - \frac{S_{n-1}}{\sqrt{n}} t_\alpha(n-1)$$

由于 $n=16, \alpha=0.05$，如图 6-17 所示，查表 $t_\alpha(15) = t_{0.05}(15) = 1.7531$。将 $\bar{x}, S_{n-1}$ 代入上式：

$$\hat{\theta}_1 = 41\,116 - \frac{6\,346}{4} \times 1.7531 \approx 38\,334$$

因此，μ 的置信水平为 0.95 的置信下限是 38 334 小时。

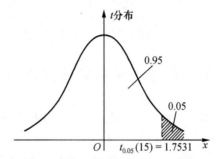

图 6-17 面积为 0.05、自由度为 15 的 t 分布的临界值图

本章小结

本章介绍了参数估计的概念及具体的估计方法。

1. 参数估计，即借助于总体样本对未知参数做出估计。参数估计分为点估计和区间估计。

2. 无偏性、一致性、有效性是测度点估计优良性的标准。

3. 参数的点估计方法有矩法、极大似然估计法、贝叶斯法等，本章介绍了最常用的两种方法，即矩法和极大似然估计法。

4. 区间估计的置信区间的计算公式如下表所示：

区间估计的对象	已知条件情况	置信区间
总体均值 μ	σ 已知	$\left[\bar{x} - \frac{\sigma}{\sqrt{n}} Z_{\frac{\alpha}{2}}, \bar{x} + \frac{\sigma}{\sqrt{n}} Z_{\frac{\alpha}{2}}\right]$
	大样本且方差 σ^2 未知	$\left[\bar{x} - \frac{S_n}{\sqrt{n}} Z_{\frac{\alpha}{2}}, \bar{x} + \frac{S_n}{\sqrt{n}} Z_{\frac{\alpha}{2}}\right]$
	小样本且方差 σ^2 未知	$\left[\bar{x} - \frac{S_{n-1}}{\sqrt{n}} t_{\frac{\alpha}{2}}(n-1), \bar{x} + \frac{S_{n-1}}{\sqrt{n}} t_{\frac{\alpha}{2}}(n-1)\right]$

(续表)

区间估计的对象	已知条件情况	置信区间
总体方差 σ^2	大样本且总体均值 μ 已知	$\left[\dfrac{nS_n^2}{\chi^2_{\frac{\alpha}{2}}(n)}, \dfrac{nS_n^2}{\chi^2_{1-\frac{\alpha}{2}}(n)}\right]$
	小样本且总体均值 μ 未知	$\left[\dfrac{(n-1)S_{n-1}^2}{\chi^2_{\frac{\alpha}{2}}(n-1)}, \dfrac{(n-1)S_{n-1}^2}{\chi^2_{1-\frac{\alpha}{2}}(n-1)}\right]$
两个总体均值之差 $\mu_1 - \mu_2$	大样本且两个总体的方差 σ_1^2、σ_2^2 已知	$\left[(\bar{x}_1 - \bar{x}_2) - Z_{\frac{\alpha}{2}}\sqrt{\dfrac{\sigma_1^2}{n_1} + \dfrac{\sigma_2^2}{n_2}}, (\bar{x}_1 - \bar{x}_2) + Z_{\frac{\alpha}{2}}\sqrt{\dfrac{\sigma_1^2}{n_1} + \dfrac{\sigma_2^2}{n_2}}\right]$
	大样本且两个总体的方差 σ_1^2、σ_2^2 未知	$\left[(\bar{x}_1 - \bar{x}_2) - Z_{\frac{\alpha}{2}}\sqrt{\dfrac{S_1^2}{n_1} + \dfrac{S_2^2}{n_2}}, (\bar{x}_1 - \bar{x}_2) + Z_{\frac{\alpha}{2}}\sqrt{\dfrac{S_1^2}{n_1} + \dfrac{S_2^2}{n_2}}\right]$
	小样本且两个总体的方差 σ_1^2、σ_2^2 未知	$\left[(\bar{x}_1 - \bar{x}_2) - t_{\frac{\alpha}{2}}(n_1 + n_2 - 2)S_{\bar{x}_1 - \bar{x}_2}, (\bar{x}_1 - \bar{x}_2) + t_{\frac{\alpha}{2}}(n_1 + n_2 - 2)S_{\bar{x}_1 - \bar{x}_2}\right]$
总体成数	大样本条件下的单总体成数	$\left[p - Z_{\frac{\alpha}{2}}\sqrt{\dfrac{p(1-p)}{n}}, p + Z_{\frac{\alpha}{2}}\sqrt{\dfrac{p(1-p)}{n}}\right]$
	大样本条件下的两个总体比例之差	$\left[(\bar{p}_1 - \bar{p}_2) - Z_{\frac{\alpha}{2}}S_{\bar{p}_1 - \bar{p}_2}, (\bar{p}_1 - \bar{p}_2) + Z_{\frac{\alpha}{2}}S_{\bar{p}_1 - \bar{p}_2}\right]$

本章习题

1. 设总体 X 服从正态分布,并且已知总体均值的数学期望为 μ,如果取得样本观测值为 $x_1, x_2, \cdots, x_n$,求总体方差 σ^2 的极大似然估计值。

2. 设总体 X 的分布密度为:
$$\varphi(x, \theta) = \begin{cases} \theta x^{\theta-1}, & \text{当 } 0 < x < 1 \\ 0, & \text{当 } x \leq 0 \text{ 或 } x > 1 \end{cases}$$
如果取得样本观测值为 $x_1, x_2, \cdots, x_n (0 < x_i < 1)$,求参数 θ 的极大似然估计值。

3. 已知某飞机高度表误差的标准差 $\sigma = 15$(单位:米),飞机上应该有多少此仪器才能以 0.98 的概率保证平均高度 $\bar{x}$ 的误差绝对值小于 30 米?(假设高度表的误差服从正态分布)

4. 为了估计灯泡使用寿命(单位:小时)的数学期望 μ 及标准差 σ,检验 10 个灯泡得到 $\bar{x} = 1\,500, S_{n-1} = 20$。假设灯泡使用寿命服从正态分布,求:

(1) 参数 μ、σ 对应于置信水平 0.95 的置信区间。

(2) 以 $\bar{x}$ 作为 μ 的估计值,误差绝对值不超过 10 小时的概率。

(3) 以 S_{n-1} 作为 σ 的估计值,误差绝对值不超过 2 小时的概率。

5. 某研究机构为了了解某小区居民每天看电视的时间,在该小区 1 500 户居民中采取不重复抽样方法随机抽取 30 户,调查他们每天看电视的时间(单位:小时),所得数据如下:

0.8	5.8	4.3	2.6	4.4	1.4
2.0	3.1	1.2	2.3	1.8	0.5
3.6	3.5	5.4	1.5	2.5	1.0
2.9	4.1	3.3	1.4	6.2	1.6
3.7	1.5	2.4	2.0	2.6	2.9

分别在 0.90 和 0.95 的置信水平下,求该小区居民平均看电视时间的置信区间。

6. 某养鸡场从 10 000 只鸡中随机抽取 120 只进行产蛋量调查,按规定年产蛋量在 220 个以上的为良种鸡,样本中有 97 只鸡的年产蛋量在 220 个以上。请问在 95.45% 的概率保证程度下,总体良种鸡比例的置信区间是多少?

7. 从正态总体 $N(\mu,\sigma)$ 中抽取容量为 5 的样本,值为 1.86、3.22、1.46、4.01、2.64,求以下两种情况下总体方差 σ^2 对应于置信水平 0.95 的置信区间。

(1) 总体均值 $\mu = 3$。

(2) 总体均值 μ 未知。

8. 在一项关于某软塑料管的实用研究中,工程师们想估计该软管所承受的平均压力。他们随机抽取了 9 个压力读数,样本均值、样本修正标准差 S_{n-1} 分别为 3.62 千克和 0.45 千克。假定压力读数近似服从正态分布,试求该软管总体平均压力的置信水平为 0.99 时的置信区间。

9. 一个银行负责人想知道储户存入两家银行的钱数,他从两家银行各抽取了一个由 25 个储户组成的随机样本。样本均值如下:第一家银行 4 500 元,第二家银行 3 250 元。已知两个总体分别服从方差 $\sigma_1^2 = 2 500$ 和 $\sigma_2^2 = 3 600$ 的正态分布。试求总体均值之差 $\mu_1 - \mu_2$ 在置信水平为 0.95 时的置信区间。

10. 在一项家电市场调查中,调查员随机抽取了 250 个居民户,调查他们是否购买过某一品牌的洗衣机,其中拥有该品牌洗衣机的家庭占 27%。求置信水平为 0.95 时的总体比例的置信区间。

11. A、B 两所高校对其毕业生的就业率情况进行了抽样调查:A 高校抽样人数 160 人,已就业人数 152 人;B 高校抽样人数 120 人,已就业人数 95 人。求两所高校就业人数比例之差的置信水平为 0.95 的置信区间。

12. 某杂志社想了解某种时尚杂志在不同职业的人员中的订阅情况,随机抽选了 400 名公司职员和 300 名大学生,询问他们是否订阅这种杂志。调查结果为:有 155 名公司职员和 105 名大学生订阅这种杂志。试以 0.90 的置信水平估计公司职员和大学生订阅这种杂志的比例之差的置信区间。

13. 估计量是指( )。

A. 用来估计总体参数的统计量的名称 B. 用来估计总体参数的统计量的具体数值

C. 总体参数的名称 D. 总体参数的具体取值

14. 当样本量一定时,置信区间的宽度(　　)。
   A. 随着置信水平的增大而减小   B. 随着置信水平的增大而增大
   C. 与置信水平的大小无关   D. 与置信水平的平方成反比

15. 置信水平$(1-\alpha)$代表了置信区间的(　　)。
   A. 准确性   B. 精确性   C. 显著性   D. 可靠性

16. 一个置信水平为0.95的置信区间是指(　　)。
   A. 总体参数有95%的概率落在这一区间内
   B. 总体参数有5%的概率未落在这一区间内
   C. 在用同样方法构造的总体参数的多个区间中,有95%的区间包含该总体参数
   D. 在用同样方法构造的总体参数的多个区间中,有95%的区间不包含该总体参数

第七章 假设检验

通过前面章节的学习,我们已经能够利用根据样本数据所计算出的统计量对总体参数进行点估计和区间估计。特别是对总体参数进行的区间估计,不但能使我们确定总体参数的取值范围,即可以用置信区间来估计总体参数,而且还能比较准确地估计出总体参数落入这一区间的概率。本章将主要介绍如何使用样本统计量来检验我们对总体参数的假设或判断。这就是统计推断的另一个主要方面——假设检验。

假设检验是利用样本的实际数据资料检验事先对总体某些数量特征所做的假设是否可信的一种统计分析方法。其步骤为,先根据已有的知识对总体的数量特征的变化规律做出某种假设,然后运用所有的样本实际数据和一定的工作程序,对事先所做假设的正确性进行判断,从而决定是否接受或拒绝这一假设。假设检验是抽样推断的一项重要内容,也是抽样估计的必然延续,由于假设检验是在一定概率意义下判断总体参数值是否发生变化,即是否存在显著性差异,所以也称为统计检验或显著性检验。假设检验作为一种以概率论和数理统计为基础的技术性方法,无论在自然科学领域还是在社会科学领域,都得到了广泛的应用。

第一节 假设检验的概念和原理

在现实问题中,由于人们通常难以完全知道他们所关心的总体的某些数量特征以及这些参数的变化情况,因此在对总体的某些数量指标进行比较时,常常需要对目前总体的状况做出某种假设,然后再检验这种假设的准确程度。

一、问题的提出

考虑下面的两个问题。

例 7-1 某洗衣粉生产厂用自动包装机装袋,每袋的标准重量为 500 克,每天每隔三个小时检查包装机的工作是否正常稳定。根据以往的资料,采用包装机装袋,每袋洗衣粉重量的标准差 σ 为 1.12 克。某日开机三小时后,随机抽取了 12 袋,测得重量数据见表 7-1。

表 7-1 所测试的 12 袋洗衣粉的重量　　　　　　单位:克

497.0	498.1	501.9	499.8	497.9	501.3
497.5	498.5	502.8	500.2	499.6	502.7

在 5% 的显著性水平下,推断该包装机的工作是否正常稳定。

例 7-2 某种产品的直径由于工艺原因有正偏差倾向,已知该偏差服从正态分布 $N(\mu, 0.001)$。而且,从过去一段时间的产品情况看,平均正偏差为 1.05 毫米,采用新工艺后,随机抽取 60 件产品,测得平均正偏差为 0.85 毫米,问产品正偏差有无明显降低? 解决这一问题的关键是要判断新产品的正偏差是服从期望小于 0.85 毫米的正态分布,还是服从期望为 1.05 毫米的正态分布不变。如果是前者,就说明产品正偏差有明显降低;否则,就说明产品正偏差没有明显降低。

以上两个问题具有共同的特点,即它们都需要对所给出的总体参数数据进行检验,显然这种检验只能依据样本和样本统计量来进行。我们把对检验总体参数情况的陈述称为统计假设(简称假设),把使用样本统计量对统计假设的真伪进行判断的过程称为假设检验。

二、原假设和备选假设

设 μ_0 表示在原假设和备选假设中所考虑的某一特定数值。

对于例 7-1,质检人员会重点关注三种情形,即对总体均值 μ(在该例中, $\mu_0 = 500$)的假设检验一定会出现下面的三种情形之一:

(1) $\begin{cases} H_0: \mu \geq \mu_0 \\ H_1: \mu < \mu_0 \end{cases}$; (2) $\begin{cases} H_0: \mu \leq \mu_0 \\ H_1: \mu > \mu_0 \end{cases}$; (3) $\begin{cases} H_0: \mu = \mu_0 \\ H_1: \mu \neq \mu_0 \end{cases}$

(1)、(2) 和(3) 三种情况分别叫作左尾检验、右尾检验和双尾检验,而左尾检验和右尾检验又叫作单尾检验。三种情况的接受域、拒绝域分别如图 7-1、图 7-2 和图 7-3 所示,即检验每袋洗衣粉的平均重量是:(1)大于等于 500 克还是小于 500 克;(2)小于等于 500 克还是大于 500 克;(3)等于 500 克还是不等于 500 克。如果接受情况(3)下的原假设,则生产应继续进行;否则,就应当对包装机进行适当的调整。

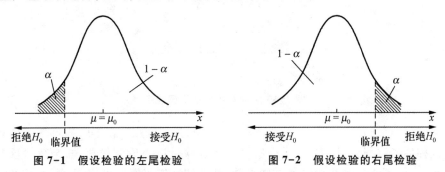

图 7-1 假设检验的左尾检验　　图 7-2 假设检验的右尾检验

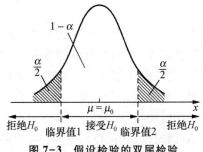

图 7-3 假设检验的双尾检验

对于例 7-2,技术人员也会关注三种情形,用统计假设的形式可表示为:

（1）第一个统计假设 $\begin{cases} H_0: \mu \geq 1.05 \\ H_1: \mu < 1.05 \end{cases}$，接受原假设表示采用新工艺后，产品平均直径偏差不变或显著增大，其接受域和拒绝域如图 7-4 所示。

（2）第二个统计假设 $\begin{cases} H_0: \mu \leq 1.05 \\ H_1: \mu > 1.05 \end{cases}$，接受原假设表示采用新工艺后，产品平均直径偏差不变或显著减小，其接受域和拒绝域如图 7-5 所示。

（3）第三个统计假设 $\begin{cases} H_0: \mu = 1.05 \\ H_1: \mu \neq 1.05 \end{cases}$，接受原假设表示采用新工艺后，产品直径偏差无显著变化，其接受域和拒绝域如图 7-6 所示。

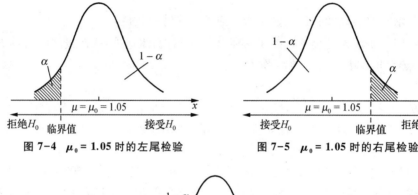

图 7-4　$\mu_0 = 1.05$ 时的左尾检验　　　　图 7-5　$\mu_0 = 1.05$ 时的右尾检验

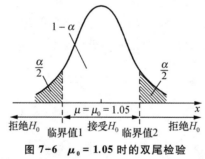

图 7-6　$\mu_0 = 1.05$ 时的双尾检验

通常，我们把问题中的第一个统计假设称为原假设，并用 H_0 表示；将问题中的第二个统计假设称为备选假设，用 H_1 表示。所设计的检验量应与原假设相关，与待检验参数的估计量相关，但不能包含待检验的未知参数，且能够知道当原假设 H_0 为真时，该统计量的具体分布。

对于问题中哪个作为原假设、哪个作为备选假设需要根据具体情况而定。一般来说，如果我们希望通过样本支持某种假设，我们就把它作为备选假设而把该陈述的否定假设作为原假设，即通过否定希望肯定的假设的对立面来达到肯定的目的。比如，在例 7-2 中我们希望样本能够支持或肯定工艺改革的积极作用，因此我们就把 $\mu_0 < 1.05$ 作为备选假设，其对立面 $\mu_0 = 1.05$ 作为原假设，如果结果是接受原假设，则表示工艺改革未取得良好效果，产品正偏差保持不变。有的时候，原假设的选择还要考虑数学处理上是否方便。

强调两种假设互相排斥和完备是非常重要的。如果由于某些原因，我们决定接受 H_0，那么就必须拒绝 H_1。相反地，拒绝 H_0 就意味着接受 H_1。但这并不能说明一个特定形

式的 H_1 是唯一与 H_0 相对的选择。实际上,可以设想有几个可接受的备选假设是与 H_0 相对的选择,例如 $H_{1,1}$、$H_{1,2}$ 等。但是,一旦 H_0 与 H_1 确定下来,那么导致接受(拒绝)H_0 的推理必须导致拒绝(接受)H_1。显然,从众多的"假设检验对"中选取最合适的一对原假设和备选假设,需要考虑具体的检验目的。

统计假设是对总体分布状态的一种陈述,根据陈述对象的不同,统计假设可以分为参数假设和非参数假设。参数假设是对总体分布类型已知的总体参数(往往是总体期望或方差)的假设,而非参数假设是对分布函数类型未知的总体的假设。

对于参数假设,如果一个假设能够完全确定总体分布,我们就称其为简单假设。一个典型的简单原假设是 $H_0:\theta = \theta_0$,这里,总体分布的未知参数 θ 等于一个特定值 θ_0(比如例 7-2 中,$\mu_0 = 1.05$),而复合假设是不能完全确定总体分布的参数的假设。通常备选假设是复合假设,因为通常 H_1 说明 θ 不为 θ_0 就足够了,而不必进一步指出到底怎样(比如例 7-2 中的 H_1)。这样,与原假设 H_0 相配的 H_1 就有三种可能:

$$H_1:\mu > \mu_0, \qquad H_1:\mu < \mu_0, \qquad H_1:\mu \neq \mu_0$$

前两个备选假设是单边假设,最后一个备选假设是双边假设。有些时候,H_0 也可以是复合形式的,例如,前两种形式的 H_1 也可以同相应的原假设相配:

$$H_0:\mu \leq \mu_0, \qquad H_0:\mu \geq \mu_0$$

在很多情况下,H_0 和 H_1 的选择并不明显,检验种类的选择也需要判断。然而,从上述三类表达式可以看出,在选择 H_0 和 H_1 的种类时,应牢记备选假设就是试图要建立的检验假设。因此,有必要从样本数据中寻找证据支持 $\mu > \mu_0$、$\mu < \mu_0$ 或 $\mu \neq \mu_0$。

三、假设检验的形式和两类不同的错误

所有的假设检验都是通过对样本数据的分析来进行的,由于抽样是随机的,所以存在发生抽样误差的风险,于是就会产生两种类型的错误。

第一类错误:当 H_0 为真时,通过样本数据得到的统计量值却落入拒绝域(由于样本取值的随机性,这是可能的)。当我们按给定检验法则拒绝 H_0 时,这时所犯的错误称为第一类错误。其发生的概率称为犯第一类错误的概率,又称为拒真概率,并记为 $P(I)$。

在每次进行假设检验时,必须首先规定显著性水平(与对参数进行区间估计时必须首先确定置信水平类似)。不规定显著性水平,假设检验就缺乏做出判断的标准。

从显著性水平 α 的含义可以看出,$1-\alpha$ 就是在原假设为真实的条件下被接受的概率,而这自然是正确的判断。在例 7-1 中,如果规定显著性水平为 5%,则表示如果抽样推断每袋的平均重量与 500 克有差异,而且出现这种差异的概率低于 5%,即有显著性差异,那就要否定原假设,即拒绝生产线上自动包装机装袋工作正常的假设。但实际上也有可能自动包装机装袋工作正常,只是由于抽样的偶然性而出现了较大的差异,在这种情况下,否定了原假设 H_0,就犯了第一类错误,在显著性水平为 5% 的情况下,犯第一类错误的概率不超过 5%。

原假设和备选假设是对总体进行参数估计的相互矛盾的假说。或者是原假设 H_0 为真,或者是备选假设 H_1 为真,但不可能两者都是真的。理想的假设检验应为:如果原假设 H_0 为真则接受 H_0,如果备选假设 H_1 为真则拒绝原假设 H_0。但遗憾的是,这种情况不可

能总是出现。

讨论假设检验犯第一类错误的概率$P(Ⅰ)$可分成两种情况：

(1) 如果H_0是简单假设,则犯第一类错误的概率$P(Ⅰ)=\alpha$。

(2) 如果H_0是复合假设,则$P(Ⅰ)$是未完全决定参数μ(也可能是一个向量)的函数,并且在原假设H_0下,$\alpha = \max P(Ⅰ)$。

第二类错误：当H_1为真时,由于样本取值的随机性,根据样本数据算得的统计量值却落入了接受域,按给定检验法则,这时应该接受H_0(拒绝H_1),此时所犯的错误称为第二类错误。其发生的概率称为犯第二类错误的概率,又称为取伪概率,并记为$P(Ⅱ)=\beta$。

这两类错误的对比如表7-2所示。

表7-2　两类错误的对比

所做判断	总体情况	
	H_0为真	H_1为真
接受H_0	正确的结论	第二类错误
拒绝H_0	第一类错误	正确的结论

这里用法庭对被告的审判实例来进行说明。由于法庭采用无罪推定的审判准则,在证明被告有罪之前先假定他是无罪的,即原假设H_0为裁决无罪;相应的备择假设H_1为裁决有罪。法庭在判决过程中可能会产生两类错误,第一类错误为被告无罪,但裁决其有罪(取伪错误),使好人蒙冤;第二类错误为被告有罪,但裁决为无罪(拒真错误),使其逍遥法外,如表7-3所示。为了避免第一类错误的发生,减少好人蒙冤的概率α,应尽可能接受原假设,裁决被告无罪,但相应地会增大放过坏人的概率β;同样,为了避免第二种错误的发生,应尽可能地减少放过坏人的概率β,但相应地又会增大好人蒙冤的概率。因此,为了不至于陷入这种两难的境地,需要增加证据(条件),控制两方面的概率。

表7-3　法庭对被告的审判结果

裁决结果	无罪为真	无罪为假
裁决无罪	裁决正确	裁决错误
裁决有罪	裁决错误	裁决正确

在例7-1中,如果实际上,每袋的平均重量与500克有显著差异,即原假设是错误的,但由于抽样的偶然性,利用抽样数据所得到的统计量值却落入了接受域内,这样就接受原假设H_0,从而犯了第二类错误,其概率为$P(Ⅱ)=\beta$。反过来说,$1-\beta$就是没有犯第二类错误的概率,即拒绝了错误的原假设的概率。

当假设H_0和H_1给定后,可以有许多种,显然这种划分与犯第一类错误的概率α和犯第二类错误的概率β是有关系的。由于两类错误的性质,我们无法找到同时使犯两类错误的概率α与β都很小的临界域划分。实际上,当样本容量一定时,犯两类错误的概率具有此消彼长的关系,也就是说,若犯第一类错误的概率小,犯第二类错误的概率就必然增大;若犯第一类错误的概率大,犯第二类错误的概率就必然减小。如果要同时使α与β都很小,只能增加样本容量。鉴于此,J. Neyman与K. Pearson提出了一个原则,即在控制犯第一类错误的概率α的前提下,尽量使犯第二类错误的概率β小一些。

统计人员经过大量的研究后,发现第一类错误相对重要,而第二类错误相对次要。这主要是因为在现实问题中,原假设通常是简单假设,而备选假设却常常是复合假设,原假设常常是明确的,而备选假设大多是模糊的。如在例7-1中,自动包装机装袋的标准重量为500克,这个原假设是非常明确的,而备选假设则是模糊的。包装机装袋的重量不等于500克,是比500克轻,还是比500克重,以及到底轻多少或重多少?这对我们来说是不清楚的。所以如果由于抽样的偶然性错误地判定原假设不成立,转向支持备选假设,而备选假设又是不清楚的,那么这种错误的风险就比较大,因而第一类错误是重要的。

由于以上两类错误的性质在根本上是不同的,所以一般情况下人们将严重的错误(指该类错误造成的风险和损失较大,如前文举例中的被告本身无罪,但法庭裁决其有罪,使得好人蒙冤)放在第一类错误上,这样可以通过尽量减少和控制第一类错误来降低决策的风险。当显著性水平确定以后,检验的临界值就确定了。

在这样的原则下,我们就可以主要控制犯第一类错误的概率 α,即只分析原假设 H_0,并称这样的假设检验为显著性检验,称 α 为显著性水平。

利用样本对总体参数假设 μ 进行检验的思路是用其样本估计量 μ^* 与原假设值 μ_0 相比,通过比较差别是过大还是过小来决定是接受还是拒绝 H_0。考虑到备选假设 H_1 有单边或双边假设情况之分,检验可以是单尾或是双尾检验,并要根据具体情况建立判断接受(拒绝)原假设和备选假设的检验法则。所谓检验法则,就是以定义在样本空间上的一个函数为依据所构成的一个判断取舍的准则。其本质就是把样本空间 Ω 划分成两个互不相交的子集 C 和 C^*,使得当样本 $(X_1, X_2, \cdots, X_n)$ 的观察值点 $(x_1, x_2, \cdots, x_n) \in C$ 时,就拒绝 H_0(接受 H_1);如果 $(x_1, x_2, \cdots, x_n) \in C^*$,则接受 H_0(拒绝 H_1)。我们称 C 为检验的**临界域**(或拒绝域)。

假设检验可能的形式有:

(1)单尾检验。

$\begin{cases} H_0: \mu \geq \mu_0 \\ H_1: \mu < \mu_0 \end{cases}$ 或者 $\begin{cases} H_0: \mu \leq \mu_0 \\ H_1: \mu > \mu_0 \end{cases}$,通过样本数据算得的 μ^* 与 μ_0 相比,如果 μ^* 过大,就拒绝 H_0;如果 μ^* 过小,就拒绝 H_0。

(2)双尾检验。

$\begin{cases} H_0: \mu = \mu_0 \\ H_1: \mu \neq \mu_0 \end{cases}$,通过样本数据算得的 μ^* 与 μ_0 相比,如果 μ^* 与 μ_0 的差距过大(正的或负的),则拒绝 H_0。

除非我们对 μ 有预先的了解,并已知 μ 不等于 μ_0(例如,若我们了解测量中的某些系统效果会使 μ 只能位于 μ_0 的某一侧,这时可以采用单尾检验),我们通常希望采用双尾检验。利用数据本身来决定是否进行单尾检验或双尾检验是没有意义的。与单尾检验相比,双尾检验总是更加严格,因而对于拒绝原假设 H_0,需要更强的证据。当我们对于双边备选假设 H_1,拒绝一个简单原假设 H_0,严格来讲,我们只能认为 μ 不等于 μ_0。

四、假设检验中的 P 值

所谓 P 值(P-value),是当原假设 H_0 为真时,样本统计量落在其观测值以外的概率值,即表示在实际原假设为真的情况下,拒绝 H_0 从而犯错误的概率,也称为观测值的显著性水平或相关概率值。

P 值是一个概率值,它反映了实际观测得到的数据与原假设 H_0 之间不一致的程度。P 值越小,说明实际观测值与 H_0 之间不一致的程度越大,检验的结果也就越显著。

P 值也是一个重要工具,它可以用于确定是否拒绝原假设,同时有效补充 α 提供的关于检验结果可靠性的有限信息。为了便于理解,我们使用符号 Z 表示检验统计量,z_c 表示根据样本数据计算得到的检验统计量值。对于假设检验的三种基本形式,P 值的一般表达式为:

1. 双尾检验

$$H_0: \mu = \mu_0, \quad H_1: \mu \neq \mu_0$$

当 $\mu = \mu_0$ 时,检验统计量的绝对值大于或等于根据实际观测样本数据计算得到的统计量观测值的绝对值的概率为 P 值,即 P 值 $= P\{|Z| \geq |z_c| \mid \mu = \mu_0\}$。

2. 左尾检验

$$H_0: \mu \geq \mu_0, \quad H_1: \mu < \mu_0$$

当 $\mu = \mu_0$ 时,检验统计量小于或等于根据实际观测样本数据计算得到的统计量观测值的概率为 P 值,即 P 值 $= P\{Z \leq z_c \mid \mu = \mu_0\}$。

3. 右尾检验

$$H_0: \mu \leq \mu_0, \quad H_1: \mu > \mu_0$$

当 $\mu = \mu_0$ 时,检验统计量大于或等于根据实际观测样本数据计算得到的统计量观测值的概率为 P 值,即 P 值 $= P\{Z \geq z_c \mid \mu = \mu_0\}$。

对于不同的 P 值,在单尾检验中,P 值由其抽样分布的一侧得到,而在双尾检验中,P 值由抽样分布的两侧得到,每一侧为 $\frac{1}{2}P$。

利用 P 值进行决策的规则为:在已知 P 值的条件下,将其与给定的显著性水平 α 进行比较,不论是单尾检验还是双尾检验,如果 $P \leq \alpha$,则拒绝 H_0;如果 $P > \alpha$,则接受 H_0。

现在,多数统计软件输出有关假设检验的主要计算结果中都包括 P 值,因此它的获取比较方便,而且与以往的传统检验方法相比,在拒绝原假设的时候,不仅知道犯错误的可能性(α)有多大,而且能够知道犯错误的实际概率(P 值)有多大。

五、假设检验的原理

一个显著性假设检验问题涉及以下几个方面:① 检验假设 H_0 与 H_1 的陈述形式,通常原假设 H_0 为简单假设,而备选假设为复合假设;② 检验准则,根据具体问题对样本估计量与总体被检验假设值的差别建立判别标准,即具有某种分布的统计量;③ 确定显著性水平 α,按照区间估计的方法给定判别标准的临界域,这里将接受 H_0 的区域称为接受域,拒绝 H_0 的区域称为拒绝域。

拒绝域(从而接受域)的大小与显著性水平 α 相关,假设检验的原理是利用小概率事件几乎不可能在一次抽样中出现的道理,即先假定原假设成立,并给定原假设成立时很小

的显著性水平 α(通常不超过 5%),这样如果计算的判断标准值落入拒绝域,就可以看作发生了小概率事件,因其几乎不可能出现,所以可以认为应拒绝 H_0;否则就接受 H_0。

因此,我们可以总结出假设检验的一般方法:

(1) 根据实际问题,提出合理的检验假设形式。
(2) 构造检验统计量并明确其分布特征。
(3) 确定显著性水平,并计算或查表得到拒绝域和接受域范围。
(4) 根据样本数据计算检验统计量的值。
(5) 如果检验统计量的计算值落入拒绝域,则拒绝原假设,接受备选假设;如果落入接受域,则接受原假设,拒绝备选假设。

第二节 总体均值的假设检验

因为显著性检验与区间估计具有一致性,即都要通过显著性水平来确定区间,因此总体均值的假设检验要依赖总体分布、方差及样本容量情况。

一、大样本条件下,方差已知的左尾检验

大样本($n \geq 30$)条件下,根据中心极限定理,可以假定抽样近似服从正态分布,单个总体均值左尾的假设检验形式为:

$$\begin{cases} H_0: \mu \geq \mu_0 \\ H_1: \mu < \mu_0 \end{cases}$$

由于抽样的总体分布为 $N(\mu, \sigma^2)$,这里 μ 未知,而 σ^2 已知。构造检验统计量:

$$Z = \frac{\bar{x} - \mu_0}{\sigma / \sqrt{n}}$$

按 α 的显著性水平,如果 $Z \geq Z_{1-\alpha} = -Z_\alpha$($Z_\alpha$ 表示标准正态分布右尾面积为 α 的临界值),则接受 H_0;如果 $Z < Z_{1-\alpha} = -Z_\alpha$,则拒绝 H_0,接受 H_1,如图 7-7 所示。

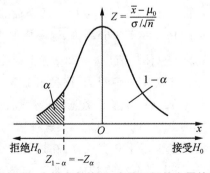

图 7-7 大样本条件下,方差已知的左尾检验

例 7-3 一种零件的合格标准是单个的重量不少于 120 克。经验表明,单个的重量近似服从标准差为 10 克的正态分布,采购商从一订单中随机抽取 30 件检验得到样本平均单重为 115 克。按 1% 的显著性水平,判断该订单产品能否被接受。

解 由于订单抽样均值 115 克小于质量标准的最低要求,显然该订单的质量受到怀疑,因此假设检验的形式为:

$$\begin{cases} H_0: \mu \geq 120 \\ H_1: \mu < 120 \end{cases}$$

这是一个单尾检验,拒绝域在分布曲线的左端,因此 $-Z_\alpha = -Z_{0.01} = -2.325$,已知 $\bar{x} = 115, \sigma = 10, n = 30$。

计算 $Z = \dfrac{\bar{x} - \mu_0}{\sigma/\sqrt{n}} = \dfrac{115 - 120}{10/\sqrt{30}} = -2.74$,因为 $Z = -2.74 < -2.325$,落入拒绝域(如图 7-8 所示),所以接受备选假设,即订单产品单个重量不符合要求,该订单不能被接受。

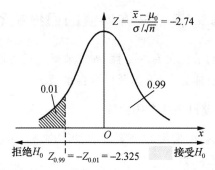

图 7-8 大样本条件下,显著性水平 $\alpha = 0.01$ 时方差已知的左尾检验

假设 $\sigma_x = \sigma/\sqrt{n}$,那么 $Z = \dfrac{\bar{x} - \mu_0}{\sigma_x}$ 就给出了样本均值 $\bar{x}$ 偏离总体均值($\mu_0 = 120$)的标准差数目。对于总体均值的假设检验,采用统计量 Z 来确定样本均值偏离总体均值($\mu_0 = 120$)的程度,这时拒绝原假设是比较正确的。

注意 统计量 $Z = -1$ 表示样本均值 $\bar{x}$ 低于总体均值($\mu_0 = 120$)一个标准差(σ_x),这时样本均值 $\bar{x}$ 必定在区间 $[\mu_0 - \sigma_x, \mu_0 + \sigma_x] = [118.174, 121.826]$ 内,这一概率小于 15.87%。

$Z = -2$ 表示样本均值 $\bar{x}$ 低于总体均值($\mu_0 = 120$)两个标准差($2\sigma_x$),这时样本均值 $\bar{x}$ 就在区间 $[\mu_0 - 2\sigma_x, \mu_0 + 2\sigma_x] = [116.348, 123.652]$ 内,这一概率小于 2.28%。

$Z = -3$ 表示样本均值 $\bar{x}$ 低于总体均值($\mu_0 = 120$)三个标准差($3\sigma_x$),这时样本均值 $\bar{x}$ 在区间 $[\mu_0 - 3\sigma_x, \mu_0 + 3\sigma_x] = [114.522, 125.478]$ 内,该种情况下,就接受了原假设。

以此类推,如果原假设为真,那么由于抽样数据的偶然性,计算得到的统计量 $Z < -3$ 意味着样本均值小于 114.522 的概率小于 0.14%。在这种情况下,就拒绝原假设,接受备选假设,认为这批零件单个的重量少于 120 克成立,在这种情况下,犯第一类错误的概率小于 0.14%。在本例中,$Z = -2.74$,此时样本均值 $\bar{x}$ 低于总体均值($\mu_0 = 120$)2.74 个标准差,$\mu \geq 120$ 就不成立了,在这种情况下,犯第一类错误的概率小于 0.31%。

二、大样本条件下,方差未知的左尾检验

大样本($n \geq 30$)条件下,根据中心极限定理,可以假定抽样近似服从正态分布,单个

总体均值左尾的假设检验的形式为：

$$\begin{cases} H_0: \mu \geqslant \mu_0 \\ H_1: \mu < \mu_0 \end{cases}$$

由于抽样的总体分布为 $N(\mu,\sigma^2)$，这里 μ 未知且 σ^2 未知。构造检验统计量：

$$Z = \frac{\bar{x} - \mu_0}{S/\sqrt{n}}$$

按 α 的显著性水平，如果 $Z \geqslant Z_{1-\alpha} = -Z_\alpha$，则接受 H_0；如果 $Z < Z_{1-\alpha} = -Z_\alpha$，则拒绝 H_0，接受 H_1。其拒绝域和接受域分别如图 7-9 所示。

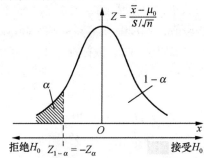

图 7-9 大样本条件下，方差未知的左尾检验

三、大样本条件下，方差已知的右尾检验

大样本 ($n \geqslant 30$) 条件下，根据中心极限定理，可以假定抽样近似服从正态分布，单个总体均值右尾的假设检验的形式为：

$$\begin{cases} H_0: \mu \leqslant \mu_0 \\ H_1: \mu > \mu_0 \end{cases}$$

由于抽样的总体分布为 $N(\mu,\sigma^2)$，这里 μ 未知，而 σ^2 已知。构造检验统计量：

$$Z = \frac{\bar{x} - \mu_0}{\sigma/\sqrt{n}}$$

按 α 的显著性水平，如果 $Z \leqslant Z_\alpha$，则接受 H_0；如果 $Z > Z_\alpha$，则拒绝 H_0，接受 H_1。其拒绝域和接受域如图 7-10 所示。

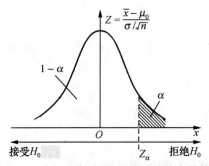

图 7-10 大样本条件下，方差已知的右尾检验

例 7-4 某地为推广一个小麦新品种,现进行生产成本的核算。该新品种的单位生产成本约为 120 元/亩,比原有小麦品种的生产成本低。采集 36 个地块所得实验数据,单位生产成本(元/亩)为:

126	119	131	113	120	106	94	110	112
104	116	112	112	95	142	113	123	139
145	124	101	177	101	122	106	111	154
108	110	170	138	160	126	117	112	123

问:按 1% 的显著性水平,从单位生产成本角度考虑,新品种是否具有推广价值?

解 根据题意,可知总体均值 $\mu = 120$,样本容量 $n = 36$,显著性水平 $\alpha = 0.01$。经计算可知,样本均值 $\bar{x} = 122$;样本的无偏标准差 $S_{x,n-1} = 19.9$。

依题意,假设检验的形式为:

$$\begin{cases} H_0 : \mu \leqslant 120 \\ H_1 : \mu > 120 \end{cases}$$

在大样本条件下,样本均值 $\bar{x}$ 和标准化统计量均服从正态分布,即:

$$Z = \frac{\bar{x} - \mu}{\sigma_{\bar{x}}} \sim N(0,1)$$

这里可以根据显著性水平,或查"标准正态分布表"来确定拒绝域的临界值。

$$Z = \frac{\bar{x} - \mu}{\sigma_{\bar{x}} / \sqrt{n}} \approx \frac{\bar{x} - \mu}{S_{x,n-1}/\sqrt{n}} = \frac{122 - 120}{19.9 / \sqrt{36}} \approx 0.6$$

基于右侧检验,在给定的显著性水平条件下,$Z_{1-\alpha} = Z_{0.99} \approx 2.33$。如果 $Z > 2.33$,则拒绝原假设 H_0;否则,不拒绝原假设 H_0。

在本例中,$Z = 0.6 < 2.33$,所以不拒绝原假设 H_0,该新品种具有推广价值。

四、大样本条件下,方差未知的右尾检验

大样本($n \geqslant 30$)条件下,根据中心极限定理,可以假定抽样近似服从正态分布,单个总体均值右尾的假设检验的形式为:

$$\begin{cases} H_0 : \mu \leqslant \mu_0 \\ H_1 : \mu > \mu_0 \end{cases}$$

由于抽样的总体分布为 $N(\mu, \sigma^2)$,这里 μ 未知且 σ^2 未知。构造检验统计量:

$$Z = \frac{\bar{x} - \mu_0}{S / \sqrt{n}}$$

按 α 的显著性水平,如果 $Z \leqslant Z_\alpha$,则接受 H_0;如果 $Z > Z_\alpha$,则拒绝 H_0,接受 H_1。其拒绝域和接受域如图 7-11 所示。

五、大样本条件下,方差已知的双尾检验

大样本($n \geqslant 30$)条件下,根据中心极限定理,可以假定抽样近似服从正态分布,单个

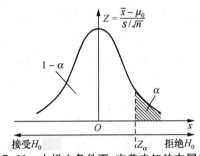

图 7-11　大样本条件下,方差未知的右尾检验

总体均值双尾的假设检验的形式为:

$$\begin{cases} H_0: \mu = \mu_0 \\ H_1: \mu \neq \mu_0 \end{cases}$$

由于抽样的总体分布为 $N(\mu, \sigma^2)$,这里 μ 未知,而 σ^2 已知。构造检验统计量:

$$Z = \frac{\bar{x} - \mu_0}{\sigma/\sqrt{n}}$$

按 α 的显著性水平,如果 $|Z| \leq Z_{\frac{\alpha}{2}}$($Z_{\frac{\alpha}{2}}$ 表示标准正态分布右尾面积为 $\frac{\alpha}{2}$ 的临界值),则接受 H_0;如果 $|Z| > Z_{\frac{\alpha}{2}}$,则拒绝 H_0,接受 H_1。其拒绝域和接受域如图 7-12 所示。

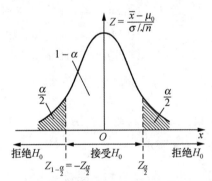

图 7-12　大样本条件下,方差已知的双尾检验

例 7-5　某市 2007 年职工平均工资为 28 120 元,标准差为 3 280 元。现在随机抽取 200 人进行调查,测定 2008 年样本年平均工资为 29 450 元,按照 5% 的显著性水平,判定该市 2008 年的职工平均工资与 2007 年有无明显差别。

解　根据题意,这是一个双尾检验,检验统计量 Z 服从正态分布,查"标准正态分布表"得 $Z_{\alpha/2} = Z_{0.025} = 1.96$。因此,可以构造接受域为 $[-1.96, 1.96]$,其余两边为拒绝域。

假设检验的形式为:

$$\begin{cases} H_0: \mu = 28\,120 \\ H_1: \mu \neq 28\,120 \end{cases}$$

$$\bar{x} = 29\,450, \quad \sigma = 3\,280, \quad n = 200$$

$$Z = \frac{\bar{x} - \mu_0}{\sigma/\sqrt{n}} = \frac{29\,450 - 28\,120}{3\,280/\sqrt{200}} \approx 5.7345$$

因为 $Z \approx 5.7345 > Z_{0.025} = 1.96$,落入拒绝域内,所以拒绝原假设 H_0,即认为该市 2008 年的职工平均工资与 2007 年有明显差别。其拒绝域和接受域分别如图 7-13 所示。

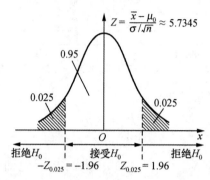

图 7-13　大样本条件下,显著性水平 $\alpha = 5\%$ 时方差已知的双尾检验

六、大样本条件下,方差未知的双尾检验

大样本($n \geq 30$)条件下,根据中心极限定理,可以假定抽样近似服从正态分布,单个总体均值双尾的假设检验的形式为:

$$\begin{cases} H_0 : \mu = \mu_0 \\ H_1 : \mu \neq \mu_0 \end{cases}$$

由于抽样的总体分布为 $N(\mu, \sigma^2)$,这里 μ 未知且 σ^2 未知。构造检验统计量:

$$Z = \frac{\bar{x} - \mu_0}{S/\sqrt{n}}$$

按 α 的显著性水平,如果 $|Z| \leq Z_{\frac{\alpha}{2}}$,则接受 H_0;如果 $|Z| > Z_{\frac{\alpha}{2}}$,则拒绝 H_0,接受 H_1。其拒绝域和接受域分别如图 7-14 所示。

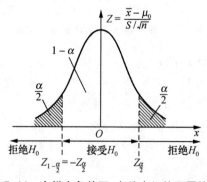

图 7-14　大样本条件下,方差未知的双尾检验

例 7-6　掌握顾客每天的平均消费水平有助于商场评估日销售情况。某商店经理认为其顾客每天的平均消费水平为 200 元。现随机抽取 50 名顾客进行调查,样本均值为

180 元,样本标准差为 50 元,按 5%的显著性水平检验该经理的说法。

解 $n = 50 > 30$,这属于分布未知的大样本情况,可以用 Z 统计量检验。
假设检验的形式为:

$$\begin{cases} H_0: \mu = 200 \\ H_1: \mu \neq 200 \end{cases}$$

这是一个双尾检验,$Z_{\alpha/2} = Z_{0.025} = 1.96, n = 50, \bar{x} = 180, S = 50$。由此可知:

$$Z = \frac{\bar{x} - \mu_0}{S/\sqrt{n}} = \frac{180 - 200}{50/\sqrt{50}} \approx -2.83$$

因为 $Z = -2.83 < -1.96$ 落入拒绝域,所以拒绝原假设 H_0,接受 H_1,即认为顾客实际消费水平与经理的判断有较大出入。其拒绝域和接受域分别如图 7-15 所示。

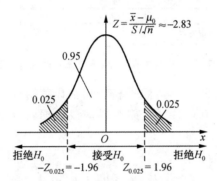

图 7-15 大样本条件下,显著性水平 $\alpha = 5\%$ 时方差未知的双尾检验

小样本条件下,总体均值的检验方法可以总结如表 7-4 所示。

表 7-4 总体均值的检验方法

	双尾检验	左尾检验	右尾检验
检验形式	$H_0: \mu = \mu_0, H_1: \mu \neq \mu_0$	$H_0: \mu \geq \mu_0, H_1: \mu < \mu_0$	$H_0: \mu \leq \mu_0, H_1: \mu > \mu_0$
检验统计量	σ 未知:$T = \dfrac{\bar{x} - \mu_0}{S_{n-1}/\sqrt{n}}$;$\sigma$ 已知:$Z = \dfrac{\bar{x} - \mu_0}{\sigma/\sqrt{n}}$		
α 与拒绝域	$\lvert T \rvert > t_{\alpha/2}(n-1)$	$T < -t_\alpha(n-1)$	$T > t_\alpha(n-1)$
P 值决策准则	$P < \alpha$,拒绝 H_0		

七、小样本条件下,方差未知的左尾检验

小样本 ($n < 30$) 条件下,抽样近似服从自由度为 $n-1$ 的 t 分布,单个总体均值左尾的假设检验的形式为:

$$\begin{cases} H_0: \mu \geq \mu_0 \\ H_1: \mu < \mu_0 \end{cases}$$

这里 μ 未知且 σ^2 未知。构造检验统计量:

$$T = \frac{\bar{x} - \mu_0}{S_{n-1}/\sqrt{n}} \sim t(n-1)$$

选取显著性水平 α,t 分布的一个临界值(称为上分位百分数)表示为 $t_\alpha(n-1)$,如果 $T \geq t_{1-\alpha}(n-1) = -t_\alpha(n-1)$,则接受 H_0;如果 $T < t_{1-\alpha}(n-1) = -t_\alpha(n-1)$,则拒绝 H_0,接受 H_1。其拒绝域和接受域分别如图 7-16 所示。

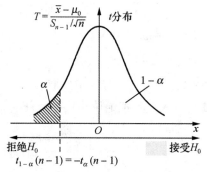

图 7-16 小样本条件下,方差未知的左尾检验

例 7-7 抽测某高校 25 名大学生的身高,由抽样数据算得这 25 名学生的平均身高为 1.68 米,抽样方差 $S_{n-1}^2 = 0.08^2$。问:能否根据该数据断定该校学生的平均身高不低于 1.70 米?($\alpha = 0.05$)

解 假设检验的形式为:

$$\begin{cases} H_0: \mu \geq \mu_0 = 1.70 \\ H_1: \mu < \mu_0 = 1.70 \end{cases}$$

构造检验统计量:

$$T = \frac{\bar{x} - \mu_0}{S_{n-1}/\sqrt{n}} \sim t_\alpha(n-1)$$

对于 $\alpha = 0.05$,查表得 $-t_{0.05}(24) = -1.7109$。

由于 $T = \frac{\bar{x} - \mu_0}{S_{n-1}/\sqrt{n}} = \frac{1.68 - 1.7}{0.08/\sqrt{25}} = -1.25 > -1.7109$,落入接受域内,所以可以接受原假设 $H_0: \mu \geq 1.70$,即可以认为该校学生平均身高不低于 1.70 米。其拒绝域和接受域如图 7-17 所示。

八、小样本条件下,方差未知的右尾检验

小样本($n < 30$)条件下,抽样近似服从自由度为 $n-1$ 的 t 分布,单个总体均值右尾的假设检验的形式为:

$$\begin{cases} H_0: \mu \leq \mu_0 \\ H_1: \mu > \mu_0 \end{cases}$$

这里 μ 未知且 σ^2 未知。构造检验统计量:

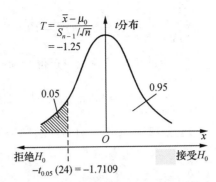

图 7-17 小样本条件下,显著性水平 $\alpha = 5\%$ 时方差未知的左尾检验

$$T = \frac{\bar{x} - \mu_0}{S_{n-1}/\sqrt{n}} \sim t_\alpha(n-1)$$

选取显著性水平 α,t 分布的一个临界值(称为上分位百分数)表示为 $t_\alpha(n-1)$,如果 $T \leq t_\alpha(n-1)$,则接受 H_0;如果 $T > t_\alpha(n-1)$,则拒绝 H_0,接受 H_1。其拒绝域和接受域如图 7-18 所示。

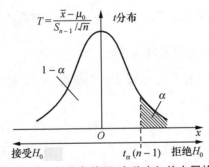

图 7-18 小样本条件下,方差未知的右尾检验

例 7-8 一种碳酸饮料的存放时间服从正态分布,根据过去的经验,人们有理由相信该种饮料的平均存放时间大于 125 天。随机抽取 10 瓶该饮料检验其存放时间,检验结果分别为 108、124、124、106、115、138、163、159、134 和 139 天,按 0.05 的显著性水平,能否拒绝经验数据?

解 因为分布为正态分布,方差未知,因此利用 T 统计量进行检验。由于人们倾向于认为产品平均存放时间超过 125 天,因此自然希望抽样结果支持这种经验,那么假设检验的形式为:

$$\begin{cases} H_0: \mu \leq 125 \\ H_1: \mu > 125 \end{cases}$$

计算样本均值和方差为:

$$\bar{x} = \frac{\sum_{i=1}^{10} x_i}{10} = 131$$

$$S_{n-1} = \sqrt{\frac{1}{n-1}\sum_{i=1}^{n}(x_i - \bar{x})^2} = 19.545$$

按 0.05 的显著性水平,在 t 分布的单尾检验表中查得 $t_\alpha(n-1) = t_{0.05}(9) = 1.833$。

计算得知:$T = \dfrac{\bar{x} - \mu_0}{S_{n-1}/\sqrt{n}} = \dfrac{131 - 125}{19.545/\sqrt{10}} \approx 0.97$。因为 $T \approx 0.97 < 1.838$,因此接受 H_0,即这批饮料的平均存放时间不超过 125 天,与人们的经验判断不符。其拒绝域和接受域分别如图 7-19 所示。

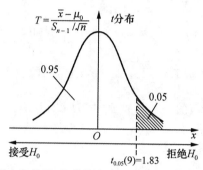

图 7-19 小样本条件下,显著性水平 $\alpha = 5\%$ 时方差未知的右尾检验

九、小样本条件下,方差未知的双尾检验

小样本($n < 30$)条件下,抽样近似服从自由度为 $n-1$ 的 t 分布,单个总体均值双尾的假设检验的形式为:

$$\begin{cases} H_0: \mu = \mu_0 \\ H_1: \mu \neq \mu_0 \end{cases}$$

这里 μ 未知且 σ^2 未知。构造检验统计量:

$$T = \frac{\bar{x} - \mu_0}{S_{n-1}/\sqrt{n}} \sim t(n-1)$$

选取显著性水平 α,t 分布的一个临界值(称为上分位百分数)表示为 $t_{\frac{\alpha}{2}}(n-1)$,如果 $|T| \leq t_{\frac{\alpha}{2}}(n-1)$,则接受 H_0;如果 $|T| > t_{\frac{\alpha}{2}}(n-1)$,则拒绝 H_0,接受 H_1。其拒绝域和接受域如图 7-20 所示。

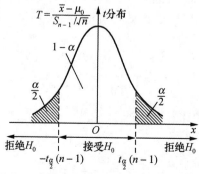

图 7-20 小样本条件下,方差未知的双尾检验

例 7-9 某瓶装饮料生产厂用自动灌装机装瓶,每瓶饮料的标准重量为 500 克,且实际装瓶的重量分布服从正态分布,每天每隔三个小时需要定时检查灌装机的工作是否正常。某日该灌装机开机三小时后,随机抽取了 12 瓶,测得重量如表 7-5 所示。

表 7-5 被抽查的 12 瓶饮料的重量   单位:克

497.0	498.1	501.9	499.8	497.9	501.3
497.5	498.5	502.8	500.2	499.6	502.7

在 0.05 的显著性水平下,推断该灌装机的工作是否正常稳定。

解 因为分布为正态分布,方差未知,因此利用 T 统计量进行检验。由于检验的是每瓶的标准重量是否为 500 克,所以假设检验的形式为:

$$\begin{cases} H_0: \mu = 500 \\ H_1: \mu \neq 500 \end{cases}$$

计算样本均值和方差:

$$\bar{x} = 499.775$$

$$S_{n-1} = \sqrt{\frac{(x_1 - \bar{x})^2 + (x_2 - \bar{x})^2 + \cdots + (x_{12} - \bar{x})^2}{11}}$$

$$= \sqrt{\frac{45.5825}{11}} \approx 2.036$$

同时算得:

$$T = \frac{\bar{x} - \mu_0}{S_{n-1}/\sqrt{n}} = \frac{499.775 - 500}{2.036/\sqrt{12}} \approx -0.3828$$

选取显著性水平 0.05,t 分布的一个临界值(称为上分位百分数),查得:

$$t_{\frac{\alpha}{2}}(n-1) = t_{0.025}(11) = 2.201$$

很明显,$|T| \leq t_{\frac{\alpha}{2}}(n-1) = 2.201$,因此接受 H_0,即灌装机的工作正常稳定。其拒绝域和接受域如图 7-21 所示。

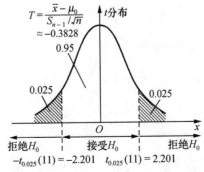

图 7-21 小样本条件下,显著性水平 $\alpha = 5\%$ 时方差未知的双尾检验

第三节 两个总体均值比较的假设检验

在实际的生产生活中,不仅需要一个样本总体参数的检验,常常也需要比较两个总体的差异。例如工厂在改进生产工艺前后产出是否有明显变化,教学过程中不同班级的知识接受程度是否相同等。这些都可以根据两个总体均值之差的检验结果来进行解释。

两个总体均值之差具有三种假设检验形式:

双尾检验:$H_0:\mu_1 - \mu_2 = 0, H_1:\mu_1 - \mu_2 \neq 0$

左尾检验:$H_0:\mu_1 - \mu_2 \geq 0, H_1:\mu_1 - \mu_2 < 0$

右尾检验:$H_0:\mu_1 - \mu_2 \leq 0, H_1:\mu_1 - \mu_2 > 0$

在本书中,仅仅考虑两个总体均值之差为0的情况,而不考虑其差为定值的情况。

一、大样本的情况

本部分内容研究大样本($n_1 \geq 30, n_2 \geq 30$)条件下两个总体均值之差的假设检验。在大样本条件下,当两个总体均服从正态分布或者虽然两个总体的分布形式未知,但是来自两个总体的两个样本为大样本且两个总体的方差 σ_1^2、σ_2^2 已知时,由两个独立样本计算出的 $\bar{x}_1 - \bar{x}_2$ 的抽样分布可以近似看成正态分布,其期望值为 $\mu_1 - \mu_2$,标准差为:

$$\sigma_{\bar{x}_1 - \bar{x}_2} = \sqrt{\frac{\sigma_1^2}{n_1} + \frac{\sigma_2^2}{n_2}}$$

提出以下原假设和备选假设:

$$\begin{cases} H_0:\mu_1 - \mu_2 = 0 \\ H_1:\mu_1 - \mu_2 \neq 0 \end{cases}$$

构造 Z 检验统计量:

$$Z = \frac{(\bar{x}_1 - \bar{x}_2) - (\mu_1 - \mu_2)}{\sqrt{\frac{\sigma_1^2}{n_1} + \frac{\sigma_2^2}{n_2}}} \sim N(0,1)$$

则 $\bar{x}_1 - \bar{x}_2$ 的抽样分布如图 7-22 所示。

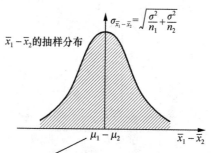

图 7-22 大样本条件下,两个总体均值之差($\bar{x}_1 - \bar{x}_2$)的抽样分布

例 7-10 工厂用两台装瓶机为容量为 16.0 盎司的塑料瓶装瓶,装瓶过程可以看作服从正态分布,标准差分别为 $\sigma_1 = 0.015, \sigma_2 = 0.018$。质检部门怀疑两台机器的装瓶容量不同,于是抽取样本检验。已知样本均值分别为 $\bar{x}_1 = 15.98, \bar{x}_2 = 16.00$,样本容量 $n_1 = n_2 = 32$,试判断质检部门的疑虑是否有道理。($\alpha = 0.05$)

解 这是一个双尾检验,假设检验的形式为:

$$\begin{cases} H_0: \mu_1 - \mu_2 = 0 \\ H_1: \mu_1 - \mu_2 \neq 0 \end{cases}$$

$$Z_{\alpha/2} = Z_{0.025} = 1.96$$

$$Z = \frac{(\bar{x}_1 - \bar{x}_2) - (\mu_1 - \mu_2)}{\sqrt{\frac{\sigma_1^2}{n_1} + \frac{\sigma_2^2}{n_2}}} = \frac{(15.98 - 16) - 0}{\sqrt{\frac{0.015^2}{32} + \frac{0.018^2}{32}}} \approx -4.829$$

因为 $|Z| > 1.96$ 落入拒绝域,所以接受备选假设,即两种机器的装瓶效果不同,质检部门的疑虑是有道理的。

在大样本($n_1 \geq 30, n_2 \geq 30$)条件下计算检验统计量时,如果两个总体的方差 σ_1^2、σ_2^2 未知,可以用抽样方差 S_1^2、S_2^2 来代替。这时 Z 统计量变为:

$$Z = \frac{(\bar{x}_1 - \bar{x}_2) - (\mu_1 - \mu_2)}{\sqrt{\frac{S_1^2}{n_1} + \frac{S_2^2}{n_2}}} \sim N(0,1)$$

按 α 的显著性水平,如果 $|Z| \leq Z_{\frac{\alpha}{2}}$,则接受 H_0;如果 $|Z| > Z_{\frac{\alpha}{2}}$,则拒绝 H_0,接受 H_1。其拒绝域和接受域如图 7-23 所示。

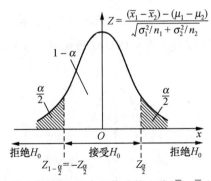

图 7-23 大样本条件下,两个总体均值之差 $(\bar{x}_1 - \bar{x}_2)$ 的双尾检验

例 7-11 作为对两个培训中心教学质量差异估计研究的一部分,研究人员对在两个培训中心接受过培训的学员进行了一次标准化考试。考试分数是评价这两个培训中心教学质量差异的主要因素。在培训中心 A 和培训中心 B 分别抽取 35 名和 40 名学员,根据考试分数,得到如表 7-6 所示的结果。

表 7-6 考试分数结果

培训中心 A	培训中心 B
$n_1 = 35$	$n_2 = 40$
$\bar{x}_1 = 83.2$	$\bar{x}_2 = 78$
$S_1 = 8$	$S_2 = 10$

按 $\alpha = 0.05$ 的显著性水平，判断两个培训中心的教学质量是否存在差异。

解 设 μ_1 表示"在培训中心 A 接受过培训的学员的平均考试分数"，μ_2 表示"在培训中心 B 接受过培训的学员的平均考试分数"。

我们先假设两个中心的教学质量不存在任何差异，因此以考试分数均值为考查指标，原假设就是 $\mu_1 - \mu_2 = 0$。如果样本数据导致拒绝原假设，就可以得出两个总体的平均考试分数存在差异的结论，从而说明两个培训中心的教学质量存在差异。

原假设和备选假设可表述为：

$$\begin{cases} H_0: \mu_1 - \mu_2 = 0 \\ H_1: \mu_1 - \mu_2 \neq 0 \end{cases}$$

按 $\alpha = 0.05$ 的显著性水平，这是一个双尾检验，$Z_{\alpha/2} = Z_{0.025} = 1.96$。

当原假设为 $\mu_1 - \mu_2 = 0$ 时，由于是大样本，可算得：

$$Z = \frac{(\bar{x}_1 - \bar{x}_2) - (\mu_1 - \mu_2)}{\sqrt{\frac{S_1^2}{n_1} + \frac{S_2^2}{n_2}}}$$

$$= \frac{(83.2 - 78) - 0}{\sqrt{\frac{8^2}{35} + \frac{10^2}{40}}} \approx 2.499$$

因为 $Z \approx 2.499 > Z_{\frac{\alpha}{2}} = 1.96$，所以拒绝原假设 H_0，如图 7-24 所示。因此，根据样本数据可以得出结论：两个培训中心的教学质量存在差异。

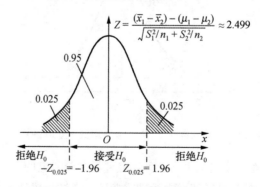

图 7-24 大样本条件下，显著性水平 $\alpha = 0.05$ 时两个总体均值之差 $(\bar{x}_1 - \bar{x}_2)$ 的双尾检验

类似于一个总体均值比较的假设检验，两个总体均值比较的假设检验同样存在左尾检验和右尾检验的情况。

大样本条件下，两个总体均值之差左尾假设检验的形式为：

$$\begin{cases} H_0: \mu_1 \geq \mu_2 \\ H_1: \mu_1 < \mu_2 \end{cases}$$

构造 Z 检验统计量：

$$Z = \frac{(\bar{x}_1 - \bar{x}_2) - (\mu_1 - \mu_2)}{\sqrt{\frac{\sigma_1^2}{n_1} + \frac{\sigma_2^2}{n_2}}} \sim N(0,1)$$

对于两个总体均值之差的左尾假设检验，如果两个总体的方差 σ_1^2、σ_2^2 未知，可以用抽样方差 S_1^2、S_2^2 来代替 Z 检验统计量中的两个总体的方差 σ_1^2、σ_2^2。

如果 $Z \geq Z_{1-\alpha} = -Z_\alpha$，则接受 H_0；如果 $Z < Z_{1-\alpha} = -Z_\alpha$，则拒绝 H_0，接受 H_1（如图 7-25 所示）。

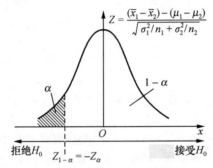

图 7-25 大样本条件下，两个总体均值之差 $(\bar{x}_1 - \bar{x}_2)$ 的左尾检验

大样本条件下，两个总体均值之差右尾的假设检验的形式为：

$$\begin{cases} H_0: \mu_1 \leq \mu_2 \\ H_1: \mu_1 > \mu_2 \end{cases}$$

构造 Z 检验统计量：

$$Z = \frac{(\bar{x}_1 - \bar{x}_2) - (\mu_1 - \mu_2)}{\sqrt{\frac{\sigma_1^2}{n_1} + \frac{\sigma_2^2}{n_2}}} \sim N(0,1)$$

对于两个总体均值之差右尾的假设检验，如果两个总体的方差 σ_1^2、σ_2^2 未知，可以用抽样方差 S_1^2、S_2^2 来代替 Z 检验统计量中的两个总体的方差 σ_1^2、σ_2^2。

如果 $Z \leq Z_\alpha$，则接受 H_0；如果 $Z > Z_\alpha$，则拒绝 H_0，接受 H_1（如图 7-26 所示）。

例 7-12 某百货商店在某城市开了两家分店，一家在市中心，另一家在郊区商业中心。商店的决策部门发现某一分店畅销的产品在另一分店不一定畅销。估计发生这种现象的原因在于两个地区的顾客在年龄、受教育程度、收入等诸多方面存在差异。假定部门经理已经对光顾这两家分店的顾客的平均年龄差异进行了抽样调查，调查结果如表 7-7 所示。

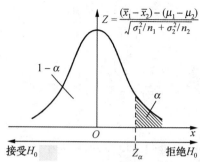

图 7-26 大样本条件下,两个总体均值之差 $(\bar{x}_1 - \bar{x}_2)$ 的右尾检验

表 7-7 光顾两家分店的抽样顾客的年龄及其标准差

商店	样本容量	样本平均年龄(岁)	样本标准差(岁)
市中心店	36	$\bar{x}_1 = 41$	$S_1 = 7.2$
郊区店	49	$\bar{x}_2 = 35$	$S_2 = 9.8$

按 $\alpha = 0.05$ 的显著性水平,试判断去市中心店购物的顾客的平均年龄是否比去郊区店购物的顾客的平均年龄要大。

解 设 μ_1 表示"光顾市中心店的顾客的平均年龄", μ_2 表示"光顾郊区店的顾客的平均年龄"。

我们先假设光顾市中心店的顾客的平均年龄比光顾郊区店的顾客的平均年龄要大。因此,以顾客年龄的均值为考察指标,原假设就是 $\mu_1 \geq \mu_2$。如果样本数据导致拒绝原假设,就可以得出光顾市中心店的顾客的平均年龄比光顾郊区店的顾客的平均年龄要小的结论。

这样,原假设和备选假设可表述为:

$$\begin{cases} H_0 : \mu_1 \geq \mu_2 \\ H_1 : \mu_1 < \mu_2 \end{cases}$$

按 $\alpha = 0.05$ 的显著性水平,这是一个单尾检验,$Z_{1-\alpha} = -Z_\alpha = -Z_{0.05} = -1.645$。

由于是大样本,可算得 Z 检验统计量为:

$$Z = \frac{(\bar{x}_1 - \bar{x}_2) - (\mu_1 - \mu_2)}{\sqrt{\frac{S_1^2}{n_1} + \frac{S_2^2}{n_2}}} = \frac{(41 - 35) - 0}{\sqrt{\frac{7.2^2}{36} + \frac{9.8^2}{49}}} \approx 3.254$$

因为 $Z \approx 3.254 > Z_{1-\alpha} = -Z_{0.05} = -1.645$,所以接受原假设 H_0,如图 7-27 所示。

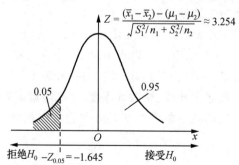

图 7-27 大样本条件下,显著性水平 $\alpha = 0.05$ 时两个总体均值之差 $(\bar{x}_1 - \bar{x}_2)$ 的左尾检验

因此,根据样本数据算得的统计量可以得出结论:去市中心店购物的顾客的平均年龄要比去郊区店购物的顾客的平均年龄大。

二、小样本的情况

对小样本的总体情况进行检验,首先假定两个总体都服从正态分布,进而分情况进行假设检验。

(1) 当两个总体的方差已知时,无论其方差是否相等,样本容量是否相等,样本均值之差的抽样分布都服从正态分布,进而可以将其标准化为标准正态分布。此时,可按照大样本的检验方法进行假设检验。

(2) 当两个总体的方差未知但相等时,无论两个总体的样本容量是否相等,均需要基于自由度为$(n_1 + n_2 - 2)$的t分布进行假设检验,即其抽样分布为:

$$\bar{x}_1 - \bar{x}_2 \sim N\left[\mu_1 - \mu_2, S_p^2\left(\frac{1}{n_1} + \frac{1}{n_2}\right)\right]$$

现在来考虑至少有一个样本容量小于30,即$n_1 < 30$和／或$n_2 < 30$时,两个总体均值之差的假设检验。与前面的讨论情形一样,我们假定两个总体都服从正态分布,且两个总体的方差相等。

这样可以建立小样本条件下的原假设和备选假设:

$$\begin{cases} H_0: \mu_1 - \mu_2 = 0 \\ H_1: \mu_1 - \mu_2 \neq 0 \end{cases}$$

在一般情况下,方差σ_1^2、σ_2^2都是未知的,可以先求两个样本方差S_1^2、S_2^2的加权平均数,并用符号S^2来表示σ^2的合并估计值。计算公式为:

$$S^2 = \frac{(n_1 - 1)S_1^2 + (n_2 - 1)S_2^2}{n_1 + n_2 - 2}$$

现在可以用t分布来确定两个总体均值之差的假设检验。第一个简单随机样本的自由度为n_1-1,第二个简单随机样本的自由度为n_2-1,因此t分布的自由度为$n_1 + n_2 - 2$。

这样就可以构造t检验的统计量为:

$$T = \frac{(\bar{x}_1 - \bar{x}_2) - (\mu_1 - \mu_2)}{\sqrt{S^2\left(\frac{1}{n_1} + \frac{1}{n_2}\right)}} \sim t(n_1 + n_2 - 2)$$

选取显著性水平α,t分布的一个临界值(称为上分位百分数)表示为$t_{\frac{\alpha}{2}}(n_1+n_2-2)$。如果$|T| \leq t_{\frac{\alpha}{2}}(n_1+n_2-2)$,则接受$H_0$;如果$|T| > t_{\frac{\alpha}{2}}(n_1+n_2-2)$,则拒绝$H_0$,接受$H_1$(如图7-28所示)。

例7-13 从两台机器加工的同种零件中,随机抽取第一台机器生产的零件11件,第二台机器生产的零件9件,测量尺寸(单位:厘米)为:

第一台机器:6.2, 5.7, 6.5, 6.0, 6.3, 5.8, 5.7, 6.0, 6.0, 5.8, 6.0
第二台机器:5.6, 5.9, 5.6, 5.7, 5.8, 6.0, 5.5, 5.7, 5.5

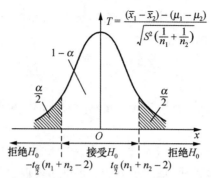

图 7-28 小样本条件下,两个总体均值之差 $(\bar{x}_1 - \bar{x}_2)$ 的双尾检验

已知两台机器加工的零件尺寸服从正态分布且方差相等,当 $\alpha = 0.05$ 时,试判断两台机器加工零件的平均尺寸是否存在差异。

解 设 μ_1 表示"第一台机器加工零件的平均尺寸", μ_2 表示"第二台机器加工零件的平均尺寸"。

我们先假设两台机器加工零件的平均尺寸不存在任何差异。因此,原假设就是 $\mu_1 - \mu_2 = 0$。如果样本数据导致拒绝原假设,就可以得出两台机器加工零件的平均尺寸存在差异的结论。

这样原假设和备选假设即可表述为:

$$\begin{cases} H_0 : \mu_1 - \mu_2 = 0 \\ H_1 : \mu_1 - \mu_2 \neq 0 \end{cases}$$

在小样本情况下,按 $\alpha = 0.05$ 的显著性水平,这是一个双尾检验,查表可得:

$$t_{\frac{\alpha}{2}}(n_1 + n_2 - 2) = t_{0.025}(18) = 2.1009$$

当原假设为 $\mu_1 - \mu_2 = 0$ 时,可算得: $\bar{x}_1 = 6, \bar{x}_2 = 5.7; S_1 = 0.253, S_2 = 0.173$。于是可知:

$$S^2 = \frac{(n_1 - 1)S_1^2 + (n_2 - 1)S_2^2}{n_1 + n_2 - 2}$$

$$= \frac{10 \times 0.253^2 + 8 \times 0.173^2}{18} \approx 0.0489$$

计算 T 统计量得:

$$T = \frac{(\bar{x}_1 - \bar{x}_2) - (\mu_1 - \mu_2)}{\sqrt{S^2 \left(\frac{1}{n_1} + \frac{1}{n_2} \right)}} = \frac{(6 - 5.7) - 0}{\sqrt{0.0489 \times \left(\frac{1}{11} + \frac{1}{9} \right)}} \approx 3.018$$

因为 $T \approx 3.018 > t_{0.025}(18) = 2.1009$,所以拒绝原假设 H_0。因此,根据样本数据可以得出结论:两台机器总体加工零件的平均尺寸存在明显的差异,如图 7-29 所示。

小样本条件下,两个总体均值之差左尾的假设检验的形式为:

$$\begin{cases} H_0 : \mu_1 \geqslant \mu_2 \\ H_1 : \mu_1 < \mu_2 \end{cases}$$

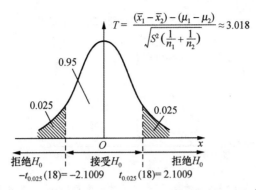

图 7-29 小样本条件下，显著性水平 $\alpha = 0.05$ 时两个总体均值之差 $(\bar{x}_1 - \bar{x}_2)$ 的双尾检验

构造 t 检验的统计量：

$$T = \frac{(\bar{x}_1 - \bar{x}_2) - (\mu_1 - \mu_2)}{\sqrt{S^2\left(\frac{1}{n_1} + \frac{1}{n_2}\right)}} \sim t(n_1 + n_2 - 2)$$

如果 $T \geq t_{1-\alpha}(n_1 + n_2 - 2) = -t_\alpha(n_1 + n_2 - 2)$（$t_\alpha$ 表示标准正态分布右尾面积为 α 的临界值），则接受 H_0；如果 $T < t_{1-\alpha}(n_1 + n_2 - 2) = -t_\alpha(n_1 + n_2 - 2)$，则拒绝 H_0，接受 H_1（如图 7-30 所示）。

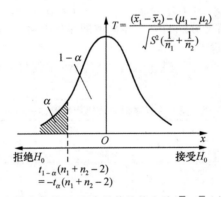

图 7-30 小样本条件下，两个总体均值之差 $(\bar{x}_1 - \bar{x}_2)$ 的左尾检验

小样本条件下，两个总体均值右尾的假设检验的形式为：

$$\begin{cases} H_0: \mu_1 \leq \mu_2 \\ H_1: \mu_1 > \mu_2 \end{cases}$$

构造 t 检验的统计量：

$$T = \frac{(\bar{x}_1 - \bar{x}_2) - (\mu_1 - \mu_2)}{\sqrt{S^2\left(\frac{1}{n_1} + \frac{1}{n_2}\right)}} \sim t(n_1 + n_2 - 2)$$

如果 $T \leq t_\alpha(n_1 + n_2 - 2)$，则接受 H_0；如果 $T > t_\alpha(n_1 + n_2 - 2)$，则拒绝 H_0，接受 H_1（如图 7-31 所示）。

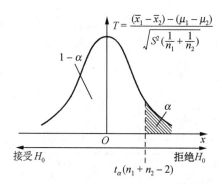

图 7-31 小样本条件下,两个总体均值之差 $(\bar{x}_1 - \bar{x}_2)$ 的右尾检验

第四节 总体比例的假设检验

一、单个样本

如果用 p 表示总体比例,p_0 表示总体比例的某一特定假设值,总体比例的假设检验有三种形式:

(1) $\begin{cases} H_0: p \geq p_0 \\ H_1: p < p_0 \end{cases}$ (2) $\begin{cases} H_0: p \leq p_0 \\ H_1: p > p_0 \end{cases}$ (3) $\begin{cases} H_0: p = p_0 \\ H_1: p \neq p_0 \end{cases}$

(1)、(2)和(3)三种情况分别叫作总体比例的左尾检验、右尾检验和双尾检验。而左尾和右尾检验又叫作单尾检验。

在给定显著性水平的条件下,基于大样本对总体比例检验的一般方法,可以概括如表 7-8 所示。

表 7-8 基于大样本对总体比例检验的一般方法

	双尾检验	左尾检验	右尾检验
检验形式	$H_0: p = p_0, H_1: p \neq p_0$	$H_0: p \geq p_0, H_1: p < p_0$	$H_0: p \leq p_0, H_1: p > p_0$
检验统计量	$Z = \dfrac{\bar{p} - p_0}{\sqrt{p_0(1 - p_0)/n}}$		
α 与拒绝域	$\|Z\| > Z_{\alpha/2}$	$Z < -Z_\alpha$	$Z > Z_\alpha$
P 值决策准则	$P < \alpha$,拒绝 H_0		

对于大样本 $[np > 5, n(1 - p) > 5]$ 的情况,从第五章可知,可以用正态分布来近似二项分布 $B(p, n)$。

构造 Z 检验统计量为:

$$Z = \frac{\bar{p} - p_0}{\sqrt{p_0(1 - p_0)/n}}$$

式中,$\bar{p} = k/n$(k 为检验中特征样本的频数),则 Z 统计量近似服从标准正态分布 $N(0,1)$。

在给定显著性水平 α 下,对于总体比例的左尾检验,如果 $Z \geq Z_{1-\alpha} = -Z_\alpha$,则接受 H_0;如果 $Z < Z_{1-\alpha} = -Z_\alpha$,则拒绝 H_0,接受 H_1,如图 7-32 所示。对总体比例的右尾检验,如果 $Z \leq Z_\alpha$,则接受 H_0;如果 $Z > Z_\alpha$,则拒绝 H_0,接受 H_1,如图 7-33 所示。

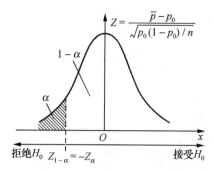 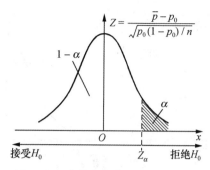

图 7-32 大样本条件下,总体比例的左尾检验

图 7-33 大样本条件下,总体比例的右尾检验

对于总体比例的双尾检验,如果 $|Z| \leq Z_{\frac{\alpha}{2}}$,则接受 H_0;如果 $|Z| > Z_{\frac{\alpha}{2}}$,则拒绝 H_0,接受 H_1,如图 7-34 所示。

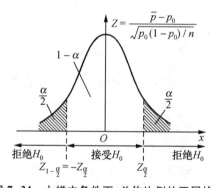

图 7-34 大样本条件下,总体比例的双尾检验

例 7-14 某公司规定赊账交易笔数不能超过业务笔数的 30%,其余的为现金交易。最近一个含有 100 笔交易的样本显示有 38 笔生意是赊账交易,在显著性水平 $\alpha = 0.05$ 下,试问:该公司的营销部门是否违反了规定?

解 根据题意,建立原假设和备选假设为:

$$\begin{cases} H_0: p \leq p_0 = 30\% \\ H_1: p > p_0 = 30\% \end{cases}$$

已知 $n = 100, \bar{p} = 38/100 = 38\%$。$np_0 = 30, n(1-p_0) = 70$,为大样本情况,所以有:

$$Z = \frac{\bar{p} - p_0}{\sqrt{p_0(1-p_0)/n}} = \frac{0.38 - 0.3}{\sqrt{0.3 \times (1-0.3)/100}} \approx 1.746$$

这是一个右尾检验,查表得 $Z_\alpha = Z_{0.05} = 1.645$,如图 7-35 所示。因为 $Z \approx 1.746 > 1.645$,落入拒绝域内,所以拒绝原假设,即认为公司营销部门违反了规定。

从以上的介绍可知,总体比例和总体均值的假设检验非常相似。它们的主要区别为:涉及总体均值的假设检验的检验统计量是根据抽样分布来计算的,而总体比例的假设检验的检验统计量是根据 $\bar{p}$ 的抽样分布来计算的。它们的相同之处为:试探性假定原假设为真,用显著性水平来计算临界值,然后对检验统计量与临界值进行比较,如果落入接受

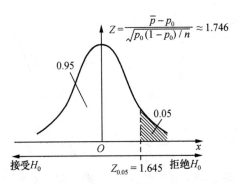

图 7-35 大样本条件下,显著性水平 $\alpha = 0.05$ 时总体比例的右尾检验

域内则接受原假设,否则拒绝原假设。

这里没有介绍小样本条件下总体比例的假设检验,在该条件下,$\bar{p}$ 的抽样分布服从二项分布,这时正态分布已不再适合,但是实际问题中,小样本情况下总体比例假设检验的情况是很少见的。

二、大样本条件下,两个总体比例之差的假设检验

对于两个总体比例之差的检验方法,要分两种情况分别进行检验:

(1) 研究总体比例之差 $(p_1 - p_2)$ 是否为 0。

双尾检验　　$H_0: p_1 - p_2 = 0, H_1: p_1 - p_2 \neq 0$

左尾检验　　$H_0: p_1 - p_2 \geq 0, H_1: p_1 - p_2 < 0$

右尾检验　　$H_0: p_1 - p_2 \leq 0, H_1: p_1 - p_2 > 0$

此时,样本统计量的分布为:

$$\bar{p}_1 - \bar{p}_2 \sim N(p_1 - p_2, \sigma^2_{p_1 - p_2})$$

其中,$\sigma^2_{p_1-p_2} = p(1-p)\left(\dfrac{1}{n_1} + \dfrac{1}{n_2}\right)$,称 $p = \dfrac{n_{11} + n_{21}}{n_1 + n_2}$ 为样本的合并比例 $\pi = \dfrac{N_{11} + N_{21}}{N_1 + N_2}$ 的最佳估计量。

(2) 研究总体比例之差 $(p_1 - p_2)$ 是否为一定值 $(\bar{p}_1 - \bar{p}_2)$。

双尾检验　　$H_0: p_1 - p_2 = 0, H_1: p_1 - p_2 \neq 0$

左尾检验　　$H_0: p_1 - p_2 \geq 0, H_1: p_1 - p_2 < 0$

右尾检验　　$H_0: p_1 - p_2 \leq 0, H_1: p_1 - p_2 > 0$

此时,两个总体比例之差的标准化检验统计量为:

$$Z = \dfrac{(p_1 - p_2) - (\bar{p}_1 - \bar{p}_2)}{\sqrt{\dfrac{p_1(1-p_1)}{n_1} + \dfrac{p_2(1-p_2)}{n_2}}}$$

在假设检验中,如果所观察的统计量为比例,其决策程序在概念上与前述样本统计量是平均数的情况类似,只是在某些计算细节上存在一些差异。

假设 n_1 表示来自总体 1 的简单随机样本的样本容量,n_2 表示来自总体 2 的简单随机

样本的样本容量;p_1 表示来自总体 1 的某种属性的成数,p_2 表示来自总体 2 的某种属性的成数;$\bar{p}_1$ 表示来自总体 1 的简单随机样本的某种属性的成数,$\bar{p}_2$ 表示来自总体 2 的简单随机样本的某种属性的成数。如果样本容量很大,也就是说,$n_1 p_1 \geq 5, n_1(1-p_1) \geq 5$, $n_2 p_2 \geq 5, n_2(1-p_2) \geq 5$,就可以将 $\bar{p}_1 - \bar{p}_2$ 的抽样分布近似看成正态分布。一般情况下,用 $\bar{p}_1$ 作为 p_1 的一个点估计,用 $\bar{p}_2$ 作为 p_2 的一个点估计。由于两个总体比例之差 $(p_1 - p_2)$ 的双尾假设检验为 $\begin{cases} H_0: p_1 - p_2 = 0 \\ H_1: p_1 - p_2 \neq 0 \end{cases}$,这样就可以用一个共同的 $\bar{p}$ 值来作为 $\bar{p}_1$ 和 $\bar{p}_2$ 的一个合并估计量。这个 $\bar{p}$ 值可以用两个样本比例的加权平均数计算,也就是:

$$\bar{p} = \frac{n_1 \bar{p}_1 + n_2 \bar{p}_2}{n_1 + n_2}$$

这样可以用这一合并估计量给出 $\sigma_{\bar{p}_1 - \bar{p}_2}$ 的一个点估计为:

$$S_{\bar{p}_1 - \bar{p}_2} = \sqrt{\bar{p}(1-\bar{p})\left(\frac{1}{n_1} + \frac{1}{n_2}\right)}$$

这样在大样本条件下,抽样分布近似服从正态分布,两个总体比例之差的检验统计量为:

$$Z = \frac{(\bar{p}_1 - \bar{p}_2) - (p_1 - p_2)}{S_{\bar{p}_1 - \bar{p}_2}} \sim N(0,1)$$

按 α 的显著性水平,如果 $|Z| \leq Z_{\frac{\alpha}{2}}$,则接受 H_0;如果 $|Z| > Z_{\frac{\alpha}{2}}$,则拒绝 H_0,接受 H_1,如图 7-36 所示。

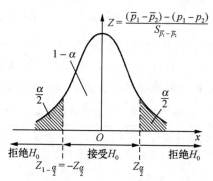

图 7-36 大样本条件下,两个总体比例之差的双尾检验

类似于一个总体比例比较的假设检验的情况,两个总体比例比较的假设检验同样存在左尾检验和右尾检验的情况。

大样本情况下,两个总体均值左尾的假设检验的形式为:

$$\begin{cases} H_0: p_1 \geq p_2 \\ H_1: p_1 < p_2 \end{cases}$$

如果统计量 $Z \geq Z_{1-\alpha} = -Z_\alpha$,则接受 H_0;如果 $Z < Z_{1-\alpha} = -Z_\alpha$,则拒绝 H_0,接受 H_1,如图 7-37 所示。

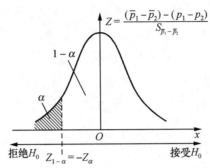

图 7-37 大样本条件下,两个总体比例之差的左尾检验

大样本条件下,两个总体比例之差右尾的假设检验的形式为:

$$\begin{cases} H_0: p_1 \leqslant p_2 \\ H_1: p_1 > p_2 \end{cases}$$

如果统计量 $Z \leqslant Z_\alpha$,则接受 H_0;如果 $Z > Z_\alpha$,则拒绝 H_0,接受 H_1,如图 7-38 所示。

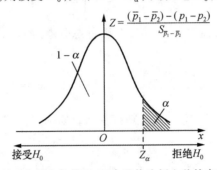

图 7-38 大样本条件下,两个总体比例之差的右尾检验

例 7-15 在对两部电视宣传片的质量检查中,每部宣传片一周中在不同检验区域播放了 7 次,调查员在接下来的一周进行了一次电话调查以便确认收看过该宣传片的人,并要求收看过宣传片的人陈述其中的主要词语。表 7-9 是电话调查的记录结果。

表 7-9 电话调查的记录结果

宣传片	收看过宣传片的人数	能够回忆起宣传片主要词语的人数
A	150	65
B	240	80

试问:在 0.01 的显著性水平下,能够回忆起这两个电视宣传片的人数比例有无明显差异?

解 p_1 表示总体收看过宣传片 A 的人数的比例,p_2 表示总体收看过宣传片 B 的人的比例,$\bar{p}_1$ 表示样本收看过宣传片 A 的人数的比例,$\bar{p}_2$ 表示样本收看过宣传片 B 的人数的比例,这样可以确立原假设和备选假设为:

$$\begin{cases} H_0: p_1 - p_2 = 0 \\ H_1: p_1 - p_2 \neq 0 \end{cases}$$

收看两个电视宣传片的样本比例为:

$$\bar{p}_1 = \frac{65}{150} \approx 0.433333$$

$$\bar{p}_2 = \frac{80}{240} \approx 0.333333$$

p 的一个点估计为：

$$\bar{p} = \frac{n_1\bar{p}_1 + n_2\bar{p}_2}{n_1 + n_2} = \frac{150 \times 0.433333 + 240 \times 0.333333}{150 + 240} \approx 0.3718$$

可算得 $\sigma_{\bar{p}_1-\bar{p}_2}$ 的一个点估计为：

$$S_{\bar{p}_1-\bar{p}_2} = \sqrt{\bar{p}(1-\bar{p})\left(\frac{1}{n_1} + \frac{1}{n_2}\right)}$$

$$= \sqrt{0.3718(1-0.3718)\left(\frac{1}{150} + \frac{1}{240}\right)}$$

$$\approx 0.0503$$

这样可算得两个总体比例之差的检验统计量为：

$$Z = \frac{(\bar{p}_1 - \bar{p}_2) - (p_1 - p_2)}{S_{\bar{p}_1-\bar{p}_2}} = \frac{(0.433333 - 0.333333) - 0}{0.0503} \approx 1.988$$

在 0.01 的显著性水平下，$Z_{\frac{\alpha}{2}} = Z_{0.005} = 2.575$，如图 7-39 所示。

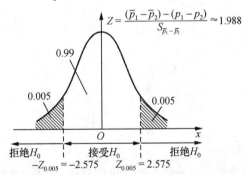

图 7-39 大样本条件下，显著性水平 $\alpha = 0.01$ 时两个总体比例之差的双尾检验

由于 $Z \approx 1.988 < 2.575$，所以接受原假设，可以认为能够回忆起两个电视宣传片主要词语的人数比例不存在明显的差异。这时犯第一类错误的概率小于 1%。

很明显，在 0.05 的显著性水平下，$Z_{\frac{\alpha}{2}} = Z_{0.025} = 1.96$，由于 $Z = 1.988 > 1.96$，所以拒绝原假设，认为能够回忆起两个电视宣传片主要词语的人数比例存在明显的差异。显著性水平增大了，接受原假设检验统计量值的区域范围却减少了，而这时犯第一类错误的概率也同时增大到 5%。

我们也可以在 0.05 的显著性水平下，研究例 7-15 的左尾和右尾检验的问题。

例 7-16 两个总体均值左尾的假设检验的形式为（例 7-15 的左尾检验问题）：

$$\begin{cases} H_0: p_1 \geq p_2 \\ H_1: p_1 < p_2 \end{cases}$$

这时 $Z_{1-\alpha} = -Z_\alpha = -Z_{0.05} = -1.645$，而统计量 $Z \approx 1.988 > -1.645$，此种情况下接受 H_0，认为能够回忆起电视宣传片 A 主要词语的人数比例比电视宣传片 B 要高，如图 7-40 所示。

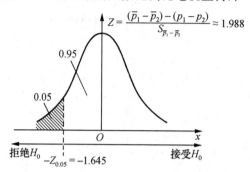

图 7-40　大样本条件下，显著性水平 $\alpha = 0.05$ 时两个总体比例之差的左尾检验

例 7-17　两个总体均值右尾的假设检验的形式为（例 7-15 的右尾检验问题）：

$$\begin{cases} H_0: p_1 \leqslant p_2 \\ H_1: p_1 > p_2 \end{cases}$$

这时 $Z_\alpha = Z_{0.05} = 1.645$，而统计量 $Z \approx 1.988 > 1.645$，此种情况下拒绝 H_0，接受 H_1，认为能够回忆起电视宣传片 A 主要词语的人数比例比电视宣传片 B 要低的结论不成立，如图 7-41 所示。

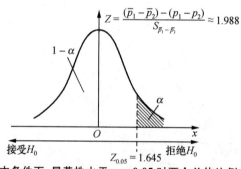

图 7-41　大样本条件下，显著性水平 $\alpha = 0.05$ 时两个总体比例之差的右尾检验

第五节　总体方差的假设检验

方差反映的是各单位的标志值偏离算术平均数的程度，也从另一个方面反映了事物变化的均匀程度。要检验总体方差是否发生显著性的变化，可以使用假设检验的方法。在这里，假设总体是服从正态分布的，这一假设对于将要描述检验的有效性是一个重要的要求。

一、单个正态总体方差的假设检验

设 $x_1, x_2, \cdots, x_n$ 是独立的且都服从均值为 μ、方差为 σ^2 的正态分布 $N(\mu, \sigma^2)$ 的随机变量，则随机变量 $(n-1)S_{n-1}^2/\sigma^2$ 服从自由度为 $n-1$ 的 $\chi^2(n-1)$ 分布，即：

$$\sum (x_i - \bar{x})^2/\sigma^2 = (n-1)S_{n-1}^2/\sigma^2 \sim \chi^2(n-1)$$

方差双尾检验的原假设和备选假设陈述为：
$$\begin{cases} H_0: \sigma^2 = \sigma_0^2 \\ H_1: \sigma^2 \neq \sigma_0^2 \end{cases}$$

则检验统计量为：
$$\chi^2 = \sum (x_i - \bar{x})^2/\sigma_0^2 = (n-1)S_{n-1}^2/\sigma_0^2$$

该检验统计量在原假设 H_0 下，服从 $\chi^2(n-1)$ 分布。在这种情况下，如果 $\chi^2 \leq \chi_{1-\alpha/2}^2(n-1)$ 或 $\chi^2 \geq \chi_{\alpha/2}^2(n-1)$（这里 $\chi_{\alpha/2}^2(n-1)$ 表示右尾面积为 α 的自由度为 $n-1$ 的 χ^2 分布的临界值，$\chi_{1-\alpha/2}^2(n-1)$ 表示右尾面积为 $1-\dfrac{\alpha}{2}$ 的自由度为 $n-1$ 的 χ^2 分布临界值），则拒绝原假设 H_0，接受备选假设 H_1，如图 7-42 所示。

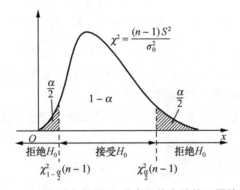

图 7-42 大样本条件下，单个总体方差的双尾检验

方差左尾检验的原假设和备选假设陈述为：
$$\begin{cases} H_0: \sigma^2 \geq \sigma_0^2 \\ H_1: \sigma^2 < \sigma_0^2 \end{cases}$$

在显著性水平 α 下，如果 $\chi^2 < \chi_{1-\alpha}^2(n-1)$，就拒绝原假设 H_0，接受备选假设 H_1，如图 7-43 所示。

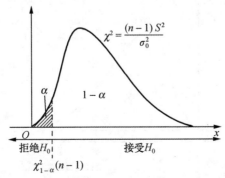

图 7-43 大样本条件下，单个总体方差的左尾检验

方差右尾检验的原假设和备选假设陈述为：

$$\begin{cases} H_0: \sigma^2 \leq \sigma_0^2 \\ H_1: \sigma^2 > \sigma_0^2 \end{cases}$$

在显著性水平 α 下，如果 $\chi^2 \geq \chi_\alpha^2(n-1)$，就拒绝原假设 H_0，如图 7-44 所示。

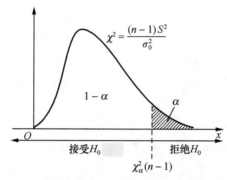

图 7-44　大样本条件下，单个总体方差的右尾检验

例 7-18　某种导线，要求其电阻的标准差不得超过 0.005 欧姆，今在所生产的一批导线中随机抽取样品 12 根，测得 $S_{n-1} = 0.0072$ 欧姆，设总体分布为正态分布，试问：在显著性水平 $\alpha = 0.05$ 下能否认为这批导线的标准差明显偏大？

解　根据题意，应该建立方差右尾检验的原假设和备选假设如下：

$$\begin{cases} H_0: \sigma^2 \leq \sigma_0^2 = 0.005^2 \\ H_1: \sigma^2 > \sigma_0^2 = 0.005^2 \end{cases}$$

因为是单边右尾检验，所以有 $\chi_\alpha^2(n-1) = \chi_{0.05}^2(12-1) = 19.675$。

根据题中数据可算得检验统计量为：

$$\chi^2 = \sum (x_i - \bar{x})^2 / \sigma_0^2 = (n-1) S_{n-1}^2 / \sigma_0^2$$
$$= (12-1) \times 0.0072^2 / 0.005^2 \approx 22.81$$

因为 $\chi^2 \approx 22.81 > 19.675$，即统计量的值落入拒绝域，所以拒绝 H_0，即认为这批导线的标准差明显偏大，如图 7-45 所示。

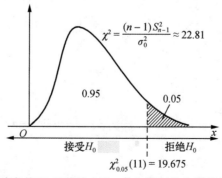

图 7-45　小样本条件下，显著性水平 $\alpha = 0.05$ 时单个总体方差的右尾检验

二、两个正态总体方差比的假设检验

在实际问题中,有时需要通过抽样数据对两个总体方差比进行假设检验,这在实际问题中有较多的应用。设有两组随机变量 $x_1, x_2, \cdots, x_{n_1}$ 和 $y_1, y_2, \cdots, y_{n_2}$,每一组都是独立正态分布,$X$ 是服从均值为 μ_1、方差为 σ_1^2 的正态分布 $N(\mu_1, \sigma_1^2)$ 的随机变量,Y 是服从均值为 μ_2、方差为 σ_2^2 的正态分布 $N(\mu_2, \sigma_2^2)$ 的随机变量,则检验统计量为:

$$F = S_1^2 / S_2^2$$

该检验统计量服从自由度为 $n_1 - 1$ 和 $n_2 - 1$ 的 F 分布,即:

$$F = S_1^2 / S_2^2 \sim F(n_1 - 1, n_2 - 1)$$

方差双尾检验的原假设和备选假设陈述为:

$$\begin{cases} H_0 : \sigma_1^2 = \sigma_2^2 \\ H_1 : \sigma_1^2 \neq \sigma_2^2 \end{cases}$$

借助 F 检验,利用两个样本方差的比值作为检验统计量 F。对给定的显著性水平 α,如果有 $F > F_{\alpha/2}(n_1 - 1, n_2 - 1)$ 或 $F < F_{1-\alpha/2}(n_1 - 1, n_2 - 1)$,则拒绝原假设 H_0,如图 7-46 所示。

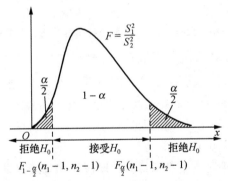

图 7-46 大样本条件下,两个样本方差比的双尾检验

方差左尾检验的原假设和备选假设陈述为:

$$\begin{cases} H_0 : \sigma_1^2 \geq \sigma_2^2 \\ H_1 : \sigma_1^2 < \sigma_2^2 \end{cases}$$

对给定的显著性水平 α,如果有 $F < F_{1-\alpha}(n_1 - 1, n_2 - 1)$,则拒绝原假设 H_0,如图 7-47 所示。

方差右尾检验的原假设和备选假设陈述为:

$$\begin{cases} H_0 : \sigma_1^2 \leq \sigma_2^2 \\ H_1 : \sigma_1^2 > \sigma_2^2 \end{cases}$$

对给定的显著性水平 α,如果有 $F > F_\alpha(n_1 - 1, n_2 - 1)$,则拒绝原假设 H_0,如图 7-48 所示。

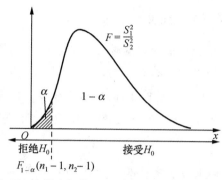

图 7-47 大样本条件下，两个样本方差比的左尾检验

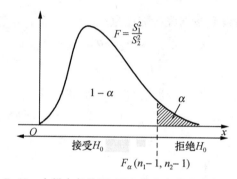

图 7-48 大样本条件下，两个样本方差比的右尾检验

例 7-19 一种过滤设备在未安装前，随机样本的杂质百分比数据为：$\bar{x}_1 = 12.5$，$S_1^2 = 101.17$，$n_1 = 11$；安装之后，随机样本的杂质百分比数据为：$\bar{x}_2 = 10.2$，$S_2^2 = 94.73$，$n_2 = 13$。假设安装该设备前后产品杂质百分比服从正态分布，问：(1) 能否断定安装该设备前后产生的产品杂质百分比具有相同的方差？($\alpha = 0.02$) (2) 该过滤设备能否显著地减少产品杂质含量？($\alpha = 0.05$)

解 (1) 根据题意，建立方差双尾检验的原假设和备选假设为：

$$\begin{cases} H_0: \sigma_1^2 = \sigma_2^2 \\ H_1: \sigma_1^2 \neq \sigma_2^2 \end{cases}$$

计算统计量得：

$$F = S_1^2/S_2^2 = 101.17/94.73 \approx 1.068$$

查表得：

$$F_{\alpha/2}(n_1 - 1, n_2 - 1) = F_{0.01}(10, 12) = 4.3$$

$$F_{1-\alpha/2}(n_1 - 1, n_2 - 1) = \frac{1}{F_{\alpha/2}(n_2 - 1, n_1 - 1)}$$

$$= \frac{1}{F_{0.01}(12, 10)} = \frac{1}{4.17} \approx 0.2398$$

因为 $0.2398 < F \approx 1.068 < 4.3$ 落入接受域,所以接受 H_0,如图 7-49 所示,即认为安装过滤设备前后的产品杂质百分比的方差相同,安装所起的作用不大。

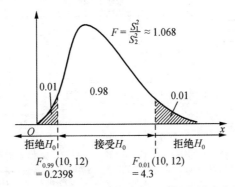

图 7-49 大样本条件下,显著性水平 $\alpha = 0.01$ 时两个样本方差比的双尾检验

(2) 根据题意,原假设和备选假设可表述为:
$$\begin{cases} H_0: \mu_1 - \mu_2 = 0 \\ H_1: \mu_1 - \mu_2 \neq 0 \end{cases}$$

小样本条件下,按 $\alpha = 0.05$ 的显著性水平,这是一个双尾检验,查表得:
$$t_{\frac{\alpha}{2}}(n_1 + n_2 - 2) = t_{0.025}(22) = 2.074$$

根据题中数据可算得:
$$S^2 = \frac{(n_1 - 1)S_1^2 + (n_2 - 1)S_2^2}{n_1 + n_2 - 2}$$
$$= \frac{10 \times 101.17 + 12 \times 94.73}{22} \approx 97.657$$

计算统计量得:
$$T = \frac{(\bar{x}_1 - \bar{x}_2) - (\mu_1 - \mu_2)}{\sqrt{S^2\left(\frac{1}{n_1} + \frac{1}{n_2}\right)}} = \frac{(12.5 - 10.2) - 0}{\sqrt{97.657 \times \left(\frac{1}{11} + \frac{1}{13}\right)}} \approx 0.5681$$

因为 $T \approx 0.5681 < 2.074$ 落入接受域,所以接受原假设 H_0,如图 7-50 所示,即认为在显著性水平 $\alpha = 0.05$ 时,该过滤设备减少产品杂质含量的作用不够显著。

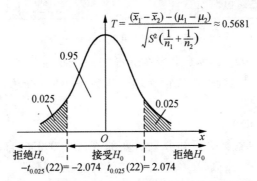

图 7-50 小样本条件下,显著性水平 $\alpha = 0.05$ 时两个总体均值之差的双尾检验

对于总体参数的检验,我们可以用以下树状图进行小结(见图7-51)。

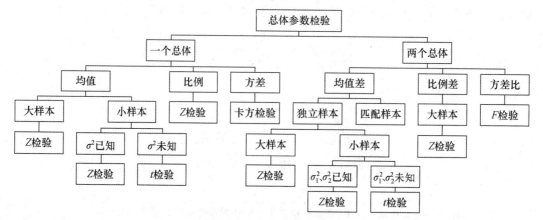

图 7-51 总体参数的检验

附录 用 Excel 进行假设检验计算

1. 利用统计函数进行假设检验

(1) 利用 Excel 中的正态分布函数计算。

以例 7-3 为例,从前面的计算中已知,Z 统计量的绝对值为 2.74。

第一步,在"公式"栏下选择"插入函数"里的"其他函数"。

第二步,单击"统计",选择"NORMSDIST"。

第三步,录入 Z 统计量的绝对值 2.74,得到的函数值为 0.996928041,如图 7-52 所示。

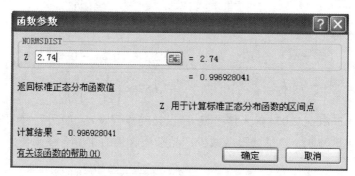

图 7-52 利用函数计算 Z 分布

注意 这里的 0.996928041 是指在标准正态分布条件下,Z 值 2.74 左边的面积为 0.996928041,本例是单尾检验。故拒绝域面积为 1−0.996928041 < 0.01,所以拒绝原假设,接受备选假设。

(2) 利用 T 函数计算。

以例 7-1 为例,通过计算可知:T 统计量的值为 −0.09336,自由度为 11。

第一步,在"公式"栏下选择"插入函数"里的"其他函数"。

第二步,单击"统计",选择"TDIST"。

第三步,在"X"栏中录入 T 统计量的绝对值,在"Deg_freedom"栏中录入自由度,在"Tails"栏中选择双尾或单尾。得到的函数值为 0.92729632,如图 7-53 所示。

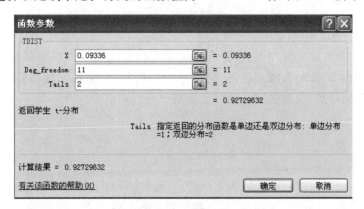

图 7-53 利用函数计算 T 分布

注意 所得的函数值大于 0.05,所以接受原假设。在"Tails"栏中,单尾录入"1",双尾录入"2"。

2. 宏命令的假设检验

以例 7-13 为例。

第一步,将数据输入工作表,选择"数据"里的"数据分析",在"数据分析"里选择"t-检验:双样本异方差假设检验"。

第二步,编辑对话框,单击"确定",如图 7-54、图 7-55 所示。

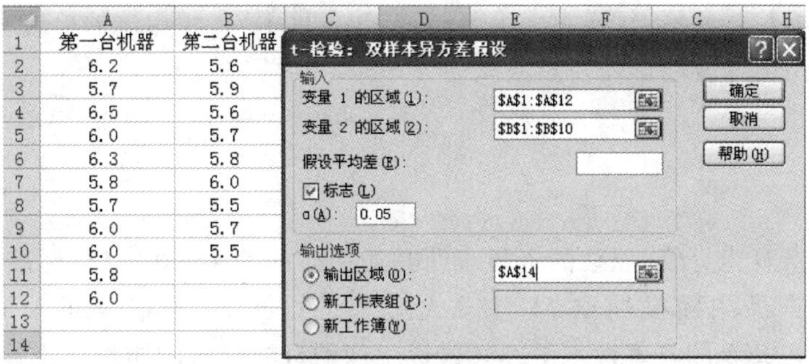

图 7-54 录入数据及编辑对话框

t-检验:双样本异方差假设

	第一台机器	第二台机器
平均	6	5.7
方差	0.064	0.03
观测值	11	9
假设平均差	0	
df	18	
t Stat	3.13599061	
P(T<=t) 单尾	0.00285554	
t 单尾临界	1.73406359	
P(T<=t) 双尾	0.00571107	
t 双尾临界	2.10092204	

图 7-55 计算结果

第三步，得到结果。其中，"df"是指假设检验的自由度，是两个样本容量之和减2；"t Stat"是指 T 统计量；"P{T<=t}单尾"是指单尾检验的显著性水平；"t 单尾临界"是指单尾检验 T 的临界值，双尾同理。可以得到，本例中的 T 统计量为 3.136，大于临界值 2.1009，所以应拒绝原假设。

注意 本例为双样本异方差，若题目已知方差相等，则运用"双样本等方差假设"，步骤相同。在编辑对话框时若需要标志，则在"标志"前勾选，变量区域相应包括标志；若不需要标志，则不用勾选，变量区域选择时也不用包括标志。

本章小结

本章主要介绍了假设检验的概念和原理，总体均值、两个总体均值比较、总体比例、总体方差的假设检验。结合相关例题，对各种不同参数的假设检验方法做了总结。

1. 统计假设是指对检验总体参数情况的陈述。假设检验是指通过样本统计量对统计假设的真伪进行判断的过程。

2. 假设检验的基本概念包括原假设和备选假设、第一类错误和第二类错误、双尾和单尾检验、临界值、大样本和小样本等。

3. 假设检验的主要步骤：① 提出合理的检验假设形式；② 构造检验统计量及明确其分布特征；③ 确定显著性水平，并计算或查表得到拒绝域和接受域范围；④ 根据样本数据计算检验统计量的值；⑤ 做出决策。

4. 参数的假设检验主要包括总体均值、两个总体均值比较、总体比例及总体方差的假设检验。由于检验对象不同，样本大小不同，已知条件不同，所构造的检验统计量也不同，因此必须搞清楚统计量的形式及其服从的分布。

本章习题

1. 某厂生产日光灯管，以往的资料表明其使用时间为 1 600 小时，标准差为 70 小时。在最近生产的产品中随机抽取 55 件日光灯管进行测试，测得其正常的使用时间为 1 520 小时，给定 0.05 的显著性水平，问：最近生产的日光灯管的质量是否显著降低？

2. 某砖瓦厂生产的砖的抗断强度（单位：千克/平方厘米）一直服从正态分布 $N(30, 1.2)$，经设备检修后，从生产的一批新砖中随机抽取 10 块，测得抗断强度分别为 31.56、29.68、32.64、30.50、31.78、31.23、28.60、30.59、33.1、32.05，如果总体方差不变，问：设备检修后砖的抗断强度有无明显改变？（$\alpha = 0.05$）

3. 某公司生产盒装牛奶，按规定自动装罐的标准为每盒净重 1 000 克。现在从装罐车间生产的盒装牛奶中抽取 12 盒检测，测得每盒净重（单位：克）分别为 1 008、1 024、1 018、998、990、1 016、1 021、997、1 002、1 006、1 012、1 009。问：装罐车间工作是否正常？（$\alpha = 0.01$）

4. 某地区小麦产量服从正态分布，平均亩产 120 千克，其标准差为 9 千克。选 31 块田地对某种新的化肥进行实验，得知平均亩产为 130 千克，问：该化肥能否使小麦增产？（$\alpha = 0.05$）

5. 某乡统计员报告,其所在乡平均每户家庭的年收入为 5 000 元。为核实该说法,县统计局从该乡随机抽取 25 户家庭,得到样本均值为 4 650 元,标准差为 150 元,假设农户家庭收入服从正态分布,问:在 0.05 的显著性水平下,该乡统计员的说法是否准确?

6. 假设判断某部新电视连续剧取得成功的标准是该电视连续剧在播放 13 周后还拥有 25% 的观众。假定在 13 周后抽取了 500 个家庭作为样本,结果有 138 个家庭正在收看这部新电视连续剧。给定显著性水平 $\alpha = 0.05$,问:以上数据是否支持新电视连续剧成功的说法?

7. 塑料的强度非常重要。现有两种适合某计算器厂家使用的塑料,已知这两种塑料的强度服从正态分布且标准差分别为 $\sigma_1 = \sigma_2 = 1.0$。由以上两种塑料的两个样本 ($n_1 = 10$, $n_2 = 12$) 分别得到样本的平均强度 ($\bar{y}_1 = 162.5$, $\bar{y}_2 = 155.0$)。假设除非第一种塑料的强度至少比第二种塑料的强度高出 10,厂家不会接受第一种塑料。根据样本信息,厂家会接受第一种塑料吗?($\alpha = 0.05$)

8. 为了判断甲、乙两个工厂生产的同一种材料的平均抗压强度是否存在差异,对其生产的产品进行抽样检验,样本数据结果如下:

甲工厂	乙工厂
$n_1 = 81$	$n_2 = 68$
$\bar{x}_1 = 1\,070$ 千克/平方厘米	$\bar{x}_2 = 1\,020$ 千克/平方厘米
$S_1^2 = 63^2$	$S_2^2 = 57^2$

给定显著性水平 $\alpha = 0.01$,问:根据抽样结果能否认为两个工厂所生产材料的平均抗压强度不同?

9. 对某一事项需要了解甲、乙双方的态度,令 p_1 表示甲方同意的比例,p_2 表示乙方同意的比例,为了判断甲、乙双方同意的比例是否相同,分别抽样得到如下数据:

甲方(人)		乙方(人)	
同意	1 432 286	同意	340 382
不同意	947 666	不同意	256 780
n_1	2 379 952	n_2	597 162

问:两地区投票者的偏好是否存在显著差别?($\alpha = 0.01$)

10. 根据某抽样调查资料,会计专业和财政专业的大学毕业生首次任职月薪数据如下表所示:

单位:元

会计专业毕业生月薪				财政专业毕业生月薪			
1 260	1 380	1 440	1 350	1 320	1 400	1 460	1 500
1 300	1 400	1 460	1 300	1 320	1 400	1 460	1 500
1 340	1 420	1 450	1 450	1 360	1 400	1 460	1 500
1 340	1 400	1 460	1 500	1 360	1 420	1 500	1 580

问:两个专业毕业生的首次任职平均月薪是否存在明显差异?($\alpha = 0.05$)

11. 根据最近的一次人口普查资料得知,在某地区的人口中,具有大学文化程度的人口占 11%。现从该地区人口中采取简单随机抽样的方式抽取一个 5 000 人的样本,其中具有大学文化程度的为 60 人。问:目前该地区人口中具有大学文化程度的人所占比例与普查时对比是否有显著不同?($\alpha = 0.05$)

12. 某厂质量检验人员认为该厂 A 车间的产品一级品的比例比 B 车间的产品一级品的比例至少高 5%,现从 A 车间和 B 车间分别抽取两个独立随机样本,得到数据:$n_A = 150$,其中一级品数为 113;$n_B = 160$,其中一级品数为 104。试根据这些数据验证质量检验人员的观点。($\alpha = 0.05$)

13. 假设随机变量 y 服从正态分布,随机样本如下表所示:

5.34	6.65	4.76	5.96	7.25
6.00	7.55	5.54	5.62	6.21
5.97	7.35	5.44	5.62	6.21
5.97	7.35	5.44	4.39	4.98
5.25	6.35	4.61	6.00	5.32

(1) 构造估计 σ^2(方差)的 0.95 的置信区间;

(2) 检验 $\sigma^2 = 1.0$ ($\alpha = 0.05$)。

14. 一家制造厂仅当原材料的抗拉强度的方差不超过 5 时才予以接受,现从一批新到原材料中抽出 25 个样品进行随机实验,得到样本方差为 7。该数据能否为制造厂拒绝这批原材料提供充分的依据?(假定原材料抗拉强度服从正态分布,$\alpha = 0.05$)

15. 两种不同的燃料燃烧时间服从正态分布,随机抽样实验结果如下(单位:秒):

第一种燃料燃烧时间:65,81,57,66,82,82,67,59,75,70

第二种燃料燃烧时间:64,71,83,59,65,56,69,74,82,79

(1) 检验两种燃料燃烧时间的方差是否相同。($\alpha = 0.05$)

(2) 利用(1)的结果,检验两种燃料的平均燃烧时间是否相同。($\alpha = 0.05$)

16. 两种普通止痛药,过去的应用表明其中一种止痛药在人体中的吸收速度是另一种止痛药的两倍。假定两种止痛药在人体内的吸收速度服从正态分布,且 σ_1^2、σ_2^2 已知,试建立对如下假设的检验:

$$H_0: 2\mu_1 = \mu_2$$
$$H_1: 2\mu_1 \neq \mu_2$$

17. 已知以下假设检验:

$$H_0: \mu_1 = \mu_2$$
$$H_1: \mu_1 \neq \mu_2$$

假定 σ_1^2、σ_2^2 已知,且样本限定在 $n_1 + n_2 = n$,问:如何在两个总体间分配样本容量才能在给定显著性水平下,获得最佳检验效果?

18. 在苯溶液中 n-丁基锂以聚合分子 $(C_4H_9Li)_m$ 形式存在,这里 m 称为聚合度。利用蒸发过程中的压力降低现象研究该化合物的 6 种溶液,得到关于 m 的以下数据:

5.980,6.089,6.198,6.151,6.479,6.105。考虑到实验方法表明结果偏向于比真实值较大的一方,因此应该用单尾检验。一个简单的理论是分子为六聚体(hexameric)结构,并且每个观测值由整数 6 及误差构成(该误差可能仅为随机误差,也可能由随机误差和系统误差组成)。这样,我们对实验数据观测值建立两个模型。

模型 1:只有随机误差
$$X_i = 6 + \varepsilon_i, \quad \varepsilon_i \sim N(0, \sigma_i^2), \quad i = 1, 2, \cdots, 6$$

模型 2:有随机误差和系统误差
$$X_i = 6 + \eta + \varepsilon_i, \quad \eta > 0, \quad \varepsilon_i \sim N(0, \sigma_i^2), \quad i = 1, 2, \cdots, 6$$

为了检验利用哪个模型,我们建立以下假设:
$$H_0: \mu = 6 \quad (\text{模型 1})$$
$$H_1: \mu > 6 \quad (\text{模型 2})$$

试对假设进行检验。

19. 某银行对其两个支行顾客独立随机样本的账户余额进行了检查,得到的数据如下:

支行	样本容量	样本平均存款额(元)	样本标准差(元)
甲	15	$\bar{x}_1 = 1\,600$	$S_1 = 150$
乙	11	$\bar{x}_2 = 860$	$S_2 = 100$

按 $\alpha = 0.05$ 的显著性水平,试判断:这两个支行顾客的平均存款额是否存在明显的差异?哪一个更大?

20. 作为对两个培训中心教学质量差异估计研究的一部分,对在两个培训中心接受过培训的学员进行了一次标准化考试。考试分数是评价这两个培训中心教学质量差异的主要因素。两个培训中心考试分数的数据如下表所示:

单位:分

培训中心 A				培训中心 B			
97	83	91	86	64	66	91	85
93	84	87	84	85	83	78	85
94	79	78	82	72	78	87	86
89	83	94	80	64	70	93	59
88	86	64	68	74	82	89	62
78	87	74		93	82	82	91
76	91	88		70	75	84	83
80	76	74		79	78	68	81
87	86	69		79	99	78	76
84	78	74		75	58	65	72

根据考试分数数据,按 $\alpha = 0.05$ 的显著性水平,问:两个培训中心的教学质量是否存在差异?哪个培训中心的教学质量更好一些?

21. 设某产品的使用寿命服从正态分布,方差 $\sigma^2 = 150^2$,随机从一批产品中抽取 36

件,测得使用寿命均值为 1 637 小时,问:显著性水平 α = 0.05 时,能否认为这批产品的使用寿命为 1 600 小时?

22. 某乳制品厂的一种盒装鲜奶产品的标准重量是 496 克,且每盒鲜奶的重量分布服从正态分布。现对该鲜奶产品进行抽样检查,随机抽取 10 盒产品,测得每盒重量数据(单位:克)为:496,500,482,499,489,492,491,495,494,501。试以 0.05 的显著性水平判断这批产品的质量是否合格。

23. 现有甲、乙两种方法可用于制造一种以抗拉强度为主要特征的产品,以往数据表明,这两种方法生产出来的产品的抗拉强度都近似服从正态分布。方法甲生产出的产品的标准差是 7 千克,方法乙生产出的产品的标准差是 8 千克,从两种方法生产的产品中分别提取 32 个和 36 个样本,得到的样本均值分别为 40 千克和 36 千克。试计算:在显著性水平为 0.05 的情况下,这两种方法生产的产品的平均抗拉强度是否相同?

24. 某纺织厂可以从两个地方购入原纱。厂家决定根据两地区的产品的抗断强度来判断应从哪里购买。现在从甲、乙两地区的库存品中各抽出一个随机样本,得到下列结果: $n_1 = 10, \bar{x}_1 = 96, n_2 = 12, \bar{x}_2 = 98, S_1^2 = S_2^2 = 10$,厂家认为甲地区的产品抗断强度不低于乙地区。假定两地区库存品的抗断强度服从正态分布,在 0.05 的显著性水平下,试检验厂家的判断是否正确。

25. 在一次假设检验中,当显著性水平设为 0.05 时,结论是拒绝原假设,现将显著性水平设为 0.1,那么结论是(   )。

  A. 仍然拒绝原假设　　　　　　B. 不一定拒绝原假设
  C. 需要重新进行假设检验　　　D. 有可能拒绝原假设

26. 在假设检验中,1 - α 是指(   )。

  A. 拒绝了一个正确的原假设的概率　B. 接受了一个正确的原假设的概率
  C. 拒绝了一个错误的原假设的概率　D. 接受了一个错误的原假设的概率

27. 在假设检验中,1 - β 是指(   )。

  A. 拒绝了一个正确的原假设的概率　B. 接受了一个正确的原假设的概率
  C. 拒绝了一个错误的原假设的概率　D. 接受了一个错误的原假设的概率

28. 进行假设时,在其他条件不变的情形下,增加样本量,则检验结论犯两类错误的概率将(   )。

  A. 都减小　　　B. 都增加　　　C. 都不变　　　D. 一个增加,一个减少

第八章 方差分析

方差分析是由著名的统计学家 Ronald A. Fisher 提出来的,是检验观察到的数值差异是否显著的一种统计方法。方差分析是对第七章介绍的假设检验的延伸和继续,可以用来对三个及以上总体均值是否相等进行假设检验。方差分析在科学研究、国民经济数据分析、市场研究等诸多领域都有着重要的应用。

众所周知,我们在不同条件下所获得的数据受到诸多因素的影响,其中一些因素是随机的,不以人的意志为转移,是不可避免的;另一些因素是由采样或实验条件的不同引起的,是完全可以避免的。如果实验因素对实验结果有显著的影响,必然会造成实验结果的明显变动,且在某些情况下会和随机因素混杂在一起。相反,如果实验因素对实验结果无显著的影响,实验结果的变动基本上是由随机因素引起的,通过方差分析的方法,利用构造的 F 统计量进行检验,以分析实验数据中不同来源的变异程度对总体变异贡献的大小,从而确定实验因素是否对实验结果存在显著的影响。

下面介绍方差分析中的常用术语。

(1) 因素(factor):需要研究的变量,可能对因变量产生影响。若只针对一个因素进行分析,就称为单因素方差分析;若针对多个因素进行,则称为多因素方差分析。本书主要介绍单因素方差分析和双因素方差分析。

(2) 水平(level):因素的具体表现形式,依不同的背景而体现出不同的状态,如质量的优、中、劣,表现的好、中、差,成绩评定过程中的 A、B、C、D、E 等。

(3) 单元(cell):因素水平之间的组合。同一水平的因素可以组成一个单元。后文中方差齐性就是指各个单元间的方差齐性检验。

(4) 元素(element):用于测量因变量的最小单位。一个单元中可以有一个或多个元素。

(5) 均衡(balance):若任一因素在所有单元格中出现的次数相同,且每个单元格内的元素数相同,则这种情况称为均衡。

(6) 交互作用(interaction):若一个因素的效应在另一个因素的不同水平下明显不同,则两个因素之间存在交互作用。当存在交互作用时,单纯研究某个因素的作用大小是没有意义的,必须在另一个因素的不同水平下研究该因素的作用大小。如果所有单元格内都至多有一个因素,则不同因素之间的交互作用将无法进行分析。

下面用两个例子说明什么是方差分析。

例 8-1 为了检验某三个水稻新品种之间是否存在显著的差异,将三个新品种在相似的地块进行了试种,所获得的数据如表 8-1 所示。利用这些数据检验三个水稻新品种的平均亩产量是否存在显著的差异。($\alpha = 0.05$)

表 8-1　三个水稻新品种平均亩产量数据　　　　　　　　单位:千克

观察值	新品种 1	新品种 2	新品种 3
1	400	560	400
2	520	530	380
3	480	620	450
4	450	540	440
5	450	550	430
$\bar{x}_j$	460	560	420
s_j^2	1 950	1 250	850
s_j	44.159	35.355	29.155

解　定义水稻新品种 1 作为总体 1，水稻新品种 2 作为总体 2，水稻新品种 3 作为总体 3。μ_1 表示总体 1 的平均亩产量，μ_2 表示总体 2 的平均亩产量，μ_3 表示总体 3 的平均亩产量。

实际上，水稻新品种总体 1、2、3 的平均亩产量的值也许永远不会为人们所知道，但我们可以通过样本结果来检验假设：

$$\begin{cases} H_0:\mu_1 = \mu_2 = \mu_3 \\ H_1:\text{不是所有的均值都是相等的} \end{cases}$$

方差分析是通过对误差进行分析来研究多个正态总体均值是否相等的一种方法，它的基本假设条件是：

（1）不同总体的抽样样本服从正态分布 $N(\mu_i, \sigma^2)$，μ_i 是第 i 个总体的均值，σ^2 是方差。

（2）不同总体的抽样样本的方差相等。

（3）同一总体的抽样样本是相互独立的。

假设在例 8-1 中方差分析的三个假定都能满足，如果原假设是正确的（即 $\mu_1 = \mu_2 = \mu_3 = \mu$），则总体的每个样本观察值都来自均值为 μ、方差为 σ^2 的同一个正态分布。

要检验三个正态总体的均值是否相等，自然要对三个样本的均值进行必要的比较。事实上，三个样本均值越接近，我们越有证据得出这样的结论：总体均值相等。换句话说，总体的每个样本均值之间的变动性越小，就越支持原假设 H_0，反之，就越支持备选假设 H_1，如图 8-1 所示。

如果我们认为原假设是正确的，我们就认为水稻新品种的三个样本均值 $\bar{x}_1 = 460$、$\bar{x}_2 = 560$、$\bar{x}_3 = 420$ 是从三个总体中随机抽出来的，这样可以用三个均值和方差来估计抽样分布的均值和方差。

可以用水稻新品种的三个样本均值来估计总样本均值：

$$\bar{\bar{x}} = \frac{\bar{x}_1 + \bar{x}_2 + \bar{x}_3}{3} = \frac{460 + 560 + 420}{3} = 480$$

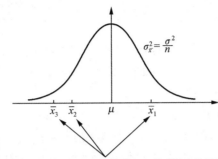

H_0 为真时,因为只有一个抽样分布,所以样本的均值"很接近"

图 8-1 给定 H_0 为真时,$\bar{x}$ 的抽样分布

为了估计抽样分布的方差,可以用三个样本均值来计算:

$$s_{\bar{x}}^2 = \frac{(460-480)^2 + (560-480)^2 + (420-480)^2}{3-1} = 5\,200$$

可以用 $s_{\bar{x}}^2$ 作为 $\sigma_{\bar{x}}^2$ 的估计值,这样就可以计算 σ^2 的样本间估计值:

$$\sigma^2 = n\sigma_{\bar{x}}^2 \approx ns_{\bar{x}}^2 = 5 \times 5\,200 = 26\,000$$

σ^2 的样本间估计建立在原假设为真的基础上,在这种情况下,每个样本都来自同一总体,并只有一个 $\bar{x}$ 的抽样分布。

下面研究当原假设不真,备选假设为真时的情况。我们假设总体均值间存在差异,由于样本被认为是来自同一个正态总体,这样就会有三个不同的样本均值存在。这样 $s_{\bar{x}}^2$ 也许会很大,从而引起 σ^2 的样本间估计值也较大。通常,如果总体均值不相等,σ^2 的样本间估计值就会过高,如图 8-2 所示。

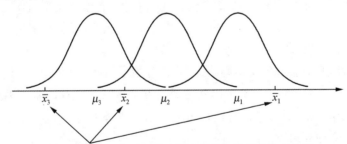

H_0 不为真时,来自不同抽样分布,样本的均值"不接近"的情况

图 8-2 给定 H_0 为不真时,$\bar{x}$ 的抽样分布

对于例 8-1,我们可以得到 σ^2 的样本内估计值:

$$\sigma^2 \text{ 的样本内估计值} = \frac{1\,950 + 1\,250 + 850}{3} = 1\,350$$

由此可见,σ^2 的样本间估计值 26 000 比 σ^2 的样本内估计值 1 350 要大得多。

这两个估计值的比率为 $26\,000 \div 1\,350 \approx 19.259$。这里应该注意的是,只有当原假设为真时,样本间估计方法才是 σ^2 的较好估计方法,因此如果原假设为真,样本间估计值和样本内估计值就会相似,它们的比率就会接近 1;如果原假设不真,样本间估计值

就会大于样本内估计值,它们的比率就会很大。这种比率大到一定程度时就会拒绝原假设 H_0。

例 8-2 某种作物产量受选种、施肥和灌溉三个因素的影响。为了研究这三个因素对作物产量的影响是否有差异,选择不同的种子、施肥量和灌溉量进行实验。问:如何对三种因素的影响有无差别进行检验?

我们把影响结果的因素称为因素或因子,把同一因素的不同状态称为该因素的水平。在例 8-1 中,影响亩产量的因素只有一个,即不同的水稻新品种;要研究的水稻新品种共有三种,因此因素的水平为 3。对于例 8-2 中的问题,其影响因素分别为选种、施肥和灌溉,各因素的水平数可根据具体情况选择。

通常,我们用 A、B、C 等字母表示因素,用带下标的因素字母表示该因素的水平,如 $A_1, A_2, \cdots, A_k$ 分别表示 A 的 k 个水平。这样,例 8-1 就可以用以下检验假设形式表示:

$$\begin{cases} H_0: \mu_1 = \mu_2 = \cdots = \mu_k \\ H_1: \mu_1, \mu_2, \cdots, \mu_k \text{ 不全相等} \end{cases}$$

其中,μ_i 是水平 A_i 下的总体均值($i = 1, 2, \cdots k$)。考虑到上一章提到的两个总体均值的分析方法,我们能否通过两两对比来解决上述假设检验问题呢? 实际上,这样的方法是欠妥的,因为这样做会导致犯第一类错误的可能性大大增加。对于例 8-1,我们在三个均值间做两两假设检验,共需 $C_3^2 = 3$ 次,如果各次检验相互独立且每一次检验接受原假设 $H_0: \mu_i = \mu_j$ 的概率 $1 - \alpha = 0.95$,则接受例 8-1 的 H_0 的概率为 $(0.95)^3 = 0.857375$。可见,犯第一类错误的概率大大提高了。

所以我们就有必要用新的方法来对两个以上总体均值进行检验,这种方法就是本章介绍的方差分析。在方差分析中,我们总是假定各母体(各水平的总体)独立地服从同方差的正态分布,即 $A_i \sim N(\mu_i, \sigma^2)$,其中 $i = 1, 2, \cdots, k$。因此,方差分析就是检验同方差的若干正态总体均值是否相同的一种统计分析方法。

根据问题所涉及的影响因素不同,方差分析分为单因素方差分析、双因素方差分析和多因素方差分析。显然,例 8-1 是单因素方差分析,例 8-2 是双因素方差分析。基于上面的基本研究工作思路,下面我们将给出方差估计的基本思想:用方差分析可以分析并检验 k 个总体均值是否相等。

第一节 单因素方差分析

一、数学模型的建立

设在某实验中,因素 A 有 k 个不同的水平 $A_1, A_2, \cdots, A_k$,在 A_j 水平下的实验结果 X_j 服从 $N(\mu_j, \sigma^2)$,$j = 1, 2, 3, \cdots, k$,且 $X_1, X_2, \cdots, X_k$ 间相互独立。现在 A_j 水平下,做了 n_j 次实验,获得了 n_j 个实验结果 $x_{ij}, i = 1, 2, 3, \cdots, n_j$,可以看成是取自 X_j 的容量为 n_j 的样本,且有 $x_{ij} \sim N(\mu_j, \sigma^2)$,实验的数据如表 8-2 所示。

表 8-2 单因素方差分析的数据结构

观察值	因素水平				
	A_1	A_2	A_3	$\cdots$	A_k
1	x_{11}	x_{12}	x_{13}	$\cdots$	x_{1k}
2	x_{21}	x_{22}	x_{23}	$\cdots$	x_{2k}
3	x_{31}	x_{32}	x_{33}	$\cdots$	x_{3k}
$\vdots$	$\vdots$	$\vdots$	$\vdots$	$\vdots$	$\vdots$
n_j	$x_{n_1 1}$	$x_{n_2 2}$	$x_{n_3 3}$	$\cdots$	$x_{n_k k}$
列总和 $T_i.$	$T_1.$	$T_2.$	$T_3.$	$\cdots$	$T_k.$
列平均 $\bar{x}_j$	$\bar{x}_1$	$\bar{x}_2$	$\bar{x}_3$	$\cdots$	$\bar{x}_k$
列方差 s_j^2	s_1^2	s_2^2	s_3^2	$\cdots$	s_k^2
列均方差 s_j	s_1	s_2	s_3	$\cdots$	s_k

因此,我们可以说这是对因素 A 在几个水平下总体均值相等的检验,也可以说是对几个水平效应均为零的检验。正如前面指出的,检验的方法就是方差分析,为此还要构造检验统计量。

二、检验假设的一般形式

检验假设的一般形式为:

$$\begin{cases} H_0: \mu_1 = \mu_2 = \cdots = \mu_k \\ H_1: \mu_1, \mu_2, \cdots, \mu_k \text{ 不全相等} \end{cases}$$

式中,μ_j 表示第 j 个总体的均值,$j = 1, 2, \cdots, k$。

假设我们随机地从 k 个总体中分别抽取 n_j 个个体作为样本,这样共得到 k 个样本。x_{ij} 表示第 j 个样本的第 i 个观察值,$i = 1, 2, \cdots, n_j; j = 1, 2, \cdots, k$;$n_j$ 表示第 j 个样本观察值的个数;$\bar{x}_j$ 表示第 j 个样本的均值,$\bar{x}_j = \dfrac{\sum_{i=1}^{n_j} x_{ij}}{n_j}$;$s_j^2$ 表示第 j 个样本的方差,$s_j^2 = \dfrac{\sum_{i=1}^{n_j} (x_{ij} - \bar{x}_j)^2}{n_j - 1}$;$s_j$ 表示第 j 个样本的均方差;总样本均值用 $\bar{\bar{x}}$ 表示。

记 $n_T = n_1 + n_2 + \cdots + n_k$,则有:

$$\bar{\bar{x}} = \frac{\sum_{j=1}^{k} \sum_{i=1}^{n_j} x_{ij}}{n_T}$$

如果 k 个样本中每个样本的容量都是 n,则 $n_T = kn$,因此总样本均值可以重写为:

$$\bar{\bar{x}} = \frac{\sum_{j=1}^{k} \bar{x}_j}{k}$$

换句话说,如果样本容量相等,总样本均值就是 k 个样本均值的平均数。

在例 8-1 中,共有水稻新品种的三个样本,每个样本由 5 个样本值组成,所以总样本均值为:

$$\bar{\bar{x}} = \frac{460 + 560 + 420}{3} = 480$$

如果原假设为真,总样本均值 480 就是对总体均值 μ 的最好估计。

为了对原假设 H_0 进行检验,我们通常对样本数据的总观测变异(记为 SST)进行分解,其中的一部分为组内均值变异(记为 SSW),它是所有样本数据与其所在组平均值离差的平方和,反映了总体随机抽样误差的大小;另一部分为组间均值变异(记为 SSB),是各组平均值与总体均值离差的平方和,反映了总体样本平均值之间的差异程度,在一定程度上也反映了总体均值 μ_i 之间的差异程度,它可以用来反映由因素影响所导致的系统误差。如果组间均值变异明显大于组内均值变异,则说明各组平均值之间的差异明显大于抽样误差,表明各组平均值之间的差异并不仅仅是由随机抽样引起的,而是存在比较大的系统波动,从而拒绝原假设,接受备选假设。这种通过比较组间方差和组内方差的大小来推断原假设是否成立的方法,称为方差分析法。

根据以上论述,便有:

$$\text{SST} = \text{SSW} + \text{SSB}$$

$$\text{SST} = \sum_{j=1}^{k} \sum_{i=1}^{n_j} (x_{ij} - \bar{\bar{x}})^2 = \sum_{j=1}^{k} \sum_{i=1}^{n_j} x_{ij}^2 - \frac{T^2}{n_T}$$

$$\left(T = \sum_{j=1}^{k} \sum_{i=1}^{n_j} x_{ij} = n_T \bar{\bar{x}} \right)$$

$$\text{SSB} = \sum_{j=1}^{k} n_j (\bar{x}_j - \bar{\bar{x}})^2$$

也可以用下述公式来计算 SSB:

$$\text{SSB} = \sum_{j=1}^{k} \frac{T_j^2}{n_j} - \frac{T^2}{n}, \quad T_j = \sum_{i=1}^{n_j} x_{ij} = n_j \bar{x}_j, \quad j = 1, 2, \cdots, k$$

并记组间方差为:

$$\text{MSB} = \frac{\text{SSB}}{k-1} = \frac{\sum_{j=1}^{k} n_j (\bar{x}_j - \bar{\bar{x}})^2}{k-1}$$

如果原假设为真,MSB 就是方差 σ^2 的无偏估计;反之,如果 k 个总体的均值不完全相等,MSB 就肯定不是方差 σ^2 的无偏估计了,此种情况下 MSB 的值要比方差 σ^2 的值大。

在例 8-1 中,根据给定的样本数据,我们可以得到:

$$\text{SSB} = \sum_{j=1}^{k} n_j (\bar{x}_j - \bar{\bar{x}})^2$$
$$= 5 \times (460 - 480)^2 + 5 \times (560 - 480)^2 + 5 \times (420 - 480)^2$$
$$= 52\,000$$

$$MSB = \frac{SSB}{k-1} = \frac{52\,000}{2} = 26\,000$$

组内均值变异 $SSW = \sum_{j=1}^{k}(n_j-1)s_j^2 = \sum_{j=1}^{k}\sum_{i=1}^{n_j}(x_{ij}-\bar{x}_j)^2$

这样可以得到组内方差的计算公式为：

$$MSW = \frac{SSW}{n_T-k} = \frac{\sum_{j=1}^{k}\sum_{i=1}^{n_j}(x_{ij}-\bar{x}_j)^2}{n_T-k}$$

由 MSW 的构造过程可以看出，其不受原假设是否为零的影响，它是建立在每个样本变异的基础上的，所以 MSW 是方差 σ^2 的无偏估计，如表 8-3 所示。

表 8-3 方差分析

方差来源	离差平方和	自由度(df)	均方和	F 值
组间	SSB	$k-1$	$MSB = SSB/(k-1)$	MSB/MSW
组内	SSW	$n-k$	$MSW = SSW/(n-k)$	
总方差	SST	$n-1$		

注：自由度(degree of freedom，简称 df)表示式中可以自由变动的变量的个数。

在例 8-1 中，根据给定的样本数据，我们可以得到：

$$SSW = \sum_{j=1}^{k}(n_j-1)s_j^2 = \sum_{j=1}^{k}\sum_{i=1}^{n_j}(x_{ij}-\bar{x}_j)^2$$
$$= (5-1)\times 1\,950 + (5-1)\times 1\,250 + (5-1)\times 850$$
$$= 16\,200$$

$$MSW = \frac{SSW}{n_T-k} = \frac{16\,200}{15-3} = 1\,350$$

构造检验统计量：

$$F = \frac{MSB}{MSW} \sim F(k-1, n_T-k)$$

则组间方差与组内方差的比值服从自由度为 $(k-1, n_T-k)$ 的 F 分布，如图 8-3 所示。

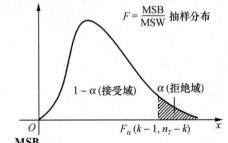

图 8-3 $F = \frac{MSB}{MSW}$ 抽样分布，拒绝原假设的临界值是 $F_\alpha(k-1, n_T-k)$

重写一遍 k 个总体均值相等的检验假设为：

$$\begin{cases} H_0: \mu_1 = \mu_2 = \cdots = \mu_k \\ H_1: \mu_1, \mu_2, \cdots, \mu_k \text{ 不全相等} \end{cases}$$

在显著性水平 α 下,检验统计量 $F = \dfrac{\text{MSB}}{\text{MSW}}$:

(1) 如果 $F \leqslant F_\alpha$,则接受 H_0;

(2) 如果 $F > F_\alpha$,则拒绝 H_0,接受 H_1。

在显著性水平 $\alpha = 0.05$ 下,对于例 8-1,查表得 $F_\alpha(k-1, n_T - k) = F_{0.05}(2,12) = 3.89$,如图 8-4 所示。

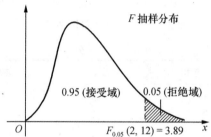

图 8-4 $F = \dfrac{\text{MSB}}{\text{MSW}}$ 抽样分布,拒绝原假设(均值相等)的临界值是 $F_{0.05}(2,12) = 3.89$

由于 $F = \dfrac{\text{MSB}}{\text{MSW}} = \dfrac{26\,000}{1\,350} \approx 19.259 > F_{0.05}(2,12) = 3.89$,所以拒绝原假设,接受备选假设,认为三个水稻新品种的平均亩产量存在显著差异,也就是说,三个水稻新品种的平均亩产量不相等。

这时决策犯第一类错误的概率是 $\alpha = 0.05$,或者说,实际上三个水稻新品种的平均亩产量是相等的,但由于抽样出现的随机原因,导致检验统计量 F 的值过大,大于自由度 (2,12)、显著性水平为 0.05 的 F 临界值 $F_{0.05}(2,12) = 3.89$,从而说明错误产生的概率是 0.05。

例 8-3 检验四个特定的燃烧温度对烧制某种砖的密度有无影响,得到实验数据如表 8-4 所示。

表 8-4 关于燃烧温度对砖密度影响的实验数据

组别	因素水平			
	温度 1 100℃	温度 2 125℃	温度 3 150℃	温度 4 175℃
1	21.8	21.7	21.9	21.9
2	21.9	21.4	21.8	21.7
3	21.7	21.5	21.8	21.8
4	21.6	21.4	21.6	21.4
5	21.7	—	21.5	—

问:四个特定的燃烧温度对砖的密度有无显著影响?($\alpha = 0.025$)

解 根据题意,建立检验假设为:

$$\begin{cases} H_0: \mu_1 = \mu_2 = \mu_3 = \mu_4 \\ H_1: \mu_1, \mu_2, \mu_3, \mu_4 \text{ 不全相等} \end{cases}$$

其中,$\mu_i(i=1,2,3,4)$分别表示四个特定温度下砖的平均密度。计算数据如表8-5所示。

表8-5 关于燃烧温度对砖密度影响的计算数据

组别	因素水平			
	温度1 100℃	温度2 125℃	温度3 150℃	温度4 175℃
1	21.8	21.7	21.9	21.9
2	21.9	21.4	21.8	21.7
3	21.7	21.5	21.8	21.8
4	21.6	21.4	21.6	21.4
5	21.7	—	21.5	—
$\bar{x}_j$	21.74	21.5	21.72	21.7
s_j^2	0.0130	0.0200	0.0270	0.0467
s_j	0.1140	0.1414	0.1643	0.2160

根据计算表,进一步计算得：

由于$n_T = n_1 + n_2 + \cdots + n_k \neq kn$,所以总体均值不能通过$\bar{\bar{x}} = \dfrac{\sum\limits_{j=1}^{k} \bar{x}_j}{k}$来计算,而应采用公式$\bar{\bar{x}} = \dfrac{\sum\limits_{j=1}^{k} \sum\limits_{i=1}^{n_j} x_{ij}}{n_T}$来计算。

$$\bar{\bar{x}} = \frac{\sum\limits_{j=1}^{k} \sum\limits_{i=1}^{n_j} x_{ij}}{n_T} = \frac{21.8 + 21.9 + \cdots + 21.8 + 21.4}{5 + 4 + 5 + 4} \approx 21.672$$

$$\begin{aligned}
\text{SSB} &= \sum_{j=1}^{k} n_j (\bar{x}_j - \bar{\bar{x}})^2 \\
&= 5 \times (21.74 - 21.672)^2 + 4 \times (21.50 - 21.672)^2 + \\
&\quad 5 \times (21.72 - 21.672)^2 + 4 \times (21.70 - 21.672)^2 \\
&= 0.02312 + 0.118336 + 0.01152 + 0.003136 = 0.156112
\end{aligned}$$

$$\text{MSB} = \frac{\text{SSB}}{k-1} = \frac{0.156112}{3} \approx 0.05204$$

$$\begin{aligned}
\text{SSW} &= \sum_{j=1}^{k} (n_j - 1) s_j^2 \\
&= (5-1) \times 0.013 + (4-1) \times 0.02 + (5-1) \times 0.027 + \\
&\quad (4-1) \times 0.0467 \\
&= 0.3601
\end{aligned}$$

$$n_T = n_1 + n_2 + n_3 + n_4 = 5 + 4 + 5 + 4 = 18$$

这样可以得到组内方差:

$$\text{MSW} = \frac{\text{SSW}}{n_T - k} = \frac{0.3601}{18 - 4} \approx 0.02572$$

在显著性水平 $\alpha = 0.025$ 下,查表得 $F_\alpha(k-1, n_T - k) = F_{0.025}(3, 14) = 4.24$。计算检验统计量:

$$F = \frac{\text{MSB}}{\text{MSW}} = \frac{0.05204}{0.02572} \approx 2.0232 < F_{0.025}(3, 14)$$

所以接受原假设 H_0,认为四个特定的燃烧温度对砖的密度没有影响(见图8-5)。

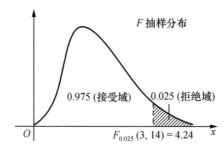

图8-5 $F = \dfrac{\text{MSB}}{\text{MSW}}$ 抽样分布,拒绝原假设(均值相等)的临界值是 $F_{0.025}(3,14) = 4.24$

第二节 双因素方差分析

实际问题中,影响某一事物结果的因素往往不止一个,而是多因素同时作用。例如,在例8-2中影响农作物产量的因素就有选种、施肥和灌溉三个因素;又如人们对某项产品的购买意除了自身的原因,还与产品的功能、质量、外观等紧密相关。这种对一个以上的影响事物结果的因素进行分析的方法称为多因素方差分析,其中最简单的是两个因素的情况,即双因素方差分析。多因素方差分析与双因素方差分析基本类似,实际上多因素方差分析因计算工作量较大,可以采用计算机软件进行处理,这里不再赘述。

根据两个因素间是否存在交互作用,双因素方差分析问题可分为无交互作用和有交互作用两类。为了说明什么是交互作用,我们把双因素方差分析问题形式化。

一、无交互作用的双因素方差分析

设在某种实验中,有两个影响因素。因素 A 取 k 个不同水平 $A_i(i = 1, 2, \cdots, k)$,因素 B 取 r 个不同水平 $B_j(j = 1, 2, \cdots, r)$。在 (A_i, B_j) 水平的组合下,实验的结果独立地服从 $N(\mu_{ij}, \sigma^2)$ 分布。用 $\alpha_1, \alpha_2, \cdots, \alpha_k$ 表示 A_i 对结果的作用水平,$\beta_1, \beta_2, \cdots, \beta_r$ 表示 B_j 对结果的作用水平。

可以分别提出原假设和备选假设为:

$$\begin{cases} H_{1,0}: \alpha_1 = \alpha_2 = \cdots = \alpha_k \\ H_{1,1}: \alpha_1, \alpha_2, \cdots, \alpha_k \text{ 不全相等} \end{cases}$$

$$\begin{cases} H_{2,0}: \beta_1 = \beta_2 = \cdots = \beta_r \\ H_{2,1}: \beta_1, \beta_2, \cdots, \beta_r \text{ 不全相等} \end{cases}$$

如果备选假设 $H_{1,1}$ 或 $H_{2,1}$ 成立,则因素 A 或因素 B 的不同水平对结果有显著影响;如果原假设 $H_{1,0}$ 或 $H_{2,0}$ 成立,说明因素 A 或因素 B 的不同水平对结果无显著影响。

可令 $\bar{x}_{i.} = \frac{1}{r}\sum_{j=1}^{r} x_{ij}, \bar{x}_{.j} = \frac{1}{k}\sum_{i=1}^{k} x_{ij}, \bar{\bar{x}} = \frac{1}{kr}\sum_{i=1}^{k}\sum_{j=1}^{r} x_{ij}$。

$$\begin{aligned} \text{SST} &= \sum_{i=1}^{k}\sum_{j=1}^{r} (x_{ij} - \bar{\bar{x}}) \\ &= \sum_{i=1}^{k}\sum_{j=1}^{r} [(\bar{x}_{i.} - \bar{\bar{x}}) + (\bar{x}_{.j} - \bar{\bar{x}}) + (x_{ij} - \bar{x}_{i.} - \bar{x}_{.j} + \bar{\bar{x}})]^2 \\ &= \sum_{i=1}^{k}\sum_{j=1}^{r} (\bar{x}_{i.} - \bar{\bar{x}})^2 + \sum_{i=1}^{k}\sum_{j=1}^{r} (\bar{x}_{.j} - \bar{\bar{x}})^2 + \sum_{i=1}^{k}\sum_{j=1}^{r} (x_{ij} - \bar{x}_{i.} - \bar{x}_{.j} + \bar{\bar{x}})^2 \\ &= \text{SSA} + \text{SSB} + \text{SSW} \end{aligned}$$

其中,SST 为总的离差平方和;SSA 为因素 A 的各水平的效应差异,称为因素 A 的离差平方和;SSB 为因素 B 的离差平方和;SSW 为误差波动。

按单因素方差分析的方法,当 $H_{1,0}$ 成立时,对于因素 A 可构造检验统计量为:

$$F_A = \frac{\text{SSA}/(k-1)}{\text{SSW}/(k-1)(r-1)} \sim F_\alpha[(k-1),(k-1)(r-1)]$$

给定显著性水平 α,当 $F_A > F_\alpha[(k-1),(k-1)(r-1)]$ 时,拒绝原假设 $H_{1,0}$,如图 8-6 所示。

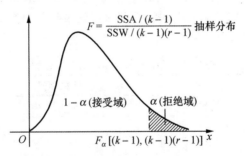

图 8-6 $F = \frac{\text{SSA}/(k-1)}{\text{SSW}/(k-1)(r-1)}$ 抽样分布,拒绝原假设(均值相等)的临界值是 $F_\alpha[(k-1),(k-1)(r-1)]$

同理,当原假设 $H_{2,0}$ 成立时,对于因素 B 可构造检验统计量为:

$$F_B = \frac{\text{SSB}/(r-1)}{\text{SSW}/(k-1)(r-1)} \sim F_\alpha[(r-1),(k-1)(r-1)]$$

给定显著性水平 α,当 $F_B > F_\alpha[(r-1),(k-1)(r-1)]$ 时,拒绝原假设 $H_{2,0}$。

记 $T_{i.} = \sum_{j=1}^{r} x_{ij}, T_{.j} = \sum_{i=1}^{k} x_{ij}, T = \sum_{i=1}^{k}\sum_{j=1}^{r} x_{ij}$,则计算过程可列成方差分析计算表(见表 8-6)。该实验的数据结构可表示为表 8-7 的形式。

表 8-6　无交互作用的方差分析计算

方差来源	平方和	自由度	均方和	F 值
因素 A	$SSA = \dfrac{1}{r}\sum_{i=1}^{k} T_{i\cdot}^{2} - \dfrac{1}{kr}T^{2}$	$k-1$	$\dfrac{SSA}{k-1}$	$F_A = \dfrac{(r-1)SSA}{SSW}$
因素 B	$SSB = \dfrac{1}{k}\sum_{j=1}^{r} T_{\cdot j}^{2} - \dfrac{1}{kr}T^{2}$	$r-1$	$\dfrac{SSB}{r-1}$	$F_B = \dfrac{(k-1)SSB}{SSW}$
误差	$SSW = SST - SSA - SSB$	$(k-1)(r-1)$	$\dfrac{SSW}{(k-1)(r-1)}$	—
总和	$SST = \sum_{i=1}^{k}\sum_{j=1}^{r} x_{ij}^{2} - \dfrac{1}{kr}T^{2}$	$kr-1$	—	—

表 8-7　双因素实验的数据结构

因素水平 A	因素水平 B						$T_{i\cdot}$
	B_1	B_2	$\cdots$	B_j	$\cdots$	B_r	
A_1	x_{11}	x_{12}	$\cdots$	x_{1j}	$\cdots$	x_{1r}	$T_{1\cdot}$
A_2	x_{21}	x_{22}	$\cdots$	x_{2j}	$\cdots$	x_{2r}	$T_{2\cdot}$
$\vdots$	$\vdots$	$\vdots$	$\vdots$	$\vdots$	$\vdots$	$\vdots$	$\vdots$
A_i	x_{i1}	x_{i2}	$\cdots$	x_{ij}	$\cdots$	x_{ir}	$T_{i\cdot}$
$\vdots$	$\vdots$	$\vdots$	$\vdots$	$\vdots$	$\vdots$	$\vdots$	$\vdots$
A_k	x_{k1}	x_{k2}	$\cdots$	x_{kj}	$\cdots$	x_{kr}	$T_{k\cdot}$
$T_{\cdot j}$	$T_{\cdot 1}$	$T_{\cdot 2}$	$\cdots$	$T_{\cdot j}$	$\cdots$	$T_{\cdot r}$	

例 8-4　为提高生产某种产品的合格率,考察原料来源地和用量对其是否有影响,所获得的实验数据如表 8-8 所示。试分析:原料来源地及用量对产品合格率有无显著影响?($\alpha = 0.05$)

表 8-8　关于产品合格率的实验数据　　　　　　　　　　单位:%

原料来源地	原料用量		
	用量水平 B_1	用量水平 B_2	用量水平 B_3
甲地	70	74	76
乙地	74	78	80
丙地	66	69	71
丁地	63	66	68

解　本题为无交互作用双因素方差分析,可用 $\alpha_i(i=1,2,3,4)$ 表示不同原料来源地对合格率的影响,用 $\beta_j(j=1,2,3)$ 表示不同原料用量对合格率的影响,则建立检验假设为:

$$\begin{cases} H_{1,0}:\alpha_1 = \alpha_2 = \alpha_3 = \alpha_4 \\ H_{1,1}:\alpha_1,\alpha_2,\alpha_3,\alpha_4 \text{ 不全相等} \end{cases}$$

$$\begin{cases} H_{2,0}:\beta_1 = \beta_2 = \beta_3 \\ H_{2,1}:\beta_1,\beta_2,\beta_3 \text{ 不全相等} \end{cases}$$

计算数据如表 8-9 所示。

表 8-9 关于产品合格率的计算数据

原料来源地	原料用量			$T_{i\cdot}$	$T_{i\cdot}^2$
	用量水平 B_1	用量水平 B_2	用量水平 B_3		
甲地	70	74	76	220	48 400
乙地	74	78	80	232	53 824
丙地	66	69	71	206	42 436
丁地	63	66	68	197	38 809
				$T=855$	
$T_{\cdot j}$	273	287	295	$\sum_{i=1}^{4} T_{i\cdot}^2 = 183\,469$	
$T_{\cdot j}^2$	74 529	82 369	87 025	$\sum_{j=1}^{3} T_{\cdot j}^2 = 243\,923$	

$$\text{SST} = \sum_{i=1}^{k}\sum_{j=1}^{r} x_{ij}^2 - \frac{1}{kr}T^2 = (70^2 + 74^2 + 76^2 + \cdots + 68^2) - \frac{855^2}{4 \times 3}$$
$$= 61\,219 - 60\,918.75 = 300.25$$
$$\text{SSA} = \frac{1}{r}\sum_{i=1}^{k} T_{i\cdot}^2 - \frac{1}{kr}T^2 = \frac{183\,469}{3} - \frac{855^2}{4 \times 3}$$
$$= 61\,156.3333 - 60\,918.75 \approx 237.58$$
$$\text{SSB} = \frac{1}{k}\sum_{j=1}^{r} T_{\cdot j}^2 - \frac{1}{kr}T^2 = \frac{243\,923}{4} - \frac{855^2}{4 \times 3}$$
$$= 60\,980.75 - 60\,918.75 = 62$$
$$\text{SSW} = \text{SST} - \text{SSA} - \text{SSB} = 300.25 - 237.58 - 62 = 0.67$$
$$F_A = \frac{(r-1)\text{SSA}}{\text{SSW}} = \frac{2 \times 237.58}{0.67} \approx 709.19$$
$$F_B = \frac{(k-1)\text{SSB}}{\text{SSW}} = \frac{3 \times 62}{0.67} \approx 277.61$$

对于本题,由于两个 F 分布的自由度相同,所以只查一次临界值。查表得 $F_{0.05}(3,6) = 4.76$,如图 8-7 所示。

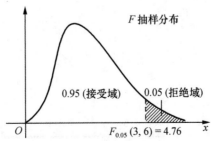

图 8-7 F 抽样分布,拒绝原假设(均值相等)的临界值是 $F_{0.05}(3,6) = 4.76$

因为 $F_A \approx 709.19 > F_{0.05}(3,6) = 4.76$，落入拒绝域，所以对于因素 A，$H_{1,0}$ 不成立，原料来源地对产品合格率有显著影响；而 $F_B \approx 277.61 > F_{0.05}(2,6) = 5.14$，落入拒绝域，所以对于因素 B，$H_{2,0}$ 不成立，原料用量的不同水平对产品合格率有显著影响。

将以上结果列于方差分析表（表 8-10）中会更清楚。

表 8-10 方差分析计算

方差来源	平方和	自由度	F 值	临界值	显著性
原料来源地	237.58	3	$F_A = 709.19$	$F_{0.05}(3,6) = 4.76$	显著
原料用量	62	2	$F_B = 277.61$	$F_{0.05}(2,6) = 5.14$	显著
误差	0.67	6	—	—	—
总和	300.25	11	—	—	—

二、有交互作用的双因素方差分析

另一种情况是两个因素除了单独产生影响，它们还联合影响总体均值的总平均值，即：

$$\mu_{ij} = \mu + \alpha_i + \beta_j + \gamma_{ij} \tag{8-1}$$

其中，γ_{ij} 是因素 A 的第 i 个水平与因素 B 的第 j 个水平的交互效应，并满足

$$\sum_{i=1}^{k} \gamma_{ij} = 0, \quad j = 1, 2, \cdots, r; \quad \sum_{j=1}^{r} \gamma_{ij} = 0, \quad i = 1, 2, \cdots, k$$

为了研究交互效应是否对 μ 有显著影响，就要在 (A_i, B_j) 水平组合下至少做 $t(t \geq 2)$ 次实验，记实验结果为 $y_{ijs}(s = 1, 2, \cdots, t)$，则存在交互作用的双因素实验的数据结构如表 8-11 所示。

表 8-11 有交互作用的双因素实验的数据结构

因素 A	因素 B					
	B_1	B_2	$\cdots$	B_j	$\cdots$	B_r
A_1	$x_{111}, x_{112},$ $\cdots, x_{11t}$	$x_{121}, x_{122},$ $\cdots, x_{12t}$	$\cdots$	$x_{1j1}, x_{1j2},$ $\cdots, x_{1jt}$	$\cdots$	$x_{1r1}, x_{1r2},$ $\cdots, x_{1rt}$
A_2	$x_{211}, x_{212},$ $\cdots, x_{21t}$	$x_{221}, x_{222},$ $\cdots, x_{22t}$	$\cdots$	$x_{2j1}, x_{2j2},$ $\cdots, x_{2jt}$	$\cdots$	$x_{2r1}, x_{2r2},$ $\cdots, x_{2rt}$
$\vdots$	$\vdots$	$\vdots$		$\vdots$		$\vdots$
A_i	$x_{i11}, x_{i12},$ $\cdots, x_{i1t}$	$x_{i21}, x_{i22},$ $\cdots, x_{i2t}$	$\cdots$	$x_{ij1}, x_{ij2},$ $\cdots, x_{ijt}$	$\cdots$	$x_{ir1}, x_{ir2},$ $\cdots, x_{irt}$
$\vdots$	$\vdots$	$\vdots$		$\vdots$		$\vdots$
A_k	$x_{k11}, x_{k12},$ $\cdots, x_{k1t}$	$x_{k21}, x_{k22},$ $\cdots, x_{k2t}$	$\cdots$	$x_{kj1}, x_{kj2},$ $\cdots, x_{kjt}$	$\cdots$	$x_{kr1}, x_{kr2},$ $\cdots, x_{krt}$

数学模型为：

$$\begin{cases} X_{ijs} = \mu + \alpha_i + \beta_j + \gamma_{ij} + \varepsilon_{ijs} \\ \sum_{i=1}^{k}\alpha_i = 0, \sum_{j=1}^{r}\beta_j = 0 \\ \sum_{i=1}^{k}\gamma_{ij} = 0, \sum_{j=1}^{r}\gamma_{ij} = 0 \end{cases} \quad (8-2)$$

其中,$\varepsilon_{ijs} \sim N(0,\sigma^2)$且相互独立。与式(8-1)、式(8-2)相应的方差分析,称为有交互作用的方差分析。

对于数学模型(8-2),可以建立检验假设为:

$$\begin{cases} H_{1,0}:\alpha_1 = \alpha_2 = \cdots = \alpha_k \\ H_{1,1}:\alpha_1,\alpha_2,\cdots,\alpha_k \text{不全相等} \end{cases} \quad (8-3)$$

$$\begin{cases} H_{2,0}:\beta_1 = \beta_2 = \cdots = \beta_r \\ H_{2,1}:\beta_1,\beta_2,\cdots,\beta_k \text{不全相等} \end{cases} \quad (8-4)$$

$$\begin{cases} H_{3,0}:\gamma_{ij} = 0 \\ H_{3,1}:\gamma_{ij} \text{不全相等} \end{cases}, \quad i = 1,2,\cdots,k;j = 1,2,\cdots,r \quad (8-5)$$

令

$$\bar{\bar{x}} = \frac{1}{krt}\sum_{i=1}^{k}\sum_{j=1}^{r}\sum_{s=1}^{t}x_{ijs}$$

$$\bar{x}_{i..} = \frac{1}{rt}\sum_{j=1}^{r}\sum_{s=1}^{t}x_{ijs}, \quad i = 1,2,\cdots,k$$

$$\bar{x}_{\cdot j\cdot} = \frac{1}{kt}\sum_{i=1}^{k}\sum_{s=1}^{t}x_{ijs}, \quad j = 1,2,\cdots,r$$

$$\bar{x}_{ij\cdot} = \frac{1}{t}\sum_{s=1}^{t}x_{ijs}, \quad i = 1,2,\cdots,k;j = 1,2,\cdots,r$$

易证$\bar{\bar{x}},\bar{x}_{i..},\bar{x}_{\cdot j\cdot},\bar{x}_{ij\cdot}$分别是$\mu,\alpha_i,\beta_j,\gamma_{ij}$的无偏估计量。记总离差平方和为:

$$\begin{aligned} \text{SST} &= \sum_{i=1}^{k}\sum_{j=1}^{r}\sum_{s=1}^{t}(x_{ijs} - \bar{\bar{x}})^2 \\ &= rt\sum_{i=1}^{k}(\bar{x}_{i..} - \bar{\bar{x}})^2 + kt\sum_{j=1}^{r}(\bar{x}_{\cdot j\cdot} - \bar{\bar{x}})^2 + \\ &\quad \sum_{i=1}^{k}\sum_{j=1}^{r}\sum_{s=1}^{t}(x_{ijs} - \bar{x}_{ij\cdot})^2 + t\sum_{i=1}^{k}\sum_{j=1}^{r}(\bar{x}_{ij\cdot} - \bar{x}_{i..} - \bar{x}_{\cdot j\cdot} + \bar{\bar{x}}^2) \\ &= \text{SSA} + \text{SSB} + \text{SSW} + \text{SSR} \end{aligned}$$

式中,SSW 反映了误差的波动;SSA 和 SSB 除了反映误差波动,还分别反映因素 A 和因素 B 的效应差异;SSR 除了反映误差波动,还反映交互作用引起的效应差异。我们称 SSR 为交互作用的离差平方和。

将 SSA、SSB、SSR 分别与 SSW 比较,在式(8-3)、式(8-4)和式(8-5)的原假设成立时,可以构建检验统计量为:

当 $H_{1,0}$ 成立时,$F_A = \dfrac{\text{SSA}/(k-1)}{\text{SSW}/kr(t-1)} \sim F_\alpha[(k-1),kr(t-1)]$,如图 8-8 所示。

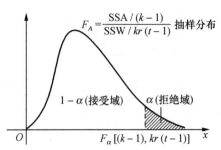

图 8-8　$F_A = \dfrac{SSA/(k-1)}{SSW/kr(t-1)}$ 抽样分布，拒绝原假设（均值相等）的临界值是 $F_\alpha[(k-1), kr(t-1)]$

当 $H_{2,0}$ 成立时，$F_B = \dfrac{SSB/(r-1)}{SSW/kr(t-1)} \sim F_\alpha[(r-1), kr(t-1)]$，如图 8-9 所示。

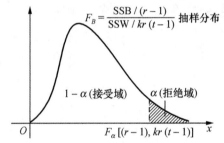

图 8-9　$F_B = \dfrac{SSB/(r-1)}{SSW/kr(t-1)}$ 抽样分布，拒绝原假设（均值相等）的临界值是 $F_\alpha[(r-1), kr(t-1)]$

当 $H_{3,0}$ 成立时，$F_R = \dfrac{SSR/(k-1)(r-1)}{SSW/kr(t-1)} \sim F_\alpha[(k-1)(r-1), kr(t-1)]$，如图 8-10 所示。

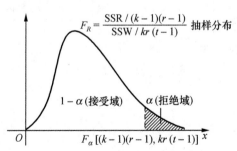

图 8-10　$F_R = \dfrac{SSR/(k-1)(r-1)}{SSW/kr(t-1)}$ 抽样分布，拒绝原假设（均值相等）的临界值是
$F_\alpha[(k-1)(r-1), kr(t-1)]$

给定显著性水平 α，如果 $F_A > F_\alpha[k-1, kr(t-1)]$，则拒绝 $H_{1,0}$；如果 $F_B > F_\alpha[r-1, kr(t-1)]$，则拒绝 $H_{2,0}$；如果 $F_R > F_\alpha[(k-1)(r-1), kr(t-1)]$，则拒绝 $H_{3,0}$。类似地，可以将以上分析过程整理成有交互作用的方差分析表，如表 8-12 所示。

表 8-12　有交互作用的方差分析计算

方差来源	平方和	自由度	F 值	临界值
因素 A	SSA	$k-1$	$F_A = \dfrac{SSA/(k-1)}{SSW/kr(t-1)}$	$F_\alpha[k-1, kr(t-1)]$
因素 B	SSB	$r-1$	$F_B = \dfrac{SSB/(r-1)}{SSW/kr(t-1)}$	$F_\alpha[r-1, kr(t-1)]$
交互作用 R	SSR	$(k-1)(r-1)$	$F_R = \dfrac{SSR/(k-1)(r-1)}{SSW/kr(t-1)}$	$F_\alpha[(k-1)(r-1), kr(t-1)]$
误差	SSW	$kr(t-1)$	—	—
总和	SST	$krt-1$	—	—

在实际计算中，可以利用以下简便公式：

$$T_{ij\cdot} = \sum_{s=1}^{t} x_{ijs}$$

$$T_{i\cdot\cdot} = \sum_{j=1}^{r}\sum_{s=1}^{t} x_{ijs}$$

$$T_{\cdot j\cdot} = \sum_{i=1}^{k}\sum_{s=1}^{t} x_{ijs}$$

$T^2 = \left(\sum_{i=1}^{k}\sum_{j=1}^{r}\sum_{s=1}^{t} x_{ijs}\right)^2$，则有：

$$SST = \sum_{i=1}^{k}\sum_{j=1}^{r}\sum_{s=1}^{t} x_{ijs}^2 - \frac{1}{krt}T^2$$

$$SSA = \frac{1}{rt}\sum_{i=1}^{k} T_{i\cdot\cdot}^2 - \frac{1}{krt}T^2$$

$$SSB = \frac{1}{kt}\sum_{j=1}^{r} T_{\cdot j\cdot}^2 - \frac{1}{krt}T^2$$

$$SSW = \sum_{i=1}^{k}\sum_{j=1}^{r}\sum_{s=1}^{t} x_{ijs}^2 - \frac{1}{t}\sum_{i=1}^{k}\sum_{j=1}^{r} T_{ij\cdot}^2$$

$$SSR = SST - SSA - SSB - SSW$$

例 8-5　考察某合成纤维中对弹性有影响的两个因素：收缩率和总的拉伸倍数。两者各取四个水平，因为收缩率与总的拉伸倍数可能存在交互作用，所以每组实验做两次。试问：在显著性水平为 0.05 的情况下，收缩率和拉伸倍数对合成纤维的弹性是否有显著影响？实验结果如表 8-13 所示。

表 8-13 收缩率与总的拉伸倍数数据

收缩率(%)	拉伸倍数			
	460	520	580	640
0	71	72	75	77
	73	73	73	75
4	73	76	78	74
	75	74	77	74
8	76	79	74	74
	73	77	75	73
12	75	73	70	69
	73	72	71	69

解 令收缩率为因素 A,拉伸倍数为因素 B,根据题意做假设:

$$\begin{cases} H_{1,0}: \alpha_1 = \alpha_2 = \alpha_3 = \alpha_4 \\ H_{1,1}: \alpha_1, \alpha_2, \alpha_3, \alpha_4 \text{ 不全相等} \end{cases}$$

$$\begin{cases} H_{2,0}: \beta_1 = \beta_2 = \beta_3 = \beta_4 \\ H_{2,1}: \beta_1, \beta_2, \beta_3, \beta_4 \text{ 不全相等} \end{cases}$$

$$\begin{cases} H_{3,0}: \gamma_{ij} = 0 \\ H_{3,1}: \gamma_{ij} \text{ 不全相等} \end{cases}, \quad i = 1,2,3,4; j = 1,2,3,4$$

为了计算各项平方和,先利用表 8-14 计算相关数据。

表 8-14 计算收缩率和总的拉伸倍数的相关数据

	拉伸倍数				$T_{i\cdot\cdot}$	$T_{i\cdot\cdot}^2$
	460	520	580	640		
0	71	72	75	77		
	73	73	73	75		
$T_{1j\cdot}$	144	145	148	152	589	346 921
4	73	76	78	74		
	75	74	77	74		
$T_{2j\cdot}$	148	150	155	148	601	361 201
8	76	79	74	74		
	73	77	75	73		
$T_{3j\cdot}$	149	156	149	147	601	361 201
12	75	73	70	69		
	73	72	71	69		
$T_{4j\cdot}$	148	145	141	138	572	327 184
$T_{\cdot j\cdot}$	589	596	593	585	2 363	
$T_{\cdot j\cdot}^2$	346 921	355 216	351 649	342 225	$\sum_{j=1}^{4} T_{\cdot j\cdot}^2 = 1\ 396\ 011$	$\sum_{i=1}^{4} T_{i\cdot\cdot}^2 = 1\ 396\ 507$

$$\sum_{i=1}^{4}\sum_{j=1}^{4}\sum_{s=1}^{2} y_{ijs}^2 = 71^2 + 72^2 + \cdots + 71^2 + 69^2 = 174\ 673$$

$$SST = \sum_{i=1}^{4}\sum_{j=1}^{4}\sum_{s=1}^{2} y_{ijs}^2 - \frac{1}{krt}T^2 = 174\,673 - \frac{1}{4\times 4\times 2}\times 2\,363^2$$
$$= 174\,673 - 174\,492.8 = 180.2$$
$$SSA = \frac{1}{rt}\sum_{i=1}^{k} T_{i\cdot\cdot}^2 - \frac{1}{krt}T^2 = \frac{1}{4\times 2}\times 1\,396\,507 - 174\,492.8$$
$$\approx 70.6$$
$$SSB = \frac{1}{kt}\sum_{j=1}^{r} T_{\cdot j\cdot}^2 - \frac{1}{krt}T^2 = \frac{1}{4\times 2}\times 1\,396\,011 - 174\,492.8$$
$$\approx 8.6$$
$$SSW = \sum_{i=1}^{k}\sum_{j=1}^{r}\sum_{s=1}^{t} y_{ijs}^2 - \frac{1}{t}\sum_{i=1}^{k}\sum_{j=1}^{r} T_{ij\cdot}^2$$
$$= 174\,673 - \frac{1}{2}(144^2 + 145^2 + \cdots + 141^2 + 138^2)$$
$$= 21.5$$
$$SSR = SST - SSA - SSB - SSW = 180.2 - 70.6 - 8.6 - 21.5 = 79.5$$

计算各 F 值,列出方差分析表(见表 8-15)。

表 8-15 收缩率和拉伸倍数对合成纤维弹性影响的方差分析计算

方差来源	平方和	自由度	F 值	临界值	显著性
收缩率	70.6	$4-1=3$	$F_A = \frac{70.6/3}{21.5/16} \approx 17.51$	$F_{0.05}(3,16) = 3.24$	显著
拉伸倍数	8.6	$4-1=3$	$F_B = \frac{8.6/3}{21.5/16} \approx 2.13$	$F_{0.05}(3,16) = 3.24$	不显著
交互作用	79.5	$(4-1)(4-1)=9$	$F_R = \frac{79.5/9}{21.5/16} \approx 6.57$	$F_{0.05}(9,16) = 2.54$	显著
误差	21.5	$4\times 4\times(2-1)=16$	—	—	
总和	180.2	31	—	—	

表 8-15 中数据的 F 抽样分布如图 8-11、图 8-12 所示。

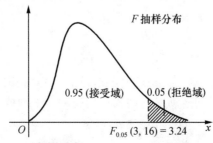

图 8-11 F 抽样分布,拒绝原假设均值相等的临界值是 $F_{0.05}(3,16) = 3.24$

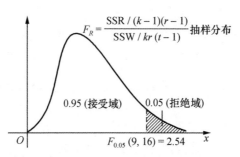

图 8-12　$F_R = \dfrac{SSR/(k-1)(r-1)}{SSW/kr(t-1)}$ 抽样分布,拒绝原假设(均值相等)的临界值是 $F_{0.05}(9,16) = 2.54$

上述分析表明,收缩率对合成纤维弹性有显著影响,而拉伸倍数对合成纤维弹性的影响不显著。另外,收缩率与拉伸倍数之间的交互作用非常显著。

例 8-6　考察运动对睡眠的影响。假设一个体育教师进行一个实验,用以比较不同的运动强度和不同的运动时间对夜间睡眠量的影响。实验使用确定的影响,在不相关组中,设计了 3×2 个影响因素。有 3 个运动强度(轻度、中等、剧烈)和 2 个时间段(早晨和晚上)。36 名身体健康的大学生被随机分配到 6 个组中,这样每个组有 6 个成员。其中,剧烈运动跑 3 英里,中等运动跑 1 英里,轻度运动跑 1/4 英里;早晨的运动时间是 7:30,晚上的运动时间是 19:00。每人运动一次,并记录睡眠的小时数。数据如表 8-16 所示。

表 8-16　运动时间和运动强度对睡眠量的影响实验数据　　　　单位:小时

运动时间	运动强度					
	轻度 (B_1)		中等 (B_2)		剧烈 (B_3)	
早晨(A_1)	6.5	7.4	7.4	7.3	8.0	7.6
	7.3	7.2	6.8	7.6	7.7	6.6
	6.6	6.8	6.7	7.4	7.1	7.2
晚上(A_2)	7.1	7.7	7.4	8.0	8.2	8.7
	7.9	7.5	8.1	7.6	8.5	9.6
	8.2	7.6	8.2	8.0	9.5	9.4

试问:在显著性水平 $\alpha = 0.05$ 下,运动对睡眠量的影响是什么?

解　这是一个双因素方差分析问题,显然运动时间和睡眠量之间可能存在交互作用,每个组有 6 个成员相当于实验重复了 6 次,故进行有交互作用的方差分析。根据题意,提出如下假设:

(1) 对于变量 A(主要影响)。假设运动时间不影响睡眠量。分配到早晨组和晚上组的不同运动强度的成员的睡眠量平均值分别相等。

$$\begin{cases} H_{1,0}: \mu_{\alpha_1} = \mu_{\alpha_2} \\ H_{1,1}: \mu_{\alpha_1} \neq \mu_{\alpha_2} \end{cases}$$

(2) 对于变量 B(主要影响)。假设不同强度的锻炼对睡眠量有相同的影响。分配到轻度、中度、剧烈运动组的不同运动时间的成员的睡眠量平均值分别相等。

$$\begin{cases} H_{2,0}: \mu_{\beta_1} = \mu_{\beta_2} = \mu_{\beta_3} \\ H_{2,1}: \mu_{\beta_1}, \mu_{\beta_2}, \mu_{\beta_3} \text{ 不全相等} \end{cases}$$

(3) 对于变量 A 和变量 B 之间的交互影响。假设在运动时间和运动强度之间没有交互影响。去掉任何一个主要影响后,各个成员组的睡眠量平均值分别相等。

$$\begin{cases} H_{3,0}: \mu_{\alpha_1\beta_1} = \mu_{\alpha_1\beta_2} = \mu_{\alpha_1\beta_3} = \mu_{\alpha_2\beta_1} = \mu_{\alpha_2\beta_2} = \mu_{\alpha_2\beta_3} \\ H_{3,1}: \mu_{\alpha_1\beta_1}, \mu_{\alpha_1\beta_2}, \mu_{\alpha_1\beta_3}, \mu_{\alpha_2\beta_1}, \mu_{\alpha_2\beta_2}, \mu_{\alpha_2\beta_3} \text{不全相等} \end{cases}$$

为了计算各项平方和,先利用表 8-17 计算相关数据。

表 8-17 运动时间和运动强度对睡眠量的影响实验数据的相关数据

运动时间	运动强度			$T_{i\cdot\cdot}$	$T_{i\cdot\cdot}^2$
	轻度 (B_1)	中等 (B_2)	剧烈 (B_3)		
早晨(A_1)	6.5　7.4	7.4　7.3	8.0　7.6		
	7.3　7.2	6.8　7.6	7.7　6.6	129.2	16 692.64
	6.6　6.8	6.7　7.4	7.2　7.2		
$T_{1j\cdot}$	(41.8)	(43.2)	(44.2)		
晚上(A_2)	7.1　7.7	7.4　8.0	8.2　8.7		
	7.9　7.5	8.1　7.6	8.5　9.6	147.2	21 667.84
	8.2　7.6	8.2　8.0	9.5　9.4		
$T_{2j\cdot}$	(46)	(47.3)	(53.9)	$T = 276.4$	$\sum_{i=1}^{2} T_{i\cdot\cdot}^2 = 38\,360.48$
$T_{\cdot j\cdot}$	87.8	90.5	98.1		
$T_{\cdot j\cdot}^2$	7 708.84	8 190.25	9 623.61	$\sum_{j=1}^{3} T_{\cdot j\cdot}^2 = 25\,522.7$	

从表 8-16 中可以看出:

$$k = 2, \quad r = 3, \quad t = 6$$

$$\sum_{i=1}^{k}\sum_{j=1}^{r}\sum_{s=1}^{t} y_{ijs}^2 = \sum_{i=1}^{2}\sum_{j=1}^{3}\sum_{s=1}^{6} y_{ijs}^2 = 6.5^2 + 7.4^2 + \cdots + 9.5^2 + 9.4^2 = 2\,143.18$$

$$\text{SST} = \sum_{i=1}^{2}\sum_{j=1}^{3}\sum_{s=1}^{6} y_{ijs}^2 - \frac{1}{krt}T^2 = 2\,143.18 - \frac{1}{2\times 3\times 6}\times 276.4^2$$

$$\approx 2\,143.18 - 2\,122.1378 = 21.0422$$

$$\text{SSA} = \frac{1}{rt}\sum_{i=1}^{k} T_{i\cdot\cdot}^2 - \frac{1}{krt}T^2 = \frac{1}{3\times 6}\times 38\,360.48 - \frac{1}{2\times 3\times 6}\times 276.4^2$$

$$\approx 2\,131.1378 - 2\,122.1378 = 9$$

$$\text{SSB} = \frac{1}{kt}\sum_{j=1}^{r} T_{\cdot j\cdot}^2 - \frac{1}{krt}T^2 = \frac{1}{2\times 6}\times 25\,522.7 - \frac{1}{2\times 3\times 6}\times 276.4^2$$

$$\approx 2\,126.8917 - 2\,122.1378 = 4.7539$$

$$\text{SSW} = \sum_{i=1}^{k}\sum_{j=1}^{r}\sum_{s=1}^{t} y_{ijs}^2 - \frac{1}{t}\sum_{i=1}^{k}\sum_{j=1}^{r} T_{ij\cdot}^2$$

$$= \sum_{i=1}^{2}\sum_{j=1}^{3}\sum_{s=1}^{6} y_{ijs}^2 - \frac{1}{6}\sum_{i=1}^{2}\sum_{j=1}^{3} T_{ij\cdot}^2$$

$$= 2\,143.18 - \frac{1}{6} \times (41.8^2 + 43.2^2 + 44.2^2 + 46^2 + 47.3^2 + 53.9^2)$$

$$\approx 2\,143.18 - 2\,137.6033 = 5.5767$$

$$SSR = SST - SSA - SSB - SSW = 21.0422 - 9 - 4.7539 - 5.5767 = 1.7116$$

计算各 F 值,列出方差分析表(见表 8-18)。

表 8-18 运动时间和运动强度对睡眠量的影响实验数据的方差分析

方差来源	平方和	自由度	F 值	临界值	显著性
运动时间 A	9	$2 - 1 = 1$	$F_A = \dfrac{9/1}{5.5767/30}$ ≈ 48.4157	$F_{0.05}(1,30) = 4.17$	显著
运动强度 B	4.7539	$3 - 1 = 2$	$F_B = \dfrac{4.7539/2}{5.5767/30}$ ≈ 12.7869	$F_{0.05}(2,30) = 3.32$	显著
交互作用 R	1.7116	$(2-1)\times(3-1)$ $= 2$	$F_R = \dfrac{1.7116/2}{5.5767/30}$ ≈ 4.6038	$F_{0.05}(2,30) = 3.32$	显著
误差	5.5767	$3 \times 2 \times (6-1)$ $= 30$	—	—	—
总和	21.0422	35	—	—	—

表 8-18 中数据的 F 抽样分布如图 8-13、图 8-14、图 8-15 所示。

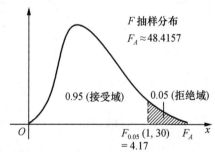

图 8-13 $F_A = \dfrac{SSA/(k-1)}{SSW/kr(t-1)}$ 抽样分布,拒绝原假设(均值相等)的临界值是 $F_{0.05}(1,30) = 4.17$

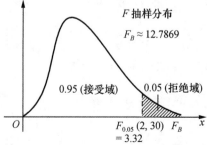

图 8-14 $F_B = \dfrac{SSB/(r-1)}{SSW/kr(t-1)}$ 抽样分布,拒绝原假设(均值相等)的临界值是 $F_{0.05}(2,30) = 3.32$

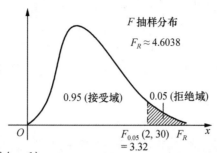

图 8-15　$F_R = \dfrac{\text{SSR}/(k-1)(r-1)}{\text{SSW}/kr(t-1)}$ 抽样分布,拒绝原假设(均值相等)的临界值是 $F_{0.05}(2,30) = 3.32$

在上述分析中,我们拒绝了原假设 $H_{1,0}$ 和 $H_{2,0}$。表 8-17 中行的数值表明,变量 A(运动时间)对睡眠量具有显著的主要影响。其各组平均值的差异较大,如果依此数据画出各组的平均值,可以发现,晚上运动会比早晨运动导致更多的睡眠。

列的数值表明,变量 B(运动强度)对睡眠量也具有显著的主要影响,增加运动量(平均到时间上)的影响是增加了睡眠量。

实验结果还显示出,行与列的因素(运动时间与运动强度)之间存在明显的交互影响。可以画出各组的平均值,这对解释交互影响特别有帮助。如果依此数据画出各组的平均值,可以发现:不论运动时间是在早晨还是在晚上,睡眠都随着运动强度从轻度增加到中等而增加相同的量。但是,当运动强度从中等增加到剧烈时,睡眠量的差异也依赖于运动时间是早晨还是晚上。在晚上剧烈运动会比在早晨剧烈运动增加更多的睡眠量。

附录　用 Excel 进行方差分析

1. 单因素方差分析

以例 8-1 为例。

第一步,将数据输入工作表中。选择数据分析中的"方差分析:单因素方差分析",编辑对话框,如图 8-16 所示。

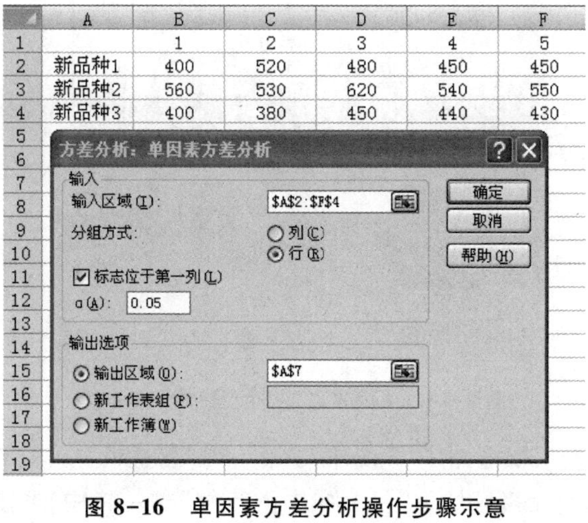

图 8-16　单因素方差分析操作步骤示意

第二步，在标志前勾选，采用计算机自带的置信度。在选择输入区域时，应注意不必将分组号选入其中。

第三步，单击"确定"得到结果，如图8-17所示。"df"表示自由度，"F"表示F统计量的值，"F crit"表示F统计量的临界值。可以看到，F统计量的值大于临界值，所以，拒绝原假设。

方差分析：单因素方差分析

SUMMARY

组	观测数	求和	平均	方差
新品种1	5	2300	460	1950
新品种2	5	2800	560	1250
新品种3	5	2100	420	850

方差分析

差异源	SS	df	MS	F	P-value	F crit
组间	52000	2	26000	19.25926	0.00018	3.885294
组内	16200	12	1350			
总计	68200	14				

图 8-17　单因素方差分析输出结果

注意　就例8-1来说，"分组方式"是指每个水稻新品种的平均亩产量的数据是按行排列还是按列排列。对于"标志位于第一列"这一复选框，本例中标志位于第一列，故选择该项。若输入区域中没有标志项，则该复选框不会被选中，Excel将会生成适宜的数据标志。

2. 有交互作用的双因素方差分析

以例8-5为例。

第一步，将数据输入工作表，选择数据分析中的"方差分析：可重复双因素分析"，编辑对话框，输入区域需要包括因素水平标志，如图8-18所示。

图 8-18　双因素方差分析操作步骤示意

第二步，该分析对话框省略了"标志位于第一列"复选框，所以，在输入区域必须包括因素水平标志所在的单元格区域。"每一样本的行数"这一栏中，要求你所输入的每个样本必须包含相同的样本数。

第三步,单击"确定"得到结果,如图 8-19、图 8-20 所示。

SUMMARY	460	520	580	640	总计
0					
观测数	2	2	2	2	8
求和	144	145	148	152	589
平均	72	72.5	74	76	73.625
方差	2	0.5	2	2	3.696429
4					
观测数	2	2	2	2	8
求和	148	150	155	148	601
平均	74	75	77.5	74	75.125
方差	2	2	0.5	0	2.982143
8					
观测数	2	2	2	2	8
求和	149	156	149	147	601
平均	74.5	78	74.5	73.5	75.125
方差	4.5	2	0.5	0.5	4.410714
12					
观测数	2	2	2	2	8
求和	148	145	141	138	572
平均	74	72.5	70.5	69	71.5
方差	2	0.5	0.5	0	4.571429
总计					
观测数	8	8	8	8	

图 8-19 双因素方差分析输出结果(1)

方差分析						
差异源	SS	df	MS	F	P-value	F crit
样本	70.59375	3	23.53125	17.51163	2.62E-05	3.238872
列	8.59375	3	2.864583	2.131783	0.136299	3.238872
交互	79.53125	9	8.836806	6.576227	0.000591	2.537667
内部	21.5	16	1.34375			
总计	180.2188	31				

图 8-20 双因素方差分析输出结果(2)

字母表示的含义与单因素方差分析相同。从结果中可以看到,收缩率对纤维弹性有显著的影响,而拉伸倍数对纤维弹性的影响不显著。另外,收缩率与拉伸倍数之间的交互作用非常显著。

注意 在计算无交互作用的双因素方差分析时,选用"无重复双因素分析"这一工具,与"可重复双因素分析"相比,少了"每一样本的行数",其余操作基本相同。

本章小结

本章主要介绍了单因素方差分析和双因素方差分析,其中,双因素方差分析分为有交互作用的方差分析与无交互作用的方差分析两种。

1. 方差分析是通过对误差进行分析来研究多个正态分布总体均值是否相等的一种方法。

2. 方差分析的基本概念包括单因素方差分析、双因素方差分析、总离差平方和、组间离差平方和、组内离差平方和、交互作用。

3. 在方差分析中,可根据有无交互作用、因素数目多少来提出假设,选用方差分析的形式和方法,选择适当的检验统计量 F 来决策。

本章习题

1. 某生产厂家有五个原材料供应商,该厂家认为,因生产工艺不同,五个供应商的原材料含钙量明显不同。为了证明该想法,其随机从各供应商的原材料中抽取 5 个样本加以检验,得到含钙量的如下数据。问:五个供应商的原材料所含钙量是否显著不同?($\alpha = 0.05$)

单位:毫克/升

观测值	供应商 1	供应商 2	供应商 3	供应商 4	供应商 5
1	23.46	23.59	23.51	23.58	23.39
2	23.48	23.46	23.65	23.43	23.36
3	23.56	23.42	24.46	23.47	23.70
4	23.39	23.49	23.24	23.56	23.32
5	23.40	23.50	23.48	23.49	23.48

2. 某研究机构研究不同的混合技术对硅酸盐水泥抗张强度的影响,获得如下数据:

单位:牛顿/平方毫米

混合技术	抗张强度			
1	3 129	3 000	2 865	2 890
2	3 200	3 300	2 975	3 150
3	2 800	2 900	2 985	3 050
4	2 600	2 700	2 600	2 765

问:不同的混合技术对水泥的抗张强度是否有影响?($\alpha = 0.05$)

3. 产品开发部门认为三个品牌的电池具有不同的使用周期,为此随机从每个品牌的产品中抽出 5 节电池进行实验,结果如下表所示:

单位:周

观测值	品牌 1	品牌 2	品牌 3
1	100	76	108
2	96	80	100
3	92	75	96
4	96	84	98
5	92	82	100

试问:三种品牌电池的使用周期是否显著不同?($\alpha = 0.05$)

4. 银行业、金融服务业、保险业共30家公司的盈利率数据如下表所示。

银行业		金融服务业		保险业	
公司	盈利率(%)	公司	盈利率(%)	公司	盈利率(%)
公司 1	8.0	公司 13	12.0	公司 21	15.0
公司 2	10.0	公司 14	22.0	公司 22	16.0
公司 3	13.0	公司 15	17.0	公司 23	18.0
公司 4	3.4	公司 16	10.0	公司 24	10.0
公司 5	11.0	公司 17	18.0	公司 25	11.0
公司 6	6.0	公司 18	14.0	公司 26	9.0
公司 7	16.0	公司 19	14.0	公司 27	14.0
公司 8	9.0	公司 20	11.0	公司 28	15.0
公司 9	6.0			公司 29	11.0
公司 10	10.0			公司 30	16.0
公司 11	12.0				
公司 12	15.0				

在 $\alpha = 0.05$ 的显著性水平下,检验三组金融公司的盈利率是否相同。

5. 为了考察蒸馏水的 pH 值和硫酸铜溶液浓度对血清化验中白蛋白与球蛋白之比的影响,对蒸馏水的 pH 值(A)取四个不同水平,对硫酸铜溶液的浓度(B)取三个不同水平。在不同水平组合 (A_i, B_j) 下各测一次白蛋白与球蛋白之比,其结果见下表。

B	A			
	A_1	A_2	A_3	A_4
B_1	3.5	2.6	2.0	1.4
B_2	2.3	2.0	1.5	0.8
B_3	2.0	1.9	1.2	0.3

试在 $\alpha=0.05$ 的显著性水平下,检验两个因素对化验结果有无显著影响。

6. 为了检验三个制造商所生产的搅拌机搅拌某种材料所用的时间是否相等,公司收集了三个制造商搅拌该材料所用的时间数据(见下表)。

单位:分钟

观测值	制造商 1	制造商 2	制造商 3
1	20	28	20
2	26	26	19
3	24	31	23
4	22	27	22
5	22	27	23
6	23	28	21

在 $\alpha = 0.05$ 的显著性水平下,利用这些数据检验三个制造商生产的搅拌机搅拌某种材料所用的时间的均值是否存在显著性差异。

7. 某统计学教授做了一个实验,目的是比较不同教学方法的有效性。方法 I 是讲课,布置作业,最后是期终考试。方法 II 除每周增加一个小时用以指导学生解决例证性问题外,与方法 I 相同。该教授对这两种方法对不同数学能力的同学有什么影响也很感兴趣。参加实验的 30 名志愿者根据数学能力被分为高、中、低组,每组 10 人。每组中有 5 名同学被随机分配到采用方法 I 的组中,另 5 名同学被分配到采用方法 II 的组中。课程结束时,所有 30 名学生参加同样的考试,考试成绩如下表所示。

单位:分

数学能力	教学方法			
	方法 I		方法 II	
高	39	41	49	47
	48	42	47	48
	44		43	
中	43	36	38	46
	40	35	45	44
	42		42	
低	30	33	37	41
	29	36	34	33
	37		40	

(1) 这个实验的原假设是什么?

(2) 假定 $\alpha = 0.05$,根据以上数据,你可以得出什么结论?

8. 为了检验压力和温度是否是影响某一化学过程产出的最重要的两个因素,每种因素各取三个水平进行实验并对每个水平组合实验两次,得到以下产出数据。

温度	压力		
	200 (B_1)	215 (B_2)	230 (B_3)
高(A_1)	90.4	90.7	90.2
	90.2	90.6	90.4
中(A_2)	90.1	90.5	89.8
	90.3	90.6	90.1
低(A_3)	90.5	90.8	90.4
	90.7	90.9	90.1

试问:在显著性水平 $\alpha = 0.05$ 时,压力和温度对产出数量是否有显著影响?

9. 方差分析的主要目的是判断(   )。

A. 各总体是否存在方差

B. 各样本数据之间是否有显著差异

C. 分类型自变量对数值型因变量的影响是否显著
D. 分类型因变量对数值型自变量的影响是否显著

10. 单因素方差分析是指只涉及(　　)。

A. 一个分类型自变量　　　　　　B. 一个数值型自变量
C. 两个分类型自变量　　　　　　D. 两个数值型因变量

11. 在下面的假定中,哪一个不属于方差分析中的假定?(　　)

A. 每个总体都服从正态分布　　　B. 各总体的方差相等
C. 观测值是独立的　　　　　　　D. 各总体的方差等于 0

第九章 主成分分析与因子分析

第一节 引 言

在现实研究过程中,往往需要对所反映事物或现象从多个角度进行预测,因此研究者设计出多个观测变量,从多个变量中收集大量数据进行分析,寻找规律。多变量大样本虽然可以为科学研究提供丰富的信息,但却增加了数据采集和处理的难度。更重要的是,许多变量之间存在一定的相关关系,导致了信息的重叠,从而增加了问题分析的复杂性。因此,人们希望尽可能使用较少的变量,同时又不失分析的全面性,这就要求减少所用变量的个数,也就是用少数几个新的变量代替原来的多个变量,同时使新变量尽可能包含原来变量的信息。

主成分分析和因子分析都是将大量的可能彼此相关的变量转换成较少的彼此不相关的综合指标的多元统计方法。这样既可以减少收集信息的工作量,又可以使各指标代表的信息不重叠。主成分分析利用的是"降维"的思想,利用原始变量的线性组合组成主成分,在信息损失较小的前提下,把多个指标转化为几个互补相关的综合指标。

因子分析是主成分分析的推广,也是一种使变量降维、简化变量结构的技术,是多元统计分析中的典型方法之一。一般认为,因子分析是由 Charles Spearman 最先提出的,他在 1904 年发表的文章《对智力测验得分进行统计分析》中提出这种方法,用来解决智力测验得分的多元统计问题。目前,因子分析在心理学、社会学、经济学等各个领域的科学研究中都得到了成功的应用。它通过研究众多变量之间的内部依赖关系,探求观测数据中的基本结构,并用少数几个"抽象"的变量来表示其基本的数据结构。这几个抽象的变量被称作因子,它们能反映原来众多变量的主要信息。通常来说,原始变量是可观测的显在变量,而因子一般是不可观测的潜在变量。例如,在百货商场的形象评价中,消费者可以通过一系列指标构成的评价指标体系,评价百货商场各方面的优劣。商场的环境、服务和商品的价格是消费者真正关心的三个方面。其中,除了价格,商场的环境和服务都是客观存在的、抽象的影响因素,均不便于直接测量,只能通过其他具体指标进行间接反映。因子分析就是这样一种统计方法,它通过显在变量测评潜在变量,通过具体指标测评抽象因子。再如,在研究区域社会经济发展时,描述社会与经济现象的指标很多,太多的指标容易导致分析过程复杂化。从这些错综复杂的社会经济指标中提取少数几个主要因子就是一种合适的做法。每一个主要因子都能反映相互依赖的社会经济指标间的共同作用,抓住这些主要因素,我们就可以对复杂的社会经济发展问题进行深入分析、合理解释和正确评价。其实,因子分析就是用少数集成后的互不相关的因子变量去解释大量的统计变量的一种统计方法,这种方法能以较少的因子变量和最小的信息损失来解释变量之间的结构。

因子分析的内容非常丰富,常用的因子分析类型有 R 型因子分析和 Q 型因子分析。R 型因子分析是对变量做因子分析,通过对变量的相关阵或协差阵内部结构的研究,找出控制所有变量的几个公共因子,用以对变量或样品进行分类。而 Q 型因子分析是对样品做因子分析,通过对样品的相似矩阵内部结构的研究,找出控制所有样品的几个主因子。本章在讨论因子分析时主要侧重于 R 型因子分析。

因子分析具有如下特点:① 因子数量远少于指标变量;② 不是取舍原变量,而是提取原变量中的公共部分;③ 因子变量之间独立;④ 因子变量具有命名解释性,即该变量是对某些原始变量信息的综合与反映。

因子分析的功能:① 寻求基本结构,简化观测系统;② 用于数据简化,用公共因子代替原变量做回归分析、聚类分析、判别分析等。

因子分析的根本目的就是用几个潜在的但不能直接观测的随机变量去描述许多变量间的关系,其前提是可以利用变量间的相关性对它们进行分组。

第二节 主成分分析

一、主成分分析的原理

在使用统计分析方法研究课题时,变量个数太多会增加课题的复杂性。在很多情形下,变量之间是有一定的相关关系的,当两个变量之间有一定相关关系时,可以解释为这两个变量反映该课题的信息有一定的重叠。而主成分分析正是将原来的变量重新组合成一组新的相互无关的综合变量,从而达到降维的目的。

主成分的概念首先由统计学家 Karl Pearson 在 1901 年提出。主成分在代数上是 p 个随机变量的特殊线性组合;在几何上是将以原随机变量为坐标轴的坐标系进行旋转,得到新的坐标系,新坐标系代表数据变异的最大方向。它借助于一个正交变换,将其分量相关的原随机向量转化成其分量不相关的新随机向量,这在代数上表现为将原随机变量的协方差矩阵变换成对角形矩阵,在几何上表现为将原坐标系转换成新的正交坐标系。

二、主成分分析的数学模型

统计上处理降维过程就是将 p 个原始变量进行线性组合,从而形成新的变量。主成分分析的思想也是一样,设原始的随机变量为 $X_1, X_2, \cdots, X_p$,最多可以形成 p 个主成分,设为 $F_1, F_2, \cdots, F_p$。则主成分 F_i 与原始变量 X_i 的线性组合为:

$$\begin{cases} F_1 = a_{11}X_1 + a_{12}X_2 + a_{13}X_3 + \cdots + a_{1p}X_p \\ F_2 = a_{21}X_1 + a_{22}X_2 + a_{23}X_3 + \cdots + a_{2p}X_p \\ \vdots \\ F_p = a_{p1}X_1 + a_{p2}X_2 + a_{p3}X_3 + \cdots + a_{pp}X_p \end{cases} \quad (9-1)$$

式(9-1)就是主成分分析的数学模型。其中，a_{ij}表示第i个主成分F_i和原来的第j个变量X_j之间的线性相关系数，称为载荷。

主成分提取的基本数学步骤为：

(1) 将原始变量进行坐标变换，可得：

$$\begin{cases} F_1 = a_{11}x_1 + a_{21}x_2 + a_{31}x_3 + \cdots + a_{p1}x_p \\ F_2 = a_{12}x_1 + a_{22}x_2 + a_{32}x_3 + \cdots + a_{p2}x_p \\ \vdots \\ F_p = a_{1p}x_1 + a_{2p}x_2 + a_{3p}x_3 + \cdots + a_{pp}x_p \end{cases} \quad (9-2)$$

式(9-2)满足如下条件：

① 系数向量取单位长度，即 $a_{1k}^2 + a_{2k}^2 + \cdots + a_{pk}^2 = 1$；

② $\mathrm{Var}(F_i) = a_i^\mathrm{T} D(x) a_i$，其中 $a_i = [a_{1i}, a_{2i}, \cdots, a_{pi}]$，$i = 1, 2, \cdots, p$。

③ $\mathrm{Cov}(F_i, F_j) = a_i^\mathrm{T} D(x) a_j$。

(2) 提取主成分：

第一主成分是方差最大的线性组合，满足条件：

① $a_1^\mathrm{T} a_1 = 1$；

② $\mathrm{Var}(F_1) = \mathrm{maxvar}(a^\mathrm{T} x)$。

即定义第一主成分 $F_1 = a_1^\mathrm{T} x$，在 $a_1^\mathrm{T} a_1 = 1$ 时使得 $\mathrm{Var}(F_1) = a_1^\mathrm{T} D(x) a_1$ 最大。

第二主成分满足条件：

① $a_2^\mathrm{T} a_2 = 1$；

② $\mathrm{Cov}(F_1, F_2) = 0$；

③ $\mathrm{Var}(F_2) = \mathrm{maxvar}(a^\mathrm{T} x)$。

即定义第二主成分 $F_2 = a_2^\mathrm{T} x$，在①和②条件下，使得 $\mathrm{Var}(F_2) = a_2^\mathrm{T} D(x) a_2$ 最大。

其余主成分的求法和条件以此类推。

显然，我们不能选取p个主成分，因为那样并没有达到降维的目的。那么我们使用什么标准来确定主成分的个数呢？一般在统计学上，主成分所代表的原始变量的信息是用方差来表示的。所选择的第一个主成分是所有主成分中方差最大的，如果第一个主成分不足以代表所有变量，则考虑选择第二个主成分，以此类推。这些主成分是互不相关且方差依次递减的。一般情况下，我们要求所选择的主成分的方差和占全部方差和的80%以上就可以了。但是，针对不同的实际情况，我们选取不同的主成分的个数。如果原始变量的相关性较强，则降维效果较好，主成分个数较少；否则，降维的效果就不好，主成分个数较多。

三、主成分分析的步骤

主成分分析由于计算较为复杂，因此在实际应用中都是借助软件来完成的，本节使用的软件是SPSS18.0。SPSS中，主成分分析是在因子分析程序中完成的。

主成分分析通常按照如下步骤进行：

（1）对原始 p 个变量进行标准化处理，消除变量水平和量纲的影响。该步骤在 SPSS 中的选项是："分析"—"描述统计"—"描述"命令。在打开如图 9-1 所示的"描述性"对话框中，把参与分析的原始变量都选入"变量"列表，并选中"将标准化得分另存为变量"复选框，单击"确定"按钮就可得到标准化变量。

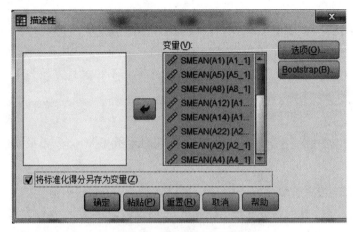

图 9-1 "描述性"对话框

（2）根据标准化后的数据计算相关系数矩阵。
（3）求出相关系数矩阵的特征根，即主轴或方差及对应的单位特征向量。
（4）确定主成分，并对主成分的含义做出适当的解释。

由于主成分分析在 SPSS 中的步骤与因子分析相似，故本节不再用实例来说明主成分分析的过程，下文将主要对因子分析进行具体阐述。

第三节　因子分析模型

一、因子分析的数学模型

1. R 型因子分析模型

R 型因子分析中的公共因子是共同的影响因素，这些影响因素不可直接观测，但又客观存在。

每一个变量都可以表示成公共因子的线性函数与特殊因子之和，即：

$$X_i = a_{i1}F_1 + a_{i2}F_2 + \cdots + a_{im}F_m + \varepsilon_i, \quad i = 1,2,\cdots,p \qquad (9-3)$$

式(9-3)中的 $F_1, F_2, \cdots, F_m$ 称为公共因子，ε_i 称为 X_i 的特殊因子。该模型可用矩阵形式表示为：

$$X = AF + \varepsilon \qquad (9-4)$$

其中矩阵为：

$$A = \begin{bmatrix} a_{11} & a_{12} & \cdots & a_{1m} \\ a_{21} & a_{22} & \cdots & a_{2m} \\ \vdots & \vdots & \vdots & \vdots \\ a_{p1} & a_{p2} & \cdots & a_{pm} \end{bmatrix}$$

且满足：

(1) $m \leq p$；

(2) $\text{Cov}(F, \varepsilon) = 0$，即公共因子与特殊因子是不相关的；

(3) $D_F = D(F) = \begin{bmatrix} 1 & & 0 \\ & \ddots & \\ 0 & & 1 \end{bmatrix} = I_m$，即各个公共因子不相关且方差为 1；

(4) $D_\varepsilon = D(\varepsilon) = \begin{bmatrix} \sigma_1^2 & & \\ & \ddots & \\ & & \sigma_p^2 \end{bmatrix}$，即各个特殊因子不相关，方差不要求相等。

模型中的 a_{ij} 称为因子载荷，是第 i 个变量在第 j 个因子上的负荷。如果把变量 X_i 看作 m 维空间中的一个点，则 a_{ij} 表示它在坐标轴 F_j 上的投影，因此矩阵 A 称为因子载荷矩阵。

2. Q 型因子分析

类似地，Q 型因子分析的数学模型可表示为：

$$X_i = a_{i1}F_1 + a_{i2}F_2 + \cdots + a_{im}F_m + \varepsilon_i, \quad i = 1, 2, \cdots, n \tag{9-5}$$

式中，$X_1, X_2, \cdots, X_n$ 表示的是 n 个样品，这是 Q 型因子分析与 R 型因子分析模型的差异。

无论是 R 型因子分析还是 Q 型因子分析，都用公共因子 F 代替 X，一般要求 $m < p$，$m < n$，因此，因子分析与主成分分析一样，也是一种降低变量维数的方法。我们下面将看到，因子分析的求解过程同主成分分析类似，也是从一个协方差矩阵出发的。

因子分析与主成分分析有许多相似之处，但这两种模型又存在明显的不同。主成分分析的数学模型本质上是一种线性变换，是将原始坐标变换到变异程度的方向上去，相当于从空间上转换观看数据的角度，突出数据变异的方向，归纳重要信息。而因子分析从本质上看是从显在变量中"提炼"潜在因子的过程。正因如此，因子个数 m 的取值要通过一定规则确定，并且因子的形式也不是唯一确定的。一般来说，作为自变量的因子 $F_1, F_2, \cdots, F_m$ 是不可直接观测的。

二、因子载荷矩阵的统计意义

前面的因子分析模型中出现了一个叫因子载荷矩阵的概念，实际上，因子载荷矩阵存在明显的统计意义。为了对因子分析过程和计算结果做详细的解释，我们对因子载荷矩阵的统计意义加以说明。

1. 因子载荷 a_{ij} 的统计意义

对于因子模型

$$X_i = a_{i1}F_1 + a_{i2}F_2 + \cdots + a_{ij}F_j + \cdots + a_{im}F_m + \varepsilon_i, \quad i = 1, 2, \cdots, p$$

我们可以得到 X_i 与 F_j 的协方差为：

$$\text{Cov}(X_i, F_j) = \text{Cov}\left(\sum_{k=1}^m a_{ik} F_k + \varepsilon_i, F_j\right)$$

$$= \text{Cov}\left(\sum_{k=1}^m a_{ik} F_k, F_j\right) + \text{Cov}(\varepsilon_i, F_j)$$

如果对 X_i 做标准化处理，则 X_i 的标准差为 1，且 F_j 的标准差为 1，因此有：

$$r_{X_i, F_j} = \frac{\text{Cov}(X_i, F_j)}{\sqrt{D(X_i)}\sqrt{D(F_j)}} = \text{Cov}(X_i, F_j) = a_{ij}$$

从上面的分析可知，对于标准化后的 X_i，a_{ij} 是 X_i 与 F_j 的相关系数，它一方面表示 X_i 对 F_j 的依赖程度，绝对值越大，依赖程度越高；另一方面也反映了变量 X_i 对公共因子 F_j 的相对重要性。了解这一点对我们理解抽象的因子的含义有非常重要的作用。

2. 变量共同度 h_i^2 的统计意义

设因子载荷矩阵为 A，我们称第 i 行元素的平方和，即

$$h_i^2 = \sum_{j=1}^m a_{ij}^2, \quad i = 1, 2, \cdots, p \tag{9-6}$$

为变量 X_i 的共同度。

由因子模型可知：

$$D(X_i) = a_{i1}^2 D(F_1) + a_{i2}^2 D(F_2) + \cdots + a_{im}^2 D(F_m) + D(\varepsilon_i)$$

$$= a_{i1}^2 + a_{i2}^2 + \cdots + a_{im}^2 + D(\varepsilon_i)$$

$$= h_i^2 + \sigma_i^2 \tag{9-7}$$

这里应该注意，式(9-7)说明变量 X_i 的方差由两部分组成：共同度 h_i^2 为第一部分，它描述了全部公共因子对变量 X_i 的总方差所做的贡献，反映了公共因子对变量 X_i 的影响程度。特殊因子 ε_i 对变量 X_i 的总方差所做的贡献为第二部分，通常称为个性方差。如果对 X_i 做标准化处理，则有：

$$1 = h_i^2 + \sigma_i^2 \tag{9-8}$$

3. 公共因子的方差贡献的统计意义

设因子载荷矩阵为 A，我们称第 j 列元素的平方和，即

$$\theta_j^2 = \sum_{i=1}^p a_{ij}^2, \quad j = 1, 2, \cdots, m$$

为公共因子 F_j 对 X_i 的贡献，即表示同一公共因子 F_j 对各变量所提供的方差贡献之总和，它是衡量每一个公共因子相对重要性的一个尺度。

第四节　因子分析实例

因子分析的标准分析步骤有四步：
（1）根据具体问题，判断待分析的若干原始变量是否适合进行因子分析，并采用某些

检验方法来判断数据是否符合分析要求。可以使用的方法主要包括巴特利特球度检验、反映像相关矩阵检验和 KMO 检验。

（2）选择提取公共因子的方法，并按照一定标准确定提取的公共因子数目。公共因子提取方法包括主成分分析法、最大似然估计法等，确定公共因子的数目则可以根据特征根、公共因子的累积方差贡献率等来确定。

（3）考察公共因子的可解释性，并在必要的时候进行因子旋转，以寻求最佳的解释方式。

（4）计算出因子得分等中间指标。

实例分析步骤如下：

第一步，计算因子载荷矩阵与特殊度。

用 SPSS 软件自带的数据文件 Employee data.sav 说明 Factor Analysis 模板进行因子分析的方法。

打开 Employee data.sav 数据集并依次点选"Analyze"→"Data Reduction"→"Factor…"进入"Factor Analysis"对话框，选取 Educ、Salary、Salbegin、Jobtime、Prevexp 变量进入"Variables"窗口。

单击对话框下侧的"Extraction"进入"Extraction"对话框，在"Method"选项框我们看到 SPSS 软件默认用主成分分析提取因子，在"Analyze"框架中看到从分析相关矩阵的结构出发求解公共因子。选中"Display factor score coefficient matrix"复选框，输出因子得分矩阵，即标准化主成分（因子）用原始变量线性表示的系数矩阵。单击"Continue"→"OK"运行，可以得到输出结果 1，如表 9-1、表 9-2、表 9-3、表 9-4 所示。

表 9-1 Communalities

	Initial	Extraction
Educational Level（years）	1.000	0.754
Current Salary	1.000	0.896
Beginning Salary	1.000	0.916
Months since Hire	1.000	0.999
Previous Experience（months）	1.000	0.968

Extraction Method: Principal Component Analysis.

表 9-2 Total Variance Explained

Component	Initial Eigenvalues			Extraction Sums of Squared Loadings		
	Total	% of Variance	Cumulative %	Total	% of Variance	Cumulative %
1	2.477	49.541	49.541	2.477	49.541	49.541
2	1.052	21.046	70.587	1.052	21.046	70.587
3	1.003	20.070	90.656	1.003	20.070	90.656
4	0.365	7.299	97.955			
5	0.102	2.045	100.000			

Extraction Method: Principal Component Analysis.

表 9-3 Component Matrix*

	Component		
	1	2	3
Educational Level (years)	0.846	-0.194	-0.014
Current Salary	0.940	0.104	0.029
Beginning Salary	0.917	0.264	-0.077
Months since Hire	0.068	-0.052	0.996
Previous Experience (months)	-0.178	0.965	0.069

Extraction Method: Principal Component Analysis.

* 3 components extracted.

表 9-4 Component Score Coefficient Matrix

	Component		
	1	2	3
Educational Level (years)	0.342	-0.184	-0.014
Current Salary	0.380	0.099	0.028
Beginning Salary	0.370	0.250	-0.077
Months since Hire	0.027	-0.050	0.992
Previous Experience (months)	-0.072	0.917	0.069

Extraction Method: Principal Component Analysis.

其中 Component Matrix(见表 9-3)是因子载荷矩阵,是用标准化后的主分析(公共因子)近似表示标准化原始变量的系数矩阵,用 fac1,fac2,fac3 表示各公共因子,以 Current Salary 为例,有:

$$\text{标准化的 Salary} \approx 0.940 \times \text{fac1} + 0.104 \times \text{fac2} + 0.029 \times \text{fac3}$$

由表 9-1 可知,特殊因子的方差(特殊度)为 $1 - 0.896 = 0.104$。

实际上,在进行因子分析之前,往往先要了解变量之间的相关性来判断进行因子分析是否合适。对此,进入"Factor Analysis"对话框后,单击下方的"Descriptive"按钮,进入"Descriptive"对话框,在"Statistics"框架中选择"Univariate Descriptive"会给出每个变量的均值、方差等统计量的值,在下方的"Correlation Matrix"框架中,选中"Coefficients"选项以输出原始变量各相关系数的显著性水平。单击"Continue"→"OK"运行,可以得到输出结果 2(见表 9-5)。

表 9-5 Correlation Matrix

		Educational Level (years)	Current Salary	Beginning Salary	Months since Hire	Previous Experience (months)
Correlation	Educational Level (years)	1.000	0.661	0.633	0.047	-0.252
	Current Salary	0.661	1.000	0.880	0.084	-0.097
	Beginning Salary	0.633	0.880	1.000	-0.020	0.045
	Months since Hire	0.047	0.084	-0.020	1.000	0.003
	Previous Experience (months)	-0.252	-0.097	0.045	0.003	1.000

(续表)

	Educational Level (years)	Current Salary	Beginning Salary	Months since Hire	Previous Experience (months)
Sig. (1-tailed) Educational Level (years)		0.000	0.000	0.152	0.000
Current Salary	0.000		0.000	0.034	0.017
Beginning Salary	0.000	0.000		0.334	0.163
Months since Hire	0.152	0.034	0.334		0.474
Previous Experience (months)	0.000	0.017	0.163	0.474	

由上面的结果可知原始变量之间有较强的相关性,进行因子分析是合适的。

第二步,因子旋转。

在"Factor Analysis"对话框中单击"Rotation…"按钮,进入"Rotation"对话框,在"Method"框架中可以看到 SPSS 软件给出了多种进行旋转的方法,系统默认为不旋转。可以选择的旋转方法有 Varimax(方差最大正交旋转)、Direct Oblimin(直接斜交旋转)、Quartmax(四次方最大正交旋转)、Equamax(平均正交旋转)及 Promax(斜交旋转)。选中"Varimax"选项,此时,"Display"框架中"Rotated Solution"选项处于活动状态,选中该选项以输出旋转结果。单击"Continue"→"OK"运行,输出结果 3(见表 9-6、表 9-7 和表 9-8)。

表 9-6 Rotated Component Matrix*

	Component		
	1	2	3
Educational Level (years)	0.812	-0.306	0.036
Current Salary	0.944	-0.021	0.066
Beginning Salary	0.946	0.133	-0.050
Months since Hire	0.023	0.003	0.999
Previous Experience (months)	-0.047	0.983	0.004

Extraction Method: Principal Component Analysis.

Rotation Method: Varimax with Kaiser Normalization.

* Rotation converged in 4 iterations.

表 9-7 Component Transformation Matrix

Component	1	2	3
1	0.990	-0.134	0.046
2	0.137	0.989	-0.058
3	-0.038	0.064	0.997

Extraction Method: Principal Component Analysis.

Rotation Method: Varimax with Kaiser Normalization.

表 9-8　Component Score Coefficient Matrix

	Component		
	1	2	3
Educational Level (years)	0.314	−0.229	0.013
Current Salary	0.388	0.049	0.040
Beginning Salary	0.403	0.193	−0.074
Months since Hire	−0.017	0.011	0.994
Previous Experience (months)	0.051	0.921	0.012

Extraction Method: Principal Component Analysis.

Rotation Method: Varimax with Kaiser Normalization.

由结果可以看到,旋转后公共因子解释原始数据的能力没有提高,但因子载荷矩阵及因子得分系数矩阵都发生了变化,因子载荷矩阵中的元素更倾向于 0 或者±1。

有时,为了公共因子的实际意义更容易解释,往往需要放弃公共因子之间互不相关的约束而进行斜交旋转,最常用的斜交旋转方法为 Promax 方法。对本例进行斜交旋转,可得到输出结果 4(见表 9-9、表 9-10 和表 9-11)。

表 9-9　Pattern Matrix*

	Component		
	1	2	3
Educational Level (years)	0.797	−0.266	0.019
Current Salary	0.946	0.028	0.049
Beginning Salary	0.960	0.181	−0.065
Months since Hire	0.002	0.017	1.000
Previous Experience (months)	0.010	0.985	0.016

Extraction Method: Principal Component Analysis.

Rotation Method: Promax with Kaiser Normalization.

* Rotation converged in 4 iterations.

表 9-10　Structure Matrix

	Component		
	1	2	3
Educational Level (years)	0.827	−0.353	0.058
Current Salary	0.945	−0.077	0.087
Beginning Salary	0.937	0.078	−0.031
Months since Hire	0.040	−0.010	0.999
Previous Experience (months)	−0.097	0.984	−0.010

Extraction Method: Principal Component Analysis.

Rotation Method: Promax with Kaiser Normalization.

表 9-11　Component Correlation Matrix

Component	1	2	3
1	1.000	−0.109	0.040
2	−0.109	1.000	−0.027
3	0.040	−0.027	1.000

Extraction Method: Principal Component Analysis.
Rotation Method: Promax with Kaiser Normalization.

可以看到,与正交旋转不同,斜交旋转的输出结果中没有 Rotated Component Matrix 而代之以 Pattern Matrix 和 Structure Matrix,在这里,Pattern Matrix 即因子载荷矩阵,而 Structure Matrix 为公共因子与原始变量的相关矩阵。也就是说,在斜交旋转中,因子载荷系数不再等于公共因子与原始变量的相关系数。表 9-9 至表 9-11 存在以下关系:

$$\text{Structure Matrix} = \text{Pattern Matrix} \times \text{Correlation Matrix}$$

第三步,因子得分。

在"Factor Analysis"对话框,单击下方的"Score"按钮,进入"Factor Score"对话框,选中"Save as variables"复选框,即把原始数据各样本点的因子得分值存为变量,可以看到系统默认用回归方法求因子得分系数("Method"框架中"Regression"选项被自动选中),保留此设置。在此例中,我们还选中了"Save as variables"复选框,这一选项要求输出估计的因子得分值,该结果出现在数据窗口。在数据窗口,我们可以看到在原始变量后面出现了三个新的变量,变量名分别为 fac1_1、fac2_1、fac3_1。这三个变量是各个样品的第一公共因子、第二公共因子、第三公共因子的得分。我们在前面的分析中曾提到过,这些得分是经过标准化的,这一点可以用下面的方法简单地验证。

依次点选"Analyze"→"Descriptive Statistics"→"Descriptive…"进入"Descriptive"对话框,选中 fac1_1、fac2_1、fac3_1 三个变量,单击"OK"运行,可得到输出结果 5(表 9-12)。

表 9-12　Descriptive Statistics

	N	Minimum	Maximum	Mean	Std. Deviation
REGR factor score 1 for analysis 1	474	−1.39641	6.03265	0.0000000	1.00000000
REGR factor score 2 for analysis 1	474	−1.10284	3.75732	0.0000000	1.00000000
REGR factor score 3 for analysis 1	474	−1.79868	1.70247	0.0000000	1.00000000
Valid N (listwise)	474				

可以看到,三个变量的标准差均为 1(此时由于四舍五入的原因,变量的均值不绝对等于零而是有细微差别)。

得到各个样品的因子得分后,我们就可以对样品点进行分析,如用因子得分值代替原始数据进行归类分析或者回归分析等。同时,我们还可以在一张二维图上画出各数据点,描述各样品点,描述各样品点之间的相关关系。

依次点选"Graphs"→"Scatter…"进入"Scatterplot"对话框,选择"Simple",单击"Define",在弹出的"Simple Scatterplot"对话框中,分别选择 fac1_1、fac2_1 作为 X 轴与 Y 轴,单击"OK"运行,可以得到如图 9-2 所示的散点图。

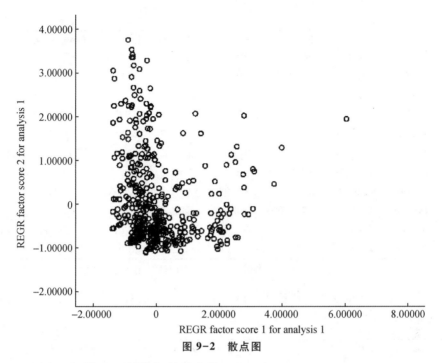

图 9-2 散点图

由此可以直观地描述原始数据的散布情况。

本章小结

本章主要介绍了主成分分析的原理、数学模型和步骤以及因子分析的概念、数学模型和其中一些量的统计意义,并用实例介绍了 SPSS 软件在因子分析上的应用。这两种方法都是多元统计分析中处理降维问题的统计方法。

1. 主成分分析是将具有相关性的众多原始变量线性组合后,形成几个不相关的综合变量代替初始时较多的变量的一种多元统计分析方法。主成分分析可以看作因子分析的一个特例,但二者的原理不完全相同。

2. 因子分析是用少数集成后的互不相关的因子变量去解释大量的统计变量的一种统计方法,这种方法能以较少的因子变量和最小的信息损失来解释变量之间的结构。

3. 因子分析的基本概念包括公共因子、R 型因子分析、Q 型因子分析、矩阵旋转、因子载荷矩阵、变量共同度、主因子分析等。

4. 因子分析的应用范围十分广泛,主要步骤分为四步:判断原始变量是否适合进行因子分析;选择提取公共因子的方法和确定公共因子数目;因子载荷矩阵的旋转;计算因子得分。需要掌握 SPSS 中因子分析的操作。

本章习题

1. 2020 年我国十省份经济生活水平八项指标数据如下表所示。试概括出三个公共因子,并计算十省份在这些因子上的得分及综合得分,并比较各地的经济生活水平。

单位:亿元

省份	第一产业GDP	第二产业GDP	第三产业GDP	固定资产投资	居民储蓄存款余额	城镇居民人均可支配收入	农村居民消费绝对数	城镇居民消费绝对数
北京	107.60	5 716.40	30 278.60	7 888.74	44 599.0	73 848.5	21 881.0	46 358.2
天津	210.18	4 804.08	9 069.47	12 122.72	15 067.4	46 118.9	17 843.3	34 810.7
河北	3 880.10	13 597.20	18 729.60	37 359.02	53 353.3	35 737.7	12 372.0	23 483.1
山西	946.68	7 675.44	9 029.81	7 094.58	25 570.9	33 262.4	9 728.4	21 159.0
内蒙古	2 025.10	6 868.00	8 466.70	11 079.52	15 348.2	40 782.5	13 816.0	25 382.5
辽宁	2 177.80	9 531.20	13 200.40	6 716.57	42 602.0	39 777.2	12 030.2	27 355.0
吉林	1 553.00	4 326.20	6 432.10	12 222.08	17 092.4	32 299.2	12 030.2	23 394.3
黑龙江	3 438.30	3 483.50	6 776.70	11 224.16	21 169.7	30 944.6	12 494.9	22 164.9
上海	103.60	10 289.50	28 307.50	8 012.21	31 727.7	73 615.3	22 448.9	48 271.6
江苏	4 536.70	44 226.40	53 955.80	58 766.88	66 983.9	51 056.1	17 715.9	31 329.1

资料来源:国家统计局.中国统计年鉴2020[M].北京:中国统计出版社,2021.

2. 某十只基金某年度业绩的各项指标如下表所示。试对其进行因子分析,并对这十只基金的业绩进行综合评价。

基金名称	平均周收益率	累计净值增长率	标准差	Beta	特雷诺指数	夏普指数	詹森指数	选股能力指数	择时能力指数	资产配置
A	-0.0001	0.0402	0.0095	0.538	-0.0006	-0.0512	0.0004	-0.1011	-0.0430	0.7532
B	-0.0001	0.0735	0.0100	0.602	-0.0010	-0.0502	0.0003	-0.1022	0.0082	0.6598
C	-0.0003	0.0521	0.0076	0.591	-0.0009	-0.0367	0.0005	0.0567	-0.0520	0.7111
D	-0.0002	0.0231	0.0043	0.522	-0.0013	-0.0389	0.0004	0.2012	-0.0260	0.6890
E	0.0000	0.0103	0.0082	0.497	-0.0009	-0.0433	0.0006	0.1798	-0.0570	0.5982
F	0.0002	0.0426	0.0053	0.312	-0.0008	-0.0539	0.0002	0.0926	-0.0330	0.6092
G	0.0001	0.0395	0.0025	0.501	-0.0007	-0.0489	0.0004	-0.1992	0.0100	0.5872
H	-0.0005	0.0411	0.0028	0.546	-0.0005	-0.0299	0.0003	-0.0871	-0.0340	0.4398
I	0.0005	0.0678	0.0091	0.678	-0.0011	-0.0631	0.0002	0.1523	-0.0600	0.6099
G	0.0000	0.0123	0.0098	0.555	-0.0009	-0.0789	0.0003	0.0348	-0.0350	0.6650

3. 对300名女中学生的八个体型指标进行测量,相应的相关矩阵如下表所示。试用因子分析的方法对这八个体型指标进行分析,找出公共因子,并给出合理的解释。

	身高	手臂长	上肢长	下肢长	体重	颈围	胸围	胸宽
身高	1.000							
手臂长	0.846	1.000						
上肢长	0.805	0.881	1.000					
下肢长	0.859	0.826	0.801	1.000				
体重	0.473	0.376	0.380	0.436	1.000			
颈围	0.398	0.326	0.319	0.329	0.762	1.000		
胸围	0.301	0.277	0.237	0.327	0.730	0.583	1.000	
胸宽	0.382	0.227	0.345	0.365	0.629	0.577	0.539	1.000

4. 为考察学生的学习情况,学校随机抽取了 12 名学生的 5 门课程期末考试的成绩,如下表所示。试用因子分析的方法对这些数据进行分析:

(1) 找出 5 门课程的公共因子,并进行合理的解释;

(2) 计算样本的因子得分,分析这 12 名学生的学习情况。

单位:分

序号	政治	语文	外语	数学	物理
1	99	94	93	100	100
2	85	99	96	97	98
3	79	98	81	96	95
4	100	95	73	96	78
5	99	84	76	65	77
6	92	85	83	64	90
7	88	75	90	82	73
8	81	79	93	72	85
9	99	85	87	83	90
10	100	82	74	91	95
11	89	86	76	81	90
12	92	90	86	79	83

5. 现有 30 名应聘者应聘某公司的某职位,公司分别为这些应聘者的 12 项指标打分:X_1 为外貌,X_2 为专业能力,X_3 为自信心,X_4 为观察力,X_5 为诚实,X_6 为推销能力,X_7 为经验,X_8 为驾驶水平,X_9 为事业心,X_{10} 为潜在能力,X_{11} 为交际能力,X_{12} 为适应能力。每位求职者的 12 项指标的得分如下表所示。试选取 4 个因子,对这 12 项指标进行因子分析。

序号	X_1	X_2	X_3	X_4	X_5	X_6	X_7	X_8	X_9	X_{10}	X_{11}	X_{12}
1	7	5	10	7	9	7	3	9	5	6	8	7
2	10	7	9	9	9	10	5	9	6	8	8	8
3	8	7	6	8	10	5	8	4	4	4	9	10
4	6	8	8	5	8	2	3	5	8	7	7	10
5	7	2	8	4	7	10	5	7	6	6	6	9
6	9	10	9	9	9	6	4	8	8	8	8	9
7	9	6	5	10	9	5	9	9	7	7	7	8
8	8	8	7	8	8	4	10	10	8	7	7	9
9	7	8	7	10	5	4	9	4	8	5	8	7
10	8	7	9	8	4	8	9	2	9	6	5	9
11	9	8	8	4	8	9	8	5	10	8	4	10
12	7	9	8	3	10	9	2	8	7	8	6	8
13	7	10	6	4	9	7	2	7	6	9	10	8
14	7	8	8	6	7	5	3	8	6	8	6	6
15	8	8	9	9	8	5	6	8	8	7	8	7
16	9	9	8	8	9	6	7	4	9	10	6	8
17	9	7	9	7	6	8	7	5	7	8	9	8

（续表）

序号	X_1	X_2	X_3	X_4	X_5	X_6	X_7	X_8	X_9	X_{10}	X_{11}	X_{12}
18	7	9	7	5	5	8	6	6	7	7	8	9
19	7	8	8	6	4	6	8	8	8	10	7	7
20	8	7	9	9	8	7	9	7	6	9	8	4
21	9	10	7	8	8	7	7	3	10	7	7	8
22	8	8	8	7	9	8	7	2	8	5	9	8
23	8	9	8	8	7	5	5	6	7	8	9	7
24	7	8	9	6	8	6	8	8	7	4	5	5
25	7	7	8	6	10	7	7	7	5	8	5	6
26	9	8	7	9	5	9	9	10	8	8	6	8
27	8	9	9	8	7	8	9	9	8	7	8	8
28	7	8	9	7	8	7	7	9	9	9	8	7
29	7	9	8	8	9	7	5	7	8	6	7	9
30	8	3	7	9	8	8	6	8	7	5	9	10

6. 简述主成分分析的步骤。

7. 简述因子分析的步骤。

8. 简述主成分分析与因子分析的区别。

第十章 聚类分析与判别分析

聚类分析（cluster analysis）起源于分类学。在古老的分类学中，人们主要依靠经验和专业知识来实现分类，很少利用数学工具进行定量的分类，导致分类的结果不可避免地存在主观性和随机性，并且不能揭示被分类对象的内在联系和区别。特别是当被分类的对象受到多个因素或指标影响时，由此做出的分类的可靠性就会更低。随着科学技术的发展，对分类的要求越来越高，于是人们逐渐将数学工具引入分类学中，形成了数值分类学；之后，人们又将多元分析的技术引入数值分类学，形成了聚类分析。

聚类分析是一种根据研究对象特征对研究问题进行分类的多元分析方法，它主要是依据样本间相似性的度量标准将数据集自动分成几个群组，并使同一个群组内的样本之间相似度尽量高、不同群组的样本之间相似度尽量低的一种方法。

目前，聚类分析已经在各个领域得到广泛应用。例如：在经济领域，通过对商业区或住宅区进行聚类，确定自动取款机（ATM）的设置地点；通过对消费者行为的研究，对市场进行细分，确定目标市场。在医学、生物学领域，对各种病症进行分类分析；通过挖掘出的一些骨骼的形状和大小对生物进行分类，对基因进行分类，以获得对种群的认识。在数据挖掘领域，将聚类分析作为其他数学算法的预处理步骤，获得数据分布状况，从而集中对特定的类做进一步的研究等。

判别分析与聚类分析不同，它是在已知分组的前提下，根据已经确定分类对象的某些观测指标和所属类别来判断未知对象所属类别的一种统计学方法。判别分析法的第一步是要对所研究对象进行分类，然后进一步选择对观测对象能够进行较全面描述的变量，进而按照一定的判别准则，建立一个或者多个判别函数，用研究对象的大量资料确定判别函数中的待定系数，并计算判别指标。对一个未确定分组的对象，只要将其代入判别函数就可以判断其所属分类。在实践中，判别分析在气候分类、农业区划、土地类型划分等领域有着广泛的应用。在日常生活中，通过收集网上众多店铺经营的商品种类、品牌、价格、交易量等数据信息，来分析判别店铺的星级，也是判别分析的一种简单应用。

第一节 聚类分析方法概述

一、聚类分析的基本思想

我们一般认为，所研究的样本或指标之间存在不同程度的相似性。于是我们可以根据一批样本的多个观测指标，具体找出一些能够度量样本或指标之间相似程度的统计量；以这些统计量为划分类型的依据，把一些相似程度较高的样本（或指标）聚为一类，相似程度较低的聚合到另一个大的分类单位；重复这个过程，直到把所有样本（或指标）都聚成一类，这样就可以形成一个由分散到统一的过程。

二、聚类分析方法

聚类分析方法可分为两大类：样品聚类分析（case cluster analysis，又称 Q 型聚类分析）和指标聚类分析（variable cluster analysis，又称 R 型聚类分析）。

Q 型聚类分析：对样品进行分类，没有唯一"正确"的分类方法，由实际工作者决定所需的分类数和分类情况。

R 型聚类分析：对变量进行分类，在每一类中找出有代表性的变量作为重要变量，利用少数几个重要变量进一步进行回归分析或 Q 型聚类分析。

具体的聚类方法有五种：

（1）系统聚类法。基本思想：① 计算 n 个样本两两之间的距离，构造 n 类，每类只包含一个样本；② 合并最近的两类为一个新的类；③ 计算当前 $n-1$ 类中，两两之间的距离；④ 如果此时类的个数为1，聚类过程停止，否则继续重复步骤②、③、④。最后，可根据所研究问题的实际需要决定分类的个数和类。

（2）快速聚类法。基本思想：① 给定类数 k，确定 k 个点为"聚类种子"；② 将所有样本点按与这 k 个点的距离远近分为 k 类；③ 再以这 k 类的重心为新的"聚类种子"，将所有样本点重新分类。如此下去，直到收敛得到最终的 k 类。

（3）两步聚类法。基本思想：① 将记录预聚类为许多小子类；② 将小子类再聚类，如采用系统聚类法。该聚类法主要处理非常大的数据集，能够处理连续变量和分类变量的混合数据，并且可自动确定类的数目。

（4）有序样本聚类法（最优分割法）。基本思想：开始时所有样本分为一类，然后分成两类、三类等，直到分为 n 类。要求分类后产生的离差平方和最小。在使用该聚类法对样本进行聚类时，不能打乱样本的次序。当样本量 n 不大时，有可能讨论所有可能的分类结果，并在某损失函数意义下，从中得到最优解。

（5）模糊聚类法。基本思想：① 对原始数据进行变换；② 计算模糊相似矩阵（夹角余弦或相关系数），建立模糊等价矩阵；③ 进行聚类。

第二节 聚类分析的基本概念

聚类分析是将性质相同或相近的个体聚为一类，但是如何衡量性质是否相同或相近？我们需要选取一些指标对相似性进行测度。不同类型的变量，其相似性的测度方法也有所不同。下面分别介绍数值变量和非数值变量的相似性测度方法。

一、数值变量的相似性测度

（一）样本间的相似性度量

对样本进行聚类时，相似性一般用数学意义上的"距离"来度量。点与点之间的距离、类与类之间的距离有不同的度量方法。

为方便说明，设 x,y 是两个要度量相似性的聚类变量，它们均含有 m 个分量。

常用的点与点之间的距离定义方法有：

1. 绝对值距离
$$\text{distance}(x,y) = \sum_{k=1}^{m} |x_k - y_k|$$

2. 欧氏距离
$$\text{distance}(x,y) = \sqrt{\sum_{k=1}^{m} (x_k - y_k)^2}$$

3. 平方欧氏距离
$$\text{distance}(x,y) = \sum_{k=1}^{m} (x_k - y_k)^2$$

4. 切比雪夫距离
$$\text{distance}(x,y) = \max_{1 \leq k \leq m} |x_k - y_k|$$

5. 明可夫斯基距离
$$\text{distance}(x,y) = \left[\sum_{k=1}^{m} |x_k - y_k|^p \right]^{\frac{1}{p}}$$

在以上五种距离的定义中,欧氏距离和平方欧氏距离是应用最为广泛的。而明可夫斯基距离是五种距离中最综合的,其他距离只是参数 p 取某些特殊值时的特例。

在聚类分析的过程中,我们还需要度量包含若干点的类与类之间的距离。常见的类间距离的度量方法有最短距离法、最长距离法、类间平均法、类间重心法、离差平方和法(我们将在第三节中详细介绍)。

(二) 指标的相似性度量

对指标进行聚类时,相似性通常用相关系数或某种关联性来度量。

1. 夹角余弦(相似系数)
$$r = \frac{\sum_{k=1}^{m} x_k y_k}{\sqrt{\sum_{k=1}^{m} x_k^2} \sqrt{\sum_{k=1}^{m} y_k^2}}$$

2. 皮尔逊相关系数
$$r_{xy} = \frac{\sum_{k=1}^{m} (x_k - \bar{x})(y_k - \bar{y})}{\sqrt{\sum_{k=1}^{m} (x_k - \bar{x})^2} \sqrt{\sum_{k=1}^{m} (y_k - \bar{y})^2}}$$

注意,两个指标的相关系数(或者相似系数)的绝对值越大,说明两个变量的性质越接近。

一般地,对变量聚类时,通常采用相关系数或者相似系数,原因如下:

(1) 变量在概率统计意义上通常理解为随机变量,而度量随机变量之间的"距离"通常不能采用欧氏距离等空间度量方式;

(2) 变量通常有量纲,采用相关系数或者相似系数能够消去量纲。

需要注意的是,前面讲的大部分度量方法受变量的测量单位影响较大,数量级较大的数据变异性也较大,相当于对这个变量赋予了更大的权重,经常导致聚类结果产生很大的偏差。为了克服测量数据数量级等影响,在计算样本或者变量间的距离前,通常对数据进行标准化处理,将原始变量变成均值为0、方差为1的标准化数据。

二、非数值变量的相似性测度

非数值变量的相似性测度通常采用关联测度来完成,一般基于列联表计算。

设x,y均是取值为0、1的名义变量,两变量间的列联表如表10-1所示。其中,a表示x,y均取0时的配对个数;b表示x取1,y取0时的配对个数;x共有$a+c$个值取0,y共有$a+b$个值取0;每个变量共有$a+b+c+d$个值。

表 10-1 列联表

y	x		求和
	0	1	
0	a	b	a+b
1	c	d	c+d
求和	a+c	b+d	a+b+c+d

常用的关联测度方法是不匹配系数(r),即x,y取值不相同的个数与取值总数之比:

$$r = \frac{b+c}{a+b+c+d}$$

需要说明的是,适用于非数值变量的测度也一定适用于数值变量,但适用于数值变量的测度基本不能用于非数值变量。不同距离的选择对于聚类的结果有重要影响,因此在选择相似性测度时,一定要结合变量的性质。

第三节 系统聚类法实例

一、基本原理

系统聚类法是目前国内外运用最多的一种聚类分析方法,它包含以下步骤:

第一步,计算n个样本(或指标)两两之间的距离;

第二步,每个样本各自成为一类,这样共有n类;

第三步,合并距离最近的两类为一个新类;

第四步,计算新类与当前其他各类的距离,若类的个数等于1,转到第五步,否则回到第三步;

第五步,画出聚类图;

第六步,根据聚类图等聚类结果,决定这n个样本(或指标)应当分为几类。

二、类间距离的定义

细心的读者已经发现,单个样本与样本的距离是很好计算的,只要运用欧氏距离等度量方式即可求出。但如果一类包含n个样本,另一类包含m个不同的样本,那么这两类之间的距离如何确定呢?这种类与类之间的距离的定义导致了多种系统聚类方式。

1. 最短距离法

最短距离法将两类之间的距离定义为一类中所有个体与另一类中所有个体间距离的最小者。

设 x_i 为类 G_p 中的任意一个体，y_j 为类 G_q 中的任意一个体，d_{ij} 表示个体 x_i 与 y_j 间的距离，D_{pq} 表示类 G_p 与类 G_q 间的距离，则最短距离法把类间距离 D_{pq} 定义为 $D_{pq} = \min\limits_{x_i \in G_p, y_j \in G_q} d_{ij}$，如图 10-1 所示。

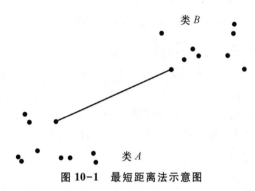

图 10-1 最短距离法示意图

最短距离法简单易用，能直观地说明聚类的含义，但是它易将大部分个体聚成一类，易形成延伸的链状结构，且受异常值影响较大，所以其聚类效果并不好，实际中较少采用。

2. 最长距离法

最长距离法将两类之间的距离定义为一类中所有个体与另一类中所有个体间距离的最大者，即 $D_{pq} = \max\limits_{x_i \in G_p, y_j \in G_q} d_{ij}$，如图 10-2 所示。

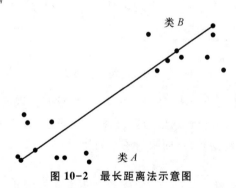

图 10-2 最长距离法示意图

最长距离法克服了最短距离法连接聚合时的缺陷，但是当数据的离散程度较大时，易产生较多的类。与最短距离法一样，最长距离法受异常值的影响也较大。

3. 未加权的类间平均法

未加权的类间平均法将两类之间的距离定义为一类中所有个体与另一类中所有个体间距离的平均值，即 $D_{pq} = \dfrac{\sum\limits_{x_i \in G_p} \sum\limits_{y_j \in G_q} d_{ij}}{n_p n_q}$（其中，$n_p$，$n_q$ 分别为类 G_p 和类 G_q 的样本个数），如图 10-3 所示。

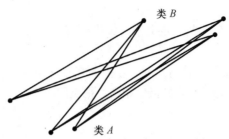

图 10-3　未加权的类间平均法示意图

类间平均法充分利用已知信息,考虑了所有的个体,克服了最短距离法与最长距离法受异常值影响较大的缺陷,是一种聚类效果较好、应用较广的聚类方法。

4. 加权的类间平均法

加权的类间平均法将各自类中的规模作为权数,其余与未加权的类间平均法相同。当类间的信息变异性较大时,加权的类间平均法比未加权的类间平均法更优。

5. 未加权的类间重心法

从物理学的角度看,一个类用它的重心(该类中个体的均值)来代表是比较合理的。未加权的类间重心法就是将两类之间的距离定义为两类重心间的距离。设类 G_p、类 G_q 的重心分别为 $\bar{x}_p$ 和 $\bar{x}_q$,则两个类间的距离为 $D_{pq} = \text{distance}(\bar{x}_p, \bar{x}_q)$,如图 10-4 所示。

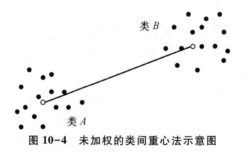

图 10-4　未加权的类间重心法示意图

类间重心法要求使用欧氏距离,每聚一次类,都要重新计算重心。它较少受到异常值的影响,但因为类间距离没有单调递增趋势,在树状聚类图(聚类的重要结果之一,后文会详细讲述)上可能出现图形逆转,从而限制了它的使用。

6. 离差平方和法

离差平方和法的基本思想是:"好"的聚类方法是使类内的差异尽量小,而不同类之间的差异尽量大,也就是说,使类内的离差平方和尽量小,类间的离差平方和尽量大。当类数固定时,使整个类内离差平方和达到极小的分类即为最优的。它要求采用平方欧氏距离。由于计算烦琐,离差平方和法在过去的应用受到了限制,现在随着计算机技术的发展,计算已不再困难,该方法被认为是一种理论上和实际上都非常有效的聚类方法,得到了较为广泛的应用。该方法包含以下步骤:

第一步,每个样品自成一类。

第二步,计算离差平方和增量,类 i 与类 j 合并后增加的离差平方和为:

$$d_{ij}^2 = \frac{n_i n_j}{n_i + n_j}(x_i - x_j)'(x_i - x_j)$$

选择 d_{ij} 最小的先合并,其中 n_i 和 n_j 为类 i 和类 j 中所含的样本个数。

第三步,设类 i 与类 j 合并为新类 k,则原类 m 与新类 k 合并后增加的离差平方和为:

$$d_{mk}^2 = \frac{n_m n_k}{n_m + n_k}(\bar{x}_m - \bar{x}_k)'(\bar{x}_m - \bar{x}_k)$$

第四步,重复以上步骤,直至全部合并为一类为止。

三、实例分析

系统聚类法是最常用的聚类分析方法之一,本节中将运用软件 SPSS18.0 对下面的实际问题进行分析。

表 10-2 是 10 种主要叶菜类食物的营养成分表(每 100 克食物所含的成分),现需根据表中所列 8 项指标对这 10 种叶菜类食物进行分类。

表 10-2　10 种主要叶菜类食物营养成分

食物名称	蛋白质(克)	脂肪(克)	碳水化合物(克)	热量(千卡)	无机盐类(克)	钙(毫克)	磷(毫克)	铁(毫克)
黄花(金针菜)	14.1	0.4	60	300	7.0	463	173	16.5
菠菜	2.0	0.2	2	18	2.0	70	34	2.5
韭菜	2.4	0.5	4	30	0.9	56	45	1.3
苋菜	2.5	0.4	5	34	2.3	200	46	4.8
油菜(胡菜)	2.0	0.1	4	25	1.4	140	52	3.4
大白菜	1.4	0.3	3	19	0.7	33	42	0.4
小白菜	1.1	0.1	2	13	0.8	86	27	1.2
洋白菜(椰菜)	1.3	0.3	4	24	0.8	100	56	1.9
香菜(芫荽)	2.0	0.3	7	39	1.5	170	49	5.6
芹菜茎	2.2	0.3	2	20	1.0	160	61	8.5

(一) 生成 SPSS 数据(.sav 数据)

在 SPSS 中选择"File"→"Read Text Data",读入 .txt 文件,具体操作步骤如图 10-5 至图 10-12 所示。

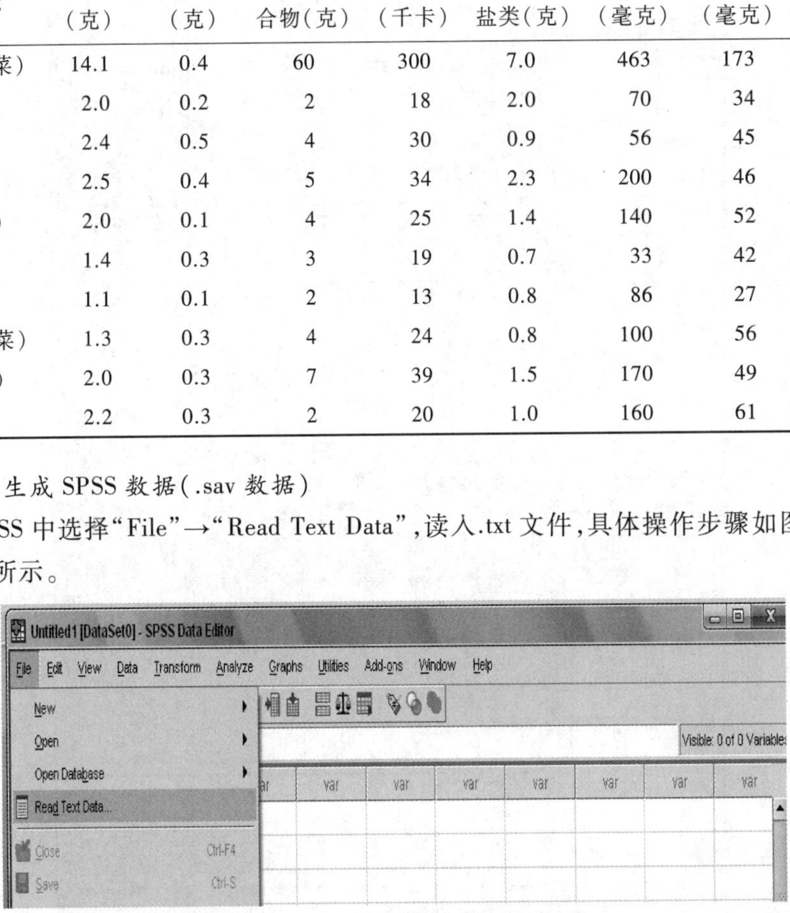

图 10-5　SPSS 数据生成操作步骤 1

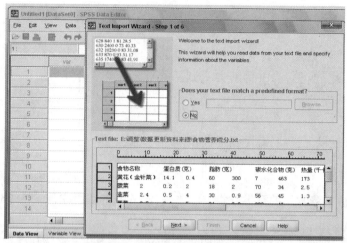

图10-6　SPSS数据生成操作步骤2

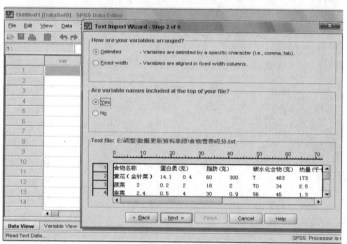

图10-7　SPSS数据生成操作步骤3

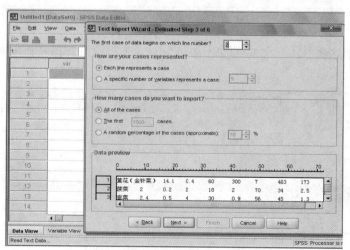

图10-8　SPSS数据生成操作步骤4

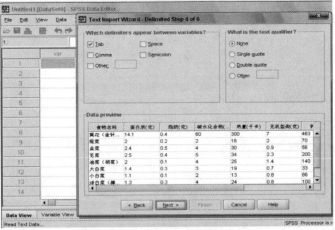

图 10-9　SPSS 数据生成操作步骤 5

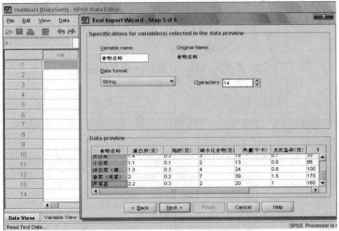

图 10-10　SPSS 数据生成操作步骤 6

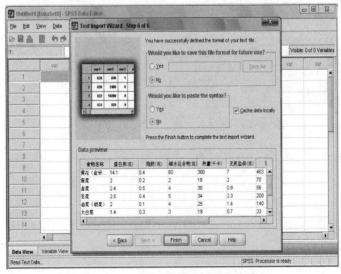

图 10-11　SPSS 数据生成操作步骤 7

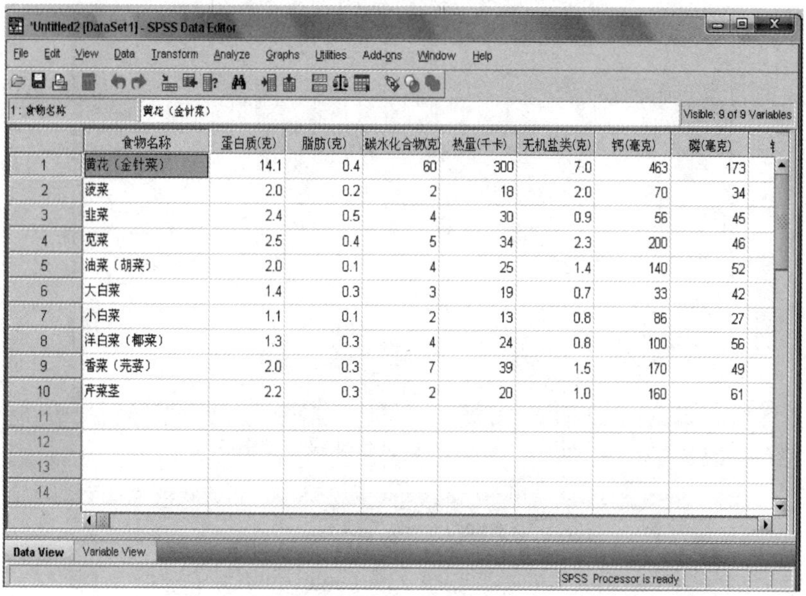

图 10-12　SPSS 数据生成操作步骤 8

以上是将已经存入.txt 文件的数据读入 SPSS 的操作步骤，图 10-12 是最终读入的数据。以下是将读入数据保存为.sav 文件的操作步骤，如图 10-13 和图 10-14 所示。

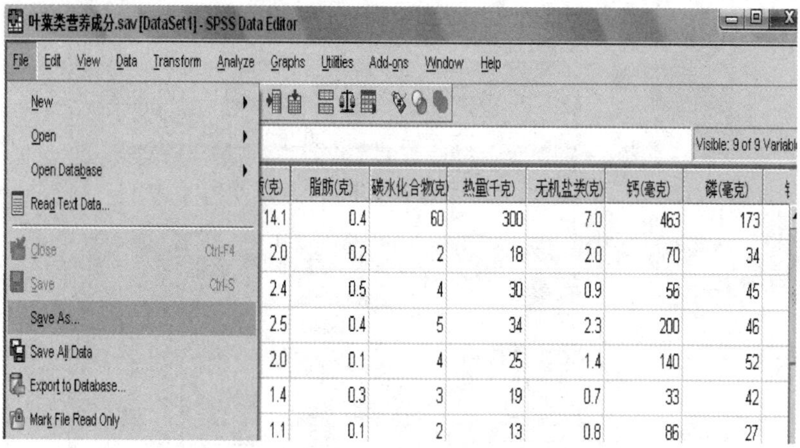

图 10-13　将读入数据保存为.sav 文件步骤 1

在图 10-14 所示的对话框中单击"Save"即可生成.sav 文件。

第十章 聚类分析与判别分析

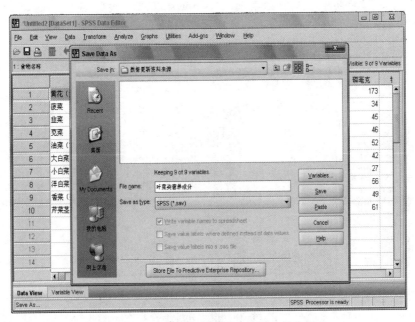

图 10-14 将读入数据保存为 .sav 文件步骤 2

（二）对既有数据进行聚类分析

（1）在 SPSS 中选择"Analyze"→"Classify"→"Hierarchical Cluster"（系统聚类），如图 10-15 所示。

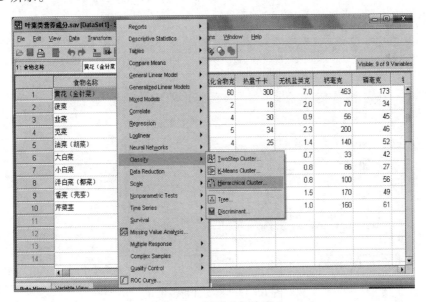

图 10-15 聚类分析步骤 1

将"蛋白质""脂肪"等8个变量选入"Variables",将"食物名称"选入"Label Cases by",如图10-16所示。

图10-16 聚类分析步骤2

在上面的对话框中,我们看到"Cluster"下有两个选项:"Cases"(样品聚类或 Q 型聚类)和"Variables"(变量聚类或 R 型聚类)。在这里,我们选择对样品进行聚类。

(2)在图10-16所示的对话框中单击"Statistics"选项,选择"Range of solutions",在本例中我们拟将10种叶菜类食物分为两类、三类、四类,则在相应的文本框中分别填入2和4,然后单击"Continue"选项,如图10-17所示。

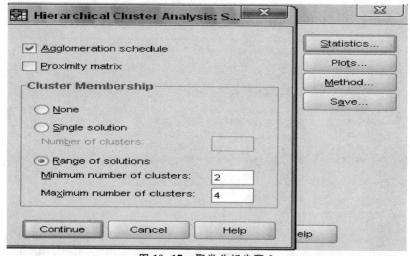

图10-17 聚类分析步骤3

(3)在图10-16所示的对话框中单击"Plots"选项,选择"Dendrogram"选项,然后单击"Continue"选项,如图10-18所示。

第十章 聚类分析与判别分析

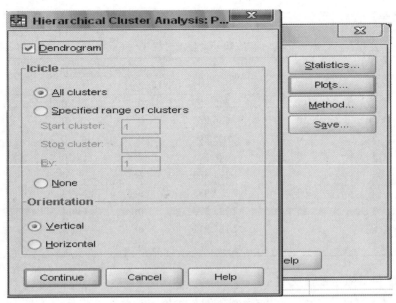

图 10-18 聚类分析步骤 4

（4）在图 10-16 所示的对话框中单击"Method"选项，对于该选项，我们可以使用系统默认的内容，如图 10-19 所示。

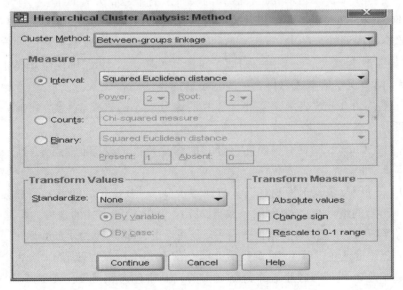

图 10-19 聚类分析步骤 5

（5）在图 10-16 所示的对话框中单击"OK"即可输出分析结果。

（三）聚类结果分析

SPSS18.0 的聚类分析提供了两类展示结果。

1. 聚类过程

这部分是聚类分析的重要结果，它清楚地展示了聚类的过程，直观地给出了各种分类。包含三类结果：

(1) 聚类过程表,示例见表 10-3。

表 10-3 聚类过程

Stage	Cluster Combined		Coefficients	Stage Cluster First Appears		Next Stage
	Cluster 1	Cluster 2		Cluster 1	Cluster 2	
1	2	7	333.950	0	0	5
2	5	10	536.250	0	0	4
3	3	6	661.890	0	0	6
4	5	9	878.795	2	0	7
5	2	8	1 294.435	1	0	6
6	2	3	2 217.985	5	3	8
7	4	5	2 235.377	0	4	8
8	2	4	11 161.312	6	7	9
9	1	2	221 255.331	0	8	0

现对表 10-3 做一般性说明:

① 第一栏"Stage"为分析步骤,该例题聚类分析时共有 9 个步骤。

② 第二栏"Cluster 1"表示要进行合并的观察值的编号较小者。聚类合并以后编号较小者作为新观察值(新类)的编号。

③ 第三栏"Cluster 2"表示要进行合并的观察值的编号较大者。

④ 第四栏"Coefficients"是合并后的类内差异系数,为欧氏距离的平方。该数值越小,表示两个观察值同构性越高,相异性越小。合并的观察值越多,观察值之间的差异性会越大,因而差异系数会越大。如果相邻的两个步骤其差异系数太大,则说明新类中观察值的差异性很大,两个观察值不适合再合并成一个新的类。

⑤ 第五栏"Cluster 1"表示正要进行合并的编号较小的观察值(类)在前一次合并时出现的步骤。

⑥ 第六栏"Cluster 2"表示正要进行合并的编号较大的观察值(类)在前一次合并时出现的步骤。

如表 10-3 所示,步骤 1 为观察值 2 与观察值 7 合并,合并后的差异系数为 333.950,新观察值(新类)的编号为 2(内有编号成员 2、7)。下次进行合并的地方为步骤 5。

在步骤 5 中,观察值 2 与观察值 8 合并,合并后的差异系数为 1 294.435。其中,观察值 2 前一次合并出现在步骤 1 中,观察值 8 前一次合并中出现在步骤 0 中,2 个观察值合并后的新编号为 2(以编号较小者作为新观察值),其中包含编号 2、7、8 这 3 个观察值,新编号 2 类下次进行合并的地方为步骤 6,以下可同理类推。

(2) 树状聚类图。其横轴为距离,纵轴为各个对象(即初始小类)。示例见图 10-20。

如图所示,菠菜和小白菜两类之间的距离最短,它们首先聚在一起;直至最后,由洋白菜(椰菜)和香菜(芫荽)聚在一起的类与黄花(金针菜)聚成一大类。至此,系统聚类过程完成。

由于树状聚类图能直观明确地展示聚类的过程,所以在实际问题的分析中得到了广泛应用。

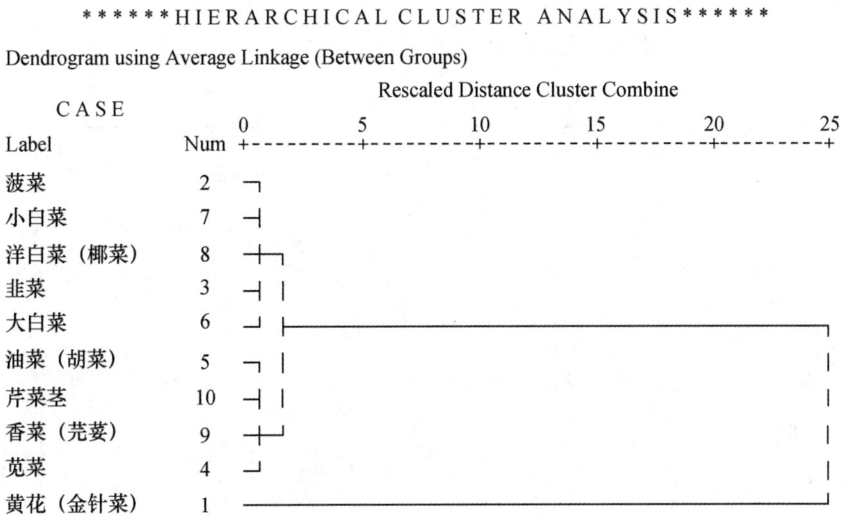

```
****** HIERARCHICAL CLUSTER ANALYSIS ******
Dendrogram using Average Linkage (Between Groups)
                        Rescaled Distance Cluster Combine
        C A S E    0         5        10        15        20        25
      Label    Num  +---------+---------+---------+---------+---------+
      菠菜      2   ┐
      小白菜    7   ┤
      洋白菜(椰菜) 8   ┼┐
      韭菜      3   ┘│
      大白菜    6   ┘ └─────────────────────────────────────────────┐
      油菜(胡菜) 5   ┐ │                                              │
      芹菜茎    10  ┤ │                                              │
      香菜(芫荽) 9   ┼┘                                              │
      苋菜      4   ┘                                                │
      黄花(金针菜)1   ─────────────────────────────────────────────────┘
```

图 10-20　树状聚类图

（3）横向冰柱图。横向冰柱图与树状聚类图类似，也是一种聚类结果的展示形式，两者只是坐标轴不同而已。横向冰柱图的纵轴为聚类数目，横轴为各个对象（如图 10-21 所示），结果的说明和树状聚类图相同。

Horizontal Icicle

Case	Number of clusters								
	1	2	3	4	5	6	7	8	9
9:香菜(芫荽)	×	×	×	×	×	×	×	×	×
	×	×	×	×	×	×			
10:芹菜茎	×	×	×	×	×	×	×	×	×
	×	×	×	×	×	×	×		
5:油菜(胡菜)	×	×	×	×	×	×	×	×	×
	×	×	×						
4:苋菜	×	×	×	×	×	×	×	×	×
	×	×							
6:大白菜	×	×	×	×	×	×	×	×	×
	×	×	×	×	×	×	×	×	
3:韭菜	×	×	×	×	×	×	×	×	×
	×	×	×	×					
8:洋白菜(椰菜)	×	×	×	×	×	×	×	×	×
	×	×	×	×	×				
7:小白菜	×	×	×	×	×	×	×	×	×
	×	×	×	×	×	×	×	×	×
2:菠菜	×	×	×	×	×	×	×	×	×
	×								
1:黄花(金针菜)	×	×	×	×	×	×	×	×	×

图 10-21　横向冰柱图

2. 聚类结果

在本例中,最终的聚类结果如表 10-4 所示。

表 10-4 聚类结果

Case	4 Clusters	3 Clusters	2 Clusters
1:黄花(金针菜)	1	1	1
2:菠菜	2	2	2
3:韭菜	2	2	2
4:苋菜	3	3	2
5:油菜(胡菜)	4	3	2
6:大白菜	2	2	2
7:小白菜	2	2	2
8:洋白菜(椰菜)	2	2	2
9:香菜(芫荽)	4	3	2
10:芹菜茎	4	3	2

从表 10-4 可以看到,当我们将 10 种叶菜类食物分为两类时,黄花(金针菜)为一类,其余 9 种菜为一类;分为三类时,分别为黄花(金针菜),菠菜、韭菜、大白菜、小白菜、洋白菜(椰菜),苋菜、油菜(胡菜)、香菜(芫荽)、芹菜茎;分为四类时,分别为黄花(金针菜),菠菜、韭菜、大白菜、小白菜、洋白菜(椰菜),苋菜,油菜(胡菜)、香菜(芫荽)、芹菜茎。

第四节 快速聚类法

如上一节所述,系统聚类法事先不需要确定分几类,而是通过聚类过程一层层进行,最后得出所有可能的类别结果,再根据具体情况确定最后需要的类别。系统聚类法可通过树状聚类图来直观地观察聚类结果,但其缺点是计算量较大,对大批量数据的聚类效率不高。本节介绍的快速聚类法也叫 K-均值聚类法,计算量较小,效率比系统聚类法要高。

一、快速聚类的基本过程

快速聚类法不是把所有可能的结果都列出来,而是要求分析者事先把类别数量指定好,然后确定各聚类中心,再计算出各样本到聚类中心的距离,最后按距离的远近进行分类。快速聚类法(K-均值聚类法)中的"K"就是指所要指定的类别数量,而"均值"就是聚类中心。快速聚类法的大致步骤为:

第一步,将变量进行标准化处理。

第二步,确定 K 值,即要分为几类。这是分析者自己确定的,在实际情况中,往往是通过对实际问题反复尝试,得到不同分类结果并进行比较,最后得到最优的类别数量。

第三步,确定 K 个类别的初始聚类中心。这一步要求在用于聚类的全部样本中,选择 K 个样本作为 K 个类别的初始聚类中心。与确定类别数量一样,初始聚类中心的确定也需要分析者根据实际问题和经验来综合考虑。在 SPSS 软件中,初始聚类中心是由系统自动指定的。

第四步,根据确定的 K 个初始聚类中心,依次计算每个样本到 K 个聚类中心的欧氏距离,并根据最短距离原则将所有样本分别分到 K 个类别中。

第五步,根据所分成的 K 个类别,计算出各类别中每个变量的均值,并以均值点作为新的 K 个聚类中心,再计算各样本到新聚类中心的距离,并重新分类。

第六步,重复上述第五步的内容,直到达到聚类终止条件为止。聚类终止条件有:① 迭代次数达到指定的最大迭代次数(SPSS 软件中默认的最大迭代次数为 10);② 新确定的聚类中心与上一次迭代形成的中心点的最大偏移量小于指定的量(SPSS 软件中默认的指定量是 0.02)。

综上可见,K-均值聚类法是根据事先确定的 K 个聚类类别反复迭代,直到每个样本都分到特定类别中为止。由于类别的数据是人为主观决定的,不同分析者可能有不同的分类结果。具体如何分类需要根据实际情况,以及分析者对问题的理解程度、知识及经验来决定。

二、快速聚类的应用

下面我们以我国 31 个省份(不含港澳台地区)某年的城镇居民消费性支出数据为例,来说明 K-均值聚类法的应用。

居民消费在社会经济的持续发展中有着重要的作用,全国各省份居民消费类别有明显差异。本节根据 31 个省份 8 项消费性支出指标数据,利用 K-均值聚类法进行分类,并对结果进行分析。表 10-5 是各省份城镇居民的人均消费性支出指标数据。

表 10-5　各省份城镇居民家庭人均消费性支出　　　　　　　　　　　单位:元

省份	食品	衣着	居住	家庭设备用品及服务	医疗保健	交通和通信	教育文化与娱乐服务	其他商品和服务
北京	6 392.90	2 087.91	1 577.35	1 377.77	1 327.22	3 420.91	2 901.93	848.49
浙江	6 118.46	1 802.29	1 418.00	916.16	1 033.70	3 437.15	2 586.09	546.36
天津	5 940.44	1 567.58	1 615.57	1 119.93	1 275.64	2 454.38	1 899.50	688.73
福建	5 790.72	1 281.25	1 606.27	972.24	617.36	2 196.88	1 786.00	499.30
广东	6 746.62	1 230.72	1 925.21	1 208.03	929.50	3 419.74	2 375.96	653.76
河北	3 335.23	1 225.94	1 344.47	693.56	923.83	1 398.35	1 001.01	395.93
山西	3 052.57	1 205.89	1 245.00	612.59	774.89	1 340.90	1 229.68	331.14
吉林	3 767.85	1 570.68	1 344.41	710.28	1 171.25	1 363.91	1 244.56	506.09
黑龙江	3 784.72	1 608.37	1 128.14	618.76	948.44	1 191.31	1 001.48	402.69
河南	3 575.75	1 444.63	1 080.10	866.72	941.32	1 374.76	1 137.16	418.04
甘肃	3 702.18	1 255.69	910.34	597.72	828.57	1 076.63	1 136.70	387.53
青海	3 784.81	1 185.56	923.52	644.01	718.78	1 116.56	908.07	332.49
宁夏	3 768.09	1 417.47	1 181.71	716.22	890.05	1 574.57	1 286.20	500.12
新疆	3 694.81	1 513.42	898.38	669.87	708.16	1 255.87	1 012.37	444.20
内蒙古	4 211.48	2 203.59	1 384.45	948.87	1 126.03	1 768.65	1 641.17	710.37

单位:元 （续表）

省份	食品	衣着	居住	家庭设备用品及服务	医疗保健	交通和通信	教育文化与娱乐服务	其他商品和服务
辽宁	4 658.00	1 586.81	1 314.79	785.67	1 079.81	1 773.26	1 495.90	585.78
山东	4 205.88	1 745.20	1 408.64	915.00	885.79	2 140.42	1 401.77	415.55
西藏	4 847.58	1 158.60	726.59	376.43	385.63	1 230.94	477.95	481.82
广西	4 372.75	926.42	1 166.85	853.59	625.45	1 973.04	1 243.71	328.27
海南	4 895.96	636.14	1 103.76	616.33	579.89	1 805.11	1 004.62	284.90
四川	4 779.60	1 259.49	1 126.65	876.34	661.03	1 674.14	1 224.73	503.11
云南	4 593.49	1 158.82	835.45	509.41	637.89	2 039.67	1 014.40	284.95
安徽	4 369.63	1 225.56	1 229.64	678.75	737.05	1 356.57	1 479.75	435.62
江西	4 195.38	1 138.84	1 109.82	854.60	524.22	1 270.28	1 179.89	345.66
湖北	4 429.30	1 415.68	1 187.54	867.33	709.58	1 205.48	1 263.16	372.90
湖南	4 322.09	1 277.47	1 182.33	903.81	776.85	1 541.40	1 418.85	402.52
重庆	5 012.56	1 697.55	1 275.96	1 072.38	1 021.48	1 384.28	1 408.02	462.79
贵州	4 013.67	1 102.41	890.75	673.33	546.84	1 270.49	1 254.56	306.24
陕西	4 381.40	1 428.20	1 126.92	723.73	935.38	1 194.77	1 595.80	435.67
上海	7 776.98	1 794.06	2 166.22	1 800.19	1 005.54	4 076.46	3 363.25	1 217.70
江苏	5 243.14	1 465.54	1 234.05	1 026.32	805.73	1 935.07	2 133.25	514.41

资料来源:国家统计局.中国统计年鉴2011[M].北京:中国统计出版社,2012.

（一）实验操作

利用SPSS18.0软件中的"Analyze"→"Classify-K-Means Cluster Analysis"命令,对城镇居民消费性支出进行动态聚类分析,具体操作如下:

（1）选择"Analyze"→"Classify-K-Means Cluster Analysis",进入主对话框。

（2）在主对话框中将用于聚类的所有变量选入"Variables";在"Number of Clusters"下输入想要分类的数目,本题中分类数目为10。

（3）点击"Iterate",在"Maximum Iterations"下输入最大迭代次数(SPSS中默认是10次),点击"Continue"回到主对话框;点击"Save"并选择"Cluster membership",点击"Continue"回到主对话框;点击"Options"并选择"Initial cluster centers"和"ANOVA tables",点击"Continue"回到主对话框。点击"OK"。

（二）聚类结果

表10-6给出了本例中的初始聚类中心。

表10-6 初始聚类中心 单位:元

	聚类									
	1	2	3	4	5	6	7	8	9	10
食品	6 392.90	7 776.98	5 940.44	4 381.40	6 746.62	5 243.14	3 052.57	4 847.58	4 211.48	4 372.75
衣着	2 087.91	1 794.06	1 567.58	1 428.20	1 230.72	1 465.54	1 205.89	1 158.60	2 203.59	926.42
居住	1 577.35	2 166.22	1 615.57	1 126.92	1 925.21	1 234.05	1 245.00	726.59	1 384.45	1 166.85
家庭设备用品及服务	1 377.77	1 800.19	1 119.93	723.73	1 208.03	1 026.32	612.59	376.43	948.87	853.59

单位:元　（续表）

	聚类									
	1	2	3	4	5	6	7	8	9	10
医疗保健	1 327.22	1 005.54	1 275.64	935.38	929.50	805.73	774.89	385.63	1 126.03	625.45
交通和通信	3 420.91	4 076.46	2 454.38	1 194.77	3 419.74	1 935.07	1 340.90	1 230.94	1 768.65	1 973.04
教育文化与娱乐服务	2 901.93	3 363.25	1 899.50	1 595.80	2 375.96	2 133.25	1 229.68	477.95	1 641.17	1 243.71
其他商品和服务	848.49	1 217.70	688.73	435.67	653.76	514.41	331.14	481.82	710.37	328.27

该表列出了每一类别的初始聚类中心,这些中心是由 SPSS 软件自动生成的,实则为数据集中的某一条记录。

表 10-7 给出的是本例中的迭代过程表。

表 10-7　迭代历史记录

迭代	聚类中心内的变化									
	1	2	3	4	5	6	7	8	9	10
1	410.130	0.000	410.702	368.467	0.000	0.000	552.202	0.000	371.498	379.690
2	0.000	0.000	0.000	215.211	0.000	0.000	150.418	0.000	215.943	0.000
3	0.000	0.000	0.000	0.000	0.000	0.000	0.000	0.000	0.000	0.000

注:由于聚类中心内没有变化或变化较小而达到收敛。任何中心的最大绝对坐标更改为 0.000。当前迭代次数为 3。初始中心间的最小距离为 1 052.416。

从表 10-7 中可以看出每次迭代过程中聚类中心的变化,随着迭代次数的增加,聚类中心的变化越来越小,本例只用了 3 次就已经完成收敛了。

表 10-8 给出的是本例中的最终聚类中心。

表 10-8　最终聚类中心　　　　　　　　　　　　　　　　　　　　　单位:元

	聚类中心									
	1	2	3	4	5	6	7	8	9	10
食品	6 255.68	7 776.98	5 865.58	4 389.15	6 746.62	5 243.14	3 607.33	4 847.58	4 358.45	4 660.45
衣着	1 945.10	1 794.06	1 424.42	1 326.53	1 230.72	1 465.54	1 380.85	1 158.60	1 845.20	995.22
居住	1 497.68	2 166.22	1 610.92	1 143.28	1 925.21	1 234.05	1 117.34	726.59	1 369.29	1 058.18
家庭设备用品及服务	1 146.96	1 800.19	1 046.09	824.85	1 208.03	1 026.32	681.08	376.43	883.18	713.92
医疗保健	1 180.46	1 005.54	946.50	750.20	929.50	805.73	878.37	385.63	1 030.54	626.07
交通和通信	3 429.03	4 076.46	2 325.63	1 317.61	3 419.74	1 935.07	1 299.21	1 230.94	1 894.11	1 872.99
教育文化与娱乐服务	2 744.01	3 363.25	1 842.75	1 371.43	2 375.96	2 133.25	1 106.36	477.95	1 512.95	1 121.87
其他商品和服务	697.43	1 217.70	594.02	394.49	653.76	514.41	413.14	481.82	570.57	350.31

表 10-8 中的数据表示各个类别在各个变量上的均值,将全国 31 个省份分为 10 个类别,并迭代出各个类别中食品、衣着、居住、家庭设备用品及服务、交通和通信、医疗保健、

教育文化与娱乐服务、其他商品和服务的平均值。

表 10-9 给出的是分类后各个变量在类别之间的方差分析表。

表 10-9 方差分析

	聚类		误差		F 值	P 值
	均方	自由度	均方	自由度		
食品	3 687 517.862	9	68 006.380	21	54.223	0.000
衣着	236 836.524	9	47 164.828	21	5.021	0.001
居住	264 507.313	9	20 610.833	21	12.833	0.000
家庭设备用品及服务	208 624.103	9	19 427.288	21	10.739	0.000
医疗保健	95 440.104	9	31 574.250	21	3.023	0.018
交通和通信	1 992 777.239	9	23 243.581	21	85.735	0.000
教育文化与娱乐服务	1 232 493.220	9	19 173.069	21	64.283	0.000
其他商品和服务	97 620.178	9	9 048.226	21	10.789	0.000

注：F 检验应仅用于描述性目的，因为选中的聚类将被用来最大化不同聚类中的样本间的差别。观测到的显著性水平并未据此进行更正，因此无法将其解释为是对聚类均值相等这一假设的检验。

表 10-9 是对聚类结果的类别间距离进行方差分析。方差分析表明，除了医疗保健的距离差异概率值大于 0.001 外，其他类别间距离差异的概率值均小于 0.001，即总体聚类效果良好。

每个省份所属的类别，SPSS 会自动存在数据表中。表 10-10 显示了每个省份所属的类别。

表 10-10 聚类成员

样本号	聚类	距离	样本号	聚类	距离
1	1	410.130	17	9	392.240
2	1	410.130	18	8	0.000
3	3	410.702	19	10	379.690
4	3	410.702	20	10	469.859
5	5	0.000	21	10	435.660
6	7	416.019	22	10	407.949
7	7	627.487	23	4	233.439
8	7	481.582	24	4	408.849
9	7	338.958	25	4	199.338
10	7	227.065	26	4	260.324
11	7	357.848	27	4	830.191
12	7	461.764	28	4	585.631
13	7	385.269	29	4	349.724
14	7	337.555	30	2	0.000
15	9	464.148	31	6	0.000
16	9	431.887			

根据以上分析,我们可以得出各省份消费结构特征聚类结果,如表 10-11 所示。

表 10-11　各省份消费结构特征聚类结果　　　　　　　　　　　　　　单位:元

类别	省份	食品	衣着	居住	家庭设备用品及服务	医疗保健	交通和通信	教育文化与娱乐服务	其他商品和服务
1	北京、浙江	6 255.68	1 945.10	1 497.68	1 146.97	1 180.46	3 429.03	2 744.01	697.43
2	天津、福建	5 865.58	1 424.42	1 610.92	1 046.09	946.50	2 325.63	1 842.75	594.02
3	广东	6 746.62	1 230.72	1 925.21	1 208.03	929.50	3 419.74	2 375.96	653.76
4	河北、山西、吉林、黑龙江、河南、甘肃、青海、宁夏、新疆	3 607.33	1 380.85	1 117.34	681.08	878.37	1 299.21	1 106.36	413.14
5	内蒙古、辽宁、山东	4 358.45	1 845.20	1 369.29	883.18	1 030.54	1 894.11	1 512.95	570.57
6	西藏	4 847.58	1 158.60	726.59	376.43	385.63	1 230.94	477.95	481.82
7	广西、海南、四川、云南	4 660.45	995.22	1 058.18	713.92	626.07	1 872.99	1 121.87	350.31
8	安徽、江西、湖北、湖南、重庆、贵州、陕西	4 389.15	1 326.53	1 143.28	824.85	750.20	1 317.61	1 371.43	394.49
9	上海	7 776.98	1 794.06	2 166.22	1 800.19	1 005.54	4 076.46	3 363.25	1 217.70
10	江苏	5 243.14	1 465.54	1 234.05	1 026.32	805.73	1 935.07	2 133.25	514.41

根据以上聚类分析结果,可以看出各省份消费结构的差异:北京和浙江的食品支出占消费的比例最大,居住、家庭设备用品及服务、医疗保健的支出比较接近,交通和通信、教育文化与娱乐服务消费支出大约是居住、家庭设备用品及服务、医疗保健支出的 2 倍;天津和福建除了食品支出,其他各类消费支出比例都比较接近;广东省的食品支出和居住支出高,仅次于上海;河北等 9 个省份食品支出最小,不到上海的一半,其他消费支出也比较小;内蒙古、辽宁、山东三省份的各项消费支出比较均衡;西藏在家庭设备用品及服务、医疗保健、交通和通信、教育文化与娱乐服务上的支出均最小,部分类别的支出仅为发达省份的 1/3;广西等 4 个省份在各项消费支出上的比例也比较均衡,但与北京、浙江、广东相比,数值明显较小;安徽等 7 个省份在衣着、交通和通信、教育文化与娱乐服务方面的支出在 1 300 元左右;上海除了在医疗保健上的支出略低于北京和浙江,各项消费支出在各类别中均占最高位;江苏的各项消费支出具有层次,其中衣着、居住、家庭设备用品及服务、医疗保健上的支出平均为 1 100 元左右,交通和通信、教育文化与娱乐服务上的支出平均为 2 000 元左右,是前者的 2 倍。

第五节 判别分析法

判别分析法又称"分辨法",是在分类确定的条件下,根据某一研究对象的各种特征值判别其类型归属问题的一种多元统计分析方法。

判别分析法的基本原理是按照一定的判别准则,建立一个或多个判别函数,用研究对象的大量资料确定判别函数中的待定系数,并计算判别指标。据此即可确定某一样本属于何类。

在市场调研中,一般根据事先确定的因变量(例如产品的主要用户、普通用户和非用户,自有房屋或租赁房屋,电视观众和非电视观众)找出相应处理的区别特性。在判别分析中,因变量为类别数据,有多少类别就有多少类别处理组;自变量通常为可度量数据。通过判别分析,可以建立能够最大限度地区分因变量类别的函数,考察自变量的组间差异是否显著,判断哪些自变量对组间差异贡献最大,评估分类的程度,根据自变量的值将样本归类。

判别分析法从不同的角度可进行不同的分类。本节主要根据判别准则的不同,将判别分析法分为距离判别法、Fisher 判别法、贝叶斯判别法,这也是常用的分类法。

一、距离判别法

距离判别法就是以距离为依据实现判别。

设有 k 个判别类别,有分别来自 k 个类别总体的 k 个样本,每个样本是一个 p 维样本,包含 p 个判别变量,即 $x_1, x_2, \cdots, x_p (p > k)$,且判别变量均为数值型,服从正态分布。

距离判别法的基本思想是根据各样本与各总体之间的距离远近做出判别,通过建立关于各总体的距离判别函数式,得出各样本与各总体之间的距离值,判别样本属于距离值最小的那个总体。

这里以两个总体为例来说明距离判别法的原理。对于多个总体,需要两两判别,方法与两个总体的情况相同。设有两个总体 G_1 和 G_2,x 是一个 p 维样品,定义 x 到 G_1、G_2 的距离分别为 $d(x, G_1)$ 和 $d(x, G_2)$。此处,距离选用马氏距离,定义为:

$$d^2(x, G_1) = (x - \mu_1)' \sum\nolimits_1^{-1} (x - \mu_1)$$
$$d^2(x, G_2) = (x - \mu_2)' \sum\nolimits_2^{-1} (x - \mu_2)$$
(10-1)

式(10-1)中,μ_1、$\sum_1$ 为总体 G_1 的均值向量和协方差阵,μ_2、$\sum_2$ 为总体 G_2 的均值向量和协方差阵。当总体均值未知时,可选用样本均值作为估计值。

显然,马氏距离是点 x 到各类别中心的平方欧氏距离,以判别变量的协方差阵调整后的距离。

于是,根据 $d^2(x, G_1)$ 和 $d^2(x, G_2)$ 进行判断,有:

$$\begin{cases} x \in G_1, & 若\ d^2(x,G_1) < d^2(x,G_2) \\ x \in G_2, & 若\ d^2(x,G_1) > d^2(x,G_2) \\ 待定, & 若\ d^2(x,G_1) = d^2(x,G_2) \end{cases}$$

进一步，设 $W(x) = d^2(x, G_2) - d^2(x, G_1)$ 为判别函数，则有：

$$\begin{cases} x \in G_1, & 若\ W(x) > 0 \\ x \in G_2, & 若\ W(x) < 0 \\ 待定, & 若\ W(x) = 0 \end{cases}$$

以下对于判别函数的计算，分两种情况考虑：

(1) 当各总体的协方差阵相等，即 $\sum_1 = \sum_2 = \sum$ 时，有

$$d^2(x,G_1) - d^2(x,G_2) = (x - \mu_1)' \sum\nolimits_1^{-1} (x - \mu_1) - (x - \mu_2)' \sum\nolimits_2^{-1} (x - \mu_2) \tag{10-2}$$

整理式(10-2)得到：

$$d^2(x,G_1) - d^2(x,G_2) = -2(x - \overline{\mu})' \sum\nolimits^{-1} (\mu_1 - \mu_2) = -2W(x) \tag{10-3}$$

所以，经过整理得到判别函数 $W(x)$ 为：

$$W(x) = (x - \overline{\mu})' \sum\nolimits^{-1} (\mu_1 - \mu_2) \tag{10-4}$$

其中，$\overline{\mu} = (\mu_1 + \mu_2)/2$。

(2) 当各总体的协方差阵不相等，即 $\sum_1 \neq \sum_2$ 时，整理后的判别函数 $W(x)$ 为：

$$W(x) = (x - \mu_2)' \sum\nolimits_2^{-1} (x - \mu_2) - (x - \mu_1)' \sum\nolimits_1^{-1} (x - \mu_1) \tag{10-5}$$

以上判别过程中，当两个总体的均值差异不显著时，距离判别法的错判概率是很大的。所以，只有当两个总体的均值存在显著性差异时，距离判别才有意义。

二、Fisher 判别法

Fisher 判别法的核心思想是投影。将 k 组 p 维数据投影到某个方向，使得它们投影的组和组之间尽可能分开。测量组和组分开程度的方法借用了方差分析的思想。

投影就是将原来 p 维 X 空间的样本点投影到 m 维 Y 空间中，Fisher 判别法的判别函数是判别变量的线性形式，即：

$$y = a_1 x_1 + a_2 x_2 + \cdots + a_p x_p \tag{10-6}$$

其中，系数 a_i 为判别系数，表示各输入变量对于判别函数的影响，y 是样本在低维空间中的某个维度。

判别函数可能会有多个，所以可得到低维空间中的多个维度 $y_1, y_2, \cdots, y_m$。并且，以上线性组合可能有多个解，为了达到好的分类效果，坐标变化的原则是应找到能够把来自不同类别的样本尽可能分开的方向。

因此，首先应在判别变量的 p 维空间中，找到某个线性组合，使各类别的平均值差异

最大,作为第一维度,代表判别变量组间方差中的最大部分,得到第一判别函数。然后,按照相同办法依次找到相互独立的后续判别函数。

由于每个判别函数都代表判别变量组间方差的一部分,所有判别函数所表示的方差比例之和为100%。显然,前面的判别函数代表的方差比例较大,对于分类相对重要,后面的判别函数只代表方差的很小部分,多数情况下可以被忽略。

下面我们对Fisher判别法的计算做简要的说明。

设从k个总体分别取得k组p维观察值:

$$\begin{cases} G_1: x_1^{(1)}, \cdots, x_{n_1}^{(1)} \\ \cdots\cdots \\ G_k: x_1^{(k)}, \cdots, x_{n_k}^{(k)} \end{cases}, \quad n = n_1 + \cdots + n_k$$

令$y(x) = a'x$,为x向y的投影,上述数据变换为:

$$G_1: a'x_1^{(1)}, \cdots, a'x_{n_1}^{(1)}$$
$$\cdots\cdots$$
$$G_k: a'x_1^{(k)}, \cdots, a'x_{n_k}^{(k)}$$

于是,组间离差平方和为:

$$SSG = \sum_{i=1}^{k} n_i (a'\overline{x}^{(i)} - a'\overline{x})^2 = a'\left[\sum_{i=1}^{k} n_i (\overline{x}^{(i)} - \overline{x})(\overline{x}^{(i)} - \overline{x})'\right]a = a'Ba \quad (10-7)$$

其中,B为组间SSCP矩阵。

组内离差平方和为:

$$SSE = \sum_{i=1}^{k} \sum_{j=1}^{n_i} (a'x_j^{(i)} - a'\overline{x}^{(i)})^2 = a'\left[\sum_{i=1}^{k} \sum_{j=1}^{n_i} (x_j^{(i)} - \overline{x}^{(i)})(x_j^{(i)} - \overline{x}^{(i)})'\right]a = a'Ea$$

$$(10-8)$$

其中,E为组内SSCP矩阵。

于是,判别分析的目的就是寻找a,使得SSG尽量大,SSE尽量小,即$\Delta(a) = \dfrac{a'Ba}{a'Ea} \to \max$。可以证明使得$\Delta(a)$最大的值为方程$|B - \lambda E| = 0$的最大特征值$\lambda_1$。记方程$|B - \lambda E| = 0$的全部特征值为$\lambda_1 \geq \lambda_2 \geq \cdots \geq \lambda_r > 0$,相应的特征向量为$e_1, e_2, \cdots, e_r$,则判别函数即为$y_i(x) = e_i'x = a'x$。

记p_i为第i个判别函数的判别能力,记为$p_i = \dfrac{\lambda_i}{\sum_{l=1}^{r} \lambda_l}$。所以,前$m$个判别函数的总判别能力为$\sum_{i=1}^{m} p_i = \dfrac{\sum_{i=1}^{m} \lambda_i}{\sum_{l=1}^{r} \lambda_l}$。

可根据两个标准来决定判别函数的个数:① 指定取特征值大于1;② 前m个判别函

数的判别能力达到指定要求。

进行判别时,首先计算 Y 空间中样本所属各类别的中心;对于要判别的对象,计算其 Fisher 判别函数值,以及 Y 空间中与各类别中心的距离;然后利用距离判别法确定其所属类别。

三、贝叶斯判别法

贝叶斯判别法属于贝叶斯方法的范畴。贝叶斯方法是一种研究不确定性的推理方法,其中贝叶斯概率就是用来表示不确定性的一种主观概率。贝叶斯概率的估计取决于先验知识的正确性和后验知识的丰富性,随着人们主观意志的改变而改变。

贝叶斯判别法的主要思路如下:利用样本所属分类的先验概率通过贝叶斯法则求出样本所属分类的后验概率,并依据该后验概率分布做出统计推断,将样本归为后验概率最大的类别。首先,计算样本 X 属于总体 $G_i(i=1,2\cdots,k)$ 的概率,记为 $p(G_i|X)$。然后,根据 k 个概率值的大小,将样本 X 归为概率最大的类别。

下面将介绍贝叶斯判别法的计算过程,重点讨论后验概率 $p(G_i|X)$ 如何计算。

第一步,计算先验概率。先验概率是指随机抽取一个样本属于总体 $G_i(i=1,2,\cdots,k)$ 的概率,记为 $p(G_i)$,可视为先验知识。设 k 个总体的先验概率分别为 $q_1,q_2,\cdots,q_k$。先验概率可以通过样本直接获得。

第二步,计算样本似然。样本似然是指在总体 $G_i(i=1,2,\cdots,k)$ 中抽到样本 X 的概率或概率密度,记为 $p(X|G_i)$。

第三步,计算样本 X 属于总体 $G_i(i=1,2,\cdots,k)$ 的概率 $p(G_i|X)$。

根据贝叶斯法则,用判别函数的信息调整先验概率,有:

$$p(G_i \mid X) = \frac{q_i p(X \mid G_i)}{\sum_{j=1}^{k} q_j p(X \mid G_j)}, \quad i=1,2,\cdots,k \tag{10-9}$$

样本 X 属于 $p(G_i|X)$ 最大的类别。

本章小结

本章主要介绍了聚类分析法的基本思想与概念,并应用 SPSS 软件介绍了两种聚类分析法的具体操作步骤,给出了实例分析,最后还介绍了判别分析法的概念以及三种不同的判别分析方法。

1. 聚类分析法是一种根据研究对象特征对研究问题进行分类的多元分析方法,是依据样本间相似性的度量标准将数据集自动分成几个群组的一种方法。

2. 聚类分析法有 Q 型聚类分析和 R 型聚类分析两大类方法,具体聚类方法有系统聚类法、快速聚类法、两步聚类法、有序样本聚类法(最优分割法)和模糊聚类法五种。

3. 数值变量的相似性测度分为点与点之间的距离测度和类与类之间的距离测度。点与点之间的距离包括绝对值距离、欧氏距离、平方欧氏距离、切比雪夫距离和明可夫斯基效力距离;类与类之间的距离测度方法包括最短距离法、最长距离法、未加权(加权)的类间平均法、未加权(加权)的类间重心法和离差平方和法。

4. 非数值变量的相似性测度通常采用关联测度来完成，一般基于列联表计算。

5. 判别分析法是一种典型的多元统计分析方法，主要用于根据一定的判别准则来确定未分类对象所属类别。

6. 根据判别准则的不同，判别分析法可分为距离判别法、Fisher 判别法和贝叶斯判别法。

本章习题

1. 简述聚类分析的基本思想。
2. 如何度量点与点之间的距离？
3. 类与类之间距离的度量方法有哪些？各方法有何优缺点？
4. 如何度量非数值变量之间的相似性？
5. 简述系统聚类法的步骤。
6. 根据《中国统计年鉴 2022》的相关数据，从各省份城镇居民家庭人均消费性支出的角度对以下 26 个省份进行分类：北京、天津、河北、山西、辽宁、吉林、黑龙江、上海、江苏、浙江、安徽、福建、江西、山东、河南、湖北、湖南、广东、广西、海南、重庆、四川、陕西、甘肃、宁夏、新疆。

参考指标：食品、衣着、居住、家庭设备用品及服务、医疗保健、交通和通信、教育文化与娱乐服务、其他商品和服务。

7. 下表给出了 21 个国家某年份的森林、草原生态数据，试根据表中数据对这些国家进行聚类分析，讨论这些国家的林木资源情况。

国别	森林面积 （万公顷）	森林覆盖率 （%）	林木蓄积量 （亿立方米）	草原面积 （万公顷）
中国	11 978	12.5	93.5	31 908
美国	28 446	30.4	202.0	23 754
日本	2 501	67.2	24.8	58
德国	1 028	28.4	14.0	599
英国	210	8.6	1.5	1.0 147
法国	1 458	26.7	16.0	1 288
意大利	635	21.1	3.6	514
加拿大	32 613	32.7	192.8	2 385
澳大利亚	10 700	13.9	10.5	45 190
俄罗斯	92 000	41.1	841.5	37 370
捷克	458	35.8	8.9	168
波兰	868	27.8	11.4	405
匈牙利	161	17.4	2.5	129
塞尔维亚	929	36.3	11.4	640

（续表）

国别	森林面积 （万公顷）	森林覆盖率 （%）	林木蓄积量 （亿立方米）	草原面积 （万公顷）
罗马尼亚	634	26.7	11.3	447
保加利亚	385	34.7	2.5	200
印度	6 748	20.5	29.0	1 200
印度尼西亚	2 180	84	33.7	1 200
尼日利亚	1 490	16.1	0.8	2 090
墨西哥	4 850	24.6	32.6	7 450
巴西	57 500	67.6	238.0	15 900

8. 下表统计了 25 个省份的每月家庭消费数据，试按表中数据进行聚类分析，掌握地区消费结构情况。

单位：元

省份	食品	衣着	燃料	住房	生活用品	文化生活
天津	1 352.0	364.0	104.7	441.6	364.0	39.4
辽宁	1 456.8	328.3	177.9	272.9	390.9	34.7
吉林	1 593.7	333.8	183.7	118.1	252.9	52.2
江苏	1 449.8	291.2	116.7	426.0	273.0	57.4
浙江	1 699.2	327.5	127.2	471.2	343.5	50.0
山东	1 158.4	307.6	122.0	336.1	337.7	38.5
黑龙江	1 162.2	295.7	132.4	137.6	217.5	60.4
安徽	1 531.1	230.9	156.2	235.4	181.8	63.9
福建	1 449.2	210.6	169.6	195.2	217.5	67.3
江西	1 405.4	215.9	176.4	191.9	159.7	49.4
湖北	1 406.4	282.6	123.5	185.3	219.5	62.3
湖南	1 640.2	247.4	136.3	222.0	180.6	60.4
广西	1 390.8	184.7	146.8	134.1	206.6	38.5
四川	1 378.0	207.4	110.7	177.4	164.9	43.9
贵州	1 216.7	215.3	125.8	144.9	121.8	45.7
新疆	1 232.4	380.0	137.2	46.4	177.7	57.5
河北	952.1	228.3	93.0	224.4	228.1	28.0
山西	1 047.8	251.1	64.6	98.9	181.7	32.5
内蒙古	1 284.1	276.3	89.4	125.8	239.9	32.7
河南	1 011.8	232.6	84.6	202.0	205.0	43.0
云南	1 242.7	198.1	88.9	142.2	155.3	30.3
陕西	1 060.2	205.6	109.4	101.1	180.0	32.9
甘肃	956.5	168.2	57.0	60.3	123.6	44.9
青海	1 071.2	164.5	89.8	54.0	87.8	59.3
宁夏	1 137.4	241.1	64.6	96.1	229.2	25.3

9. 下表给出了某年我国10个省份发展报告的部分数据,数据观测了人口出生时预期寿命、义务教育普及率和人均GDP等指标,根据上述指标将10个省份分为高发展水平和中等发展水平两类,分别用"1"和"2"表示。

省份	预期寿命(年)	义务教育普及率(%)	人均GDP(元)	分组
北京	76.0	99.0	5 374	1
上海	79.5	99.0	5 359	1
浙江	78.0	99.0	5 372	1
河南	72.1	95.9	5 242	1
河北	73.8	77.7	5 370	1
辽宁	71.2	93.0	4 250	2
吉林	75.3	94.9	3 412	2
江苏	70.0	91.2	3 990	2
安徽	72.8	99.0	2 300	2
福建	62.8	80.6	3 799	2

现在又增加了青海、湖北、山东、陕西的数据(如下表所示),但未对它们分组,我们希望将这4个省份归入上述两类。请建立标准判别函数并对这4个省份进行分类。

省份	预期寿命(年)	义务教育普及率(%)	人均GDP(元)
青海	68.5	79.3	1 950
湖北	69.9	96.9	2 840
山东	77.6	93.8	5 233
陕西	69.3	90.3	5 158

10. 简述判别分析法的基本原理。

11. 判别分析法的具体方法有哪些?各方法有何优缺点?

12. 简述聚类分析法与判别分析法的区别。

第十一章　相关分析与回归分析

在实际问题中,客观事物之间常常存在某种程度的关联关系,如各种经济现象之间客观上存在有机联系。事实上,一种经济现象的发展变化必然受到与之相联系的其他现象发展变化的制约和影响。例如,某种产品生产成本的降低通常会导致其利润的上升,某种消费品价格的提高往往会导致其销售量的下降等等。

一般来讲,这种因果关系往往无法用精确的数学表达式来描述,只能通过对大量观测数据的统计处理来识别。相关分析和回归分析就是通过大量数据来研究量与量之间的关联或依存关系的分析方法。这种依存关系可以分为相关关系和函数关系两大类别。

从某种意义上讲,函数关系是一种理想的关系模型,而相关关系是一种描述性更为一般的情况。因此,研究相关关系不仅有助于我们处理更为广泛的数学应用问题,还可以将我们对函数关系的认识提升到一个新的高度。

相关关系在现实生活中大量存在。例如,一个公司的人力资源经理可能对员工学历的高低和他们对公司所做贡献之间的关系很感兴趣。如果这两者之间存在较强的相关关系,学历就可以在某种程度上用来衡量或预测贡献的大小。这一点对人力资源经理来说很有帮助。此时,需要用相关分析的方法来加以分析。

在实际问题中,除了使用相关关系进行预测,人们还会对变量之间的相关性感兴趣。之所以这样,是因为如果变量之间相互关联,那么它们之间就可能存在因果联系。实际上,变量之间相关关系的存在往往是证明它们具有因果联系的第一步。如果两个变量之间不存在相关性,那么它们之间就一定不存在因果联系(这是用来否定变量之间存在因果联系的有效方法)。

相关分析和回归分析联系紧密,它们都涉及两个或多个变量。相关分析主要是用来发现变量之间是否存在相关性,以及相关性的强度和方向。回归分析主要是运用相关关系进行预测。相关分析是回归分析的前提和基础,只有变量间的相关程度较高时,利用回归分析进行的预测才有意义。而回归分析是相关分析的深入和延续,它可以体现变量间数量相关的具体形式。

对于统计关系的研究通常涉及相关和回归两个重要部分。这种区分主要是根据变量之间关系的不同性质。例如,就两个变量之间的关系来说,有时两个变量都是随机的,有时其中一个是随机的,而另一个是非随机的。就广义来说,这两种情况统称为相关分析。本书把前一种情况称为相关,后一种情况称为回归。

第一节　相 关 分 析

一、相关分析的概念

相关分析是根据实际观察或实验取得的数据资料来研究有关现象之间相互依存关系

的形式和密切程度的统计分析方法。相关分析研究现象之间的依存关系,这种依存关系并一定是函数关系。在相关关系中,反映某一现象的标志值(作为自变量)与另外的标志值(作为因变量)之间存在一定的依存关系。当自变量变动时,因变量随之发生一定的变动,但这种变动又不是确定和严格依存的。在这种关系中,对于自变量的每一个值,可以有因变量的几个数值与之相对应,表现出一定的波动性、随机性,但又总是围绕着它们的平均数并遵循一定的规律而变动。相关分析的主要任务在于根据实际观察或实验取得的资料,分析这种关系的不同表现形式,并用一定的数学表达式来加以反映。这样就可以从理论上确定,当某一标志值发生变化时,另一有联系的标志值可能发生怎样的变动。这为研究和估计现象之间的依存关系提供了依据。

二、相关关系

根据不同的方法,可以对相关关系进行不同的分类。

(一) 一元相关和多元相关

根据涉及变量的多少,相关关系可以分为一元相关和多元相关。一元相关是指当研究的是两个变量之间的关系时,因变量只与一个自变量有关系。多元相关是指和因变量有关系的自变量不止一个。

(二) 线性相关和非线性相关

根据变量之间相互关系的表现形式,相关关系可以分为线性相关和非线性相关。

线性相关是指变量(自变量 x 和因变量 y)之间存在相关关系,并且当 x 值发生变动时,y 值随之发生大致均等的变动(增加或减少)。表现在图形上,其观察点分布于狭长的带状区域之内,其相关关系可以用一条直线表示,如图 11-1(a)、图 11-1(b)、图 11-1(c)、图 11-1(d)所示。

非线性相关是指变量(自变量 x 和因变量 y)之间存在相关关系,并且当 x 值发生变动时,y 值的变动呈现曲线的趋势,也称为曲线相关,如图 11-1(i)、图 11-1(j)所示。

线性相关关系是本章研究的重点。

(三) 正相关和负相关

根据变量之间相互关系的方向,相关关系可以分成正相关和负相关。

正相关是指当自变量 x 的值增加时,因变量 y 的值也随之相应地增加,如图 11-1(a)、图 11-1(c)所示。

负相关是指当自变量 x 的值增加时,因变量 y 的值也随之相应地减小,如图 11-1(b)、图 11-1(d)所示。

(四) 完全相关、不完全相关和不相关

从相关的强弱程度上来分,可以分为完全相关、不完全相关和不相关。

完全相关是指对于正相关或负相关来说,所有的观察点都落在同一条直线上,具体可分为完全正相关和完全负相关。完全正相关如图 11-1(c)所示,完全负相关如图 11-1(d)所示。

现实生活中存在的大量相关关系并不都是完全相关关系。不完全相关是指存在相关关系,但并不是所有观察点都落在同一条直线上,具体可分为不完全正相关和不完全负相关。不完全正相关如图 11-1(a)所示,不完全负相关如图 11-1(b)所示。

不相关是指变量之间不存在相关关系,如图 11-1(e)、图 11-1(f)、图 11-1(g)、图 11-1(h)所示。

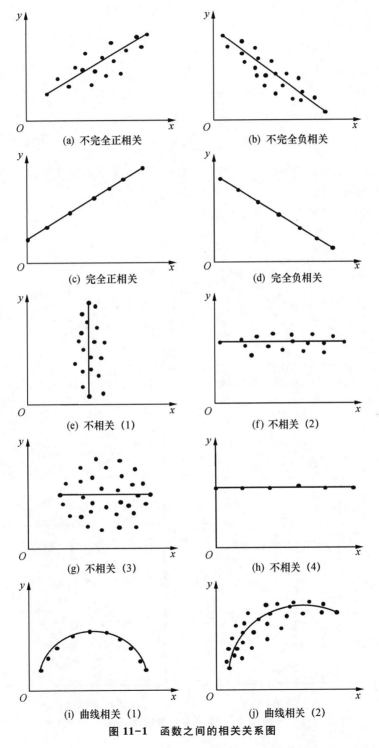

图 11-1　函数之间的相关关系图

统计学在研究相关关系时的主要任务,就是根据观察或实验取得的资料,分析变量之间关系的类型和形态,并用数学表达式加以反映。

三、相关系数

(一) 相关系数的定义

在一元线性相关条件下,相关系数是衡量两个变量之间相关关系的方向和程度的统计指标。

相关系数用符号"r"表示,表达式为:

$$r = \frac{\sum (x - \bar{x})(y - \bar{y})}{\sqrt{\sum (x - \bar{x})^2}\sqrt{\sum (y - \bar{y})^2}} \tag{11-1}$$

r 为相关变量 x 与 y 的直线相关系数,简称相关系数。相关系数反映了相关变量 x 与 y 的直线相关的程度和性质。

图11-2给出了一些不同相关系数的相关图。

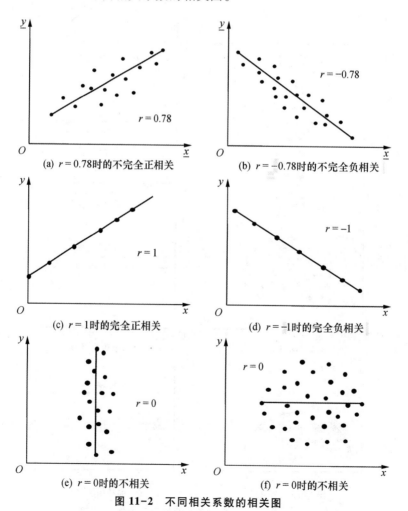

图11-2 不同相关系数的相关图

(二) 相关系数的计算

假设相关变量 x 与 y 共有 n 对观测值 $(x_i, y_i)(i=1,2,\cdots,n)$，则相关系数的计算公式为：

$$r = \frac{\sum(x_i - \bar{x}_i)(y_i - \bar{y}_i)}{\sqrt{\sum(x_i - \bar{x}_i)^2}\sqrt{\sum(y_i - \bar{y}_i)^2}}$$

$$= \frac{n\sum x_i y_i - \sum x_i \sum y_i}{\sqrt{n\sum x_i^2 - \left(\sum x_i\right)^2}\sqrt{n\sum y_i^2 - \left(\sum y_i\right)^2}} \tag{11-2}$$

其中，x_i 为自变量；$\bar{x}_i$ 为自变量数列的平均数；y_i 为因变量；$\bar{y}_i$ 为因变量数列的平均数。

例 11-1 根据表 11-1 前两列给出的房屋销售均价和房地产投资总额的数据，计算它们的相关系数。

解 第一步，我们将需要的数据进行计算，补充到表 11-1 的后三列中。

表 11-1 房屋销售均价和房地产投资总额相关系数计算

序号	房屋销售均价 （元/平方米） x_i	房地产投资总额 （亿元） y_i	$x_i y_i$	x_i^2	y_i^2
1	3 168	15 909.0	50 399 712.0	10 036 224	253 096 281.00
2	2 778	13 158.0	36 552 924.0	7 717 284	173 132 964.00
3	2 359	10 154.0	23 953 286.0	5 564 881	103 103 716.00
4	2 250	7 791.0	17 529 750.0	5 062 500	60 699 681.00
5	2 170	6 344.0	13 766 480.0	4 708 900	40 246 336.00
6	2 112	4 984.0	10 526 208.0	4 460 544	24 840 256.00
7	2 053	4 103.0	8 423 459.0	4 214 809	16 834 609.00
8	3 063	3 614.0	11 069 682.0	9 381 969	13 060 996.00
9	1 997	2 178.0	4 349 466.0	3 988 009	4 743 684.00
10	1 806	3 216.0	5 808 096.0	3 261 636	10 342 656.00
11	1 591	3 149.0	5 010 059.0	2 531 281	9 916 201.00
12	1 409	2 554.0	3 598 586.0	1 985 281	6 522 916.00
13	1 291	1 938.0	2 501 958.0	1 666 681	3 755 844.00
14	995	731.2	727 544.0	990 025	534 653.44
15	786	436.2	342 853.2	617 796	190 270.44
合计	29 828	80 259.4	194 560 063.2	66 187 820	721 021 063.90

第二步，将第一步计算得到的数据代入公式得：

$$r = \frac{n\sum x_i y_i - \sum x_i \sum y_i}{\sqrt{n\sum x_i^2 - \left(\sum x_i\right)^2}\sqrt{n\sum y_i^2 - \left(\sum y_i\right)^2}}$$

$$= \frac{15 \times 194\,560\,063.2 - 29\,828 \times 80\,259.4}{\sqrt{15 \times 66\,187\,820 - 29\,828^2}\sqrt{15 \times 721\,021\,063.9 - 80\,259.4^2}}$$

$$\approx 0.7809$$

对于房屋销售均价和房地产投资总额的数据,$r ≈ 0.7809$。因此,可以得出房屋销售均价和房地产投资总额之间存在较强的正相关关系的结论。具体而言,房屋销售均价的增加意味着房地产投资总额的增加。

(三) 相关系数的性质

相关系数的取值范围在 -1 到 +1 之间,即 $|r| \leq 1$。如果所有点都集中在一条斜率为 +1 的直线上,则相关系数就是 +1,即相关系数为 +1 与 x、y 之间完全正相关相对应。反之,如果所有点都集中在一条斜率为 -1 的直线上,则相关系数就是 -1,即相关系数为 -1 与 x、y 之间完全负相关相对应。

相关系数的绝对值 $|r|$ 的大小反映了相关变量 x 与 y 的直线相关程度。$|r|$ 的值接近于 1 表明相关性较强;$|r|$ 越接近于 0,相关性就越弱。一般来说,$r = 0$ 为不相关,$|r| < 0.3$ 为微弱相关,$0.3 \leq |r| < 0.5$ 为低度相关,$0.5 \leq |r| < 0.8$ 为显著相关,$0.8 \leq |r| < 1$ 为高度相关,$|r| = 1$ 为完全相关。

相关系数 r 的符号反映了相关变量 x 与 y 的直线相关性质。当 $r > 0$ 时,为正相关;当 $r < 0$ 时,为负相关。

相关系数具有如下特点:参与相关分析的两个变量是对等的,不分自变量和因变量,因此相关系数 r 只有一个;计算相关系数的两个变量都是随机变量。

四、相关系数的显著性检验

当求得相关系数以后,一般还要对它进行显著性检验,也就是检验样本相关系数 r 对总体相关系数 ρ 的代表性。对 $\rho = 0$ 的假设检验就是对总体是否相关做出判断。我们使用 t 检验法进行检验。

设统计量为:

$$t = \frac{r\sqrt{n-2}}{\sqrt{1-r^2}} \tag{11-3}$$

根据给定的显著性水平和自由度 $(n-2)$,查 t 分布表,找到相应的临界值 $t_{\frac{\alpha}{2}}(n-2)$。如图 11-3 所示,若 $|t| > t_{\frac{\alpha}{2}}(n-2)$,表明 r 显著,它的值可以作为变量间是否存在线性相关的根据;反之,若 $|t| \leq t_{\frac{\alpha}{2}}(n-2)$,表明 r 不显著,它的值不可以作为变量间是否存在线性相关的根据。

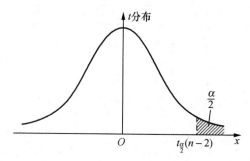

图 11-3 自由度为 $n-2$,面积为 $\frac{\alpha}{2}$ 的 t 分布临界值图

例 11-2 对例 11-1 中求得的相关系数进行显著性检验。

解 计算 t 统计量有：

$$t = \frac{r\sqrt{n-2}}{\sqrt{1-r^2}} = \frac{0.7809 \times \sqrt{15-2}}{\sqrt{1-0.7809^2}} \approx 4.5074$$

选择显著性水平 $\alpha = 0.05$，查 t 分布表，自由度为 13，得 $t_{0.025}(13) = 2.1604$，如图 11-4 所示。

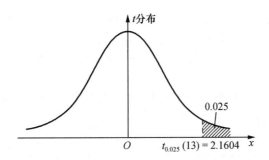

图 11-4 自由度为 13，面积为 0.025 的 t 分布临界值图

由于 $|t| \approx 4.5074 > 2.1604$，表明相关关系是显著的。这说明房屋销售均价与房地产投资总额之间存在线性关系。

第二节 一元线性回归分析

在经济生活中，人们在做决策时往往要依赖两个变量之间的关系。例如，在分析了广告支出与营业额之间的关系之后，销售经理可以根据给定的广告支出来预测营业额。回归分析就是通过统计调查得到的数据，建立变量之间关系的方程，从而为预测奠定基础的一种科学方法。

在回归分析中，待预测的变量作为因变量，用 y 表示；用来预测因变量值的变量作为自变量，用 x 表示。例如，在分析广告支出对营业额的影响时，销售经理希望预测营业额，因此，营业额是因变量，广告支出就是用来预测营业额的自变量。

本节只涉及一个自变量和一个因变量的回归问题，两个变量之间的关系大致为一条直线，称为一元线性回归。

对于一元线性回归分析，我们要注意以下几个方面：

（1）回归分析是对具有相关关系的两个变量进行统计分析的方法。两个变量具有相关关系是回归分析的前提。

（2）对于性质不明确的两组数据，可先画散点图，在图上看它们有无关系，如果有关系，关系的密切程度如何，然后再进行回归分析。

（3）求线性回归方程时应注意，只有在散点图大致呈线性时，求出的线性回归方程才有实际意义，否则，求出的线性回归方程毫无意义。

一、一元线性回归的数学模型

假设相关变量 x 与 y 共有 n 对观测值 (x_i, y_i) $(i = 1, 2, \cdots, n)$，其中，y 为因变量，x 为自变量。描述 y_i 如何与 x_i 相关并且带有误差项的方程，称为回归模型。一元线性回归使用的回归模型为：

$$y_i = \alpha + \beta x_i + \varepsilon_i$$

其中，α、β 为该模型的参数；ε_i 为随机变量，称为误差项。

在运用该一元线性回归模型时，我们做了以下假设：

（1）假定因变量 y_i 的值是一个随机变量，它取决于自变量 x_i 的固定值（即非随机变量）。

（2）在 x_i 与相对于 x_i 的每一个可能值 y_i 的预测值之间，存在一种理论上的线性关系，这条理论回归直线（见图 11-5）为：

$$E(y_i) = \alpha + \beta x_i$$

其中，β 为斜率，α 为截距。回归参数 α 和 β 构成了总体参数，可以用最小二乘法去估计它们的值。

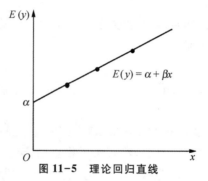

图 11-5 理论回归直线

（3）与 x 的每个值相对应的是随机变量 y_i 的可能值的一个概率分布 $P(y_i|x_i)$。当确定 x 等于某个值时，观察到的 y_i 值将根据 $P(y_i|x_i)$ 概率分布画出来，不一定位于理论回归直线上。$y_i|x_i$ 的某些值比其他值更有可能，平均数 $E(y_i|x_i)$ 位于理论回归直线上。如果 ε_i 被定义为观察值 y_i 对理论值 y_i' 的偏差，那么有：

$$y_i = y_i' + \varepsilon_i$$

其中，ε_i 的期望为零，称 ε_i 为误差项，如图 11-6 所示。

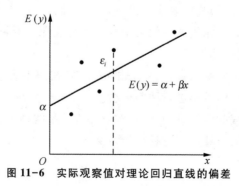

图 11-6 实际观察值对理论回归直线的偏差

(4) 假定误差项(ε_i)是一个独立的随机变量,即 $E(\varepsilon_i\varepsilon_j)=0, i\neq j$;期望值等于零,即 $E(\varepsilon_i)=0$;固定方差等于 σ_ε^2,即对所有的 i, $E(\varepsilon_i^2)=\sigma_\varepsilon^2$; ε_i 服从正态概率分布。

(1)和(4)共同表明,误差项与回归模型的自变量不相关。

二、参数 α 和 β 的最小二乘估计

(一) 估计回归方程

如果参数 α 和 β 的值已知,且已知 x 的值,就可以根据 $E(y)=\alpha+\beta x$ 来计算 y 的值。

遗憾的是,在实际中参数值是未知的,必须用样本数据来进行估计。计算样本统计量(用符号 a、b 表示)作为参数 α 和 β 的估计量。在回归方程中,将 α 和 β 换成样本统计量 a、b,我们就可以得到估计回归方程,即:

$$\hat{y}=a+bx$$

其中,a 叫作样本回归截距,是回归直线与 y 轴交点的纵坐标,当 $x=0$ 时,$\hat{y}=a$;b 叫作样本回归系数,表示 x 改变一个单位,y 平均改变的数量;$\hat{y}$ 叫作回归估计值。b 的符号反映了 x 影响 y 的性质,b 的绝对值大小反映了 x 影响 y 的程度。$b>0$,表示 y 随 x 的增加而增加;$b<0$,表示 y 随 x 的减少而减少;$b=0$ 或与 0 差异不显著时,表示 y 的变化与 x 的取值无关,两变量之间不存在线性回归关系。

(二) 最小二乘估计参数值

假设样本线性回归方程为:

$$\hat{y}=a+bx \tag{11-4}$$

其中,a 是 α 的估计值;b 是 β 的估计值。

根据最小二乘法,a、b 应使回归估计值 $\hat{y}$ 与观测值 y 的偏差平方和最小,即:

$$Q=\sum(y-\hat{y})^2=\sum(y-a-bx)^2=\min \tag{11-5}$$

根据微积分中的极值原理,令 Q 对 a、b 的一阶偏导数等于 0,即:

$$\begin{cases}\dfrac{\partial Q}{\partial a}=-2\sum(y-a-bx)=0\\ \dfrac{\partial Q}{\partial b}=-2\sum(y-a-bx)x=0\end{cases} \tag{11-6}$$

整理得到关于 a、b 的正规方程组,得:

$$\begin{cases}an+b\sum x=\sum y\\ a\sum x+b\sum x^2=\sum xy\end{cases} \tag{11-7}$$

解正规方程组,得:

$$b=\dfrac{\sum xy-\left(\sum x\sum y\right)/n}{\sum x^2-\left(\sum x\right)^2/n}=\dfrac{\sum(x-\bar{x})(y-\bar{y})}{\sum(x-\bar{x})^2}=\dfrac{\mathrm{SP}_{xy}}{\mathrm{SS}_x} \tag{11-8}$$

$$a=\bar{y}-b\bar{x} \tag{11-9}$$

式中,$\mathrm{SP}_{xy}=\sum(x-\bar{x})(y-\bar{y})=\sum xy-\left(\sum x\sum y\right)/n$,为 x 与 y 的离均差乘积和;

$$SS_x = \sum (x - \bar{x})^2 = \sum x^2 - \left(\sum x\right)^2 / n,\ 为\ x\ 的离均差平方和。$$

例 11-3 某饮料公司为了研究广告支出与销售量之间的关系，得到如表 11-2 所示的统计数据。根据这些数据求出估计回归方程。

表 11-2 估计一元线性回归方程的工作

销售地区	广告支出(千元) x_i	销售量(千箱) y_i	$x_i y_i$	x_i^2	y_i^2
1	150	160	24 000	22 500	25 600
2	160	220	35 200	25 600	48 400
3	50	140	7 000	2 500	19 600
4	190	190	36 100	36 100	36 100
5	90	130	11 700	8 100	16 900
6	60	160	9 600	3 600	25 600
7	140	200	28 000	19 600	40 000
8	110	150	16 500	12 100	22 500
9	200	210	42 000	40 000	44 100
10	100	190	19 000	10 000	36 100
合计	1 250	1 750	229 100	180 100	314 900
	$\bar{x} = 1\,250/10 = 125$			$\bar{y} = 1\,750/10 = 175$	

解 利用公式(11-8)计算得到：

$$b = \frac{\sum xy - \left(\sum x \sum y\right)/n}{\sum x^2 - \left(\sum x\right)^2/n}$$

$$= \frac{229\,100 - 1\,250 \times 1\,750/10}{180\,100 - 1\,250^2/10}$$

$$\approx 0.43396$$

$$a = \bar{y} - b\bar{x} = 175 - 0.43396 \times 125 = 120.755$$

估计回归方程为：

$$\hat{y} = a + bx = 120.755 + 0.434x \quad (回归系数保留至小数点后三位)$$

估计出来的回归直线如图 11-7 所示。

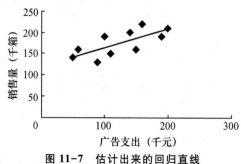

图 11-7 估计出来的回归直线

这个模型表明,每增加 1 元的广告支出,可以增加 0.434 箱的销售量。这就是回归系数 b 所表示的经济意义。

(三) 直线回归方程的基本性质

性质 1 $\quad Q = \sum (y - \hat{y})^2 = \sum (y - a - bx)^2 = \min$ \hfill (11-10)

性质 2 $\quad \sum (y - \hat{y}) = 0$ \hfill (11-11)

性质 3 回归直线必须通过点 $(\bar{x}, \bar{y})$。

线性回归方程的另一种形式:将 $a = \bar{y} - b\bar{x}$ 代入 $\hat{y} = a + bx$,得到 $\hat{y} = \bar{y} - b\bar{x} + bx = \bar{y} + b(x - \bar{x})$。上式为中心化的线性回归方程。

三、残差分析

$(y - \bar{y})$ 的分解图如图 11-8 所示。

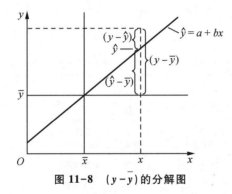

图 11-8 $(y - \bar{y})$ 的分解图

如图 11-8 所示,因变量 y 的总变异 $(y - \bar{y})$ 由 y 与 x 之间存在线性关系所引起的变异 $(\hat{y} - \bar{y})$ 和偏差 $(y - \hat{y})$ 两部分构成,即:

$$(y - \bar{y}) = (\hat{y} - \bar{y}) + (y - \hat{y}) \tag{11-12}$$

式(11-12)两边取平方,然后对所有的 n 点求和,则有:

$$\sum (y - \bar{y})^2 = \sum [(\hat{y} - \bar{y}) + (y - \hat{y})]^2$$
$$= \sum (\hat{y} - \bar{y})^2 + \sum (y - \hat{y})^2 + 2 \sum (\hat{y} - \bar{y})(y - \hat{y}) \tag{11-13}$$

由于 $\hat{y} = a + bx = \bar{y} + b(x - \bar{x})$,所以 $\hat{y} - \bar{y} = b(x - \bar{x})$,于是有:

$$\sum (\hat{y} - \bar{y})(y - \hat{y}) = \sum b(x - \bar{x})(y - \hat{y})$$
$$= \sum b(x - \bar{x})[(y - \bar{y}) - b(x - \bar{x})]$$
$$= \sum b(x - \bar{x})(y - \bar{y}) - \sum b(x - \bar{x})b(x - \bar{x})$$
$$= b\mathrm{SP}_{xy} - b^2 \mathrm{SS}_x$$
$$= \frac{\mathrm{SP}_{xy}}{\mathrm{SS}_x} \mathrm{SP}_{xy} - \left(\frac{\mathrm{SP}_{xy}}{\mathrm{SS}_x}\right)^2 \mathrm{SS}_x = 0 \tag{11-14}$$

所以由式(11-13)和式(11-14),有:

$$\sum (y - \bar{y})^2 = \sum (\hat{y} - \bar{y})^2 + \sum (y - \hat{y})^2 \tag{11-15}$$

式中，$\sum (y - \bar{y})^2$ 反映了 y 的总变异程度，称为 y 的总平方和，记为 SST；$\sum (\hat{y} - \bar{y})^2$ 反映了由 y 与 x 之间存在直线关系所引起的 y 的变异程度，称为回归平方和，记为 SSR；$\sum (y - \hat{y})^2$ 反映了由 y 与 x 存在直线关系以外的关系，包括随机误差所引起的 y 的变异程度，称为离回归平方和或剩余平方和，记为 SSE。

因此，式(11-15)可表示为：

$$SST = SSR + SSE \tag{11-16}$$

即 y 的总平方和分为回归平方和与离回归平方和两部分。

由式(11-16)可求得相关系数的平方为：

$$r^2 = \frac{SSR}{SST} \tag{11-17}$$

从式(11-17)中求得的相关系数与从式(11-2)中求得的相关系数是一致的。

例 11-4 根据表 11-3 中给出的广告支出和销售量的数据，求它们的相关系数。

表 11-3 估计一元线性回归方程的相关系数

销售地区	广告支出（千元）x_i	销售量（千箱）y_i	$\hat{y}_i = a + \hat{b}x_i$	$y_i - \hat{y}_i$	$(y_i - \hat{y}_i)^2$	$y_i - \bar{y}$	$(y_i - \bar{y})^2$	$\hat{y}_i - \bar{y}$	$(\hat{y}_i - \bar{y})^2$
1	150	160	185.840	−25.840	667.710	−15	225	10.840	117.51
2	160	220	190.179	29.820	889.290	45	2 025	15.179	230.40
3	50	140	142.450	−2.450	6.000	−35	1 225	−32.550	1 059.50
4	190	190	203.196	−13.196	174.130	15	225	28.196	795.01
5	90	130	159.806	−29.806	888.398	−45	2 025	−15.194	230.86
6	60	160	146.789	13.210	174.530	−15	225	−28.211	795.86
7	140	200	181.501	18.499	342.210	25	625	6.501	42.26
8	110	150	168.484	−18.484	341.660	−25	625	−6.516	42.46
9	200	210	207.535	2.465	6.076	35	1 225	32.535	1 058.53
10	100	190	164.145	25.855	668.480	15	225	−10.855	117.83
合计	1 250	1 750			SSE = 4 158.486		SST = 8 650		SSR = 4 490.221

$\bar{x} = 1250/10 = 125$ $\bar{y} = 1750/10 = 175$

解 表 11-3 中的计算数据也基本验证了公式：SST = SSR + SSE。

$$r^2 = \frac{SSR}{SST} = \frac{4\,490.221}{8\,650} \approx 0.5191$$

$$r \approx 0.7205$$

根据式(11-2)求得的相关系数是 0.7206。

可以看出，根据式(11-17)求得的相关系数与根据式(11-2)求得的相关系数基本上是一致的。

四、一元线性回归模型的检验

（一）回归系数的显著性检验（t 检验）

对于回归模型 $\hat{y}_i = a + bx_i$，变量 x 和 y 之间的线性关系的假设是否合理，可以通过回归系数的显著性检验得到判别。这种方法由于需要用到参数的 t 值，因而也称为参数的 t 检验。

检验假设为：

$$\begin{cases} H_0 : b = 0 \\ H_1 : b \neq 0 \end{cases}$$

计算参数 b 的 t_b 值有：

$$t_b = \frac{b}{S_b} \tag{11-18}$$

其中，S_b 是参数 b 的标准差，$S_b = S / \sqrt{\sum (x_i - \bar{x})^2}$，这样可得到：

$$t_b = \frac{b}{S_b} = \frac{b \sqrt{\sum (x_i - \bar{x})^2}}{S} \tag{11-19}$$

式中，S 为回归标准差，$S^2 = \dfrac{\sum (y - \hat{y}_i)^2}{n - 2}$，$n$ 是样本数据个数，2 是参数个数，所以 t_b 服从自由度为 $n - 2$ 的 t 分布。

所以可将 t_b 写成：

$$\begin{aligned} t_b &= \frac{b}{S_b} = \frac{b \sqrt{\sum (x_i - \bar{x})^2}}{S} \\ &= \frac{b \sqrt{(n-2) \sum (x_i - \bar{x})^2}}{\sqrt{\sum (y_i - \hat{y}_i)^2}} \end{aligned} \tag{11-20}$$

$t_b = \dfrac{b}{S_b}$ 服从 t 分布，即 $t_b \sim t_{\frac{\alpha}{2}}(n-2)$，如图 11-3 所示。因此，可以通过 t 分布表查得显著性水平为 α、自由度为 $n - 2$ 的临界值 $t_{\frac{\alpha}{2}}(n-2)$。对 t_b 与 $t_{\frac{\alpha}{2}}(n-2)$ 进行比较，可以决定是接受还是拒绝 H_0。

若 $|t_b| > t_{\frac{\alpha}{2}}(n-2)$，则可以拒绝 H_0。这表明回归系数显著不为 0，参数的 t 检验通过。回归系数显著，说明变量 x 和 y 之间的线性关系假设合理，这意味着所选择的自变量能够比较有效地解释预测对象的变化。

若 $|t_b| \leq t_{\frac{\alpha}{2}}(n-2)$，则不能拒绝 H_0。这表明回归系数为 0 的可能性较大，参数的 t 检验未通过。回归系数不显著，说明变量 x 和 y 之间的线性关系假设不合理，这意味着所选择的自变量无法较好地解释预测对象的变化，应该重新考虑。

例 11-5 对例 11-3 中建立的预测销售量的线性回归模型进行 $\alpha = 0.05$ 的 t 检验。

解 回归模型为：

$$\hat{y} = a + bx = 120.755 + 0.434x$$

对这个模型的回归系数进行显著性检验,相关数据的计算如表 11-4 所示。

表 11-4 t 检验的相关数据计算

销售地区	广告支出(千元) x_i	销售量(千箱) y_i	$\hat{y}_i$	$(x_i - \bar{x})^2$	$(y_i - \hat{y}_i)^2$
1	150	160	185.855	625	668.481
2	160	220	190.195	1 225	888.338
3	50	140	142.455	5 625	6.027
4	190	190	203.215	4 225	174.636
5	90	130	159.815	1 225	888.934
6	60	160	146.795	4 225	174.372
7	140	200	181.515	225	341.695
8	110	150	168.495	225	342.065
9	200	210	207.555	5 625	5.978
10	100	190	164.155	625	667.964
合计	1 250	1 750		23 850	4 158.49
	$\bar{x} = 125$	$\bar{y} = 175$			

将表 11-4 中的数据代入式(11-20)得:

$$t_b = \frac{b\sqrt{(n-2)\sum(x_i - \bar{x})^2}}{\sqrt{\sum(y_i - \hat{y}_i)^2}} = \frac{0.434 \times \sqrt{(10-2) \times 23\,850}}{\sqrt{4\,158.49}} \approx 2.939\,75$$

已知显著性水平 $\alpha = 0.05$,自由度 $n = 10 - 2 = 8$,查 t 分布表得:

$$t_{\frac{\alpha}{2}}(n-2) = t_{0.025}(8) = 2.036\,0$$

因为 $|t_b| \approx 2.939\,75 > t_{0.025}(8) = 2.036\,0$,所以参数 t 检验通过,说明广告支出对销售量有显著影响。

(二) 一元线性回归方程的显著性检验(F 检验)

F 检验的依据是 F 概率分布,它也可以用来进行回归方程的显著性检验。如果回归方程中只有一个自变量,则 F 检验所得出的结论与 t 检验所得出的结论是一致的;但如果回归方程中自变量的个数多于一个,则只能用 F 检验来进行显著性检验了。

对于只有一个自变量的线性回归模型 $\hat{y} = a + bx$,参数 t 检验考察的是自变量 x 和因变量 y 之间线性假设的合理性。但是预测模型作为一个整体,在一定程度上也反映了变量 x 和 y 之间的统计线性关系,该模型是否适用于预测,仍需要检验。在这种情况下,回归方程的显著性检验也要利用方差分析所提供的 F 统计量,检验预测模型的总体线性关系的显著性,也称为回归方程的 F 检验。

检验假设为:

$$\begin{cases} H_0: b = 0 \\ H_1: b \neq 0 \end{cases}$$

计算回归方程的 F 值,有:

$$F = \frac{\text{MSR}^{①}}{\text{MSE}} = \frac{\text{SSR}}{\text{SSE}/(n-2)} = \frac{\sum(\hat{y}-\bar{y})^2}{\sum(y-\hat{y})^2/(n-2)} \quad (11-21)$$

统计量 F 服从 F 分布，即 $F \sim F(1, n-2)$。在 F 分布表中，查显著性水平为 α，自由度 $n_1 = 1, n_2 = n-2$ 的 F 值为 $F_\alpha(1, n-2)$，如图 11-9 所示。将 F 与 $F_\alpha(1, n-2)$ 比较，判断是接受 H_0 还是拒绝 H_0。

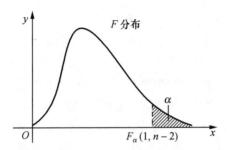

图 11-9　自由度 $n_1 = 1, n_2 = n-2$，面积为 α 的 F 分布临界值图

若 $F(1, n-2) > F_\alpha(1, n-2)$，则拒绝 H_0，回归方程较好地反映了变量 x 和 y 之间的线性关系，回归效果显著，方程的 F 检验通过。这意味着，预测模型从整体上看适用。

若 $F(1, n-2) \leq F_\alpha(1, n-2)$，则不能拒绝 H_0，回归方程不能较好地反映变量 x 和 y 之间的线性关系，回归效果不显著，方程的 F 检验未通过。这意味着，预测模型不适用。

例 11-6　对例 11-3 中建立的预测销售量的线性回归模型进行 $\alpha = 0.05$ 的 F 检验。

解　根据表 11-4 中的数据，计算回归方程的 F 值，有：

$$F = \frac{\sum(\hat{y}-\bar{y})^2}{\sum(y-\hat{y})^2/(n-2)} = \frac{4\,490.221}{4\,158.49/(10-2)} \approx 8.6382$$

已知显著性水平 $\alpha = 0.05$，自由度 $n_1 = 1, n_2 = 10 - 2 = 8$，查 F 分布表，得到 $F_{0.05}(1, 8) = 5.32$，如图 11-10 所示。

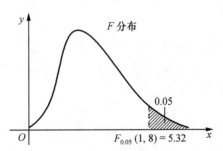

图 11-10　自由度 $n_1 = 1, n_2 = 8$，面积为 0.05 的 F 分布临界值图

因为 $F(1, 8) \approx 8.6382 > F_{0.05}(1, 8) = 5.32$，方程的 F 检验通过。预测模型 $\hat{y} = a + bx =$

---

① SSR 除以其相应的自由度 (k) 的结果称为均方回归，记为 MSR，即 $\text{MSR} = \text{SSR}/k$。SSE 除以其相应的自由度 $(n-k-1)$ 的结果称为均方残差，记为 MSE，即 $\text{MSE} = \text{SSE}/(n-k-1)$。特别地，对于一元线性回归，SSR 的自由度为 1，SSE 的自由度为 $n-2$。

120.755 + 0.434x 在置信度为 95% 的情况下，回归效果显著，因而此模型对销售量进行的预测可靠性较高。

F 检验的结果与 t 检验的结果一致。在直线回归分析中，这两种检验方法是等价的，可任选一种进行检验。

(三) 序列的自相关检验 (DW 检验)

t 检验与 F 检验能够对线性假设的合理性加以识别。对回归余项服从正态分布的假设，要求并不十分严格。虽然目前还没有有效的统计检验方法，但由于回归余项来自大量的且对变量 y 影响很小的不重要因素，因而当样本数据个数较多，且其他假设得到满足的时候，可以认为回归余项服从正态分布。回归余项线性独立的假设是严格的。

但是在很多经济模型和预测问题中，尤其是在经济数据采取时间序列的形式时，会出现自相关的问题，即回归余项之间不是独立的，而是在回归余项的逐次值之间存在某种较明显的相关关系。例如，由于经济变量中存在周期变动和季节变动，与商业周期相伴的整个经济增长使得大多数经济时间序列数据具有整体向上的发展趋势，围绕这个趋势做周期性的上升和下降。再如，在金融市场上，暂时高于资本市场均衡值的收益将构成大胆行动的动力，结果使收益得到纠正（也许是过分的纠正），恢复到一般情况。

如果回归余项存在自相关，那么运用最小二乘法就会产生很多问题。比如，回归系数的估计值虽然是无偏的，但不具有最小方差的性质，t 检验与 F 检验不再能严格应用。为了保证预测模型的适用性，需要对回归余项的线性独立假设进行检验。我们通常采用 Durbin-Watson 检验（简称 DW 检验），即序列的自相关检验。

设回归余项序列的自相关系数为 ρ_0，则检验假设为：

$$H_0 : \rho_0 = 0$$

计算回归余项的 DW 值，即统计量 d，公式为：

$$d = \frac{\sum_{i=2}^{n}(\varepsilon_i - \varepsilon_{i-1})^2}{\sum_{i=1}^{n}\varepsilon_i^2} \tag{11-22}$$

根据给定的显著性水平 α、样本数据的个数 n 和自变量的个数 k，查找由 Durbin 和 Watson 建立的 DW 表，得到下限值 d_L 和上限值 d_U。比较 d 和 d_U、d_L，可以判定接受还是否定 H_0。其判定标准如图 11-11 所示。

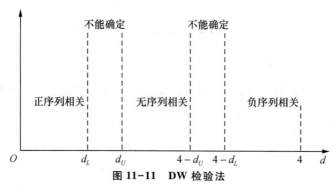

图 11-11 DW 检验法

(1) 若 $4 - d_L < d < 4$,拒绝 H_0,回归余项有负序列相关。
(2) 若 $0 \leq d \leq d_L$,拒绝 H_0,回归余项有正序列相关。
(3) 若 $d_U < d < 4 - d_U$,接受 H_0,回归余项无序列相关。
(4) 若 $d_L < d \leq d_U, 4 - d_U \leq d \leq 4 - d_L$,检验没有结论,即回归余项有无序列相关无法判定。

只有当回归余项无序列相关时,模型通过 DW 检验,才可以使用模型进行预测。其他情况下,模型不能通过 DW 检验,应分析查找原因,重新建立模型,直到 DW 检验通过,才可以进行预测。

例 11-7 某咨询公司收集了表明写字楼空闲率和平均出租价格的数据,如表 11-5 所示;在此基础上,建立了预测模型 $\hat{y}_i = 31.1120 - 0.6521 x_i$。试对该模型进行 DW 检验。($\alpha = 0.01$)

解 计算模型回归余项的 DW 值,相关数据的计算如表 11-5 所示。

表 11-5 DW 检验的相关数据计算

市场	空闲率(%) y_i	平均出租价格(元) x_i	$\hat{y}_i = a + bx_i$	$\varepsilon_i = y_i - \hat{y}_i$	$\varepsilon_i^2 = (y_i - \hat{y}_i)^2$	$(\varepsilon_i - \varepsilon_{i-1})^2$
1	21.9	18.54	19.0231	2.8769	8.2767	—
2	6.0	33.70	9.1380	-3.1380	9.8471	36.1793
3	22.8	19.67	18.2863	4.5137	20.3738	58.5491
4	18.1	21.01	17.4125	0.6875	0.4726	14.6402
5	12.7	35.09	8.2317	4.4683	19.9661	14.2949
6	14.5	19.41	18.4558	-3.9558	15.6483	70.9662
7	20.0	25.28	14.6283	5.3717	28.8555	87.0029
8	19.2	17.02	20.0142	-0.8142	0.6629	38.2658
9	16.0	24.04	15.4368	0.5632	0.3172	1.8972
10	6.6	31.42	10.6247	-4.0247	16.1980	21.0486
11	15.9	18.74	18.8927	-2.9927	8.9561	1.0650
12	9.2	26.76	13.6632	-4.4632	19.9204	2.1625
13	19.7	27.72	13.0373	6.6627	44.3921	123.7872
14	20.0	18.20	19.2448	0.7552	0.5704	34.8987
15	8.3	25.00	14.8108	-6.5108	42.3910	52.7956
合计	230.9	361.6			120.6183	342.8442

将表 11-5 中的数据代入式(11-22)得:

$$d = \frac{\sum_{i=2}^{n}(\varepsilon_i - \varepsilon_{i-1})^2}{\sum_{i=1}^{n}\varepsilon_i^2} = \frac{342.8442}{120.6183} \approx 2.8424$$

以 $\alpha = 0.01$,样本数据的个数 $n = 15$,自变量的个数 $k = 1$,查找 DW 表,得到 $d_L = 0.81, d_U = 1.07$,显然存在:

$$1.07 = d_U < d \approx 2.8424 < 4 - d_U = 3.93$$

DW 检验通过,确定该模型的回归余项无序列相关。

（四）运用 t 检验和 F 检验进行显著性检验时应注意的问题

一般情况下,运用 t 检验和 F 检验进行模型参数的显著性检验,当拒绝原假设 $H_0: b = 0$ 时所得到的 x 和 y 关系显著的结论,只能说明它们之间是相关的,并不能说明它们之间一定存在线性关系。例如,在如图 11-12 所示的情况(非线性关系线性逼近)下,自然会拒绝原假设 $H_0: b = 0$,但此时 x 和 y 之间的实际关系却不是线性的。尽管在所选择的样本 x 的观察范围内,基本上可以用回归方程 $\hat{y} = a + bx$ 来描述样本数据的线性关系,但在所观察的 x 值的范围之外,模型的预测效果就很差了。

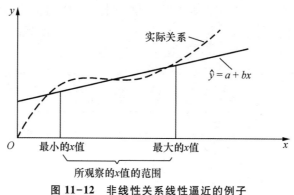

图 11-12　非线性关系线性逼近的例子

五、利用一元线性回归模型进行预测

一元线性回归模型是指假设变量 x 和 y 之间满足回归方程 $\hat{y} = a + bx$。运用最小二乘法来估计模型中的参数,如果显著性检验的结果说明变量 x 和 y 之间存在统计上的显著关系,而且所估计出的回归方程的拟合效果很好,那么就可以利用该回归方程进行预测。

（一）点估计方法

点估计方法就是把 x 的某一特定值 (x_p) 代入样本回归方程 $\hat{y} = a + bx$,得到:

$$\hat{y}_{x_p} = a + bx_p$$

其中,$\hat{y}_{x_p}$ 是因变量在概率 $P(y|x)$ 下的假设期望值。

例 11-8　在例 11-3 中,假设广告支出等于 185 000 元(即 $x_p = 185$),把 $x_p = 185$ 代入估计回归方程,可以得到该广告支出水平下的销售估计量为:

$$\hat{y}_{x_p} = a + bx_p = 120.755 + 0.434 \times 185$$
$$= 201.045$$

即销售估计量等于 201 045 箱。

使用回归模型进行预测的时候要注意,它一般只适用于自变量的允许范围内,不能随意把范围扩大,因为在研究的范围内两个变量是线性关系,这并不能保证两个变量在该研究范围之外仍然是线性关系。在很多情况下,对于自变量的极大值或极小值来说,线性关系并不存在。在例 11-3 中,假如我们希望估计某地区的销售额,已知该地区的广告支出等于 300 000 元(即 $x_p = 300$)。因为 x 的值落在用来计算回归直线的系列观察值以外,所以我们就不能确定以之前的线性回归模型为基础算出来的销售量是否合理。例如，收益递减和市场饱合度上升都会造成经济变量之间关系的非线性。若需要扩大预测范围，则要有充分的理论依据或进一步的实验依据。

（二）区间估计方法

由于在大多数情况下，点估计不能给出有关估计的任何信息，所以需要使用区间估计方法。这里要介绍的区间估计方法与第五章至第八章介绍的区间估计方法非常相似。区间估计的第一种类型——置信区间估计，是给定某个 x 值时，对 y 均值的一个区间估计。区间估计的第二种类型——预测区间估计，是给定某个 x 值时，对 y 值的一个区间估计。

1. y 均值的置信区间的估计

回归方程给出了给定某个 x 值时，y 均值的一个点估计表达式。

假定 S 是回归模型残差标准差 σ 的无偏估计，则 S 可以被表述为：

$$S = \sqrt{\frac{\sum \varepsilon_i^2}{n-2}} = \sqrt{\frac{\sum (y - \hat{y})^2}{n-2}} = \sqrt{\frac{\text{SSE}}{n-2}} = \sqrt{\frac{\sum (y_i - a - bx_i)^2}{n-2}}$$

$$= \sqrt{\frac{\sum y_i^2 - a \sum y_i - b \sum x_i y_i}{n-1}} \tag{11-23}$$

如果观察值紧密地聚集在回归直线周围，则 S 的值将很小，预测误差一般也很小。相反，如果 y 的观察值与预测值之间的偏差 ε_i 相当大，那么 S 和预测误差都会很大。因此，预测模型总是力求有一个极小的 S。但是在实际问题中，S 往往很大，因为要求其趋近于 0 极为困难。为了评价预测模型的优劣，我们通常采用 $S/\bar{y}$ 这一数值。当 $S/\bar{y}$ 小于 15% 时，可以认为预测模型为优。

对于例 11-4，将表 11-3 中的数据代入公式(11-23)，得：

$$S = \sqrt{\frac{\text{SSE}}{n-2}} = \sqrt{\frac{4\,158.486}{8}} \approx 22.799$$

即标准误差约为 22 799 箱。

$$S/\bar{y} \approx 0.13028 = 13.028\%$$

因为 $S/\bar{y} \approx 13.028\% < 15\%$，所以可以判断该预测模型为优。

统计工作者求出了给定某自变量 x_p 的值时，估计 $\hat{y}_p$ 方差 $S_{\hat{y}_p}^2$ 的计算公式。这一估计式表示为：

$$S_{\hat{y}_p}^2 = S^2 \left[\frac{1}{n} + \frac{(x_p - \bar{x})^2}{\sum x_i^2 - \frac{(\sum x_i)^2}{n}} \right] \tag{11-24}$$

那么，$\hat{y}_p$ 的标准差可由式(11-25)计算得到：

$$S_{\hat{y}_p} = S \sqrt{\frac{1}{n} + \frac{(x_p - \bar{x})^2}{\sum x_i^2 - \frac{(\sum x_i)^2}{n}}} \tag{11-25}$$

其中，S 是回归模型残差标准差 σ 的无偏估计。

给定 x_p，在显著性水平 α 下，y 均值 $E(y_p)$ 的区间估计的表达式为：

$$\hat{y}_p \pm t_{\frac{\alpha}{2}}(n-2) S_{\hat{y}_p} \tag{11-26}$$

已知置信水平为 $1-\alpha$，自由度为 $n-2$，查 t 分布表，可得到 $t_{\frac{\alpha}{2}}(n-2)$，如图 11-3 所示。

例 11-9 在例 11-3 中，假设广告支出等于 185 000 元（即 $x_p = 185$），在显著性水平 0.05 下，求销售量（y）均值的区间估计值。

解 由表 11-3 中的数据可求得：

$$S = \sqrt{\frac{SSE}{n-2}} = \sqrt{\frac{4\,158.4856}{8}} \approx 22.799$$

把 $x_p = 185$ 代入估计回归方程，得到：

$$\hat{y}_p = 120.755 + 0.434 \times 185 = 201.045$$

$$S_{\hat{y}_p} = S\sqrt{\frac{1}{n} + \frac{(x_p - \bar{x})^2}{\sum x_i^2 - \frac{(\sum x_i)^2}{n}}}$$

$$= 22.799 \times \sqrt{\frac{1}{10} + \frac{(185-125)^2}{180\,100 - \frac{1\,250^2}{10}}} \approx 11.421$$

查 t 分布表，可得到 $t_{\frac{\alpha}{2}}(n-2) = t_{0.025}(8) = 2.306$，则 y 均值 $E(y_p)$ 的区间估计值为：

$$\hat{y}_p \pm t_{\frac{\alpha}{2}}(n-2) S_{\hat{y}_p} = 201.045 \pm 2.306 \times 11.421 \approx 201.045 \pm 26.337$$

即广告支出为 185 000 元时，销售量均值的置信度为 0.95 的区间估计值为 [174.708, 227.382]。

事实上，在预测的过程中，由式（11-25）可知：给定的自变量 x_p 的值越偏离均值 $\bar{x}$，$x_p - \bar{x}$ 的值就越大，$S_{\hat{y}_p}^2$ 的值也就越大，y 均值的置信区间就越宽。

2. 某个 y 值的预测区间的估计

假设除了估计广告支出为 185 000 元时的销售额情况，还需要估计某次广告投入后所引起的销售额的变动情况。统计工作者给出了某个 y_p 值的方差计算公式。这一估计式用 S_{ind}^2 来表示，即：

$$S_{ind}^2 = S^2 + S_{\hat{y}_p}^2 = S^2\left[1 + \frac{1}{n} + \frac{(x_p - \bar{x})^2}{\sum x_i^2 - \frac{(\sum x_i)^2}{n}}\right] \tag{11-27}$$

那么，某个 y_p 值的标准差可由式（11-28）计算得到：

$$S_{ind} = S\sqrt{1 + \frac{1}{n} + \frac{(x_p - \bar{x})^2}{\sum x_i^2 - \frac{(\sum x_i)^2}{n}}} \tag{11-28}$$

其中，S 是回归模型残差标准差 σ 的无偏估计。

给定 x_p，在显著性水平 α 下，y_p 值的区间估计值的表达式为：

$$\hat{y}_p \pm t_{\frac{\alpha}{2}}(n-2)S_{\text{ind}} \tag{11-29}$$

已知置信水平为 $1-\alpha$，自由度为 $n-2$，查 t 分布表，可得到 $t_{\frac{\alpha}{2}}(n-2)$，如图 11-3 所示。

例 11-10 在例 11-3 中，假设广告支出等于 185 000 元（即 $x_p = 185$），在显著性水平 0.05 下，求销售量的区间估计值。

解 由表 11-3 中的数据可求得：

$$S = \sqrt{\frac{\text{SSE}}{n-2}} = \sqrt{\frac{4\,158.4856}{8}} \approx 22.799$$

把 $x_p = 185$ 代入估计回归方程，得到：

$$\hat{y}_p = 120.755 + 0.434 \times 185 = 201.045$$

$$S_{\text{ind}} = S\sqrt{1 + \frac{1}{n} + \frac{(x_p - \bar{x})^2}{\sum x_i^2 - \frac{\left(\sum x_i\right)^2}{n}}}$$

$$= 22.799 \times \sqrt{1 + \frac{1}{10} + \frac{(185-125)^2}{180\,100 - \frac{1\,250^2}{10}}} \approx 25.5$$

查 t 分布表，可得到 $t_{\frac{\alpha}{2}}(n-2) = t_{0.025}(8) = 2.306$，则预测区间估计值为：

$$\hat{y}_p \pm t_{\frac{\alpha}{2}}(n-2)S_{\text{ind}} = 201.045 \pm 2.306 \times 25.5 \approx 201.045 \pm 58.8$$

即广告支出为 185 000 元时，销售量的置信度为 0.95 的区间估计值为 [142.24, 259.845]。

第三节 多元线性回归分析

复杂的经济现象常常具有多方面的相互关系，涉及多个变量之间的数量关系。在许多实际问题中，某个因变量常常随着多个自变量的变动而做相应的数量变化。例如，国民收入使用额和平均人口增长都会对消费基金的增长产生影响。因此，我们需要进一步讨论多元回归问题。

本节重点介绍多元线性回归模型及其模型参数的估计、回归方程和显著性检验等。多元回归的计算量比一元回归大得多，手工计算由于耗费时间且容易出错，已经不太现实。因此，需要掌握计算机统计软件的使用。

一、多元线性回归模型

（一）多元线性回归模型

包含两个或多个自变量的线性回归模型称为多元线性回归模型。在一般性多元线性回归模型中，假设因变量 Y 是 m 个自变量 $X_1, X_2, \cdots, X_m$ 的函数，共有 n 组实际观测数据，如表 11-6 所示。

表 11-6 多元回归模型变量

序号	Y	X_1	X_2	$\cdots$	X_m
1	y_1	x_{11}	x_{21}	$\cdots$	x_{m1}
2	y_2	x_{12}	x_{22}	$\cdots$	x_{m2}
$\vdots$	$\vdots$	$\vdots$	$\vdots$	$\vdots$	$\vdots$
n	y_n	x_{1n}	x_{2n}	$\cdots$	x_{mn}

假定因变量 Y 与自变量 $X_1, X_2, \cdots, X_m$ 间存在线性关系,其数学模型为:

$$Y = b_0 + b_1 X_1 + b_2 X_2 + \cdots + b_m X_m + \varepsilon \tag{11-30}$$

式(11-30)可以写成:

$$y_j = b_0 + b_1 x_{1j} + b_2 x_{2j} + \cdots + b_m x_{mj} + \varepsilon_j, \quad j = 1, 2, \cdots, n \tag{11-31}$$

其中,x_{ij} 为可以观测的一般变量(或可以观测的随机变量);y_j 为可以观测的随机变量,其值随 x_{ij} 的变化而变化,受实验误差影响;ε_j 为相互独立且均服从 $N(0, \sigma^2)$ 的随机变量,即 $E(\varepsilon_j) = 0, \mathrm{Var}(\varepsilon_j) = \sigma^2$;可以根据实际观测值对 $b_0, b_1, b_2, \cdots, b_m$ 以及方差 σ^2 做出估计。

(二)构成多元线性回归模型的假设

除了要满足与一元线性回归模型相同的四个假设条件,在多元线性回归模型中运用最小二乘法估计时还要满足以下两个假设条件:

(1)观察值数量(n)必须超过要估计的参数数量($m + 1$)。

(2)任何自变量之间都不存在准确的线性关系或者说一种确定的关系或共识,除非数据中存在某些随机因素的来源。

二、总体回归系数的估计

多元线性回归模型关于误差项 ε_j 的假定与一元线性回归模型关于 ε_j 的假定相同。ε_j 的期望值等于 0,由这个假定可以推出 Y 的期望值,用符号 $E(Y)$ 表示,描述 Y 的期望值与 $X_1, X_2, \cdots, X_m$ 之间关系的方程称为多元线性回归方程,可表示为:

$$E(Y) = b_0 + b_1 X_1 + b_2 X_2 + \cdots + b_m X_m \tag{11-32}$$

(一)回归系数估计的最小二乘法原理

设参数 $\hat{b}_0, \hat{b}_1, \hat{b}_2, \cdots, \hat{b}_m$ 是方程式(11-32)的参数 $b_0, b_1, b_2, \cdots, b_m$ 的最小二乘估计值,这样 $\hat{Y}_j$ 就可以表示为:

$$\hat{Y}_j = \hat{b}_0 + \hat{b}_1 X_1 + \hat{b}_2 X_2 + \cdots + \hat{b}_m X_m \tag{11-33}$$

参数 $\hat{b}_0, \hat{b}_1, \hat{b}_2, \cdots, \hat{b}_m$ 可以通过使实际观测值 y_j 与回归估计值 $\hat{y}_j$ 的偏差平方和最小来求得,即:

$$\min \sum \varepsilon_j^2 = \min \sum (y_j - \hat{y}_j)^2 \tag{11-34}$$

其中,y_j 是因变量的第 j 次观察值,$\hat{y}_j$ 是因变量的第 j 次观察值的估计值。

$$Q = \sum_{j=1}^{n} (y_j - \hat{y}_j)^2 = \sum_{j=1}^{n} (y_j - \hat{b}_0 - \hat{b}_1 x_{1j} - \hat{b}_2 x_{2j} - \cdots - \hat{b}_m x_{mj})^2 \tag{11-35}$$

很显然,Q 为关于 $\hat{b}_0, \hat{b}_1, \hat{b}_2, \cdots, \hat{b}_m$ 的 $m + 1$ 元函数。

根据微分学中多元函数求极值的方法,要使 Q 达到最小,则应有:

$$\begin{cases} \dfrac{\partial Q}{\partial \hat{b}_0} = -2\sum_{j=1}^{n}(y_j - \hat{b}_0 - \hat{b}_1 x_{1j} - \hat{b}_2 x_{2j} - \cdots - \hat{b}_m x_{mj}) = 0 \\ \vdots \\ \dfrac{\partial Q}{\partial \hat{b}_i} = -2\sum_{j=1}^{n} x_{ij}(y_j - \hat{b}_0 - \hat{b}_1 x_{1j} - \hat{b}_2 x_{2j} - \cdots - \hat{b}_m x_{mj}) = 0 \\ \vdots \\ \dfrac{\partial Q}{\partial \hat{b}_m} = -2\sum_{j=1}^{n} x_{mj}(y_j - \hat{b}_0 - \hat{b}_1 x_{1j} - \hat{b}_2 x_{2j} - \cdots - \hat{b}_m x_{mj}) = 0 \\ (i = 1, 2, \cdots, m) \end{cases} \quad (11\text{-}36)$$

经整理得:

$$\begin{cases} n\hat{b}_0 + \left(\sum x_{1j}\right)\hat{b}_1 + \left(\sum x_{2j}\right)\hat{b}_2 + \cdots + \left(\sum x_{mj}\right)\hat{b}_m = \sum y_j \\ \left(\sum x_{1j}\right)\hat{b}_0 + \left(\sum x_{1j}^2\right)\hat{b}_1 + \left(\sum x_{1j}x_{2j}\right)\hat{b}_2 + \cdots + \left(\sum x_{1j}x_{mj}\right)\hat{b}_m = \sum x_{1j}y_j \\ \left(\sum x_{2j}\right)\hat{b}_0 + \left(\sum x_{2j}x_{1j}\right)\hat{b}_1 + \left(\sum x_{2j}^2\right)\hat{b}_2 + \cdots + \left(\sum x_{2j}x_{mj}\right)\hat{b}_m = \sum x_{2j}y_j \\ \vdots \\ \left(\sum x_{mj}\right)\hat{b}_0 + \left(\sum x_{mj}x_{1j}\right)\hat{b}_1 + \left(\sum x_{mj}x_{2j}\right)\hat{b}_2 + \cdots + \left(\sum x_{mj}^2\right)\hat{b}_m = \sum x_{mj}y_j \end{cases} \quad (11\text{-}37)$$

由以上方程组的第一个方程可得:

$$\hat{b}_0 = \overline{Y} - \hat{b}_1 \overline{x}_1 - \hat{b}_2 \overline{x}_2 - \cdots - \hat{b}_m \overline{X}_m = \overline{Y} - \sum_{i=1}^{m} \hat{b}_i \overline{X}_i \quad (11\text{-}38)$$

式中,

$$\overline{Y} = \frac{1}{n}\sum_{j=1}^{n} y_j, \quad \overline{X}_i = \frac{1}{n}\sum_{j=1}^{n} x_{ij}$$

其他参数 $\hat{b}_1, \hat{b}_2, \cdots, \hat{b}_m$ 可通过式(11-37)求得。

(二) 利用统计软件对总体回归系数的估算

在大多数多元线性回归分析的实际应用中,都是采用通用的统计软件完成对一系列给定数据的估计。虽然进行多元线性回归分析有多种不同的程序,但这些程序的结果都是相当标准化的。通常的结果包括估计出来的回归参数、每个系数的 t 统计量、方差分析和整体显著性的 F 检验。

三、多元线性回归模型的检验

对于多元线性回归模型,在完成参数估计后,也要像一元线性回归模型一样,检验模型的可行性和可靠性,只有通过各种检验的回归模型,才可以用于预测。

(一) 拟合优度检验

拟合优度是检验模型对样本观测值的拟合程度。检验的方法是构造一个可以表征拟合程度的指标,在这里称为统计量,统计量是样本的函数。从检验对象中计算出该统计量的数值,然后与某一标准进行比较,得出检验结论。检验统计量一般应该用相对量,而不能用绝对量。因为用绝对量作为检验统计量,无法设置标准。

多元线性回归的拟合优度 R^2 的计算公式为:

$$R^2 = \frac{\sum(\hat{y}-\bar{y})^2}{\sum(y-\bar{y})^2} = 1 - \frac{\sum(y-\hat{y})^2}{\sum(y-\bar{y})^2} = 1 - \frac{SSE}{SST} = \frac{SSR}{SST} \qquad (11-39)$$

在这里,$SST = \sum(y-\bar{y})^2$ 为总离差平方和;$SSR = \sum(\hat{y}-\bar{y})^2$ 为回归平方和;$SSE = \sum(y-\hat{y})^2$ 为残差平方和,用来比较回归效果的有效性。如果模型与样本观测值完全拟合,即:

$$y_i - \hat{y}_i = 0 \quad (i=1,2,\cdots,n)$$

则 $R^2 = 1$。当然,模型与样本观测值完全拟合的情况是很难发生的。R^2 越接近于 1,回归方程用来预测的效果越好。

R^2 的大小还依赖于模型中的预测变量即自变量的数目。模型中增加新的预测变量,不能改变总平方和 $\sum(y-\bar{y})^2$,却可能增加回归平方和 $\sum(\hat{y}-\bar{y})^2$。这样一来,式(11-39)的分子增大了,而分母不变,结果 R^2 提高。假如只是想让 R^2 最大,只需要增加更多的自变量就可以了。显然这种想法是幼稚的,因此有必要取消拟合优度对模型中自变量数目的依赖,采用修正的 $\bar{R}^2$,定义为:

$$\bar{R}^2 = 1 - \frac{\sum(y-\hat{y})^2/(n-m-1)}{\sum(y-\bar{y})^2/(n-1)} = 1 - \frac{SSE/(n-m-1)}{SST/(n-1)} \qquad (11-40)$$

其中,第二项的分子 $\sum(y-\hat{y})^2/(n-m-1) = S^2 = \text{Var}(\varepsilon)$ 是回归余项的样本方差;分母 $\sum(y-\bar{y})^2/(n-1) = \text{Var}(y)$ 是因变量 y 的样本方差。

R^2 与 $\bar{R}^2$ 的关系为:

$$\bar{R}^2 = 1 - (1-R^2)\frac{n-1}{n-m-1}$$

或

$$R^2 = 1 + (\bar{R}^2 - 1)\frac{n-m-1}{n-1} \qquad (11-41)$$

由式(11-41)可以看出,$\bar{R}^2$ 有可能为负值,并且:当 $m=0$ 时,$R^2 = \bar{R}^2$;当 $m>0$ 时,$R^2 > \bar{R}^2$。

例 11-11 计算表 11-7 中的 R^2、$\bar{R}^2$。

表 11-7 学生的学习时间、智商(IQ)及其学习成绩

学生号	平均学习成绩(GPA) $Y(y_j)$	智商(IQ) $X_1(x_{1j})$	学习时间 $X_2(x_{2j})$
1	30	110	5.6
2	48	112	7.1

(续表)

学生号	平均学习成绩(GPA) $Y(y_j)$	智商(IQ) $X_1(x_{1j})$	学习时间 $X_2(x_{2j})$
3	36	118	4.2
4	63	119	9.1
5	78	122	9.8
6	54	125	4.2
7	78	127	9.1
8	60	130	8.4
9	96	132	9.1
10	78	134	7.7
11	90	136	8.4
12	98	138	12.6

解 首先,列出拟合优度计算表(见表11-8)。

表11-8 拟合优度计算表

学生号	IQ X_1	学习时间 X_2	GPA Y	$\hat{Y}$	$(y-\bar{y})^2$	$(\hat{y}-\bar{y})^2$
1	110	5.6	30	35.0648	1 400.00700	1 046.6435
2	112	7.1	48	44.5838	377.00710	521.3400
3	118	4.2	36	40.4476	987.00720	727.3307
4	119	9.1	63	63.5418	19.50697	15.0146
5	122	9.8	78	70.9724	112.00690	12.6432
6	125	4.2	54	50.5696	180.00700	283.8238
7	127	9.1	78	75.1098	112.00690	59.1842
8	130	8.4	60	76.3552	55.00699	79.8973
9	132	9.1	96	82.3398	817.00680	222.6998
10	134	7.7	78	79.0466	112.00690	135.2553
11	136	8.4	90	85.0312	510.00680	310.2717
12	138	12.6	98	106.4788	935.34010	1 525.8500
合计	1 503	95.3	809	809.5414	5 616.91700	4 939.9541
				$\bar{y}$ = 67.41667	SST	SSR

$\hat{Y} = b_0 + b_1 X_1 + b_2 X_2 = -148.736 + 1.446 X_1 + 4.418 X_2$

$R^2 = \dfrac{\text{SSR}}{\text{SST}} = \dfrac{4\,939.9541}{5\,616.917} \approx 0.879$

$\bar{R}^2 = 1 - (1 - R^2)\dfrac{n-1}{n-m-1} \approx 0.852$

由表 11-8 中的计算结果可知,预测模型的拟合优度为 $R^2 \approx 0.879$,修正后的 $\overline{R}^2 \approx 0.852$。$m = 2 > 0, \overline{R}^2 < R^2, R^2$ 与 $\overline{R}^2$ 差异不大;自由度 $n - 1 = 12 - 1 = 11, n - m - 1 = 12 - 2 - 1 = 9$;模型的 R^2 与修正后的 $\overline{R}^2$ 均接近于 1,说明该模型对样本数据的拟合程度较高,用于预测的效果比较好。

在实际应用中,对于 $\overline{R}^2$ 达到多大才算模型通过检验,并没有绝对的标准,要视具体情况而定。模型的拟合优度并不是判断模型质量的唯一标准,有时为了追求模型的经济意义,甚至可以一定程度上牺牲拟合优度。

(二) 回归系数的显著性检验(t 检验)

表 11-6 中的数据的矩阵可写为:

$$X = \begin{bmatrix} 1 & x_{11} & x_{21} & \cdots & x_{m1} \\ 1 & x_{12} & x_{22} & \cdots & x_{m2} \\ 1 & x_{13} & x_{23} & \cdots & x_{m3} \\ \vdots & \vdots & \vdots & \vdots & \vdots \\ 1 & x_{1n} & x_{2n} & \cdots & x_{mn} \end{bmatrix} \qquad (11-42)$$

由式(11-42)可求得矩阵 $(X^T X)^{-1}$ 的主对角线的元素为:

$$[X^T X]^{-1} = \begin{bmatrix} c_{00} & & & & \\ & c_{11} & & & \\ & & c_{22} & & \\ & & & \ddots & \\ & & & & c_{mm} \end{bmatrix} \qquad (11-43)$$

令

$$S_{b_j} = \sqrt{\frac{\sum_{j=1}^{n}(y_j - \hat{y}_j)^2}{n - m - 1} c_{jj}} \quad (j = 1, 2, \cdots, n) \qquad (11-44)$$

则可以计算回归系数 b_j 的 t 检验值为:

$$t_{b_j} = \hat{b}_j / S_{b_j} \quad (j = 1, 2, \cdots, n) \qquad (11-45)$$

根据给定的显著性水平 α,查 t 分布表中自由度为 $n - m - 1$ 的 $\alpha/2$ 的临界值 t_c。将计算得到的 $t_{b_j}(j = 1, 2, \cdots, n)$ 与查表得到的 t_c 比较,若 $|t_{b_j}| > t_c$,则回归系数 b_j 显著不为 0,参数的 t 检验通过。若 $|t_{b_j}| \leq t_c$,则回归系数不显著,参数的 t 检验未通过,如图 11-13 所示。

例 11-12 对例 11-11 所建立的回归模型进行回归系数的显著性检验。

解 计算例 11-11 中回归模型的各个回归系数的 t 值,得:

$$t_{b_1} = \hat{b}_1 / S_{b_1} = 4.235$$

$$t_{b_2} = \hat{b}_2 / S_{b_2} = 3.380$$

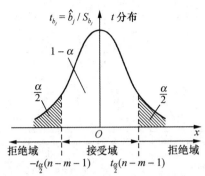

图 11-13　回归系数 b_j 的 t 检验的接受域和拒绝域

查 t 分布表可得：$t_{0.025}(9) = t_c = 1.8331(\alpha = 0.05, \text{df} = 12 - 2 - 1 = 9)$，由于

$$|t_{b_1}| = 4.235 > t_c$$
$$|t_{b_2}| = 3.380 > t_c$$

所以两个回归系数的 t 检验均通过。说明用 IQ 值和学习时间的变化可以较好地解释平均学习成绩的变化，如图 11-14 所示。

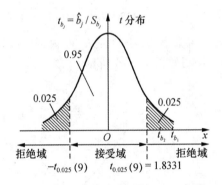

图 11-14　回归模型的接受域和拒绝域

（三）回归方程的显著性检验（F 检验）

多元线性回归模型的 F 检验用以说明回归方程的回归效果是否显著。

检验假设为：

$$H_0 : b_1 = b_2 = \cdots = b_m = 0$$

计算回归模型的 F 统计量，有：

$$F(m, n - m - 1) = \frac{\sum (\hat{y} - \bar{y})^2 / m}{\sum (y - \hat{y})^2 / (n - m - 1)} = \frac{\text{SSR}/m}{\text{SSE}/(n - m - 1)} \quad (11\text{-}46)$$

查 F 分布表，根据给定的显著性水平 α，自由度为 $m, n - m - 1$，得 $F_\alpha(m, n - m - 1)$。将计算得到的 $F(m, n - m - 1)$ 与查得的 $F_\alpha(m, n - m - 1)$ 进行比较。若 $F(m, n - m - 1) > F_\alpha(m, n - m - 1)$，则拒绝 H_0，回归方程的显著性检验通过；若 $F(m, n - m - 1) \leqslant F_\alpha(m, n - m - 1)$，则不能拒绝 H_0，回归方程的线性回归效果不显著，F 检验未通过，模型没有实际意义，不能用于预测（如图 11-15 所示）。

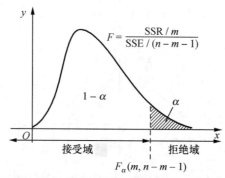

图 11-15　回归方程回归效果检验的接受域和拒绝域

例 11-13　对例 11-11 中的预测模型进行 F 检验。

解　计算回归模型的 F 统计量为：

$$F(m, n-m-1) = F(2,9) = \frac{SSR/m}{SSE/(n-m-1)} \approx 32.838$$

查 F 分布表，给定显著性水平 $\alpha = 0.05$，自由度为 $m = 2, n - m - 1 = 12 - 2 - 1 = 9$，得 $F_{0.05}(2,9) = 4.20$。因为

$$F(2,9) \approx 32.838 > F_{0.05}(2,9) = 4.20$$

所以，回归方程的线性回归效果显著，F 检验通过，即模型的线性关系在 95% 的置信水平下显著成立，模型可以用于预测，如图 11-16 所示。

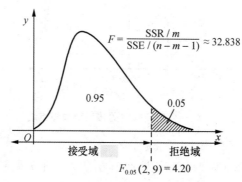

图 11-16　例 11-13 中的 F 检验的接受域和拒绝域

（四）拟合优度检验和方程显著性检验的关系

拟合优度检验和方程显著性检验是从不同原理出发的两类检验。前者是从已经得到估计的模型出发，检验它对样本观测值的拟合程度；后者是从样本观测值出发，检验模型总体线性关系的显著性。同时，它们之间又存在密切联系：模型对样本观测值的拟合程度高，其总体线性关系的显著性就强。下面，我们推导它们之间的关系。

由于：

$$\overline{R}^2 = 1 - \frac{SSE/(n-m-1)}{SST/(n-1)}, \quad F(m, n-m-1) = \frac{SSR/m}{SSE/(n-m-1)}$$

可知：

$$\overline{R}^2 = 1 - \frac{(n-1)\text{SSR}}{mF(m,n-m-1)\text{SST}} = 1 - R^2 \frac{n-1}{mF(m,n-m-1)}$$

将 $R^2 = 1 + (\overline{R}^2 - 1)\frac{n-m-1}{n-1}$ 代入上式,可得:

$$\overline{R}^2 = 1 - \frac{n-1}{n-m-1+mF(m,n-m-1)} \quad (11\text{-}47)$$

对于例 11-13,我们求得 $F_{0.05}(2,9) = 4.20$,就是说,只要 F 统计量的值大于 4.20,模型的线性关系在 95%的置信水平下就是显著成立的。将 4.20 代入式(11-47),得:

$$\overline{R}^2 = 1 - \frac{n-1}{n-m-1+mF(m,n-m-1)} = 0.36781609$$

可以看到在拟合优度约为 0.3678 的情况下,该模型的总体线性关系的置信水平达到 95%。因此,如前所述,在实际应用中不必对拟合优度 $\overline{R}^2$ 过分苛求,重要的是考察模型的经济关系是否合理。

例 11-14 试对表 11-9 中的企业利润率进行回归分析。

表 11-9 回归分析

序号	企业利润率(%) Y	员工平均薪金(元) X_1	库存占用资金比例(%) X_2	产品的科技含量(%) X_3	科技员工比例(%) X_4	是否上市(1 代表上市,0 代表不上市) X_5
1	3.00	892	33	5	5	0
2	24.70	3 900	2	63	75	1
3	25.10	4 100	3	50	68	1
4	17.10	2 980	22	33	55	1
5	7.00	1 800	34	29	27	0
6	1.94	1 500	21	44	13	0
7	5.85	2 233	19	47	35	0
8	9.00	2 571	9	49	38	1
9	2.50	1 390	10	37	23	0
10	23.00	4 130	25	79	80	1
11	26.80	3 902	2	60	77	1
12	1.07	1 104	44	10	8	0
13	4.10	1 567	22	36	27	0
14	3.90	1 452	19	50	32	0
15	5.70	1 693	21	57	36	1
16	33.60	4 110	2	70	81	1
17	19.30	3 120	3	67	77	1
18	3.80	1 635	23	25	22	0
19	6.80	2 004	20	31	22	0
20	11.10	2 140	25	41	51	1

解 利用 Excel 进行回归统计分析，得到表 11-10 所示的结果。

表 11-10 回归统计分析结果

回归统计	
R	0.976332298
R^2	0.953224756
$\overline{R}^2$	0.936519312
标准误差	2.548717425
观测值	20

方差分析

	df	SS	MS	F
回归分析	5	1 853.321073	370.6642146	57.06072473
残差	14	90.94344715	6.495960511	
总计	19	1 944.26452		
Intercept（截距）	−4.114780933	3.46903743	−1.186144865	0.255305778
员工平均薪金（元）	0.005548976	0.001700488	3.263166825	0.005662414
库存占用资金比例（%）	−0.046554257	0.072657438	−0.640736285	0.532042582
产品的科技含量（%）	−0.130064384	0.059593059	−2.182542498	0.046598859
科技员工所占比例（%）	0.219240289	0.094935209	2.30936752	0.03669239
是否上市（1 代表上市，0 代表不上市）	−0.516554117	2.14235913	−0.241114624	0.812961713

其中，SS(回归) $= \sum (\hat{y}_i - \overline{y})^2$；SS(残差) $= \sum (y_i - \hat{y}_i)^2$；SS(总) = SS(回归) + SS(残差)；MS(回归) = SS(回归)/m；MS(残差) = SS(残差)/$(n-m-1)$；F = MS(回归)/MS(残差)。有：

$$\hat{Y} = -4.115 + 0.0055X_1 - 0.047X_2 - 0.13X_3 + 0.2192X_4 - 0.5166X_5$$

$$R^2 = 0.9532, \quad \overline{R}^2 = 0.9365, \quad F = 57.06$$

查 t 分布表（$\alpha = 0.05$，df $= 20 - 5 - 1 = 14$），$t_{0.025}(14) = t_c = 2.1604$，变量 X_2、X_5 未通过 t 检验，应该剔除。查 F 分布表，$\alpha = 0.05$，$F_{0.05}(5,14) = 2.96$，$F = 57.06 > 2.96$，所以通过方程总体的显著性检验。

在剔除变量 X_2、X_5 后，重新进行回归分析，如表 11-11 所示。

表 11-11 剔除变量 X_2、X_5 后，重新进行回归分析

序号	企业利润率（%） Y	员工平均薪金（元） X_1	产品的科技含量（%） X_3	科技员工比例（%） X_4
1	3.00	892	5	5
2	24.70	3 900	63	75
3	25.10	4 100	50	68
4	17.10	2 980	33	55
5	7.00	1 800	29	27

（续表）

序号	企业利润率(%) Y	员工平均薪金(元) X_1	产品的科技含量(%) X_3	科技员工比例(%) X_4
6	1.94	1 500	44	13
7	5.85	2 233	47	35
8	9.00	2 571	49	38
9	2.50	1 390	37	23
10	23.00	4 130	79	80
11	26.80	3 902	60	77
12	1.07	1 104	10	8
13	4.10	1 567	36	27
14	3.90	1 452	50	32
15	5.70	1 693	57	36
16	33.60	4 110	70	81
17	19.30	3 120	67	77
18	3.80	1 635	25	22
19	6.80	2 004	31	22
20	11.10	2 140	41	51

利用 Excel 进行回归统计分析,得到表 11-12 所示的结果。

表 11-12 回归统计分析结果

回归统计	
R	0.975514828
R^2	0.951629179
$\overline{R}^2$	0.94255965
标准误差	2.424428687
观测值	20

方差分析

	df	SS	MS	F
回归分析	3	1 850.218849	616.7396162	104.9259761
残差	16	94.04567133	5.877854458	
总计	19	1 944.26452		

	参数	标准误差	t 检验	P 值
Intercept(截距)	−5.861637007	1.866785934	−3.13996206	0.00632705
员工平均薪金(元)	0.005768084	0.001589177	3.629604149	0.002253759
产品的科技含量(%)	−0.116634781	0.053552264	−2.177961706	0.044714185
科技员工比例(%)	0.208247554	0.080070183	2.600812781	0.019308905

$$\hat{Y} = -5.8616 + 0.0058X_1 - 0.1166X_3 + 0.2082X_4$$

$$R^2 = 0.9516, \quad \overline{R}^2 = 0.9426, \quad F = 104.93$$

查 t 分布表($\alpha = 0.05, \mathrm{df} = 20 - 3 - 1 = 16$),$t_{0.025}(16) = t_c = 2.1315$,$t$ 检验通过,如图 11-17 所示。查 F 分布表,$F_{0.05}(3,16) = 3.24, F = 104.93 > 3.24, F$ 检验通过。

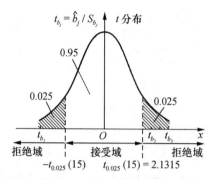

图 11-17 例 11-14 中的 t 检验的接受域和拒绝域

四、一元线性回归与多元线性回归的比较

例 11-15 根据表 11-8 中的数据,求学生平均学习成绩(GPA)依智商(IQ)和学习时间的回归方程。

解 对于二元回归方程的估计方程

$$\hat{Y} = \hat{b}_0 + \hat{b}_1 X_1 + \hat{b}_2 X_2 \tag{11-48}$$

其中,$\hat{Y}$ 是 GPA 的预测值;$\hat{b}_0$ 是预测常数;$\hat{b}_1$ 是第一预测变量的系数;X_1 是第一预测变量,即 IQ 值;$\hat{b}_2$ 是第二预测变量的系数;X_2 是第二预测变量,即学习时间。

利用最小二乘法可以得到联立方程组:

$$\begin{cases} \sum Y = n\hat{b}_0 + \hat{b}_1 \sum X_1 + \hat{b}_2 \sum X_2 \\ \sum X_1 Y = \hat{b}_0 \sum X_1 + \hat{b}_1 \sum X_1^2 + \hat{b}_2 \sum X_1 X_2 \\ \sum X_2 Y = \hat{b}_0 \sum X_2 + \hat{b}_1 \sum X_1 X_2 + \hat{b}_2 \sum X_2^2 \end{cases} \tag{11-49}$$

我们通过列表来计算联立方程组中所需计算的数据(见表 11-13)。

表 11-13 学生的 GPA、IQ 及其学习成绩的二元回归

学生号	GPA $Y(y_j)$	IQ $X_1(x_{1j})$	学习时间 $X_2(x_{2j})$	$X_1 Y$	$X_2 Y$	$X_1 X_2$	X_1^2	X_2^2
1	30	110	5.6	3 300	168.0	616.0	12 100	31.36
2	48	112	7.1	5 376	340.8	795.2	12 544	50.41
3	36	118	4.2	4 248	151.2	495.6	13 924	17.64
4	63	119	9.1	7 497	573.3	1 082.9	14 161	82.81
5	78	122	9.8	9 516	764.4	1 195.6	14 884	96.04
6	54	125	4.2	6 750	226.8	525.0	15 625	17.64
7	78	127	9.1	9 906	709.8	1 155.7	16 129	82.81
8	60	130	8.4	7 800	504.0	1 092.0	16 900	70.56
9	96	132	9.1	12 672	873.6	1 201.2	17 424	82.81

（续表）

学生号	GPA $Y(y_j)$	IQ $X_1(x_{1j})$	学习时间 $X_2(x_{2j})$	X_1Y	X_2Y	X_1X_2	X_1^2	X_2^2
10	78	134	7.7	10 452	600.6	1 031.8	17 956	59.29
11	90	136	8.4	12 240	756.0	1 142.4	18 496	70.56
12	98	138	12.6	13 524	1 234.8	1 738.8	19 044	158.76
合计	809	1 503	95.3	103 281	6 903.3	12 072.2	189 187	820.69

将表 11-13 中得到的数据代入联立方程组（11-49），有：

$$\begin{cases} 809 = 12\hat{b}_0 + 1\,503\hat{b}_1 + 95.3\hat{b}_2 \\ 103\,281 = 1\,503\hat{b}_0 + 189\,187\hat{b}_1 + 12\,072.2\hat{b}_2 \\ 6\,903.3 = 95.3\hat{b}_0 + 12\,072.2\hat{b}_1 + 820.69\hat{b}_2 \end{cases}$$

解上述方程组，得：

$$\hat{b}_0 \approx -148.736, \quad \hat{b}_1 \approx 1.446, \quad \hat{b}_2 \approx 4.418$$

所以

$$\hat{Y} = \hat{b}_0 + \hat{b}_1 X_1 + \hat{b}_2 X_2 = -148.736 + 1.446 X_1 + 4.418 X_2$$

$$\hat{Y} = \hat{a} + \hat{b}x = -193.953 + 2.0868x$$

列出表 11-14。

表 11-14 使用一个变量和使用两个变量进行预测准确性的比较

学生号	IQ X_1	学习时间 X_2	GPA Y	使用单变量的预测结果 $\hat{Y}$	使用两变量的预测结果 $\hat{Y}$	使用单变量的预测误差	使用两变量的预测误差
1	110	5.6	30	35.595 0	35.064 8	-5.595 0	-5.064 8
2	112	7.1	48	39.768 6	44.583 8	8.231 4	3.416 2
3	118	4.2	36	52.289 4	40.447 6	-16.289 4	-4.447 6
4	119	9.1	63	54.376 2	63.541 8	8.623 8	-0.541 8
5	122	9.8	78	60.636 6	70.972 4	17.363 4	7.027 6
6	125	4.2	54	66.897 0	50.569 6	-12.897 0	3.430 4
7	127	9.1	78	71.070 6	75.109 8	6.929 4	2.890 2
8	130	8.4	60	77.331 0	76.355 2	-17.331 0	-16.355 2
9	132	9.1	96	81.504 6	82.339 8	14.495 4	13.660 2
10	134	7.7	78	85.678 2	79.046 6	-7.678 2	-1.046 6
11	136	8.4	90	89.851 8	85.031 2	0.148 2	4.968 8
12	138	12.6	98	94.025 4	106.478 8	3.974 6	-8.478 8
			$\sum(y-\hat{y})^2$			1 539.866	678.673 4

可以看出，使用多元回归可以大大提高预测的准确性。例如，除了第 11、12 号学生，预测准确程度都提高了；对于第 4 号学生，其准确性提到了将近 93.7%。从总体误差来看，增加第二个预测变量后，预测误差平方和从 1 539.866 降到 678.673 4，准确性提高了约 55.9%。

当然，仅仅增加一个预测变量并不一定能够增加预测的准确性。这依赖于所增加的预测变量和所需变量之间的相关程度，以及两个预测变量之间的相关性。

回归系数 $b_j(j=1,2,\cdots,m)$ 估计值的符号和大小应该与其代表的实际意义相符。只有这样，所建立的回归模型才适用于预测。

第四节　可线性化的非线性回归模型

实际问题中也存在指数曲线回归方程 $\hat{y}_i = ab^{x_i}$，若该方程表示发展指数，则 a 代表原点期趋势值，b 代表发展速度，x_i 代表年次，i 代表年份。指数曲线一般可以先改写成对数直线模型，然后再估计参数。

$$\lg\hat{y}_i = \lg a + x_i \lg b$$

设 $\lg a = A, \lg b = B, \lg\hat{y}_i = \hat{Y}_i$，则上式化为：$\hat{Y}_i = A + Bx_i$，用最小平方原理估计参数，配合对数直线模型的标准联立方程为：

$$\begin{cases} \sum_{i=1}^{N} \lg y_i = N\lg a + \lg b \sum_{i=1}^{N} x_i \\ \sum_{i=1}^{N} x_i \lg y_i = \lg a \sum_{i=1}^{N} x_i + \lg b \sum_{i=1}^{N} x_i^2 \end{cases}$$

所以有：

$$\lg b = \frac{N\sum_{i=1}^{N} x_i \lg y_i - \sum_{i=1}^{N} x_i \sum_{i=1}^{N} \lg y_i}{N\sum_{i=1}^{N} x_i^2 - \left(\sum_{i=1}^{N} x_i\right)^2}, \quad \lg a = \overline{\lg y_i} - \lg b \overline{x_i}$$

通过这种方法，可以将多种非线性模型转化为线性模型，包括双曲线方程、对数方程、幂函数方程、S 形曲线方程等。

几种常见的回归方程变量间的相关系数如表 11-15 所示。

表 11-15　几种回归方程变量之间的相关系数

原方程	方程变换	代换后方程	相关系数
$\hat{y} = a + b\dfrac{1}{x}$	$x' = \dfrac{1}{x}$	$\hat{y} = a + bx'$	$r = \dfrac{n\sum x'y - \sum x' \sum y}{\sqrt{n\sum x'^2 - \left(\sum x'\right)^2}\sqrt{n\sum y^2 - \left(\sum y\right)^2}}$
$\hat{y} = a + b\ln x$	$x' = \ln x$	$\hat{y} = a + bx'$	$r = \dfrac{n\sum x'y - \sum x' \sum y}{\sqrt{n\sum x'^2 - \left(\sum x'\right)^2}\sqrt{n\sum y^2 - \left(\sum y\right)^2}}$

(续表)

原方程	方程变换	代换后方程	相关系数
$\hat{y} = ax^b$	$\ln\hat{y} = \ln a + b\ln x$ $y' = \ln\hat{y}, a' = \ln a$ $x' = \ln x$	$y' = a' + bx'$	$r = \dfrac{n\sum x'y - \sum x'\sum y}{\sqrt{n\sum x'^2 - \left(\sum x'\right)^2}\sqrt{n\sum y^2 - \left(\sum y\right)^2}}$
$\hat{y} = \dfrac{1}{a + be^{-x}}$	$y' = \dfrac{1}{\hat{y}}$ $x' = e^{-x}$	$y' = a + bx'$	$r = \dfrac{n\sum x'y - \sum x'\sum y}{\sqrt{n\sum x'^2 - \left(\sum x'\right)^2}\sqrt{n\sum y^2 - \left(\sum y\right)^2}}$

第五节 赫斯特指数与 R/S 分析法

R/S 分析法也称重标极差分析法,最初由英国水文学家 Harold E. Hurst 在研究尼罗河水坝工程数据时提出,通常被用来分析时间序列的分形特征和长期记忆过程。后来,人们以他的名字命名了赫斯特指数。赫斯特指数被用于各种时间序列特性的分析,它可以量化地反映出时间序列的相对趋势,并且已成为众多领域的研究指标之一。Benoit B. Mandelbro 在 1972 年首次将 R/S 分析法应用于美国证券市场,分析股票收益的变化。Edgar E. Peters 把这种方法作为其分形市场假说最重要的研究工具加以详细讨论和发展,并做了多个有广泛影响的实证研究案例(无风险套利模型)。

R/S 分析法从所获取的某一变化过程的时序数据出发,分析其分形特性、关联特性及数据趋势的时间持续性以及对系统未来变化程度的影响等。

假设有一组时间序列:
$$x(1), x(2), x(3), \cdots$$

对于任意一个正整数 $T \in \{1, 2, 3, \cdots\}$,定义均值序列为:
$$\langle x \rangle_T = \frac{1}{T} \sum_{t=1}^{T} x(t), T = 1, 2, \ldots$$

累积离差为:
$$X(t, T) = \sum_{\mu=1}^{t} [x(\mu) - \langle x \rangle_T], t = 1, 2, \ldots, T$$

极差为:
$$R(T) = \max_{1 \leq t \leq T} X(t, T) - \min_{1 \leq t \leq T} X(t, T), T = 1, 2, \ldots$$

标准偏差为:
$$S(T) = \left\{ \frac{1}{T} \sum_{t=1}^{T} [x(t) - \langle x \rangle_T]^2 \right\}^{\frac{1}{2}}, T = 1, 2, \ldots$$

例如:
$$\langle x \rangle_2 = \frac{1}{2}[x(1) + x(2)], \langle x \rangle_3 = \frac{1}{3}[x(1) + x(2) + x(3)]$$

$$X(2,T) = \sum_{\mu=1}^{t} [x(\mu) - \langle x \rangle_T]$$
$$= \sum_{\mu=1}^{2} [x(\mu) - \langle x \rangle_T] = [x(1) - \langle x \rangle_T] + [x(2) - \langle x \rangle_T]$$
$$X(3,T) = \sum_{\mu=1}^{3} [x(\mu) - \langle x \rangle_T]$$
$$= [x(1) - \langle x \rangle_T] + [x(2) - \langle x \rangle_T] + [x(3) - \langle x \rangle_T]$$
$$R(T) = R(3) = \max_{1 \leq t \leq 3} X(t,T) - \min_{1 \leq t \leq 3} X(t,T)$$
$$= \max[X(1,3), X(2,3), X(3,3)] - \min[X(1,3), X(2,3), X(3,3)]$$

研究发现,标度关系为:

$$\frac{R(N)}{S(N)} = (PN)^H$$

其中,P 为常数。

可推导出估计赫斯特指数 H 的近似表达式为:

$$H = \frac{N \sum_{t=1}^{N} \ln(t)[\ln R(t) - \ln S(t)] - \sum_{t=1}^{N} \ln(t) \sum_{t=1}^{N} [\ln R(t) - \ln S(t)]}{N \sum_{t=1}^{N} [\ln(t)]^2 - [\sum_{t=1}^{N} \ln(t)]^2}$$

相关系数的表达式为:

$$r = \frac{N \sum_{t=1}^{N} \ln(t)[\ln R(t) - \ln S(t)] - \sum_{t=1}^{N} \ln(t) \sum_{t=1}^{N} [\ln R(t) - \ln S(t)]}{\sqrt{N \sum_{t=1}^{N} [\ln(t)]^2 - [\sum_{t=1}^{N} \ln(t)]^2} \cdot \sqrt{N \sum_{t=1}^{N} [\ln R(t) - \ln S(t)]^2 - \{\sum_{t=1}^{N} [\ln R(t) - \ln S(t)]\}^2}}$$

赫斯特指数的大小与 r 值相关,当 r 值过小时,误差较大,赫斯特指数无意义。

R/S 分析法是分析数据内在趋势特征的重要方法,我们可以使用 R/S 分析法从时序的构成上,即长时间程度相关性和长记忆性的矛盾来识别系统,换句话说,就是通过赫斯特指数的大小来分析序列的长时间程度相关性和长记忆性。

$H = 0.5$,说明已发生的时序数据 $\Delta x(-t)$ 与未来即将发生的时序数据 $\Delta x(t)$ 基本上没有趋势上的关联,这时的系统为白噪声序列,是一个独立随机过程,系统不具有长时间程度相关性和长记忆性。这时其预测模型的选择应以随机成分为主,其他成分为辅。

$H > 0.5$,说明时序数据呈正相关,即其过去一段时间内的增长(衰减)趋势,意味着未来相同时间间隔内也有一个类似的或更大的增长(衰减)趋势,系统的趋势具有持久性。

$H < 0.5$,说明时序数据呈负相关,即其过去一段时间内的衰减(增长)趋势,意味着未来相同时间间隔内也有一个类似的或更大的衰减(增长)趋势,系统的趋势具有反持久性。

H 偏离 0.5 越远,时序数据的正(负)相关性就越明显,这时所建的预测模型应以决定性成分为主,以其他成分为辅。

V 统计量是与赫斯特指数有关的指标,它定义为:

$$V_N = \frac{(R/S)_N}{\sqrt{N}}$$

用 V_N 关于 $\log(N)$ 的关系曲线可以直观地反映出一个时间序列某一时刻的数据对未来数据的影响时间的界限。若 V 统计量呈向上(向下)趋势，则表明 $H > 0.5$ ($H < 0.5$)。特别地，V_N 关于 $\log(N)$ 的关系曲线为一条直线时，$H = 0.5$。

统计量 $E(R/S)_N$ 可以用来测算序列对随机游走的偏离，它的计算公式为：

$$E(R/S)_N = \frac{N - 0.5}{N} (0.5\pi N)^{-0.5} \sum_{r=1}^{N-1}$$

相关性度量指标 C_M 可以用来描述现在对于未来的影响，它的表达式为：

$$C_M = 2^{(2H-1)} - 1$$

其中，C_M 表示在期间 M 上的相关性。当 $H = 0.5$ 时，$C_M = 0$，序列不相关；当 $C_M > 0$ 时，序列正相关；当 $C_M < 0$ 时，序列负相关。

R/S 分析法是探索时序数据的分形结构特征的有效方法。Rafal Weron 和 Beata Przybyłowicz 应用该方法对美国加利福尼亚州电力交易市场每日价格和瑞士电力价格指数进行了分析，得出了电力价格指数数据具有长期持久性的结论。[①] 有中国学者计算了中国股市的赫斯特指数，结果表明中国股市具有非线性特性。[②] S. Rehman 和 A. H. Siddipi 对气象数据进行了 R/S 分析，结果表明气象数据具有分形特性和长期记忆特性。[③]

例 11-16 已知 2013—2014 年天津市房价数据 24 条，计算对应的赫斯特指数。

Data = {12 510,12 363,12 379,12 488,12 491,12 426,12 490,12 517,12 638,12 645, 12 654,12 793,12 941,13 097,13 304,13 433,13 386,13 370,13 603,13 778,13 945,14 059, 14 207,14 519};

R = {73.500,92.667,128.000,150.400,143.667,157.143,174.000,243.000,331.200, 418.091,598.667,849.846,1 154.286,1 543.667,2 077.688,2 522.824,2 908.722,3 413.158, 3 989.600,4 606.571,5 257.273,5 957.217,6 767.833};

S = {73.500,65.850,64.719,62.069,57.159,55.433,56.445,77.666,89.100,96.511, 121.208,159.345,205.921,264.981,319.117,349.351,369.037,404.128,446.091,492.331, 536.643,582.444,643.843};

$\text{Log}(R) - \text{Log}(S)$ = {0.000,0.342,0.682,0.885,0.922,1.042,1.126,1.141,1.313,1.466, 1.597,1.674,1.724,1.762,1.873,1.977,2.065,2.134,2.191,2.236,2.282,2.325,2.352}

$a = -0.7583$;

$b = 0.9592$;

$H = b = 0.9592 > 0.5$。

[①] Weron R, Przybyłowicz B. Hurst analysis of electricity price dynamics[J]. Physica A：Statistical Mechanics and its Applications, 2000, 283(3)：462-468.

[②] 庄新田,陈师阳,闵志锋.股权分置改革前后中国股市混沌分形特征比较[J].东北大学学报(自然科学版), 2007, 204(09)：1342-1345.

[③] Rehman S, Siddiqi A H. Wavelet based hurst exponent and fractal dimensional analysis of Saudi climatic dynamics [J]. Chaos, Solitons and Fractals, 2007, 40(3)：1081-1090.

通过线性回归得到赫斯特指数 $H=0.9592$,明显大于随机游走假设的临界值 0.5,说明天津的房价走势存在明显的分形特性和长期持久性(如图 11-18 所示)。也就是说,如果天津房价在上一个年份是上涨(下降)的,在下一个年份上涨(下降)的可能性较大。

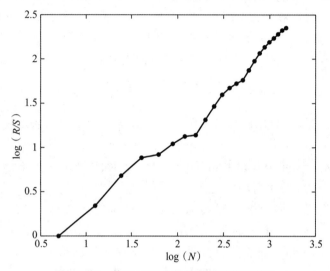

图 11-18　基于 R/S 分析的赫斯特指数估计

例 11-17　沪深两市周收益率序列 $(R/S)_N$ 的计算结果如表 11-16 所示。

表 11-16　沪深两市周收益率 $(R/S)_N$ 的计算结果

	N	$\log(N)$	R/S	$\log(R/S)$	$E(R/S)$	V 统计量	
						R/S	$E(R/S)$
上海	4	1.3863	1.4431	0.3668	1.1552	0.7216	0.5776
	5	1.6094	1.7119	0.5376	1.4584	0.7656	0.6522
	10	2.3026	3.0025	1.0994	2.6503	0.9495	0.8381
	20	2.9957	4.8036	1.5694	4.3247	1.0741	0.9670
	25	3.2189	5.1380	1.6367	4.9961	1.0276	0.9992
	50	3.9120	8.4717	2.1367	7.6185	1.1981	1.0774
	100	4.6052	11.6460	2.4550	11.3103	1.1646	1.1310
	125	4.8283	13.8308	2.6269	12.7952	1.2371	1.1444
	250	5.5215	20.2101	3.0062	18.6138	1.2782	1.1772
深圳	4	1.3863	1.4542	0.3744	1.1552	0.7271	0.5776
	5	1.6094	1.7226	0.5439	1.4584	0.7704	0.6522
	10	2.3026	2.8526	1.0482	2.6503	0.9021	0.8381
	20	2.9957	4.5795	1.5216	4.3247	1.0240	0.9670
	25	3.2189	5.3673	1.6803	4.9961	1.0735	0.9992
	50	3.9120	8.5869	2.1502	7.6185	1.2144	1.0774
	100	4.6052	13.5896	2.6093	11.3103	1.3590	1.1310
	125	4.8283	14.5547	2.6779	12.7952	1.3018	1.1444
	250	5.5215	23.6086	3.1616	18.6138	1.4931	1.1772

分别对沪深两市的 $\log(N)$ 和 $\log(R/S)$ 进行回归,得到上海证券市场的赫斯特指数为 0.6340,深圳证券市场的赫斯特指数为 0.6721(如表 11-17 所示),都明显大于随机游走假设的临界值 0.5,说明沪深两市都存在明显的分形特性和长期持久性。股票的周收益序列不同于普通的随机游走,是一个有偏的随机游走过程,这是因为序列的前后记忆性在起作用。

表 11-17 沪深两市赫斯特指数估算

	区间	截距	赫斯特指数	估计的标准差	观察值个数	R^2	P 值($>F$)	C_M
上海	$4 \leqslant N \leqslant 250$	-0.4250	0.6340	0.0734	9	0.9945	0.0000	0.204
	$4 \leqslant N \leqslant 20$	-0.5966	0.7116	0.0530	4	0.9938	0.0002	0.341
	$25 \leqslant N \leqslant 250$	-0.0124	0.5446	0.0334	5	0.9944	0.0028	0.064
深圳	$4 \leqslant N \leqslant 250$	-0.5166	0.6721	0.0380	9	0.9987	0.0000	0.269
	$4 \leqslant N \leqslant 100$	-0.5684	0.6943	0.0169	7	0.9997	0.0000	0.309

注:因为在深圳证券市场的区间 $125 \leqslant N \leqslant 250$ 内,只有两个观测数据,回归结果不具有现实意义,故未加列示。

图 11-19 分别给出了沪深两市 V 统计量相对于 $\log(N)$ 的变化趋势。因为 V 统计量是 $(R/S)_N$ 相对于 $N^{H\,(0.5)}$ 的变化率,所以当时间序列呈现出持续性($H > 0.5$)时,比率就会增加,V 统计量就会单调上升;当时间序列呈现出随机游走($H = 0.5$)或反持续性($H < 0.5$)时,V 统计量将保持不变或单调下降。所以,V 统计量由上升转为不变或下降的分界点就是序列长期记忆的消失点。如图 11-19 所示,沪深两市分别在 $N = 20$ 和 $N = 100$ 处 V 统计量停止增长,所以,$N = 20$ 和 $N = 100$ 即为两个市场的分界点。分别就分界点前后的 $\log(N)$ 和 $\log(R/S)$ 序列进行回归,可以计算出分界点前后的赫斯特指数。

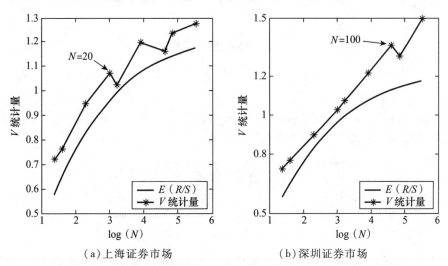

(a)上海证券市场　　(b)深圳证券市场

图 11-19　上海和深圳证券市场 V 统计量相对于 $\log(N)$ 的变化趋势

以上海证券市场为例,分界点前,赫斯特指数为 0.7116,相关系数 C_M 为 0.341,远高于随机游走时的情况;分界点后,赫斯特指数仅为 0.5446,接近随机游走时的 0.5。这表明序列中存在非周期成分,在分界点处 $N = 20$,即 20 周就是非周期循环的长度。这与相关文献中对上海证券综合指数 1990—1999 年的周收益率进行分析所得的结果是相同的。[①] 同样,100 周则是深圳证券市场的非周期循环的长度。有文献对深圳证券市场 1991—1998 年的股票日收益率进行了 R/S 分析[②],虽然计算出赫斯特指数为 0.643,大于 0.5,但没有得出深圳证券市场的非周期循环的长度,这可能与样本期太短有关。由本例的结果来看,深圳证券市场的非周期循环的长度确实比上海证券市场要长得多。

附录　用 Excel 进行回归分析

1. 相关系数

以例 11-1 为例。

第一步,将数据输入工作表。选择"数据分析"中的"相关系数",编辑对话框,如图 11-20 所示。

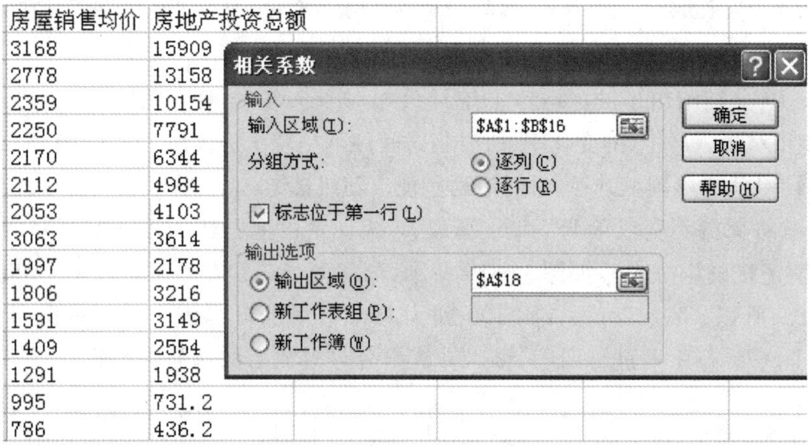

图 11-20　相关系数

第二步,在选择输入区域的时候,若勾选"标志",则输入区域应包含标志,若不勾选,则只需选择数据区域。

第三步,单击"确定",得到如图 11-21 所示的结果。需要注意的是,在输入数据的时候一定要注意自己所选择的"分组方式"。

	房屋销售均价	房地产投资总额
房屋销售均价	1	
房地产投资总额	0.780926035	1

图 11-21　相关系数结果

可以得出结论,房屋销售均价与房地产投资总额高度相关,相关系数约为 0.7809。

---

① 史永东.上海证券市场的分形结构[J].预测,2000(5):78-90.
② 徐龙炳,陆蓉.R/S 分析探索中国股票市场的非线性[J].预测,1999(2):59-62.

2. 回归方程

以例 11-11 为例。

第一步,将数据输入工作表。选择"数据分析"中的"回归",编辑对话框,如图 11-22 所示。

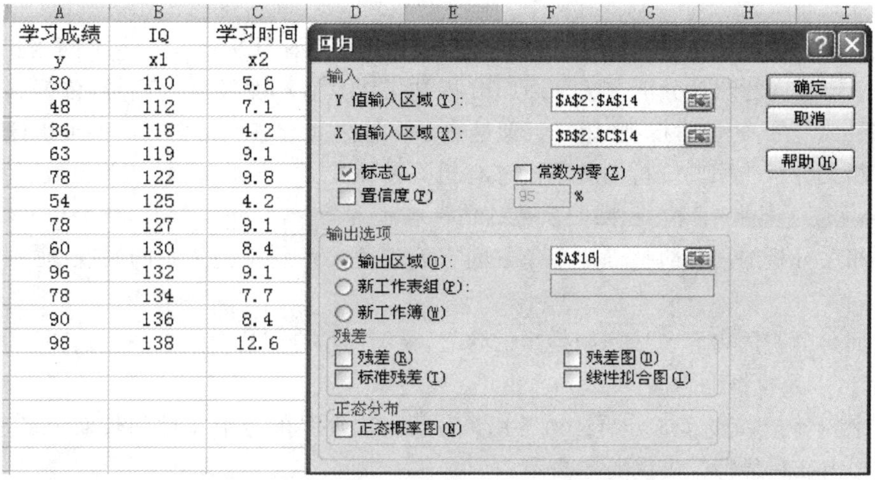

图 11-22 回归数据示意图

第二步,在选择输入区域的时候,若勾选"标志",则输入区域应包含标志,若不勾选,则只需选择数据区域。

第三步,单击"确定",得到如图 11-23、图 11-24 所示的结果。

回归统计	
Multiple R	0.937644759
R Square	0.879177693
Adjusted R Square	0.852328292
标准误差	8.683629737
观测值	12

方差分析					
	df	SS	MS	F	Significance F
回归分析	2	4938.267838	2469.134	32.74478	7.40734E-05
残差	9	678.6488287	75.40543		
总计	11	5616.916667			

图 11-23 回归结果一

	Coefficients	标准误差	t Stat	P-value	Lower 95%	Upper 95%	下限 95.0%	上限 95.0%
Intercept	-148.736345	38.06271374	-3.90767	0.003577	-234.8401856	-62.6325045	-234.8401856	-62.6325045
x1	1.445666227	0.341362453	4.234989	0.00219	0.673450709	2.217881744	0.673450709	2.217881744
x2	4.41762646	1.30717595	3.379519	0.008133	1.460589022	7.374663898	1.460589022	7.374663898

图 11-24 回归结果二

"Coefficient"表示各参数估计值,"t Stat"表示各参数估计值的 t 检验值。若想得到一些相关的图例,可以在图 11-22 所示对话框中的"残差"和"正态分布"中视需要勾选。

最后，根据表中数据进行分析，通过查阅 F 分布表与 t 分布表判断多元回归模型的 F 检验与 t 检验是否通过，进而说明回归方程的回归效果与回归系数是否显著。

本章小结

1. 相关分析是根据实际观察或实验取得的数据资料来研究有关现象之间相互关系的形式和密切程度的统计分析方法。回归分析是指对具有相关关系的变量，依据其关系形态，选择一个合适的数学模型，用来近似地表示变量之间数量平均变化的一种统计方法。

2. 相关分析与回归分析的基本概念有相关表、散点图、相关关系、相关系数、最小二乘法、拟合优度、t 检验、F 检验、回归系数的估计等。

3. 相关分析的内容包括确定现象之间有无相关关系及相关关系的表现形式，确定相关系数。

4. 回归分析的内容包括回归模型的建立，模型的拟合优度、模型整体及待估参数的显著性检验，以及模型的预测。

5. 赫斯特指数和 R/S 分析法通常用来分析时间序列的分形特性和长期记忆过程，是分析数据内在趋势特征的重要方法。

本章习题

1. 以下是一个工厂某年某月产品的总成本 y（单位：万元）与该月总产量 x（单位：万件）之间关系的一组数据：

x	1.08	1.12	1.19	1.28	1.36	1.48	1.59	1.68	1.80	1.87	1.98	2.07
y	2.62	2.37	2.40	2.55	2.46	2.75	2.92	3.03	3.14	3.26	3.36	3.50

要求：

（1）画出散点图；

（2）计算 x 与 y 之间的相关系数。

2. 现随机抽取了某校 10 名学生在入学考试中的数学成绩（x）与入学后的第一次考试中的数学成绩（y），数据如下：

单位：分

	1	2	3	4	5	6	7	8	9	10
x	120	108	117	104	103	110	104	105	99	108
y	84	64	84	68	69	68	69	46	57	71

问：这 10 名学生的两次数学考试成绩之间是否具有显著的线性相关关系？（$\alpha=0.05$）

3. 某商店的经理对周末该商店的广告播放次数和下周商店的销售额进行了统计调查，得到下表中的数据：

周次	广告播放次数(次) x	销售额(百元) y
1	2	50
2	5	57
3	1	41
4	3	54
5	4	54
6	1	38
7	5	63
8	3	48
9	4	59
10	2	46

要求：

（1）画出散点图；

（2）计算 x 与 y 之间的相关系数；

（3）对这两个变量之间是否线性相关进行显著性检验（$\alpha=0.05$）。

4. 某工业部门进行一项研究，分析该部门的产量（x）与生产费用（y）之间的关系，从这个工业部门内随机抽取了 10 个企业作为样本，有如下资料：

产量(千件)	40	42	48	55	65	79	88	100	120	140
生产费用(千元)	150	140	160	170	150	162	185	165	190	185

要求：

（1）计算 x 与 y 之间的相关系数；

（2）对这两个变量之间是否线性相关进行显著性检验（$\alpha=0.05$）。

5. 某灯具公司决定使用 10 个检测市场的数据研究其新产品需求对不同价格的敏感性（统计数据如下表所示）。假设每个市场中的广告作用是相同的，每个市场具有相同水平的经营活动和人口数量。

检测市场	售价(元) x	销售量(千只) y
1	5.0	20.0
2	5.0	21.0
3	5.5	19.0
4	6.0	19.5
5	6.5	16.0
6	7.0	15.0
7	7.0	14.5
8	8.0	13.0
9	9.0	11.0
10	4.0	17.0

要求:

(1) 画出散点图;

(2) 如果散点图中的各点大致分布在一条直线的附近,求 y 与 x 之间的相关系数,并进行相关性检验;

(3) 用一元线性回归模型来估计该公司新产品的需求函数,并解释斜率参数的经济意义;

(4) 对回归系数和回归方程做显著性检验,从而对此模型进行评估($\alpha = 0.05$)。

6. 在通货膨胀的日子里,张先生不得不谨慎地对家庭开支做预算。他的房间使用空调,去年他对每月的平均室外温度和电费做了记录(如下表所示)。

月份	平均气温(℃) x	电费(元) y
1	−10	12
2	−8	89
3	11	110
4	20	63
5	23	79
6	26	67
7	31	25
8	35	37
9	38	51
10	24	82
11	19	110
12	−5	125

要求:

(1) 假设月平均气温和每月电费之间存在线性相关性,利用最小二乘法求利用月平均气温预测每月电费的回归方程。

(2) 根据今年的气象年报,张先生估计今年冬天会比较冷。如果1月份的气温比去年降低5℃,请问:张先生2月份的电费预算是多少?计算时,假设由于通货膨胀因素,电费比去年上涨了10%。

(3) 计算估计回归方程的标准误差。

7. 根据某地区历年人均收入(单位:元)与商品销售额(单位:万元)资料计算的有关数据如下(x 代表人均收入,y 代表销售额):

$$n = 9, \quad \sum x = 546, \quad \sum y = 260, \quad \sum x^2 = 34\,362, \quad \sum xy = 16\,918$$

要求:

(1) 建立以商品销售额为因变量的直线回归方程,并解释回归系数的含义;

(2) 若2012年人均收入为3 000元,试推算该年的商品销售额。

8. 下表列出了10家小商品批发商的雇员人数(x)和年营业收入(y)的资料。

公司	雇员人数(人)	年营业收入(万元)
1	950	1 730
2	2 240	1 600
3	1 900	1 040
4	894	980
5	1 120	710
6	1 020	550
7	500	490
8	660	460
9	373	450
10	155	410

要求：

（1）建立 y 和 x 之间的估计回归方程；

（2）对回归方程进行评估；

（3）第 10 家公司计划新招 100 名雇员，估计其年营业收入的变化。

9．某位销售经理收集了 10 位销售员的工龄和年销售额数据（如下表所示）。

销售员	工龄(年)	年销售额(千元)
1	1	80
2	3	97
3	4	92
4	4	102
5	6	103
6	8	111
7	10	119
8	10	123
9	11	117
10	13	136

要求：

（1）画出散点图；

（2）建立估计回归方程，用于根据工龄预测年销售额；

（3）对回归方程进行评估；

（4）用估计回归方程预测有 9 年工龄的销售员的年销售额。

10．某公司生产割草机和与草坪有关的设备。管理人员认为其割草机的销售量取决于割草机的价格和竞争对手的价格。管理人员希望得到一个将销售量同本公司产品和竞争对手产品的价格联系起来的估计回归方程。下表列出了 10 个城市的数据。

城市	竞争对手产品价格(元) x_1	本公司产品价格(元) x_2	销售量(千台) y
1	120	140	180
2	175	150	145
3	190	130	155
4	175	100	110
5	300	150	250
6	270	90	150
7	210	150	102
8	100	65	93
9	85	69	120
10	77	46	93

要求：

（1）建立可以用来预测销售量的估计回归方程；

（2）解释回归方程中预测变量系数的经济意义；

（3）对估计回归方程进行拟合优度检验、t 检验和 F 检验（$\alpha=0.05$）；

（4）如果在某城市，该公司的割草机的价格是 175 元，竞争对手的价格是 160 元，预测该城市割草机的销售量。

11. 为分析某行业中的薪水有无性别歧视，现从该行业中随机抽取 15 名员工，有关数据如下：

员工	月薪(元) y	工龄(年) x_1	性别(1=男,0=女) x_2
1	1 548	3.2	1
2	1 629	3.8	1
3	1 011	2.7	0
4	1 229	3.4	0
5	1 746	3.6	1
6	1 528	4.1	1
7	1 018	3.8	0
8	1 190	3.4	0
9	1 551	3.3	1
10	985	3.2	0
11	1 610	3.5	1
12	1 432	2.9	1
13	1 215	3.3	0
14	990	2.8	0
15	1 585	3.5	1

对以上数据进行回归并对结果进行分析。

12. 一项针对某人寿保险公司的人寿保险市场需求的研究，分析了影响人们持有人寿保险数量的各种因素。下表是从一个由12位投保人员构成的随机样本中收集的保险数量和投保人员年收入及年龄数据。

投保人员	人寿保险数量(千元)	年收入(千元)	年龄(岁)
1	90	50	34
2	180	84	40
3	225	74	46
4	210	115	63
5	150	104	62
6	150	96	54
7	60	56	31
8	135	102	57
9	150	104	40
10	150	108	42
11	60	65	45
12	90	60	36

要求:

(1) 建立可以用来预测人寿保险数量的估计回归方程;

(2) 解释回归方程中预测变量系数的经济意义;

(3) 对估计回归方程进行拟合优度检验、t 检验和 F 检验($\alpha=0.05$);

(4) 如果有一位年收入为100 000元、年龄为49岁的投保人员,请预测其购买人寿保险的数量。

13. 某空调公司在12个地区的产品月销售量和各地人口数、平均每户收入数据如下表所示。

地区	销售量(箱)	人口数(千人)	平均每户收入(元)
1	162	274	3 450
2	120	180	4 250
3	223	375	4 890
4	131	205	4 830
5	67	86	3 350
6	169	265	4 780
7	81	98	4 000
8	192	330	3 460
9	116	195	3 140
10	55	53	3 570
11	152	530	5 030
12	132	374	5 430

要求:(1) 建立可以用来预测销售量的估计回归方程;

(2) 解释回归方程中预测变量系数的经济意义；

(3) 对估计回归方程进行拟合优度检验、t 检验和 F 检验（$\alpha=0.05$）；

(4) 如果某地区人口数为 1 400 000 人，平均每户收入为 4 500 元，请预测该空调公司在该地区的产品销售数量。

14. 某企业的产品销售量、广告费用和产品价格的观察数据如下表所示。

序号	产品销售量（个）	广告费用（千元）	产品价格（元）
1	3 303	330.0	2 155.0
2	2 446	216.8	2 858.7
3	4 546	451.7	3 421.6
4	2 671	246.9	3 368.9
5	1 366	103.6	2 067.1
6	3 445	319.2	3 324.9
7	1 651	118.0	2 638.8
8	3 914	397.5	2 163.8
9	2 365	234.9	1 882.3
10	1 121	120.5	2 260.6

要求：

(1) 建立可以用来预测销售量的估计回归方程；

(2) 解释回归方程中预测变量系数的经济意义；

(3) 对估计回归方程进行拟合优度检验、t 检验和 F 检验（$\alpha=0.05$）；

(4) 已知广告费用为 260 000 元，产品价格为 2 100 元，请预测该企业的产品销售量。

15. 下表为 10 家汽车租赁公司关于拥有汽车数量、出租数量和租赁收入的统计资料。

公司	汽车数量（辆）	出租数量（辆）	租赁收入（元）
1	24 168	40 725	220 205
2	15 877	30 166	292 109
3	33 077	56 059	349 632
4	18 082	32 932	344 239
5	7 586	16 843	211 217
6	23 374	42 484	339 745
7	17 553	24 887	269 639
8	29 107	48 266	221 104
9	17 200	29 161	192 342
10	8 820	16 340	230 991

要求：

(1) 建立可以用来预测租赁收入的估计回归方程；

(2) 解释回归方程中预测变量系数的经济意义；

(3) 对估计回归方程进行拟合优度检验、t 检验和 F 检验（$\alpha=0.05$）；

(4) 已知某家汽车租赁公司拥有的汽车数量为 12 000 辆,出租数量为 18 000 辆,请预测其租赁收入。

16. 一家房地产评估公司想对某城市的房地产销售价格(y)与地产评估价值(x_1)、房产评估价值(x_2)和使用面积(x_3)建立一个模型,以便对销售价格做出合理预测。为此,该公司收集了 20 栋住宅的房地产评估数据,如下表所示。

房地产编号	销售价格 (元/平方米) y	地产评估价值 (万元) x_1	房产评估价值 (万元) x_2	使用面积 (平方米) x_3
1	6 890	596	4 497	18 730
2	4 850	900	2 780	9 280
3	5 550	950	3 144	11 260
4	6 200	1 000	3 959	12 650
5	11 650	1 800	7 283	22 140
6	4 500	850	2 732	9 120
7	3 800	800	2 986	8 990
8	8 300	2 300	4 775	18 030
9	5 900	810	3 912	12 040
10	4 750	900	2 935	17 250
11	4 050	730	4 012	10 800
12	4 000	800	3 168	15 290
13	9 700	2 000	5 851	24 550
14	4 550	800	2 345	11 510
15	4 090	800	2 089	11 730
16	8 000	1 050	5 625	19 600
17	5 600	400	2 086	13 440
18	3 700	450	2 261	9 880
19	5 000	340	3 595	10 760
20	2 240	150	578	9 620

试建立多元回归模型,并给出销售价格的预测值及置信水平为 0.95 的置信区间和预测区间。

17. 某公司某产品的采购量数据及相关数据如下表所示。试对其进行多元回归分析,如果有未通过检验的变量,需进行剔除,重新建立回归模型。

序号	年采购量 (千元)	公司规模 (百万元)	采购量中 进口比例(%)	到本公司 的距离(千米)	有无集中 采购部门 (1=有,0=无)
1	27.9	25.6	41	18	1
2	89.6	109.8	16	75	0
3	12.8	39.4	29	14	0

（续表）

序号	年采购量 （千元）	公司规模 （百万元）	采购量中 进口比例(%)	到本公司 的距离(千米)	有无集中 采购部门 (1=有,0=无)
4	34.9	16.7	31	117	0
5	408.6	278.4	14	209	1
6	173.5	98.4	8	114	1
7	105.2	101.6	20	75	0
8	234.8	84.7	5	89	1
9	309.8	132.4	17	74	1
10	84.6	26.8	27	15	1
11	101.4	13.9	31	19	1

18. 已知 2000—2018 年我国年度发电量数据（单位：亿千瓦·时）如下，试基于 R/S 分析法计算其赫斯特指数。

Data = {13 472.4, 14 723.5, 16 465.5, 19 031.6, 21 971.4, 24 940.3, 28 588, 32 711.8, 34 541.4, 37 032.2, 41 934.5, 47 000.9, 49 762.6, 54 203.4, 57 829.7, 58 020, 61 205.1, 65 914, 71 508.2, 74 866.1}

第十二章 时间序列分析

时间序列是对经济现象进行动态分析的主要方法,它主要用于描述和探索现象随时间发展变化的数量规律性。通过本章的学习,读者应掌握以时间序列为基础分析现象发展变化的特点及规律的方法;了解时间序列的一般概念、种类及编制的基本原则;掌握并能够运用时间序列的各种分析指标(水平指标和速度指标);了解时间序列的构成因素和分解模型;掌握长期趋势分析的各种方法;了解季节变动的分析方法和分析循环波动的常用方法。

第一节 时间序列分析概述

一、时间序列的概念

经济现象总是随着时间的推移而变化,因此,统计分析不仅要从静态的角度分析社会现象的数量特征,而且要对社会现象的数量特征在不同时间表现出来的各个具体值做比较分析,以探索社会经济现象发展变化的过程及其规律性,并预测它的未来。

时间序列就是将某一个指标在不同时间的不同数值,按照时间的先后顺序排列而形成的数列,也叫时间数列、动态数列。这种数列由于受到各种偶然因素的影响,往往表现出某种随机性。例如,某地区从2月1日到3月1日每天的用水量构成一个时间序列;又如,站在某一路口,在每天上午8点到上午10点这段时间里记录通过这个路口的汽车数量,连续记录7天,这7天的数据也构成一个时间序列。

时间序列在统计分析和经济分析中具有重要的作用。利用时间序列,可以研究社会经济现象的发展趋势和发展速度,从而对某些社会经济现象进行预测;利用不同性质指标的时间序列对比,可以分析现象之间发展变化的依存关系;利用不同国家或地区之间同一类指标的时间序列对比,可以分析现象在不同空间条件下的发展水平及速度的差异情况;利用时间序列,还可以积累数据资料,为各级部门和企业制定各项政策、长远规划,指导各项具体工作以及进行统计分析研究提供重要依据。

二、时间序列的分类

在社会经济统计中,从计算动态指标和选择预测方法的角度,时间序列有两种分类方式。

(一) 按指标形式分类

按指标形式的不同,时间序列可以分为绝对数时间序列、相对数时间序列和平均数时间序列。其中,绝对数时间序列是基本数列,相对数时间序列和平均数时间序列是由绝对数时间序列派生出来的。

1. 绝对数时间序列

绝对数时间序列也叫总量指标时间序列，是将同一总量指标在不同时间的数值按时间先后顺序排列而形成的数列。它主要反映某现象在不同时间的规模、水平等总量指标特征。

按所反映现象的性质的不同，绝对数时间序列又可以分为时期数列和时点数列。时期数列是指数列中每一个指标值都反映现象在一段时间内发展过程的总量，即由时期指标所构成的数列。时点数列是指数列中每一个指标值都反映现象在某一时点上达到的水平，即由时点指标所构成的数列。

时期数列与时点数列各自有不同的特点，具体表现为：(1) 时期数列中各个指标值可以相加，时点数列中各个指标值不能相加。(2) 时期数列中指标值的大小与时期长短有直接关系，这些指标值通常是经过连续不断的登记获得的；时点数列中指标值的大小与其间隔长短没有直接关系，这些指标值通常是间隔一定时期登记一次取得的。

2. 相对数时间序列

相对数时间序列也叫相对指标时间序列，是将某一相对数指标的一系列数值按时间先后顺序排列而形成的数列，反映社会经济现象之间相互联系的变化过程。因为各指标值的计算基础不同，所以相对数时间序列中的各个指标值是不能直接相加的，因为相加后的结果没有实际意义。

3. 平均数时间序列

平均数时间序列也叫平均指标时间序列，是将同一平均数指标在不同时间的数值按时间先后顺序排列而形成的数列，反映现象总体的一般水平和发展变化过程。平均数时间序列中的各个指标值也不能直接相加，因为相加后的结果也无实际意义。

（二）按指标变量的性质和数列形态分类

按指标变量的性质和数列形态不同，时间序列可以分为随机性时间序列和非随机性时间序列。

1. 随机性时间序列

随机性时间序列是指由随机变量组成的时间序列，各期数值的差异纯粹是偶然随机因素影响的结果，其变动没有规律。例如，在某一段时期内，通过某一路口的汽车的数量是随机的，因为通过该路口的汽车大多数彼此之间没有关系，很多汽车只是偶然经过。因此，在这段时间里所统计的经过该路口的汽车数量构成的数列是随机性时间序列。

2. 非随机性时间序列

非随机性时间序列又可以分为平稳性时间序列、趋势性时间序列和季节性时间序列。

（1）平稳性时间序列

平稳性时间序列是指由确定性变量构成的时间序列。其特点是影响数列各期数值的因素是确定的，而且各期数值总是保持在一定的水平上，上下相差不大。例如，在某一火车站的出口处，每天在固定的时间内（如下午 3 点到下午 5 点之间）统计出站旅客数量，所构成的时间序列就不是随机性时间序列，因为在这段时间内进入这个车站的火车班次通常是固定的，而且每班火车的座位数量通常也是不变的。在正常情况下，每天下午 3 点到下午5点之间出站的旅客数量变化不会很大,所构成的时间序列总是保持在一定的水平上,上下相差不大,因此属于平稳性时间序列。

（2）趋势性时间序列

趋势性时间序列是指各期数值逐期增加或逐期减少,呈现一定的发展变化趋势的时间序列。如果逐期增加（减少）量大致相同,称为线性趋势时间序列；如果逐期增加（减少）量是变化的,则称为非线性趋势时间序列。例如,我国工业在正常年份的产量,便呈线性增长趋势,而某种新产品投放市场后销售量的数列则呈非线性变化趋势。

（3）季节性时间序列

季节性时间序列是指各时期的数值在一年内随着季节的变化而呈周期性波动的时间序列。例如,按月统计到达某站的旅客数量,就会发现每年1—2月（即春节前后）的旅客数量通常大大高于其他月份,这种现象每年都出现一次,也就是每年1—2月到达该站的旅客数量通常都会出现一次高峰,因此每月到达该站的旅客数量所构成的数列称为季节性时间序列。季节性时间序列在自然界或经济、社会活动中是相当普遍的,无论是气候还是商业活动等,往往都受季节因素的影响,因此,在预测时要充分考虑这一因素。

三、时间序列的编制原则

在实际生活中,时间序列往往并不是只具有某一种形态,而是受多种因素影响的具有多种特征的数列。编制时间序列的目的是通过某一系列指标数值的对比,反映社会经济现象的动态发展过程及其趋势和规律性。因此,保证时间序列中各期指标数值的可比性,就成为编制时间序列的基本原则。

1. 时间跨度尽可能一致

在时期数列中,由于各期指标数值的大小与时间的长短有直接关系,因此,各时期指标的时间跨度应当前后一致,从而便于通过时期数列指标数值的大小对某种经济现象的变化做出正确判断。在时点数列中,各指标数值表明的是一定时点上的状态,为了便于分析,一般也要求编制时间间隔相等的时间序列。由总量指标时间序列派生出来的相对指标时间序列和平均指标时间序列也要注意时间间隔问题。

2. 总体范围一致

在编制时间序列时,每一时期指标数值的地域范围、隶属关系范围等应该保持一致。如果总体范围发生了变动,则各时期的指标数值就不能直接对比,必须对不同时期的指标数值进行相应的调整,然后再进行对比,才能正确说明所研究的问题,否则对比分析将失去意义。

3. 指标的经济内容一致

在时间序列中,同一个经济指标所包含的内容应该是一致的,以便使不同历史时期的统计资料具备可比性。

4. 计算方法、计算单位一致

一个统计指标往往有很多种不同的计算方法。例如,国内生产总值有生产法、分配法和收入法三种计算方法；可以按现价计算,也可以按不变价计算。计算方法应前后一致,这样可以保证指标经济内容的统一,便于对比分析。

第二节 时间序列分析指标

为了研究事物或现象发展的规模和速度,可以运用一系列动态分析指标。动态分析指标包括两大类:一类为水平指标,包括发展水平、平均发展水平、增长量和平均增长量,主要反映社会经济现象发展变化的规模、水平的绝对程度;另一类为速度指标,包括发展速度、增长速度、平均发展速度和平均增长速度,主要反映社会经济现象变化快慢的相对程度。

一、时间序列水平指标

（一）发展水平

发展水平就是时间序列中的每一项具体指标,反映社会经济现象在各个不同时期发展的规模和所达到的水平。发展水平可以用总量指标、相对数指标和平均数指标来衡量,是动态分析的基础。不同时期发展水平的对比,可以给人们留下具体而深刻的印象。

按在动态分析中所处的地位和作用不同,发展水平指标可分为最初水平、最末水平、报告期水平、基期水平等。

最初水平是时间序列中的第一个指标数值,最末水平是时间序列中的最后一个指标数值,报告期水平是所要计算分析的时期的发展水平,基期水平是作为比较基础的时期的发展水平。

这些发展水平的概念不是一成不变的,而是随着研究目的的不同而有所变化。今天的报告期水平可能是将来的基期水平;某一个时间序列的最初水平可能是另一个时间序列的最末水平。

（二）平均发展水平

平均发展水平是将某现象在不同时期的发展水平求平均数,又称序时平均数。它可以概括性地描述出该现象在一段时期内所达到的一般水平。由于不同时间序列中观察值的表现形式不同,序时平均数有不同的计算方法。

1. 绝对数时间序列的序时平均数

绝对数时间序列的序时平均数的计算方法是最基本的,是计算相对数或平均数时间序列序时平均数的基础。由于绝对数时间序列有时期序列和时点序列之分,序时平均数的计算方法也有所区别。

（1）时期序列的序时平均数

其计算公式为:

$$\overline{Y} = \frac{Y_1 + Y_2 + \cdots + Y_n}{n} = \frac{\sum_{i=1}^{n} Y_i}{n}$$

其中,$\overline{Y}$ 为序时平均数,Y_i 为第 i 个时期的观测值,n 为观测值的个数。

例 12-1 表 12-1 给出了 2016—2021 年的我国国内生产总值数据。

表 12-1 2016—2021 年我国国内生产总值　　　　　　　　　　　　单位：亿元

年份	2016	2017	2018	2019	2020	2021
国内生产总值	742 694.1	830 945.7	915 243.5	983 751.2	1 005 451.3	1 133 239.8

根据表 12-1 中的数据，可计算出 2016—2021 年我国国内生产总值的平均值为：

$$\bar{Y} = \frac{\sum_{i=1}^{n} Y_i}{n} = \frac{742\,694.1 + 830\,945.7 + 915\,243.5 + 983\,751.2 + 1\,005\,451.3 + 1\,133\,239.8}{6}$$

$$= \frac{5\,611\,325.6}{6} \approx 935\,220.9(\text{亿元})$$

（2）时点序列的序时平均数

时点序列中的各观测值是在某个瞬间点上取得的，由于各观测点的时间间隔长度有所不同，序时平均数通常采用不同的计算方法。

对于统计时点间隔在一天以上的时点序列，计算序时平均数时应该先求出两个相邻观测值的平均数，再由此求出整个观测期间的观测值总量，最后根据这一总量求得平均数。其基本计算公式为：

$$\bar{Y} = \frac{\left(\frac{Y_1 + Y_2}{2}\right) T_1 + \left(\frac{Y_2 + Y_3}{2}\right) T_2 + \cdots + \left(\frac{Y_{n-1} + Y_n}{2}\right) T_{n-1}}{\sum_{i=1}^{n-1} T_i}$$

其中，T_i 为观测值 Y_i 与 Y_{i+1} 之间的时间间隔长度。

例 12-2 某家电企业的库存数据如表 12-2 所示。

表 12-2 某家电企业的库存数据　　　　　　　　　　　　单位：千台

日期	1月1日	3月31日	9月30日	10月31日	12月31日
库存量	233	129	287	242	314

求这种家电的月平均库存量。

解 根据题意得：

$$\bar{Y} = \frac{\frac{233+129}{2} \times 3 + \frac{129+287}{2} \times 6 + \frac{287+242}{2} \times 1 + \frac{242+314}{2} \times 2}{12}$$

$$= 217.625(\text{千台})$$

2. 相对数或平均数时间序列的序时平均数

相对数时间序列和平均数时间序列通常是由两个相互联系的总量指标时间序列对比构成的。因此先分别计算出这两个总量指标时间序列的序时平均数，然后进行对比，求得相对数时间序列或平均数时间序列的序时平均数。其基本公式为：

$$\overline{Y} = \frac{\overline{a}}{\overline{b}}$$

其中,$\overline{a}$ 和 $\overline{b}$ 可按绝对数时间序列序时平均数的计算方法求得。在实际应用中,可能 $\overline{a}$、$\overline{b}$ 都是时期指标或时点指标,也可能一个为时期指标,另一个为时点指标,但它们的序时平均数都应该根据总量指标的相应公式计算。

例 12-3 某产品在第四季度各月份的销售情况如表 12-3 所示。

表 12-3 某产品在第四季度各月份的销售情况   单位:万元

	10 月	11 月	12 月	合计
商品销售额(a)	429	357	368	1 154
平均库存额(b)	78	85	80	243

求商品平均流转次数(商品流转次数 $= \dfrac{\text{商品销售额}}{\text{平均库存额}}$)。

解
$$\overline{Y} = \frac{\overline{a}}{\overline{b}} = \frac{1154/3}{243/3} \approx 4.75$$

(三) 增长量和平均增长量

1. 增长量

增长量是两个时期发展水平相减的差额,用以反映现象在这段时期内发展水平的提高或降低的绝对量。计算公式为:

$$\text{增长量} = \text{报告期水平} - \text{基期水平}$$

由于计算增长量时采用的基期不同,故有逐期增长量与累计增长量之分。逐期增长量是报告期水平与前一期水平之差,表示现象逐期增加的数量;累计增长量是报告期水平与某一固定期水平之差,表示现象在一定时期内总的增长量。

逐期增长量为:$y_1 - y_0, y_2 - y_1, \cdots, y_n - y_{n-1}$

累计增长量为:$y_1 - y_0, y_2 - y_0, \cdots, y_n - y_0$

逐期增长量与累计增长量的关系为:逐期增长量之和等于累计增长量,即

$$(y_1 - y_0) + (y_2 - y_1) + \cdots + (y_n - y_{n-1}) = y_n - y_0$$

由此可以看出,相邻两期的累计增长量之差也等于相应的逐期增长量。

2. 平均增长量

平均增长量是时间序列中逐期增长量的平均数,表明现象在一段时间内各个发展时期的一般增减量水平。计算公式为:

$$\text{平均增长量} = \frac{\text{逐期增长量之和}}{\text{逐期增长量个数}} = \frac{\text{累计增长量}}{\text{时间数列项数} - 1}$$

例 12-4 使用例 12-1 中的数据,分析我国国内生产总值在各个时期的增长情况及在这六年的平均增长情况。

表 12-4　2016—2021 年我国国内生产总值增长量　　　　　　　单位:亿元

年份	国内生产总值	逐年增长量	累计增长量
2016	742 694.1		
2017	830 945.7	88 251.6	88 251.6
2018	915 243.5	84 297.8	172 549.4
2019	983 751.2	68 507.7	241 057.1
2020	1 005 451.3	21 700.1	262 757.2
2021	1 133 239.8	127 788.5	390 545.7
合计	5 611 325.6	390 545.7	

我国 2016—2021 年国内生产总值的平均增长量 = 390 545.7/5 = 78 109.14(亿元)

二、时间序列速度指标

(一) 发展速度

发展速度是反映社会经济现象发展变化情况的动态相对数,是根据两个不同时期发展水平对比求得的,主要用来说明报告期发展水平是基期发展水平的百分之几或若干倍。计算公式为:

$$发展速度 = \frac{报告期水平}{基期水平} \times 100\%$$

根据发展速度所采用的基期不同,发展速度又可分为定基发展速度和环比发展速度两种。

定基发展速度是用报告期发展水平同某一固定基期发展水平相比,说明报告期水平对某一固定基期水平的变动程度,表明被研究对象在较长时间内总的发展速度。计算公式为:

$$定基发展速度 = \frac{报告期水平}{某一固定基期水平} \times 100\% \quad 或 \quad \frac{y_1}{y_0}, \frac{y_2}{y_0}, \frac{y_3}{y_0}, \cdots, \frac{y_n}{y_0}$$

环比发展速度是用报告期发展水平同前一期发展水平相比,说明报告期水平对其前期水平来说已发展到若干倍,表明了被研究对象逐期的发展速度。计算公式为:

$$环比发展速度 = \frac{报告期水平}{前一期水平} \times 100\% \quad 或 \quad \frac{y_1}{y_0}, \frac{y_2}{y_1}, \cdots, \frac{y_n}{y_{n-1}}$$

定基发展速度与环比发展速度虽然各自说明不同的问题,但它们之间存在一定的数量关系:

$$\frac{y_n}{y_0} = \frac{y_1}{y_0} \times \frac{y_2}{y_1} \times \frac{y_3}{y_2} \times \cdots \times \frac{y_n}{y_{n-1}}$$

即环比发展速度的连乘积等于定基发展速度。通过这个关系,定基发展速度与环比发展速度之间可以进行相互推算。

(二) 增长速度

增长速度是反映社会经济现象增长程度的动态相对数,即增长量与基期水平的比值。计算公式为:

$$增长速度 = \frac{增长量}{基期水平} = \frac{报告期水平 - 基期水平}{基期水平} = 发展速度 - 1$$

增长速度由于所采用的基期不同,可以分为定基增长速度和环比增长速度两种。

定基增长速度是用累计增长量与固定基期水平相比,表明某种经济现象在较长时间内总的增长速度。计算公式为:

$$定基增长速度 = \frac{累计增长量}{固定基期水平} \times 100\%$$

环比增长速度是用逐期增长量与前一期水平相比,表明社会经济现象逐期增长的程度。计算公式为:

$$环比增长速度 = \frac{逐期增长量}{前一期水平} \times 100\%$$

定基增长速度和环比增长速度都是发展速度的派生指标,只反映增长部分的相对程度,环比增长速度的连乘积不等于定基增长速度。

例 12-5 在例 12-4 分析的基础上说明增长速度的计算,如表 12-5 所示。

表 12-5 2016—2021 年我国国内生产总值增长速度计算

年份	国内生产总值（亿元）	逐年增长量（亿元）	累计增长量（亿元）	环比增长速度	定基增长速度（以 2016 年为基期）
2016	742 694.1				
2017	830 945.7	88 251.6	88 251.6	11.88%	11.88%
2018	915 243.5	84 297.8	172 549.4	10.14%	23.23%
2019	983 751.2	68 507.7	241 057.1	7.49%	32.46%
2020	1 005 451.3	21 700.1	262 757.2	2.21%	35.38%
2021	1 133 239.8	127 788.5	390 545.7	12.71%	52.59%
合计	5 611 325.6	390 545.7			

(三) 平均发展速度和平均增长速度

平均发展速度和平均增长速度统称为平均速度。平均速度是各时期环比速度的平均数,说明社会经济现象在较长时期内速度变化的平均程度。

1. 平均发展速度

平均发展速度是各时期环比发展速度的序时平均数。由于现象发展的总速度等于各期环比发展速度的连乘积,所以求环比发展速度的平均数不能用算术平均法而要用几何平均法。计算公式为:

$$\overline{X} = \sqrt[n]{X_1 X_2 X_3 \cdots X_n}$$

其中,$\overline{X}$ 为平均发展速度,X_i 为各时期环比发展速度 $(i = 1, 2, \cdots, n)$,n 为环比发展速度的项数。

由于各时期环比发展速度的连乘积等于最后一个时期的定基发展速度,平均发展速度的公式可表示为:

$$\overline{X} = \sqrt[n]{\frac{y_1}{y_0} \times \frac{y_2}{y_1} \times \frac{y_3}{y_2} \times \cdots \times \frac{y_n}{y_{n-1}}} = \sqrt[n]{\frac{y_n}{y_0}}$$

又由于定基发展速度称为总速度,用 R 表示,平均发展速度的公式还可表示为:

$$\overline{X} = \sqrt[n]{\frac{y_n}{y_0}} = \sqrt[n]{R}$$

例 12-6 使用例 12-1 中的数据计算 2016—2021 年我国国内生产总值的平均发展速度。

解 $\overline{X} = \sqrt[n]{X_1 X_2 \cdots X_n}$

$$= \sqrt[5]{\frac{830\ 945.7}{742\ 694.1} \times \frac{915\ 243.5}{830\ 945.7} \times \frac{983\ 751.2}{915\ 243.5} \times \frac{1\ 005\ 451.3}{983\ 751.2} \times \frac{1\ 133\ 239.8}{1\ 005\ 451.3}} \times 100\%$$

$$= 108.8184\%$$

2. 平均增长速度

平均增长速度是各时期环比增长速度的动态平均数,说明某种社会经济现象在一个较长时期中逐年平均增长的变化程度。平均增长速度综合说明了现象递增的平均速度,计算公式为:

$$\text{平均增长速度} = \text{平均发展速度} - 1(\text{或}\ 100\%)$$

由上式可以看出,平均增长速度和平均发展速度有密切的联系,两者仅相差一个基数。另外,平均发展速度总是正值,而平均增长速度则可以为正值,也可以为负值,其正值表示现象在一定发展阶段内逐期平均递增的程度,负值表示现象在一定发展阶段内逐期平均递减的程度。

计算和运用平均速度指标时,要注意以下问题:首先,要结合具体研究目的适当选择基期,并注意其所依据的基本指标在整个研究时期的同质性。其次,应计算分段平均速度来补充总平均速度,用突出的速度来补充平均速度。这在分析较长历史时期的资料时更为重要。再次,在分析具体问题时,将平均速度指标与其所依据的各个基本指标结合使用,有助于深入了解、研究现象的全面发展趋势、具体过程和特点,从而形成对研究现象比较确切和完整的认识。最后,可将各种有关现象的平均速度指标结合起来进行分析,以便更加深入地分析有关现象在各个研究时期中每年平均发展或增长的程度及其差别程度,为了解其发展变化提供依据。

第三节 长期趋势的测定

一、时间序列的构成要素

时间序列的形成是众多复杂因素共同作用的结果。不同因素的作用不同,形成的结果相应也不同,从而形成不同的时间序列。归纳起来,影响时间序列的因素大体可以分为四类,即长期趋势、季节变动、循环变动和不规则变动。

1. 长期趋势

长期趋势是指现象在一段较长的时间内,持续呈现为向同一方向发展变化的趋势,是受某种起决定性作用的因素的影响而形成的。

2. 季节变动

季节变动是指时间序列受季节影响而发生的变动。其变动特点是,随着季节的变化,在一年或更短的时间内,随时序变化而发生的有规律的周期性变动。季节变动和循环变动的区别在于季节变动的周期固定,一般为一年,而循环变动的周期一般是不固定的。

3. 循环变动

循环变动(也称周期变动)是指受各种经济因素影响,时间序列发生的周期比较长、上下起伏不定的波动。例如,经济周期具备明显的周期性变动特征。

4. 不规则变动

不规则变动是指时间序列受临时的、偶然的因素影响而产生的非周期性变动、非趋势性变动。

二、时间序列的分解模型

将影响时间序列的因素同时间序列的关系用一定的数学关系式表示出来,就构成了时间序列的分解模型。按照四种因素对时间序列的影响方式不同,时间序列可以分解为多种模型,通常有加法模型与乘法模型两种基本分解模型。

设时间序列为 Y,长期趋势为 T,季节变动为 S,循环变动为 C,不规则变动为 I,则这两种模型可表示如下:

1. 加法模型

假设四个因素是相互独立的,则时间序列各期水平的数值可以看作四个因素的加总,其分解模型为: $Y = T + S + C + I$。要测定某种因素的影响,只需从时间序列数值中减去其余因素即可。

2. 乘法模型

假设四个因素之间存在一定的关系,它们对事物的影响是相互的,则时间序列各期水平的数值就是四种因素的乘积,其分解模型为: $Y = T \times S \times C \times I$。利用乘法模型可以很容易地将四种因素从时间序列中分离出来,因而乘法模型在时间序列分析中被广泛应用。

三、长期趋势的测定

长期趋势的表现形式有直线趋势和曲线趋势两种。所谓直线趋势,是指长期来看,现象的发展变动基本上呈一条直线或近似于一条直线。事物发展的波浪式前进决定了大多数现象的发展变动呈曲线形式,可以把这种曲线趋势近似地描绘成某种数学曲线,如抛物线、指数曲线等。

本章只介绍两种长期趋势的测定方法:一是移动平均法,二是数学模型法(最小二乘法)。

(一)移动平均法

移动平均法的基本思想和原理是,通过扩大原时间序列的时间间隔,并按一定时间间隔长度逐期移动,分别计算出一系列移动平均数,由这些平均数形成的新时间序列对原时间序列的波动起到一定的修正作用,削弱原序列中短期偶然因素的影响,从而呈现现象发展的变动趋势。

1. 简单移动平均法

简单移动平均法是趋势变动分析的一种较简单的常用方法。当时间序列的变动趋势为线性状态时,可采用简单移动平均法进行描述和分析。

设移动时间间隔长度为 K,则移动平均数序列可以写为:

$$\overline{Y}_i = \frac{Y_i + Y_{i+1} + \cdots + Y_{k+i-1}}{K}$$

其中,$\overline{Y}_i$ 为移动平均趋势值,K 为大于 1、小于 n 的正整数。

2. 奇数项移动平均法

设时间序列的指标值依次为 $y_1, y_2, \cdots, y_n$,奇数项的中心化简单移动平均数经一次移动计算就可得出,公式为:

$$M_t^{(1)} = \frac{1}{N}(y_{t-\frac{N-1}{2}} + \cdots + y_{t-1} + y_t + y_{t+1} + \cdots + y_{t+\frac{N+1}{2}}) \tag{12-1}$$

其中,N 表示移动平均项数,t 表示每个移动平均数中项的时期数($t = \frac{N+1}{2}, \frac{N+1}{2} + 1, \cdots$),$M_t^{(1)}$ 表示中项为第 t 期的一次移动平均数。

3. 偶数项移动平均法

类似于式(12-1),偶数项简单移动平均数的计算公式为:

$$M_t^{(1)} = \frac{1}{N}(y_{t-\frac{N-1}{2}} + \cdots + y_{t-\frac{1}{2}} + y_{t+\frac{1}{2}} + y_{t+1} + \cdots + y_{t+\frac{N+1}{2}}) \tag{12-2}$$

其中,N、t、$M_t^{(1)}$ 的含义与上文相同。

以上计算的偶数项移动平均数尚不能作为趋势值,因为它们代表的时期不明确。

运用简单移动平均法测定趋势变动时要注意以下几个问题:

(1)移动平均项数 N 的确定。利用移动平均法测定趋势变动的基本原理就是修正序列、消除随机变动。如果 N 的取值大,则修正作用较强,但对趋势变化的反映能力较差;反之,N 的取值小,移动平均数的敏感度高,适应新水平的时间短,但修正作用相应减弱。N 的大小应根据时间序列的特点来确定。对于包含季节变动和循环变动的时间序列,则 N 的取值应等于波动周期长度,这样可消除周期性波动的影响。

(2)时间序列经过移动平均后会造成信息量的损失。奇数项移动平均所形成的新序列,首尾各减少 $\frac{N-1}{2}$ 项;偶数项移动平均所形成的新序列,首尾各减少 $\frac{N}{2}$ 项。

(3)简单移动平均法适用于线性趋势的测定。如果社会经济现象的发展呈非线性趋势变动,就要考虑用加权移动平均法进行修匀。

(二)数学模型法

数学模型法也称趋势模型法或曲线配合法,它根据时间序列的数据特征,建立一个合适的趋势方程来描述时间序列的趋势变动,从而推算各时期的趋势值。其中,最小二乘法是比较常用的方法,其原理是使时间序列的实际水平与数列的趋势值(亦称拟合值或回归值)的残差平方和达到最小值。

利用最小二乘法可以拟合直线趋势,也可以拟合曲线趋势,需要根据研究现象的发展变化情况及特点来确定。

1. 直线趋势

直线趋势方程为:

$$\hat{y}_t = a + bt \tag{12-3}$$

其中,$\hat{y}_t$ 表示时间序列 y_t 的趋势值;t 表示时间标号;a 表示趋势线在 y 轴上的截距;b 表示趋势线的斜率,即时间 t 每变动一个单位时,趋势值 $\hat{y}_t$ 平均变动的数量。当现象的长期趋势与每期的增长量大体相同时,可拟合直线趋势。

根据最小二乘法的要求,并利用微积分中求极值的方法得到求 a、b 的正规方程组,表达式为:

$$\begin{cases} na + b\sum t = \sum y \\ a\sum t + b\sum t^2 = \sum ty \end{cases} \tag{12-4}$$

方程组的解是 a、b 的最小二乘解,表达式为:

$$\hat{b} = \frac{n\sum ty - \sum t \sum y}{n\sum t^2 - \left(\sum t\right)^2}, \quad \hat{a} = \frac{\sum y}{n} - \hat{b}\frac{\sum t}{n} \tag{12-5}$$

例 12-7 根据表 12-6 中某产品在某年各月份的销售数据,说明最小二乘法的应用。

解 有关计算过程如表 12-6 所示。

表 12-6 销售量直线趋势计算

月份	时间标号 t	销售量(万件) y_t	t^2	ty_t
1月	1	12.5	1	12.5
2月	2	13.6	4	27.2
3月	3	14.3	9	42.9
4月	4	15.6	16	62.4
5月	5	16.8	25	84.0
6月	6	17.5	36	105.0
7月	7	18.3	49	128.1
8月	8	19.6	64	156.8
9月	9	20.4	81	183.6
10月	10	22.9	100	229.0
11月	11	24.8	121	272.8
12月	12	26.1	144	313.2
合计	78	222.4	650	1 617.5

设直线趋势方程为 $\hat{y}_t = \hat{a} + \hat{b}t$,由公式可得:

$$\hat{b} = \frac{n\sum ty - \sum t \sum y}{n\sum t^2 - (\sum t)^2} = \frac{12 \times 1\,617.5 - 78 \times 222.4}{12 \times 650 - 78^2} \approx 1.20$$

$$\hat{a} = \frac{\sum y}{n} - \hat{b}\frac{\sum t}{n} = \frac{222.4}{12} - 1.20 \times \frac{78}{12} \approx 10.73$$

所以销售量拟合的直线趋势方程为：

$$\hat{y}_t = 10.73 + 1.20t$$

将 $t = 1, 2, 3, \cdots, 12$ 代入上述方程，即得该年销售量的趋势值。

2. 曲线趋势

在实际中，很多自然现象和社会经济现象呈曲线发展趋势，因此，有必要研究长期趋势中的曲线变动。曲线的形式多种多样，如二次曲线、指数曲线等。这里介绍的曲线主要有二次曲线和可直线化的曲线。

（1）二次曲线

当现象的发展趋势为抛物线形态时，可拟合二次曲线。二次曲线的趋势方程为：

$$y_t = a + bt + ct^2 \tag{12-6}$$

按最小二乘法，得到下面的标准方程组：

$$\begin{cases} na + b\sum t + c\sum t^2 = \sum y \\ a\sum t + b\sum t^2 + c\sum t^3 = \sum ty \\ a\sum t^2 + b\sum t^3 + c\sum t^4 = \sum t^2 y \end{cases} \tag{12-7}$$

令 $\sum t = 0, \sum t^3 = 0$，解方程，可得：

$$\begin{cases} \hat{a} = \dfrac{\left(\sum y\right)\left(\sum t^4\right) - \left(\sum t^2\right)\left(\sum t^2 y\right)}{n\sum t^4 - \left(\sum t^2\right)^2} \\ \hat{b} = \dfrac{\sum ty}{\sum t^2} \\ \hat{c} = \dfrac{n\sum t^2 y - \left(\sum y\right)\left(\sum t^2\right)}{n\sum t^4 - \left(\sum t^2\right)^2} \end{cases} \tag{12-8}$$

例 12-8 根据表 12-7 中某企业某种产品在某年各月份的销售量资料，拟合二次曲线方程。

表 12-7 某企业某种产品的销售量资料

月份	1月	2月	3月	4月	5月	6月	7月	8月	9月
销售量（万件）	4	6	8	10	12	15	18	16	17

解 有关计算过程如表 12-8 所示。

表 12-8　销售量曲线趋势计算

月份	时间标号 t	销售量（万件）y_t	t^2	ty_t	$t^2 y_t$	t^4
1月	-4	4	16	-16	64	256
2月	-3	6	9	-18	54	81
3月	-2	8	4	-16	32	16
4月	-1	10	1	-10	10	1
5月	0	12	0	0	0	0
6月	1	15	1	15	15	1
7月	2	18	4	36	72	16
8月	3	16	9	48	144	81
9月	4	17	16	68	272	256
合计	0	106	60	107	663	708

将表 12-8 中的数据代入方程组（12-8），可得：

$$\hat{a} = \frac{\left(\sum y\right)\left(\sum t^4\right) - \left(\sum t^2\right)\left(\sum t^2 y\right)}{n \sum t^4 - \left(\sum t^2\right)^2} = \frac{106 \times 708 - 60 \times 663}{9 \times 708 - 60^2} \approx 12.72$$

$$\hat{b} = \frac{\sum ty}{\sum t^2} = \frac{107}{60} \approx 1.78$$

$$\hat{c} = \frac{n \sum t^2 y - \left(\sum y\right)\left(\sum t^2\right)}{n \sum t^4 - \left(\sum t^2\right)^2} = \frac{9 \times 663 - 106 \times 60}{9 \times 708 - 60^2} \approx -0.14$$

从而二次曲线方程为：

$$\hat{y}_t = 12.72 + 1.78t - 0.14t^2$$

（2）可直线化的曲线趋势

在研究曲线趋势时，可通过一些变换将曲线趋势转化为直线趋势处理，这种方法称为线性化方法。下面我们以指数曲线趋势为例，介绍线性化方法。

$$\hat{y}_t = ab^t \tag{12-9}$$

其中，a 表示数列的初期水平，b 表示趋势值的平均发展速度。当某种经济现象的长期趋势与每期的发展速度大体相同时，可拟合指数曲线。

在式（12-9）等号两边取对数，得：

$$\lg \hat{y}_t = \lg \hat{a} + t \lg \hat{b} \tag{12-10}$$

令 $\hat{Z} = \lg \hat{y}_t$，$\hat{A} = \lg \hat{a}$，$\hat{B} = \lg \hat{b}$，指数曲线方程的直线形式可表示为：

$$\hat{Z} = \hat{A} + \hat{B}t \tag{12-11}$$

用最小二乘法求出 A、B，进而再求出 a、b，从而确定所求的指数趋势曲线。

第四节　季节因素分析

许多自然现象和社会现象往往由于季节变化的影响而发生周期性的变动。在这里，"季节"的含义可以是一年的四季，也可以是月、周或旬。季节是每一个循环所需的时间，称作季节周期。季节变动是时间序列构成的一种主要成分，其产生的原因可分为两类：一类是自然因素，如自然界季节变动的影响使现象出现季节性周期变动；另一类是人为因素，如风俗习惯、制度等因素造成的变动。

分析季节变动的目的：一是分解时间序列，以测定季节变动成分，反映现象的基本变化规律与趋势性；二是调整季节因素，即从原数列中剔除季节因素的影响，以便更清楚地呈现长期趋势，进而建立适当的预测模型，对现象进行预测。

分析季节变动的主要方法是计算季节比率。季节比率是反映时间序列季节变动程度的一种相对数，通常用百分数表示，也称季节指数。季节比率高，说明是"旺季"；反之，说明是"淡季"。常用的计算季节比率的方法有两种：按月（季）平均法和趋势剔除法。

一、按月（季）平均法

按月（季）平均法是用时间序列各年同一时期的平均数与各年的总平均数的对比来求季节比率的方法。这种方法主要适用于没有明显的趋势变动，主要受季节变动和不规则变动影响的时间序列，一般需要 3—5 年的发展水平资料。计算步骤如下：

（1）根据各年按月（季）的时间序列资料计算出各年同月（季）的平均水平；

（2）计算各年所有月（季）的总平均水平；

（3）将各年同月（季）的平均水平与总水平进行对比，即得出季节比率。

季节变动的特点是反映季节周期小于或等于 1 年的现象的变动。为了便于分析，可以把时间序列表示为如表 12-9 所示的形式，其中 $x_{ij}(i=1,2,3,\cdots,N; j=1,2,3,\cdots,n)$ 的下标 i 表示第 i 个季节周期或年度，下标 j 表示第 j 个月或季度。

表 12-9　季节变动分析

年份	月（季）			
	1	2	…	j
1	x_{11}	x_{12}	…	x_{1j}
2	x_{21}	x_{22}	…	x_{2j}
⋮	⋮	⋮	⋮	⋮
i	x_{i1}	x_{i2}	…	x_{ij}

设 s_j 为第 j 季的季节比率，则有：

$$s_j = \frac{\overline{x_j}}{\overline{x}} \tag{12-12}$$

其中，$\bar{x}_j$ 为各年同期的平均数，计算公式为：

$$\bar{x}_j = \frac{1}{N}\sum_{i=1}^{N} x_{ij} \qquad (12-13)$$

而 $\bar{x}$ 为总平均数，它等于各年同期平均数的平均数，即：

$$\bar{x} = \frac{1}{n}\sum_{j=1}^{n} \bar{x}_j = \frac{1}{nN}\sum_{j=1}^{n}\sum_{i=1}^{N} x_{ij} \qquad (12-14)$$

例 12-9　设某公司连续 4 个财年各季度的销售额资料如表 12-10 所示，计算各季度销售额的季节比率。

解　有关的计算过程如表 12-10 所示。

表 12-10　各季度销售额季节比率计算　　　　单位：万元

	第一季度	第二季度	第三季度	第四季度	全年合计
第 1 财年	6.0	7.2	7.5	8.3	29.0
第 2 财年	6.5	8.1	8.0	9.0	31.6
第 3 财年	7.2	9.5	9.4	9.8	35.9
第 4 财年	8.3	10.3	10.8	11.3	40.7
同季平均数 $\bar{x}_j$	7.00	8.775	8.925	9.60	8.575
季节比率 $s_j(\%)$	81.63	102.330	104.080	111.95	100.000

季节比率可以直观地反映该公司销售额的季节变化情况。如表 12-10 所示，该公司的销售额具有明显的季节性特点：第一季度的季节比率最低，比全年平均低 18.37%，是销售的低谷；第四季度的季节比率最高，比全年平均高 11.95%，是销售的高峰。

按月（季）平均法计算简便，容易掌握。但由于没有考虑长期趋势的影响，故其对季节比率的计算不够准确。

二、趋势剔除法

趋势剔除法的基本思想是，先将时间序列的长期趋势予以消除，然后再计算季节指数。其中，序列中的趋势值可采用移动平均法求得，也可采用最小二乘法求得。

利用移动平均趋势剔除法分析季节变动时，假定时间序列各构成要素的关系结构为 $Y = T \times S \times C \times I$，同时假定各年度的不规则变动（$I$）彼此独立。由于 12 个月（或 4 个季度）的移动平均数与季节变动的周期相同，通过移动平均法得到的移动平均数可以完全消除季节变动和大部分不规则变动，结果即为 $T \times C$ 的约数。然后再将原序列 Y 除以移动平均趋势值 $T \times C$，所得百分比称为"季节变动和不规则变动相对数"或"移动平均百分比"，即：

$$\frac{T \times C \times S \times I}{T \times C} = S \times I \qquad (12-15)$$

最后将各年同月（季）的移动平均百分比加以平均，即可消除不规则变动的影响，而仅剩季节变动 S。

根据上述原理,可将通过移动平均趋势剔除法计算季节指数的步骤概括如下:

第一步,根据各年的月度(或季度)数据,计算 12 个月(或 4 个季度)移动平均趋势值 T;

第二步,将各实际值除以相应的趋势值,即 $\dfrac{Y}{T \times C} = S \times I$;

第三步,将 $S \times I$ 重新按月(季)排列,求得同月(或同季)平均数,再将其除以总平均数,即得季节指数 S。

例 12-10 某水产品加工公司连续 4 个财年的产品加工值数据如表 12-11 所示,试对该公司的产品加工值进行季节性调整。

表 12-11　某水产品加工公司的产品加工值　　　　　　　　　　　单位:万元

季度	第 1 财年	第 2 财年	第 3 财年	第 4 财年
1	132	148	164	156
2	250	264	258	304
3	305	306	324	458
4	152	182	196	201

解　根据表 12-11 中的数据,首先计算 4 个季度的移动平均数,对得到的结果再进行一次二项移动平均,得到中心化的移动平均数(平均趋势值);其次,利用各实际值除以相应的趋势值,得到季节不规则值($S \times I$);再次,计算 $S \times I$ 的同季平均数与总平均数,两者之比即为季节指数;最后,用实际值除以季节指数,便可得到各年份的季节调整。结果如表 12-12 所示。

表 12-12　中心化移动平均数、季节不规则值、季节指数与季节调整的计算结果

财年	季度	加工值(万元)	4 个季度的移动平均数(万元)	中心化的移动平均数(万元)	季节不规则值	季节指数	季节调整(万元)
第 1 财年	1	132				0.6709	196.753
	2	250	209.75			1.1412	219.072
	3	305	213.75	211.750	1.4404	1.4054	217.021
	4	152	217.25	215.500	0.7053	0.7825	194.240
第 2 财年	1	148	217.50	217.375	0.6809	0.6709	220.602
	2	264	225.00	221.250	1.1932	1.1412	231.340
	3	306	229.00	227.000	1.3480	1.4054	217.733
	4	182	227.50	228.250	0.7974	0.7825	232.576
第 3 财年	1	164	232.00	229.750	0.7138	0.6709	244.451
	2	258	235.50	233.750	1.1037	1.1412	226.082
	3	324	233.50	234.500	1.3817	1.4054	230.541
	4	196	245.00	239.250	0.8192	0.7825	250.467

（续表）

财年	季度	加工值（万元）	4个季度的移动平均数（万元）	中心化的移动平均数（万元）	季节不规则值	季节指数	季节调整（万元）
第4财年	1	156	278.50	261.750	0.5960	0.6709	232.526
	2	304	279.75	279.125	1.0891	1.1412	266.392
	3	458				1.4054	325.888
	4	201				0.7825	256.856

注：由于四舍五入，表中数据与实际计算过程中使用的数据略有出入。

第五节　循环因子分析

循环变动的时间长短和波动大小不同，且常与不规则变动交织在一起，是一种从低到高又从高到低的周而复始的近乎规律性的变动。同一经济现象在各个时期的循环变动具有其自身的特点，各个周期长度往往不相同，因此，最终还需要计算平均周期。

测定和分析现象的循环变动的目的首先是从数量上解释某种经济现象循环变动的规律性；其次是深入研究不同现象之间周期性循环波动的内在联系，找出循环变动的原因；最后是通过对循环变动的规律的认识，对经济现象今后的发展做出科学的预测，为决策提供有效依据。

循环变动的测定方法多种多样，通常是从时间序列中依次剔除季节性因素、趋势因素和随机因素，所剩结果即为循环变动因素。这种方法称为剩余法。

剩余法的基本思想和原理如下：先从时间序列中分解出趋势变动和季节变动，然后再通过平均尽可能剔除随机成分，其剩余的变动则揭示出序列的循环变动特征。

根据长期趋势和季节变动被剔除的先后顺序不同，剩余法有三种基本形式：

第一种，先求季节指数，剔除季节变动，有：

$$\frac{Y}{S} = \frac{T \times S \times C \times I}{S} = T \times C \times I \tag{12-16}$$

再剔除趋势变动，有：

$$\frac{T \times C \times I}{T} = C \times I \tag{12-17}$$

第二种，先求趋势变动值，并从原始序列中剔除，有：

$$\frac{Y}{T} = \frac{T \times S \times C \times I}{T} = S \times C \times I \tag{12-18}$$

再剔除季节变动，有：

$$\frac{S \times C \times I}{S} = C \times I \tag{12-19}$$

第三种，分别从原始序列中求季节指数和趋势变动值，同时将它们剔除，有：

$$\frac{Y}{T \times S} = C \times I \tag{12-20}$$

剩余法的最大优点是能够识别时间序列的各个构成因素,而且如果识别同一种构成因素所用的方法相同,则上述三种形式下计算的循环指数相同。例如,求季节指数时都用按月(季)平均法或者移动平均趋势剔除法;求线性趋势值时都采用线性趋势方程等。实际应用中可根据资料特点决定所要采用的形式,但以第一种形式较为多见。因为季节变动的周期性明显,用季节周期长度进行移动平均能够更加方便地消除季节变动;而从原始序列中直接求趋势变动值有时会有一定的困难,这是因为原始序列中循环变动、季节变动交织在一起,趋势变动的形态可能被掩盖。

附录 用 Excel 进行季节变动分析

利用本章例12-10中的数据,采用移动平均趋势剔除法计算季节指数,并进行季节调整。

用 Excel 进行季节变动分析的步骤如下:

(1) 计算4项移动平均数。在 C3 单元格输入公式"= AVERAGE(B2:B5)",按"Enter"键得到结果,然后将公式复制到 C4:C15 单元格。结果见表12-13中的 C 列。

(2) 计算移动平均值(中心化移动平均数)。也就是对 C 列的结果再进行一次二项移动平均。在 D4 单元格输入公式"= AVERAGE(C3:C4)",然后将公式复制到 D5:D15 单元格。结果见表12-13中的 D 列。

(3) 将实际值除以相应的趋势值。在 E4 单元格输入公式"= B4/D4",然后将公式复制到 E5:E15 单元格。结果见表12-13中的 E 列。

(4) 计算同季平均。在 F2 单元格输入公式"=(E6 + E10 + E14)/3",在 F3 单元格输入公式"=(E7 + E11 + E15)/3",在 F4 单元格输入公式"=(E4 + E8 + E12)/3",在 F5 单元格输入公式"=(E5 + E9 + E13)/3",结果见表12-13中的 F 列。

(5) 计算总平均值。在 G2 单元格输入公式"= AVERAGE(E4:E15)"。

(6) 计算季节指数。将同季平均值除以总平均值。在 H2 单元格输入公式"= F2/G2",再将公式复制到 H3:H5 单元格。结果见表12-13中的 H 列。

(7) 进行季节变动的调整,即消除季节变动。在 I2 单元格中输入公式"= B2/H2",再将公式复制到 I3:I17 单元格。结果见表12-13中的 I 列。

表 12-13 旅游收入的季节变动分析

A	B	C	D	E	F	G	H	I
季度	旅游收入(万元)	4项移动平均(万元)	趋势值(万元)	B4/D4	同季平均	总平均值	季节指数	季节调整(万元)
2010								
1	132				0.663553	0.989061	0.670892	196.753
2	250	209.75			1.128694		1.141177	219.0721
3	305	213.75	211.750	1.440378	1.390020		1.405393	217.0212
4	152	217.25	215.500	0.705336	0.773978		0.782538	194.2397

(续表)

A	B	C	D	E	F	G	H	I
季度	旅游收入（万元）	4项移动平均（万元）	趋势值（万元）	B4/D4	同季平均	总平均值	季节指数	季节调整（万元）
2011								
1	148	217.50	217.375	0.680851			0.670892	220.6018
2	264	225.00	221.250	1.193220			1.141177	231.3401
3	306	229.00	227.000	1.348018			1.405393	217.7327
4	182	227.50	228.250	0.797371			0.782538	232.5766
2012								
1	164	232.00	229.750	0.713819			0.670892	244.4507
2	258	235.50	233.750	1.103743			1.141177	226.0824
3	324	233.50	234.500	1.381663			1.405393	230.5405
4	196	245.00	239.250	0.819227			0.782538	250.4671
2013								
1	156	278.50	261.750	0.595989			0.670892	232.5262
2	304	279.75	279.125	1.089118			1.141177	266.3916
3	458						1.405393	325.8875
4	201						0.782538	256.8565

本章小结

1. 时间序列是将不同时间上的同类指标数值按时间先后顺序排列而成的数列，也叫时间数列、动态数列。时间序列可以分为绝对数时间序列、相对数时间序列和平均数时间序列。

2. 时间序列的动态分析指标包括两大类：一类为水平指标，包括发展水平、平均发展水平、增长量和平均增长量；另一类为速度指标，包括发展速度、增长速度、平均发展速度和平均增长速度。

3. 影响时间序列的因素按性质和作用，可以分为长期趋势、季节变动、循环变动和不规则变动。这四种变动共同构成了时间序列的总变动，或者说时间序列是这四种变动的函数。时间序列的统计分析测定模型有加法模型和乘法模型两种。

4. 测定和预测长期趋势的方法，可以分为移动平均法和数学模型法两大类。其中，移动平均法是通过扩大原时间序列的时间间隔，并按一定时间间隔长度逐期移动，分别计算出一系列移动平均数，由这些平均数形成的新时间序列对原时间序列的波动起到一定的修正作用，削弱原序列中短期偶然因素的影响，从而呈现出现象发展的变动趋势；数学模型法包括直线模型和曲线模型。

5. 本书介绍了两种计算季节比率的方法：按月（季）平均法和趋势剔除法。按月（季）平均法是用时间序列各年同一时期的平均数与各年的总平均数的对比来求季节比率。趋势剔除法的基本思想是，先将时间序列的长期趋势予以消除，然后再计算季节指数。

6. 分析循环变动的常用方法为剩余法。剩余法的基本思想和原理是，先从时间序列中分解出趋势变动和季节变动，然后再通过平均尽可能剔除随机成分，其剩余的变动则揭示出序列的循环变动特征。

本章习题

1. 何谓时间序列？它包括哪些构成因素？
2. 比较时期数列与时点数列的不同。
3. 为什么计算平均发展速度不用算术平均而用几何平均？
4. 试述长期趋势的基本概念，以及认识和掌握长期趋势的意义。
5. 试述季节变动的基本概念，以及认识和掌握季节变动的意义。
6. 某地区 2022 年人口数为 2000 万人，假定以后每年以 5‰ 的增长率增长；又假定该地区 2022 年粮食产量为 50 亿千克，要求到 2027 年人均粮食产量达到 500 千克。试计算：2027 年粮食产量应该达到多少？粮食产量每年平均增长速度如何？
7. 某企业 2017—2022 年某产品产量资料如下表所示：

年份	2017	2018	2019	2020	2021	2022
产量（万件）	500	550	604	664	700	735

要求：

（1）计算 2017—2022 年该企业的年平均产量、年平均增长量和年平均增长速度；

（2）计算逐期增长量和累计增长量；

（3）计算定基增长速度和环比增长速度；

（4）计算增长 1% 的绝对值。

8. 某电子产品公司 2014—2022 年的产品销售数据如下：

年份	2014	2015	2016	2017	2018	2019	2020	2021	2022
销售额（万元）	80	83	87	89	95	101	107	115	125

要求：

（1）运用 3 年和 5 年移动平均法计算趋势值；

（2）运用最小二乘法配合趋势直线，计算各年的趋势值。

9. 分析某公司过去 5 年记录的产品销售量季度数据，得到如下线性趋势方程和季节指数：

$y = 60 + 5t$ （其中，t 表示季度，并取第 1 年第一季度为 1）

	第一季度	第二季度	第三季度	第四季度
季节指数	1.2	0.8	1.15	0.85
第 6 年的销售量(万件)	170	168	74	180

要求：

（1）计算第 6 年各季消除季节变动后的销售量；

（2）运用时间趋势和季节调整方法预测第 7 年 4 个季度的销售量。

附录一 随 机 数 表

随机数表(1)

03 47 43 73 86	36 96 47 36 61	46 93 63 71 62	33 26 16 80 45	60 11 14 10 95
97 74 24 67 62	42 81 14 57 20	42 53 32 37 32	27 07 36 07 51	24 51 79 89 73
16 76 62 27 66	56 50 26 71 07	32 90 79 78 53	13 55 38 58 59	88 97 54 14 10
12 56 85 99 26	96 96 68 27 31	05 03 72 93 15	57 12 10 14 21	88 26 49 81 76
55 59 56 35 64	38 54 82 46 22	34 62 43 09 90	06 18 44 35 53	23 83 01 30 30
16 22 77 94 39	49 54 43 54 82	17 37 93 23 78	87 35 20 96 43	84 26 34 91 61
84 42 17 53 31	57 24 55 06 88	77 04 74 47 67	21 76 33 50 25	83 92 12 06 76
63 01 63 78 59	16 95 55 67 19	98 10 50 71 75	12 86 73 58 07	44 39 52 38 79
33 21 12 34 29	78 64 56 07 82	52 42 07 44 38	15 51 00 13 42	99 66 02 79 54
57 60 96 32 77	09 47 27 96 54	49 17 46 09 62	90 52 84 77 27	99 02 73 43 28
18 18 07 92 45	44 17 16 58 09	79 83 96 19 52	06 76 50 03 10	55 23 64 05 05
26 62 38 97 75	84 16 07 44 99	83 11 46 32 24	20 14 85 88 45	10 93 72 88 71
23 42 40 64 74	82 97 77 77 81	07 45 32 14 08	32 98 94 07 72	93 85 49 10 75
52 36 28 19 95	50 92 26 11 97	00 56 76 31 38	80 22 02 53 53	86 60 42 04 53
37 85 94 35 12	83 39 50 08 30	42 34 07 96 88	54 42 06 87 98	35 85 29 48 39
70 29 17 12 13	40 33 20 38 26	13 89 51 03 74	17 76 37 13 04	07 74 24 19 30
56 62 18 37 25	96 83 50 97 75	97 12 25 93 47	70 33 24 03 54	97 77 46 44 80
99 49 57 22 77	88 42 95 45 72	16 64 36 16 00	04 43 18 66 79	94 77 24 21 90
16 08 15 04 72	33 27 14 34 09	45 59 34 68 49	12 72 07 34 45	99 27 72 95 14
31 16 93 32 43	50 27 89 87 19	20 15 37 00 49	52 85 66 60 44	38 68 88 11 80
68 34 30 13 70	55 74 30 77 40	44 22 78 84 26	04 33 46 09 52	68 07 97 03 57
74 57 25 65 76	59 29 97 68 60	71 91 38 67 54	13 58 18 24 73	15 54 55 95 52
27 42 37 86 53	48 55 90 68 72	96 57 69 36 10	93 43 93 42 45	97 60 49 04 91
00 39 68 29 61	66 37 32 20 30	77 84 57 03 29	10 45 35 04 26	11 04 96 67 24
29 94 98 94 24	68 49 69 10 82	53 75 91 93 30	34 25 20 57 27	40 48 73 51 92
16 90 82 66 59	83 62 64 11 12	67 19 00 71 74	60 47 21 29 68	02 02 37 03 31
11 27 94 75 06	06 09 19 74 66	02 94 37 34 02	76 70 90 30 86	38 45 94 30 38
35 24 10 16 20	33 32 51 26 38	79 78 45 04 91	16 92 53 56 16	02 75 50 95 98
38 23 16 86 38	42 38 97 01 50	87 75 66 81 41	40 04 74 91 62	48 51 84 08 32
31 96 25 91 47	96 44 33 59 13	34 86 82 53 91	00 42 43 48 85	27 55 26 89 62
66 67 40 67 14	64 05 71 95 86	11 05 65 09 68	76 83 20 37 90	57 16 00 11 66
14 90 84 45 11	75 73 88 05 90	52 27 41 14 86	22 98 12 22 08	07 52 74 95 80
68 05 51 18 00	33 96 02 75 19	07 60 62 93 55	59 33 82 43 90	49 37 38 44 59
20 46 78 73 90	97 51 40 14 02	04 02 33 31 08	39 54 16 49 36	47 95 93 13 30
64 19 58 97 79	15 06 15 93 20	01 90 10 75 06	40 78 78 89 62	02 67 74 17 33

（续表）

05 26 93 70 60	22 25 85 15 13	92 03 51 59 77	59 56 78 06 83	52 91 05 70 74
07 97 10 88 23	09 98 42 99 64	61 71 62 99 15	06 51 29 16 93	58 05 77 09 51
63 71 86 85 85	54 87 66 47 54	73 32 08 11 12	44 95 92 63 16	29 53 24 29 48
26 99 61 65 53	58 37 78 80 70	42 10 50 67 42	32 17 55 35 74	94 44 67 16 97
14 65 52 68 75	87 59 36 22 41	26 78 63 06 55	13 08 27 04 50	15 29 39 39 43
17 53 77 58 71	74 41 61 50 72	12 41 94 96 26	44 95 27 36 99	02 96 74 30 83
90 26 59 21 19	23 52 23 33 12	96 93 02 18 39	07 02 18 36 07	25 99 32 70 23
41 25 52 55 99	31 04 49 69 96	10 47 48 45 88	13 41 43 89 20	97 17 14 49 17
60 20 50 81 69	31 99 73 68 68	35 81 33 03 76	24 30 12 48 60	18 99 10 72 34
91 25 38 05 90	94 58 28 41 36	45 37 59 03 09	90 35 57 29 12	82 62 54 65 60
34 50 57 74 37	98 80 33 00 91	09 77 93 19 82	74 94 80 04 04	45 07 31 66 49
85 22 04 39 43	73 81 53 94 79	33 62 42 86 28	07 31 54 46 31	53 94 13 38 47
09 79 13 77 48	73 82 97 22 21	05 03 27 24 83	72 89 44 05 60	35 80 39 94 88
88 75 80 18 14	22 95 75 42 49	39 32 82 22 49	02 48 07 70 37	16 04 61 67 87
90 96 23 70 00	39 00 03 06 90	55 85 78 38 36	94 37 30 69 32	90 89 00 76 33

随机数表（2）

53 74 23 99 67	61 32 28 69 84	94 62 67 86 24	98 33 41 19 95	47 53 53 38 09
63 38 06 86 54	99 00 65 26 94	02 82 90 23 07	79 62 67 80 60	75 91 12 81 19
35 30 58 24 46	06 72 17 10 94	25 21 31 75 96	49 28 14 00 49	55 65 79 78 07
63 43 46 82 69	65 51 18 37 88	61 28 44 12 45	32 92 85 88 65	54 34 81 85 35
98 25 37 55 26	01 91 82 81 46	74 71 12 94 97	24 02 71 37 07	03 92 18 66 75
02 63 21 17 69	71 50 80 59 56	38 15 70 11 49	43 40 45 96 95	00 83 26 91 03
64 55 22 21 82	48 22 28 0600	61 54 13 43 91	52 78 12 26 29	06 66 24 12 27
85 07 26 13 89	01 10 07 82 04	59 63 69 36 03	69 11 15 83 80	13 29 54 19 28
58 54 16 24 15	51 54 44 82 00	62 61 65 04 69	38 18 65 18 97	85 72 13 49 21
34 85 27 84 87	61 48 64 56 26	90 28 48 13 26	37 70 15 42 57	65 65 80 39 07
03 92 18 27 46	57 99 16 96 56	30 33 72 85 22	84 64 38 56 98	99 01 30 98 34
62 93 30 27 59	37 75 41 66 48	86 97 90 61 45	23 53 04 01 63	45 76 08 64 27
08 45 93 15 22	60 21 75 46 91	98 77 27 85 42	28 88 61 08 84	69 62 03 42 73
07 03 55 18 40	45 44 75 13 90	24 94 96 61 02	57 55 66 83 15	73 42 37 11 61
01 85 89 95 66	51 10 19 34 88	15 84 97 19 75	12 76 39 43 78	64 63 91 08 25
72 84 71 14 35	19 11 58 49 26	50 11 17 17 76	86 31 57 20 18	95 60 78 46 75
88 78 28 16 84	13 52 53 94 53	75 45 69 30 96	73 89 65 70 31	99 17 43 48 73
45 17 75 65 57	28 40 19 72 12	25 12 74 75 67	60 40 60 81 19	24 62 01 61 16
96 76 23 12 54	22 01 11 94 28	71 96 16 16 88	68 61 36 74 45	19 59 50 88 92
43 31 67 72 30	24 02 94 08 63	38 32 36 66 02	69 36 38 25 39	48 03 45 15 22
50 44 66 44 21	66 06 58 05 62	68 15 54 35 02	42 35 48 96 32	14 52 41 52 43
22 66 22 15 86	26 63 75 41 99	58 42 36 72 24	58 37 52 18 51	03 37 18 39 11
96 24 40 14 51	23 22 30 88 57	95 67 47 29 83	94 69 40 06 07	18 16 36 78 86
31 73 91 61 19	60 20 72 93 48	98 57 07 23 69	65 95 39 69 58	56 80 30 19 44
78 60 73 99 84	43 89 94 36 45	56 69 47 07 41	90 22 91 07 12	78 35 34 08 72

附录一 随机数表

（续表）

87 37 90 61 56	70 10 23 93 05	85 11 34 76 60	76 48 45 34 60	01 64 18 39 96
36 67 10 08 23	98 93 35 08 86	99 29 76 29 81	33 34 91 58 93	63 14 52 32 32
07 28 59 07 38	87 64 58 89 75	83 85 62 27 89	30 14 78 56 27	86 63 59 80 02
10 15 83 87 60	79 24 31 66 56	21 48 24 06 93	91 98 97 05 49	01 47 59 38 00
55 19 68 97 65	03 73 52 16 56	00 53 55 90 27	33 42 29 38 87	22 13 88 83 34
53 81 29 13 39	13 05 00 41 84	62 33 74 82 14	53 73 19 09 03	56 54 29 56 93
51 86 32 68 92	82 88 33 69 99	40 14 71 94 58	45 94 19 38 81	14 44 99 81 07
35 91 70 29 13	80 03 54 07 27	96 94 78 32 66	50 95 52 74 33	13 80 55 62 54
37 71 67 95 13	20 02 44 95 94	64 85 04 05 72	01 32 90 76 14	53 59 74 60 41
93 66 13 83 27	92 79 64 64 72	28 54 96 53 84	48 14 52 98 94	56 07 93 89 30
02 96 08 45 65	13 05 00 41 84	93 07 54 72 59	21 45 57 09 77	19 48 56 27 44
49 83 43 48 35	82 88 33 69 96	72 36 04 18 76	47 45 15 18 60	82 11 08 95 97
84 60 74 62 46	40 80 81 30 37	34 39 23 05 38	25 15 35 74 30	88 12 57 21 77
18 17 30 88 71	44 91 14 88 47	89 23 30 63 15	56 34 20 47 89	99 82 93 24 98
79 69 10 61 78	71 32 76 95 62	87 00 22 58 40	92 54 01 75 25	43 11 71 99 31
75 93 36 57 83	56 20 14 82 11	74 21 97 90 65	96 42 68 63 86	74 54 13 26 94
38 30 92 29 03	06 28 81 39 38	62 25 06 84 63	61 29 08 93 67	04 32 92 08 09
51 29 50 10 34	31 57 75 95 80	54 97 02 74 77	76 15 48 49 44	18 55 63 77 09
21 31 38 86 24	67 79 81 53 74	73 54 16 10 33	52 83 90 94 76	70 47 14 54 36
29 01 23 87 88	58 02 39 37 67	42 10 14 20 92	16 55 23 42 45	54 96 09 11 06
95 33 95 22 00	18 74 72 00 18	38 79 58 69 32	51 76 80 16 92	82 80 84 25 39
90 84 60 79 80	24 36 59 87 38	82 07 53 89 35	96 35 23 79 18	05 98 90 07 35
46 40 62 98 82	54 97 20 56 98	15 74 80 08 32	16 46 70 50 80	67 72 16 42 79
20 31 89 03 43	38 46 82 68 72	32 14 82 99 70	80 60 47 18 97	63 49 30 21 30
71 59 73 05 50	08 22 23 71 77	91 01 93 20 49	82 96 59 26 94	66 39 67 98 60

附录二 二项分布数值表

$$P(X \leq x) = \sum_{k=0}^{x} C_n^k p^k (1-p)^{n-k}$$

n	x	0.001	0.002	0.003	0.005	0.01	0.02	0.03	0.05	0.10	0.15	0.20	0.25	0.30
2	0	0.9980	0.9960	0.9940	0.9900	0.9801	0.9604	0.6409	0.9025	0.8100	0.7225	0.6400	0.5625	0.4900
	1	1.0000	1.0000	1.0000	1.0000	0.9999	0.9996	0.9991	0.9975	0.9900	0.9975	0.9600	0.9375	0.9100
3	0	0.9970	0.9940	0.9910	0.9851	0.9703	0.9412	0.9127	0.8574	0.7290	0.5141	0.5120	0.4219	0.3430
	1	1.0000	1.0000	1.0000	0.9999	0.9997	0.9998	0.9974	0.9928	0.9720	0.9392	0.8960	0.8433	0.7840
	2				1.0000	1.0000	1.0000	1.0000	0.9999	0.9990	0.9966	0.9920	0.9844	0.9730
4	0	0.9960	0.9920	0.9881	0.9801	0.9606	0.9224	0.8853	0.8145	0.6561	0.5220	0.7096	0.3154	0.2401
	1	1.0000	1.0000	0.9999	0.9999	0.9994	0.9977	0.8948	0.9860	0.9477	0.8905	0.8191	0.7383	0.6517
	2			1.0000	1.0000	1.0000	1.0000	0.9999	0.9995	0.9963	0.9880	0.9728	0.9492	0.9163
	3							1.0000	1.0000	0.9999	0.9995	0.9984	0.9961	0.9919
5	0	0.9950	0.9900	0.9851	0.9752	0.9510	0.9039	0.8587	0.7738	0.5905	0.4437	0.3277	0.2373	0.1681
	1	1.0000	1.0000	0.9999	0.9998	0.9990	0.9962	0.9915	0.9774	0.9185	0.8352	0.7373	0.6328	0.5282
	2			1.0000	1.0000	1.0000	0.9999	0.9997	0.9988	0.9914	0.9734	0.9421	0.8965	0.8369
	3						1.0000	1.0000	1.0000	0.9995	0.9978	0.9933	0.9844	0.9692
	4									1.0000	0.9999	0.9997	0.9990	0.9976
6	0	0.9940	0.9981	0.9821	0.6704	0.9415	0.8858	0.8330	0.7351	0.5314	0.3771	0.2621	0.1730	0.1176
	1	1.0000	0.9999	0.9999	0.9996	0.9985	0.9943	0.9875	0.9672	0.8857	0.7765	0.6553	0.3306	0.4202
	2		1.0000	1.0000	1.0000	1.0000	0.9998	0.9995	0.9978	0.9842	0.9527	0.9011	0.5339	0.7443
	3						1.0000	1.0000	0.9999	0.9987	0.9941	0.9830	0.9624	0.9295
	4								1.0000	0.9999	0.9994	0.9984	0.9954	0.9891
	5									1.0000	1.0000	0.9999	0.9998	0.9993

(续表)

n	x	0.001	0.002	0.003	0.005	0.01	0.02	0.03	0.05	0.10	0.15	0.20	0.25	0.30
7	0	0.9930	0.9861	0.9792	0.9655	0.9321	0.8681	0.8080	0.6983	0.4783	0.3206	0.2097	0.1335	0.0824
	1	1.0000	0.9999	0.9998	0.9995	0.9980	0.9921	0.9829	0.9556	0.8503	0.7166	0.5767	0.4449	0.3294
	2		1.0000	1.0000	1.0000	1.0000	0.9997	0.9991	0.9962	0.9743	0.9262	0.8520	0.7564	0.6471
	3						1.0000	1.0000	0.9998	0.9973	0.9879	0.9667	0.9294	0.8740
	4								1.0000	0.9998	0.9988	0.9953	0.9871	0.9712
	5									1.0000	0.9999	0.9996	0.9987	0.9962
	6										1.0000	1.0000	0.9999	0.9998
8	0	0.9920	0.9841	0.9763	0.9607	0.9227	0.8508	0.7837	0.6634	0.4305	0.2725	0.1678	0.1001	0.5760
	1	1.0000	0.9999	0.9998	0.9993	0.9973	0.9897	0.9777	0.9428	0.8131	0.6572	0.5033	0.3671	0.2553
	2		1.0000	1.0000	1.0000	0.9999	0.9996	0.9987	0.9942	0.9519	0.8948	0.7969	0.6785	0.5518
	3					1.0000	1.0000	0.9999	0.9995	0.9950	0.9786	0.9437	0.8862	0.8059
	4							1.0000	1.0000	0.9996	0.9971	0.9896	0.9727	0.9420
	5									1.0000	0.9998	0.9988	0.9958	0.9887
	6										1.0000	0.9999	0.9996	0.9987
	7											1.0000	1.0000	0.9999
9	0	0.9910	0.9821	0.9733	0.9559	0.9135	0.8337	0.7602	0.5302	0.3874	0.2316	0.1342	0.0751	0.0404
	1	1.0000	0.9999	0.9997	0.9991	0.9966	0.9869	0.9718	0.9288	0.7748	0.5996	0.4362	0.3003	0.1960
	2		1.0000	1.0000	1.0000	0.9999	0.9994	0.9980	0.9916	0.9740	0.8591	0.7382	0.5007	0.4628
	3					1.0000	1.0000	0.9999	0.9994	0.9917	0.9661	0.9144	0.8343	0.7297
	4							1.0000	1.0000	0.9991	0.9944	0.9804	0.9511	0.9012
	5									0.9999	0.9994	0.9969	0.9900	0.9747
	6									1.0000	1.0000	0.9997	0.9987	0.9957
	7											1.0000	0.9999	0.9996
	8												1.0000	1.0000
10	0	0.9900	0.9802	0.9704	0.9511	0.9044	0.8171	0.7374	0.5987	0.3487	0.1969	0.1074	0.0563	0.0282
	1	1.0000	0.9998	0.9996	0.9989	0.9957	0.9838	0.9655	0.9139	0.7361	0.5443	0.3758	0.2440	0.1493
	2		1.0000	1.0000	1.0000	0.9999	0.9991	0.9972	0.9885	0.9298	0.8202	0.6778	0.5256	0.3828

(续表)

n	x	0.001	0.002	0.003	0.005	0.01	0.02	0.03	0.05	0.10	0.15	0.20	0.25	0.30
10	3	0.9891	0.9782	0.9675	0.9646			0.9999	0.9990	0.9872	0.9500	0.8791	0.7759	0.6496
	4	0.9999	0.9998	0.9995	0.9987	1.0000		1.0000	0.9999	0.9984	0.9901	0.9672	0.9219	0.8497
	5	1.0000	1.0000	1.0000	1.0000				1.0000	0.9999	0.9986	0.9936	0.9803	0.9527
	6									1.0000	0.9999	0.9991	0.9965	0.9894
	7										1.0000	0.9999	0.9996	0.9984
	8											1.0000	1.0000	0.9999
	9													1.0000
11	0		0.9782	0.9675	0.9646	0.8953	0.8007	0.7153	0.5688	0.3138	0.1573	0.0859	0.0422	0.0198
	1	0.9999	0.9998	0.9995	0.9987	0.9948	0.9805	0.9587	0.8981	0.6974	0.4922	0.3221	0.1971	0.1130
	2	1.0000	1.0000	1.0000	1.0000	0.9998	0.9988	0.9963	0.9848	0.9104	0.7788	0.6174	0.4552	0.3127
	3					1.0000	1.0000	0.9998	0.9984	0.9815	0.9306	0.8389	0.7133	0.5696
	4							1.0000	0.9999	0.9972	0.9841	0.9496	0.8854	0.7897
	5								1.0000	0.9997	0.9973	0.9883	0.9657	0.9218
	6									1.0000	0.9997	0.9980	0.9924	0.9784
	7										1.0000	0.9998	0.9988	0.9957
	8											1.0000	0.9999	0.9994
	9												1.0000	1.0000
12	0	0.9881	0.9763	0.9646	0.9416	0.8864	0.7847	0.6938	0.5404	0.2824	0.1422	0.0687	0.0317	0.0138
	1	0.9999	0.9997	0.9994	0.9984	0.9938	0.9769	0.9514	0.8816	0.6590	0.4435	0.2749	0.1584	0.0850
	2	1.0000	1.0000	1.0000	1.0000	0.9998	0.9985	0.9952	0.9804	0.8891	0.7358	0.5583	0.3907	0.2528
	3					1.0000	0.9999	0.9997	0.9978	0.9744	0.9078	0.7946	0.6488	0.4925
	4						1.0000	1.0000	0.9998	0.9957	0.9761	0.9274	0.8421	0.7237
	5								1.0000	0.9995	0.9954	0.9806	0.9456	0.8822
	6									0.9999	0.9993	0.9961	0.9857	0.9614
	7									1.0000	0.9999	0.9994	0.9972	0.9905
	8										1.0000	0.9999	0.9996	0.9983
	9											1.0000	1.0000	0.9998
	10													1.0000

（续表）

n	x	0.001	0.002	0.003	0.005	0.01	0.02	0.03	0.05	0.10	0.15	0.20	0.25	0.30
13	0	0.9871	0.9743	0.9617	0.9369	0.8775	0.7690	0.6730	0.5133	0.2542	0.1209	0.0550	0.0238	0.0097
	1	0.9999	0.9997	0.9993	0.9981	0.9928	0.9730	0.9436	0.8646	0.6213	0.3983	0.2336	0.1267	0.0637
	2	1.0000	1.0000	1.0000	1.0000	0.9997	0.9980	0.9938	0.9755	0.8661	0.7296	0.5017	0.3326	0.2025
	3					1.0000	0.9999	0.9995	0.9969	0.9658	0.9033	0.7473	0.5843	0.4206
	4						1.0000	1.0000	0.9997	0.9935	0.9740	0.9009	0.7940	0.6543
	5								1.0000	0.9991	0.9947	0.9700	0.9198	0.8346
	6									0.9999	0.9987	0.9930	0.9757	0.9376
	7									1.0000	0.9998	0.9988	0.9944	0.9818
	8										1.0000	0.9998	0.9990	0.9960
	9											1.0000	0.9999	0.9993
	10												1.0000	0.9999
	11													1.0000
14	0	0.9861	0.9724	0.9588	0.9322	0.8687	0.7536	0.6528	0.4877	0.2288	0.1028	0.0440	0.0178	0.0068
	1	0.9999	0.9996	0.9992	0.9978	0.9916	0.9690	0.9355	0.8470	0.5846	0.3567	0.1979	0.1010	0.0475
	2	1.0000	1.0000	1.0000	1.0000	0.9997	0.9975	0.9923	0.9699	0.8416	0.6479	0.4481	0.2811	0.1508
	3					1.0000	0.9999	0.9994	0.9958	0.9559	0.8535	0.6982	0.5213	0.3552
	4						1.0000	1.0000	0.9996	0.9908	0.9533	0.8702	0.7415	0.5842
	5								1.0000	0.9985	0.9885	0.9561	0.8883	0.7805
	6									0.9998	0.9978	0.9884	0.9617	0.9067
	7									1.0000	0.9997	0.9976	0.9897	0.9685
	8										1.0000	0.9996	0.9978	0.9917
	9											1.0000	0.9997	0.9983
	10												1.0000	0.9998
	11													1.0000

（续表）

n	x	0.001	0.002	0.003	0.005	0.01	0.02	0.03	0.05	0.10	0.15	0.20	0.25	0.30
15	0	0.9851	0.9704	0.9559	0.9276	0.8601	0.7386	0.6333	0.4633	0.2059	0.0874	0.0352	0.0134	0.0047
	1	0.9999	0.9996	0.9991	0.9975	0.9904	0.9647	0.9270	0.8290	0.5490	0.3186	0.1671	0.0802	0.0353
	2	1.0000	1.0000	1.0000	0.9999	0.9996	0.9970	0.9906	0.9638	0.8159	0.6042	0.3980	0.2361	0.1268
	3				1.0000	1.0000	0.9998	0.9992	0.9947	0.9444	0.8227	0.6482	0.4613	0.2969
	4						1.0000	0.9999	0.9994	0.9873	0.9383	0.8358	0.6865	0.5155
	5							1.0000	0.9999	0.9978	0.9832	0.9389	0.8516	0.7216
	6								1.0000	0.9997	0.9964	0.9819	0.9434	0.8689
	7									1.0000	0.9994	0.9958	0.9827	0.9500
	8										0.9999	0.9992	0.9958	0.9848
	9										1.0000	0.9999	0.9992	0.9963
	10											1.0000	0.9999	0.9993
	11												1.0000	0.9999
	12													1.0000

附录三　DW 统计量临界值表

显著性水平 $\alpha = 0.05$

n	m = 1		m = 2		m = 3		m = 4		m = 5	
	d_L	d_U	d_L	d_U	d_L	d_U	d_L	d_U	d_L	d_U
15	1.08	1.36	0.95	1.54	0.82	1.75	0.69	1.97	0.56	2.21
16	1.10	1.37	0.98	1.54	0.86	1.73	0.74	1.93	0.62	2.15
17	1.13	1.38	1.02	1.54	0.90	1.71	0.78	1.90	0.67	2.10
18	1.16	1.39	1.05	1.53	0.93	1.69	0.86	1.87	0.71	2.06
19	1.18	1.40	1.08	1.53	0.97	1.68	0.86	1.85	0.75	2.02
20	1.20	1.41	1.10	1.54	1.00	1.68	0.9	1.83	0.79	1.99
21	1.22	1.42	1.13	1.54	1.03	1.67	0.93	1.81	0.83	1.96
22	1.24	1.43	1.15	1.54	1.05	1.66	0.96	1.8	0.86	1.94
23	1.26	1.44	1.17	1.54	1.08	1.66	0.99	1.79	0.90	1.92
24	1.27	1.45	1.19	1.55	1.10	1.66	1.01	1.78	0.93	1.90
25	1.29	1.45	1.21	1.55	1.12	1.66	1.04	1.77	0.95	1.89
26	1.30	1.46	1.22	1.55	1.14	1.65	1.06	1.76	0.98	1.88
27	1.32	1.47	1.24	1.56	1.16	1.65	1.08	1.76	1.01	1.86
28	1.33	1.48	1.26	1.56	1.18	1.65	1.10	1.75	1.03	1.85
29	1.34	1.48	1.27	1.56	1.20	1.65	1.12	1.74	1.05	1.84
30	1.35	1.49	1.28	1.57	1.21	1.65	1.14	1.74	1.07	1.83
31	1.36	1.50	1.30	1.57	1.23	1.65	1.16	1.74	1.09	1.83
32	1.37	1.50	1.31	1.57	1.24	1.65	1.18	1.73	1.11	1.82
33	1.38	1.51	1.32	1.58	1.26	1.65	1.19	1.73	1.13	1.81
34	1.39	1.51	1.33	1.58	1.27	1.65	1.21	1.73	1.15	1.81
35	1.40	1.52	1.34	1.58	1.28	1.65	1.22	1.73	1.16	1.80
36	1.41	1.52	1.35	1.59	1.29	1.65	1.24	1.73	1.18	1.80
37	1.42	1.53	1.36	1.59	1.31	1.66	1.25	1.72	1.19	1.80
38	1.43	1.54	1.37	1.59	1.32	1.66	1.26	1.72	1.21	1.79
39	1.43	1.54	1.38	1.60	1.33	1.66	1.27	1.72	1.22	1.79
40	1.44	1.54	1.39	1.60	1.34	1.66	1.29	1.72	1.23	1.79
45	1.48	1.57	1.43	1.62	1.38	1.67	1.34	1.72	1.29	1.78
50	1.50	1.59	1.46	1.63	1.42	1.67	1.38	1.72	1.34	1.77
55	1.53	1.60	1.49	1.64	1.45	1.68	1.41	1.72	1.38	1.77
60	1.55	1.62	1.51	1.65	1.48	1.69	1.44	1.73	1.41	1.77
65	1.57	1.63	1.54	1.66	1.50	1.70	1.47	1.73	1.44	1.77
70	1.58	1.64	1.55	1.67	1.52	1.70	1.49	1.74	1.46	1.77
75	1.60	1.65	1.57	1.68	1.54	1.71	1.51	1.74	1.49	1.77
80	1.61	1.66	1.59	1.69	1.56	1.72	1.53	1.74	1.51	1.77
85	1.62	1.67	1.60	1.70	1.57	1.72	1.55	1.75	1.52	1.77
90	1.63	1.68	1.61	1.70	1.59	1.73	1.57	1.75	1.54	1.78
95	1.64	1.69	1.62	1.71	1.60	1.73	1.58	1.75	1.56	1.78
100	1.65	1.69	1.63	1.72	1.61	1.74	1.59	1.76	1.57	1.78

显著性水平 $\alpha = 0.01$

n	m = 1		m = 2		m = 3		m = 4		m = 5	
	d_L	d_U	d_L	d_U	d_L	d_U	d_L	d_U	d_L	d_U
15	0.81	1.07	0.70	1.25	0.59	1.46	0.49	1.70	0.39	1.96
16	1.84	1.09	0.74	1.25	0.63	1.44	1.53	1.66	0.44	1.90
17	0.87	1.10	0.77	1.25	0.67	1.43	0.57	1.63	0.48	1.85
18	0.90	1.12	0.80	1.26	0.71	1.42	0.61	1.60	1.52	1.87
19	0.93	1.13	0.83	1.26	0.74	1.41	0.65	1.58	0.56	1.77
20	0.95	1.15	0.86	1.27	0.77	1.41	0.68	1.57	0.60	1.74
21	0.97	1.16	0.89	1.27	0.80	1.41	0.72	1.55	0.63	1.71
22	1.00	1.17	0.91	1.28	0.83	1.40	0.75	1.54	0.66	1.69
23	1.02	1.19	0.94	1.29	0.86	1.40	0.77	1.53	0.70	1.67
24	1.04	1.20	0.96	1.30	0.88	1.41	0.80	1.53	0.72	1.66
25	1.05	1.21	0.98	1.30	0.90	1.41	0.83	1.52	0.75	1.65
26	1.07	1.22	1.00	1.31	0.93	1.41	0.85	1.52	0.78	1.64
27	1.09	1.23	1.02	1.32	0.95	1.41	0.88	1.51	0.81	1.63
28	1.10	1.24	1.04	1.32	0.97	1.41	0.90	1.51	0.83	1.62
29	1.12	1.25	1.05	1.33	0.99	1.42	0.92	1.51	0.85	1.61
30	1.13	1.26	1.07	1.34	1.01	1.42	0.94	1.51	0.88	1.61
31	1.15	1.27	1.08	1.34	1.20	1.42	0.96	1.51	0.90	1.60
32	1.16	1.28	1.10	1.35	1.04	1.43	0.98	1.51	0.92	1.60
33	1.17	1.29	1.11	1.36	1.05	1.43	1.00	1.51	0.94	1.59
34	1.18	1.30	1.13	1.36	1.07	1.43	1.01	1.51	0.95	1.59
35	1.19	1.31	1.14	1.37	1.08	1.44	1.03	1.51	0.97	1.59
36	1.21	1.32	1.15	1.38	1.10	1.44	1.04	1.51	0.99	1.59
37	1.22	1.32	1.16	1.38	1.11	1.45	1.06	1.51	1.00	1.59
38	1.23	1.33	1.18	1.39	1.12	1.45	1.07	1.52	1.02	1.58
39	1.24	1.34	1.19	1.39	1.14	1.45	1.09	1.52	1.03	1.58
40	1.25	1.34	1.20	1.40	1.15	1.46	1.10	1.52	1.05	1.58
45	1.29	1.38	1.24	1.42	1.20	1.48	1.16	1.53	1.10	1.58
50	1.33	1.40	1.28	1.45	1.24	1.49	1.20	1.54	1.16	1.59
55	1.36	1.43	1.32	1.47	1.28	1.51	1.25	1.55	1.21	1.59
60	1.38	1.45	1.35	1.48	1.32	1.52	1.28	1.56	1.25	1.60
65	1.41	1.47	1.38	1.50	1.35	1.53	1.31	1.57	1.28	1.61
70	1.43	1.49	1.40	1.52	1.37	1.55	1.34	1.58	1.31	1.61
75	1.45	1.50	1.42	1.53	1.39	1.56	1.37	1.59	1.34	1.62
80	1.47	1.52	1.44	1.54	1.42	1.57	1.39	1.60	1.36	1.62
85	1.48	1.53	1.46	1.55	1.43	1.58	1.41	1.60	1.39	1.63
90	1.50	1.54	1.47	1.56	1.45	1.59	1.43	1.61	1.41	1.64
95	1.51	1.55	1.49	1.57	1.47	1.60	1.45	1.62	1.42	1.64
100	1.52	1.56	1.50	1.58	1.48	1.60	1.46	1.63	1.44	1.65

附录四　泊松分布表

$$1 - F(x-1) = \sum_{k=x}^{\infty} \frac{e^{-\lambda}\lambda^k}{k!}$$

x	$\lambda=0.2$	$\lambda=0.3$	$\lambda=0.4$	$\lambda=0.5$	$\lambda=0.6$
0	1.0000000	1.0000000	1.0000000	1.0000000	1.0000000
1	0.1512692	0.2591818	0.3296800	0.3234690	0.4511880
2	0.0175231	0.3693630	0.0615519	0.0902040	0.1219010
3	0.0011485	0.0035995	0.0079263	0.0143880	0.0231150
4	0.0005680	0.0002658	0.0007763	0.0017520	0.0033580
5	0.0000023	0.0000158	0.0000612	0.0001720	0.0003940
6	0.0000001	0.0000008	0.0000040	0.0000140	0.0000390
7			0.0000002	0.0000010	0.0000030

x	$\lambda=0.7$	$\lambda=0.8$	$\lambda=0.9$	$\lambda=1.0$	$\lambda=1.2$
0	1.0000000	1.0000000	1.0000000	1.0000000	1.0000000
1	0.5034150	0.5506710	0.5934300	0.6321210	0.6988060
2	0.1558050	0.1912080	0.2275180	0.2642410	0.3373730
3	0.0341420	0.0474230	0.0628570	0.0803010	0.1205130
4	0.0057530	0.0090800	0.0134590	0.0189880	0.0337690
5	0.0007860	0.0014110	0.0023440	0.0036600	0.0077460
6	0.0000900	0.0001840	0.0003430	0.0005940	0.0015000
7	0.0000090	0.0002100	0.0000430	0.0000830	0.0002510
8	0.0000010	0.0000020	0.0000050	0.0000100	0.0000370
9				0.0000010	0.0000050
10					0.0000010

x	$\lambda=1.4$	$\lambda=1.6$	$\lambda=1.8$
0	1.0000000	1.0000000	1.0000000
1	0.7534030	0.7981030	0.8347010
2	0.4081670	0.4750690	0.5371630
3	0.1665020	0.2166420	0.2693790
4	0.0537250	0.0788130	0.1087080
5	0.0142530	0.0236820	0.0364070
6	0.0032010	0.0060400	0.0103780
7	0.0006220	0.0013360	0.0025690
8	0.0001070	0.0002600	0.0005620
9	0.0000160	0.0000450	0.0001100
10	0.000020	0.0000070	0.0000190
11		0.0000010	0.0000030

(续表)

x	$\lambda = 2.5$	$\lambda = 3.0$	$\lambda = 3.5$	$\lambda = 4.0$	$\lambda = 4.5$	$\lambda = 5.0$
0	1.000000	1.000000	1.000000	1.000000	1.000000	1.000000
1	0.917915	0.950213	0.969803	0.981684	0.988891	0.993262
2	0.712703	0.800852	0.8641120	0.908422	0.938901	0.959572
3	0.456187	0.576810	0.6791530	0.761897	0.826422	0.875348
4	0.242424	0.352768	0.4633670	0.566530	0.657704	0.734974
5	0.108822	0.184737	0.2745550	0.371163	0.465896	0.559507
6	0.042021	0.083918	0.1423860	0.214870	0.297040	0.384039
7	0.014187	0.033509	0.0652880	0.110674	0.168949	0.237817
8	0.004247	0.011905	0.0267390	0.051134	0.086586	0.133372
9	0.001140	0.003803	0.009874	0.021363	0.040257	0.068094
10	0.000277	0.001102	0.003315	0.008132	0.017093	0.031828
11	0.000062	0.000292	0.001019	0.00284	0.006669	0.013695
12	0.000013	0.000071	0.000289	0.000915	0.002404	0.005453
13	0.000002	0.000016	0.000076	0.000274	0.000805	0.002019
14		0.000003	0.000019	0.000076	0.000252	0.000698
15		0.000001	0.000004	0.00002	0.000074	0.000226
16			0.000001	0.000005	0.000020	0.000069
17				0.000001	0.000005	0.000020
18					0.000001	0.000005
19						0.000001

附录五 标准正态分布表

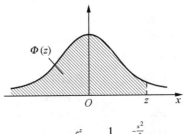

$$\Phi(z) = \int_{-\infty}^{z} \frac{1}{\sqrt{2\pi}} e^{-\frac{x^2}{2}} dx$$

z	0.00	0.01	0.02	0.03	0.04
0.0	0.500000	0.503989	0.507978	0.511966	0.515953
0.1	0.539828	0.543795	0.547758	0.551717	0.555670
0.2	0.579260	0.583166	0.587064	0.590954	0.594835
0.3	0.617911	0.621720	0.625516	0.269300	0.633072
0.4	0.655422	0.659079	0.662757	0.666402	0.670031
0.5	0.691462	0.694974	0.698468	0.701944	0.705401
0.6	0.725747	0.729069	0.732731	0.735653	0.738914
0.7	0.758036	0.761148	0.764238	0.767305	0.770350
0.8	0.788145	0.791030	0.793892	0.796731	0.799546
0.9	0.815940	0.818589	0.821214	0.823814	0.826391
1.0	0.841345	0.843752	0.846136	0.848495	0.850830
1.1	0.864664	0.866500	0.868643	0.870762	0.872857
1.2	0.884930	0.886861	0.888768	0.890651	0.892512
1.3	0.903200	0.904902	0.906582	0.908241	0.909877
1.4	0.919243	0.920730	0.922196	0.923641	0.925066
1.5	0.933193	0.934478	0.935745	0.936992	0.938220
1.6	0.945201	0.946301	0.947384	0.948449	0.949497
1.7	0.955435	0.956367	0.957284	0.958185	0.959070
1.8	0.964070	0.964852	0.965620	0.966375	0.967116
1.9	0.971283	0.971933	0.972571	0.973197	0.973810
2.0	0.977250	0.977784	0.978308	0.978822	0.979325
2.1	0.982136	0.982571	0.982997	0.983414	1.983832
2.2	0.986097	0.986447	0.986791	0.987126	0.987455

(续表)

z	0.00	0.01	0.02	0.03	0.04
2.3	0.989276	0.989556	0.989830	0.990097	0.990358
2.4	0.991802	0.992024	0.992240	0.992451	0.992656
2.5	0.993790	0.993963	0.994132	0.997297	0.994457
2.6	0.995339	0.995473	0.995604	0.995731	0.995855
2.7	0.996533	0.996636	0.996736	0.996833	0.996928
2.8	0.997445	0.997523	0.997599	0.997673	0.997744
2.9	0.998134	0.998193	0.998250	0.998305	0.998359
3.0	0.998650	0.998694	0.998736	0.998777	0.998817
3.1	0.999032	0.999065	0.999096	0.999126	0.999155
3.2	0.999313	0.999336	0.999359	0.999381	0.999402
3.3	0.999517	0.999534	0.999550	0.999566	0.999581
3.4	0.999663	0.999675	0.999687	0.999698	0.999709
3.5	0.999767	0.999776	0.999784	0.999792	0.999800
3.6	0.999841	0.9998473	0.999853	0.999858	0.999864
3.7	0.999892	0.999896	0.999900	0.999904	0.999908
3.8	0.999928	0.999931	0.999993	0.999936	0.999938
3.9	0.999952	0.999954	0.999956	0.999958	0.999959
4.0	0.999968	0.999970	0.999971	0.999972	0.999973
4.1	0.999979	0.999980	0.999981	0.999982	0.999983
4.2	0.999987	0.999987	0.999988	0.999988	0.999989
4.3	0.999991	0.999992	0.999992	0.999993	0.999993
4.4	0.999995	0.999995	0.999992	0.999993	0.999993
4.5	0.999997	0.999997	0.999997	0.999997	0.999997
4.6	0.999998	0.999998	0.999998	0.999998	0.999998
4.7	0.999999	0.999999	0.999999	0.999999	0.999999
4.8	0.999999	0.999999	0.999999	0.999999	0.999999
4.9	1.000000	1.000000	1.000000	1.000000	1.000000
z	0.05	0.06	0.07	0.08	0.09
0.0	0.519939	0.523922	0.527903	0.531881	0.535856
0.1	0.559618	0.563559	0.567495	0.571424	0.575345
0.2	0.598706	0.602568	0.606420	0.610261	0.614092
0.3	0.636831	0.640576	0.644309	0.648027	0.651732
0.4	0.673645	0.677242	0.680822	0.684386	0.687933
0.5	0.708840	0.712260	0.715661	0.719043	0.722405
0.6	0.742154	0.745373	0.718571	0.751748	0.754903
0.7	0.773373	0.776373	0.779250	0.782305	0.785236
0.8	0.802337	0.805105	0.837850	0.810570	0.813267
0.9	0.828944	0.831472	0.833977	0.836457	0.838913

（续表）

z	0.05	0.06	0.07	0.08	0.09
1.0	0.853141	0.855428	0.857690	0.859929	0.862143
1.1	0.874928	0.876976	0.879000	0.881000	0.882977
1.2	0.894350	0.896165	0.897958	0.899727	0.901472
1.3	0.911492	0.913085	0.914657	0.916207	0.917736
1.4	0.926471	0.927855	0.929219	0.930563	0.931888
1.5	0.939429	0.940620	0.941792	0.942947	0.944083
1.6	0.950529	0.951543	0.952540	0.953521	0.954486
1.7	0.959941	0.960796	0.961636	0.962462	0.963273
1.8	0.967843	0.968557	0.969258	0.969946	0.970621
1.9	0.974412	0.975002	0.975581	0.976148	0.976705
2.0	0.979819	0.980301	0.980774	0.981237	0.981691
2.1	0.984222	0.984614	0.984997	0.985371	0.985738
2.2	0.987776	0.988089	0.988396	0.988696	0.988989
2.3	0.990613	0.990863	0.991106	0.991344	0.991576
2.4	0.992857	0.993053	0.996244	0.993431	0.993631
2.5	0.997614	0.994766	0.994915	0.995060	0.995201
2.6	0.995975	0.996093	0.996207	0.996319	0.996427
2.7	0.997020	0.997110	0.997197	0.997282	0.997365
2.8	0.997814	0.997882	0.997978	0.998012	0.998074
2.9	0.998411	0.998462	0.998511	0.998559	0.998605
3.0	0.998856	0.998893	0.998930	0.998965	0.998999
3.1	0.999184	0.999211	0.999238	0.999264	0.999289
3.2	0.999423	0.999443	0.999462	0.999481	0.999499
3.3	0.999596	0.999610	0.999624	0.999638	0.999651
3.4	0.999720	0.999730	0.999740	0.999749	0.999758
3.5	0.999807	0.999815	0.999822	0.999828	0.999835
3.6	0.999869	0.999874	0.999879	0.999883	0.999888
3.7	0.999912	0.999915	0.999918	0.999922	0.999925
3.8	0.999941	0.999943	0.999946	0.999948	0.999950
3.9	0.999961	0.999963	0.999964	0.999966	0.999967
4.0	0.999974	0.999975	0.999976	0.999977	0.999978
4.1	0.999983	0.999984	0.999985	0.999985	0.999986
4.2	0.999989	0.999990	0.999990	0.999991	0.999991
4.3	0.999993	0.999993	0.999994	0.999994	0.999994
4.4	0.999996	0.999996	0.999996	0.999996	0.999996
4.5	0.999997	0.999997	0.999998	0.999998	0.999998
4.6	0.999998	0.999998	0.999998	0.999999	0.999999
4.7	0.999999	0.999999	0.999999	0.999999	0.999999
4.8	0.999999	0.999999	0.999999	0.999999	0.999999
4.9	1.000000	1.000000	1.000000	1.000000	1.000000

附录六 t 分布临界值表

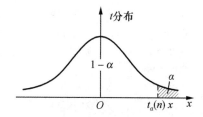

$$P\{t(n) > t_\alpha(n)\} = \alpha$$

n	α					
	0.25	0.1	0.05	0.025	0.01	0.005
1	1.0000	3.0777	6.3138	12.7062	31.8207	63.6574
2	0.8165	1.8856	2.9200	4.3027	6.9649	9.9248
3	0.7649	1.6377	2.3534	3.1824	4.8407	5.8409
4	0.7407	1.5332	2.1318	2.7764	3.7469	4.6041
5	0.7267	1.4759	2.0150	2.8706	3.3649	4.0322
6	0.7176	1.4398	1.9432	2.4469	3.1427	3.7074
7	0.7111	1.4149	1.8946	2.3646	2.9980	3.4995
8	0.7064	1.3964	1.8595	2.3060	2.8965	3.3554
9	0.7027	1.3830	1.8331	2.2622	2.8214	3.2498
10	0.6998	1.3722	1.8125	2.2281	2.7638	3.1693
11	0.6974	1.3034	1.7959	2.2010	2.7181	3.1058
12	0.6955	1.3562	1.7823	2.1788	2.6810	3.0545
13	0.6938	1.3502	1.7709	2.1604	2.6503	3.0123
14	0.6924	1.3450	1.7613	2.1448	2.6025	2.9768
15	0.6912	1.3406	1.7531	2.1315	2.5835	2.9467
16	0.6901	1.3368	1.7459	2.1199	2.5669	2.9208
17	0.6892	1.3334	1.7396	2.1098	2.5669	2.8982
18	0.6884	1.3304	1.7341	2.1009	2.5524	2.8784
19	0.6876	1.3277	1.7291	2.0930	2.5395	2.8609
20	0.6870	1.6253	1.7247	2.0860	2.5280	2.8453

（续表）

n	α					
	0.25	0.1	0.05	0.025	0.01	0.005
21	0.6864	1.3232	1.7207	2.0796	2.5177	2.8314
22	0.6858	1.3112	1.7171	2.0739	2.5083	2.8188
23	0.6853	1.3159	1.7139	2.0687	2.4999	2.8073
24	0.6848	1.3178	1.7109	2.0639	2.4922	2.7969
25	0.6844	1.3163	1.7081	2.0595	2.4851	2.7874
26	0.6840	1.3150	1.7056	2.0555	2.4786	2.7787
27	0.6837	1.3137	1.7033	2.0518	2.4727	2.7707
28	0.6834	1.3125	1.7011	2.0484	2.4671	2.7633
29	0.6830	1.3114	1.6991	2.0452	2.4620	2.7564
30	0.6828	1.3104	1.6973	2.0423	2.4573	2.7500
31	0.6825	1.3095	1.6955	2.0395	2.4528	2.7440
32	0.6822	1.3086	1.6939	2.0369	2.4487	2.7385
33	0.6820	1.3077	1.6924	2.0345	2.4448	2.7333
34	0.6818	1.3070	1.6909	2.0322	2.4411	2.7284
35	0.6816	1.3062	1.6896	2.0301	2.4377	2.7233
36	0.6814	1.3055	1.6883	2.0281	2.4345	2.7195
37	0.6812	1.3049	1.6871	2.0262	2.4314	2.7154
38	0.6810	1.3042	1.6860	2.0244	2.4286	2.7116
39	0.6800	1.3036	1.6849	2.0227	2.4258	2.7079
40	0.6807	1.3031	1.6839	2.0211	2.4233	2.7045
41	0.6805	1.3025	1.6829	2.0195	2.4208	2.7012
42	0.6804	1.3020	1.6820	2.0181	2.4185	2.6981
43	0.6802	1.3016	1.6811	2.0167	2.4163	2.6951
44	0.6801	1.3011	1.6802	2.0154	2.4141	2.6923
45	0.6800	1.3006	1.6794	2.0141	2.4121	2.6896

附录七　χ^2分布临界值表

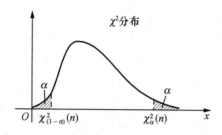

$$P\{\chi^2(n) > \chi^2_\alpha(n)\} = \alpha$$

n	α					
	0.995	0.99	0.975	0.95	0.9	0.75
1	—	—	0.001	0.004	0.016	0.102
2	0.010	0.020	0.051	0.103	0.211	0.575
3	0.072	0.115	0.216	0.352	0.584	1.216
4	0.207	0.297	0.484	0.711	1.064	1.923
5	0.412	0.554	0.831	1.145	1.610	2.675
6	0.676	0.872	1.237	1.635	2.204	3.455
7	0.989	1.239	1.690	2.167	2.833	4.255
8	1.644	1.646	2.180	2.733	3.490	5.071
9	1.765	2.088	2.700	3.325	4.168	5.899
10	2.156	2.558	3.240	3.940	4.650	6.737
11	2.603	3.053	3.816	4.575	5.578	7.584
12	3.074	3.571	4.404	5.226	6.304	8.438
13	3.565	4.107	5.009	5.892	7.042	9.299
14	4.075	4.660	5.629	6.571	7.790	10.165
15	4.601	5.229	6.262	7.261	8.540	11.037
16	5.142	5.812	6.908	7.962	9.312	11.912
17	5.697	6.408	7.564	8.672	10.085	12.792
18	6.265	7.015	8.231	9.390	10.865	13.675
19	6.844	7.633	8.907	10.117	11.651	14.562
20	7.434	8.260	9.591	10.851	12.443	15.452
21	8.034	8.897	10.283	11.951	13.240	16.344

（续表）

n	α					
	0.995	0.99	0.975	0.95	0.9	0.75
22	6.643	9.542	10.982	12.338	14.042	17.240
23	9.260	10.196	11.689	13.091	14.848	18.137
24	9.886	10.856	12.401	13.848	15.659	19.037
25	10.520	11.524	13.120	14.611	16.473	19.939
26	11.160	12.879	13.844	15.379	17.292	20.843
27	11.808	12.198	14.570	16.151	18.114	21.749
28	12.461	13.565	15.308	16.928	18.939	22.659
29	13.121	14.257	16.047	17.708	19.768	23.567
30	13.787	14.954	16.791	18.493	20.599	24.478
31	14.458	15.655	17.539	19.281	21.434	25.390
32	15.134	16.362	18.291	20.072	22.271	26.304
33	15.815	17.074	19.047	20.867	23.110	27.219
34	16.501	17.789	19.806	21.664	23.952	28.136
35	17.192	18.509	20.569	22.465	24.797	29.054
36	17.887	19.233	21.336	23.269	25.643	29.073
37	18.586	19.960	22.106	24.075	26.492	30.893
38	19.289	20.691	22.878	24.884	27.343	31.815
39	19.996	21.426	23.654	25.695	28.196	32.737
40	20.707	22.164	24.433	26.509	29.051	33.660
41	21.421	22.906	25.215	27.326	29.907	34.585
42	22.138	23.650	25.999	28.144	30.765	35.510
43	22.859	24.398	26.785	28.965	31.625	36.436
44	23.584	25.148	27.575	29.787	32.487	37.363
45	24.311	25.901	28.366	30.612	33.350	38.291

n	α					
	0.25	0.1	0.05	0.025	0.01	0.005
1	1.323	2.706	3.841	5.024	6.635	7.879
2	2.773	4.605	5.991	7.378	9.210	10.597
3	4.108	6.251	7.815	9.348	11.345	12.838
4	5.385	7.779	9.488	11.143	13.277	14.860
5	6.526	9.236	11.071	12.833	15.086	16.750
6	7.841	10.645	12.592	14.449	16.812	18.548
7	9.037	12.017	14.067	16.013	18.475	20.278
8	10.219	13.362	15.507	17.535	20.090	21.955
9	11.389	14.684	16.910	19.023	21.666	23.589

(续表)

n	α					
	0.25	0.1	0.05	0.025	0.01	0.005
10	12.549	15.987	18.307	20.486	23.200	25.188
11	13.701	17.275	19.675	21.920	24.725	26.757
12	14.845	18.549	21.026	23.337	26.217	28.299
13	15.984	19.812	22.362	24.736	27.688	29.819
14	17.117	21.064	23.685	26.119	29.141	31.319
15	18.245	22.307	24.966	27.488	30.578	32.801
16	19.369	23.542	26.296	28.845	32.000	34.267
17	20.489	24.769	27.587	30.191	33.409	35.718
18	21.605	25.989	28.869	31.526	34.805	37.156
19	22.718	27.204	30.144	32.852	36.191	38.582
20	23.828	28.412	31.410	34.170	37.566	39.997
21	24.935	29.615	32.671	35.479	38.032	41.401
22	26.039	30.813	33.924	36.781	40.289	42.796
23	27.141	32.007	35.172	38.076	41.638	44.181
24	28.241	33.196	36.415	39.364	42.980	45.559
25	29.339	34.382	37.652	40.646	44.314	46.928
26	30.435	35.563	38.885	41.923	45.642	48.29
27	31.528	36.741	40.113	43.194	46.963	49.645
28	32.620	37.916	41.337	44.461	48.278	50.993
29	33.711	39.087	42.557	45.722	49.588	52.336
30	34.800	40.256	43.773	46.979	50.892	53.672
31	35.887	41.422	44.985	48.232	52.191	55.003
32	36.973	42.585	46.194	49.480	53.486	56.328
33	38.058	43.745	47.400	50.725	54.776	57.648
34	39.141	44.903	48.602	51.966	56.061	58.964
35	40.223	46.059	49.802	53.203	57.342	60.275
36	41.304	47.212	50.998	54.437	58.619	61.581
37	42.383	48.363	52.192	55.668	59.802	62.883
38	43.462	49.513	53.384	56.896	61.182	64.181
39	44.539	50.660	54.572	58.120	62.428	65.476
40	45.616	51.805	55.758	59.342	63.691	66.766
41	46.692	52.949	56.942	60.561	64.95	68.053
42	47.766	54.090	58.124	61.777	66.206	69.336
43	48.840	55.230	59.304	62.990	67.459	70.616
44	49.913	56.369	60.481	64.201	68.71	71.893
45	50.985	57.505	61.656	65.41	69.957	73.166

附录八 F 分布临界值表

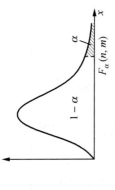

$$P\{F(n,m) > F_\alpha(n,m)\} = \alpha$$

显著性水平 $\alpha = 0.001$

m	1	2	3	4	5	6	7	8	9	10	12	15	20	24	30	40	60	120	∞
1	4053.00	5000.00	5404.00	5625.00	5764.00	5859.00	5929.00	5981.00	6023.00	6056.00	6107.00	6158.00	6209.00	6235.00	6261.00	6287.00	6313.00	6340.00	6366.00
2	998.50	999.00	999.20	999.20	999.30	999.30	999.40	999.40	999.40	999.40	999.40	999.40	999.40	999.50	999.50	999.50	999.50	999.50	999.50
3	167.10	148.50	141.10	137.10	134.60	132.80	131.60	130.60	129.90	129.20	128.30	127.40	126.40	125.90	125.40	125.00	124.50	124.00	123.50
4	74.14	61.25	56.18	53.44	51.71	50.53	49.66	49.00	48.47	48.05	47.41	46.76	46.10	45.77	45.43	45.09	44.75	44.40	44.05
5	47.18	37.12	33.20	31.09	29.75	28.84	28.16	27.64	27.24	26.92	26.42	25.91	25.36	25.14	24.87	24.60	24.33	24.06	23.78
6	35.51	27.00	23.70	21.92	20.81	20.03	19.46	19.03	18.69	18.41	17.99	17.56	17.12	16.89	16.67	16.44	16.21	15.99	15.75
7	29.25	21.69	18.77	17.19	16.21	15.52	15.02	14.63	14.33	14.08	13.71	13.32	12.93	12.73	12.53	12.33	12.12	11.91	11.70
8	25.42	18.69	15.83	14.39	13.49	12.86	12.40	12.04	11.77	11.54	11.19	10.84	10.48	10.30	10.11	9.92	9.73	9.53	9.33
9	22.86	16.39	13.90	12.56	11.71	11.13	10.70	10.37	10.11	9.89	9.57	9.24	8.90	8.72	8.55	8.37	8.19	8.00	7.81
10	21.04	14.91	12.55	11.28	10.48	9.92	9.52	9.20	8.96	8.75	8.45	8.13	7.80	7.64	7.47	7.30	7.12	6.94	6.76
11	19.69	13.81	11.56	10.35	9.58	9.05	8.66	8.35	8.12	7.92	7.63	7.32	7.01	6.85	6.68	6.52	6.35	6.17	6.00
12	18.64	12.97	10.80	8.63	9.89	8.38	8.00	7.71	7.48	7.29	7.00	6.71	6.40	6.25	6.09	5.93	5.76	5.59	5.42
13	17.81	12.31	10.21	9.07	8.35	7.86	7.49	7.21	6.98	6.80	6.52	6.23	5.93	5.78	5.63	5.47	5.30	5.14	4.97
14	17.14	11.78	9.73	8.62	7.92	7.43	7.08	6.80	6.58	6.40	6.13	5.85	5.55	5.41	5.25	5.10	4.94	4.77	4.60
15	16.59	11.34	9.34	8.25	7.57	7.09	6.74	6.47	6.26	6.08	5.81	5.54	5.25	5.10	4.95	4.80	4.64	4.47	4.31

(续表)

m	1	2	3	4	5	6	7	8	9	10	12	15	20	24	30	40	60	120	∞
16	16.12	10.97	9.00	7.94	7.27	6.81	6.46	6.19	5.98	5.81	5.55	5.27	4.99	4.85	4.70	4.54	4.39	4.26	4.06
17	16.72	10.66	8.73	7.68	7.02	6.56	6.22	5.96	5.75	5.58	5.32	5.05	4.78	4.63	4.48	4.33	4.18	4.02	3.85
18	15.38	10.39	8.40	7.46	6.81	6.35	6.02	5.76	5.56	5.39	5.13	4.87	4.59	4.45	4.30	4.15	4.00	3.84	3.67
19	15.03	10.16	8.28	7.26	6.62	6.18	5.85	5.59	5.39	5.22	4.97	4.70	4.43	4.29	4.14	3.99	3.84	3.63	3.51
20	14.82	9.95	8.10	7.10	6.46	6.02	5.69	5.44	5.24	5.08	4.82	4.56	4.29	4.15	4.00	3.86	3.70	3.54	3.38
21	14.59	9.77	7.94	6.95	6.32	5.88	5.56	5.31	5.11	4.95	4.70	4.44	4.17	4.03	3.88	3.74	3.58	3.42	3.26
22	14.38	9.61	7.80	6.81	6.19	5.76	5.44	5.19	4.99	4.83	4.58	4.33	4.06	3.92	3.78	3.63	3.48	3.32	3.15
23	14.19	9.47	7.67	6.69	6.08	5.65	5.33	5.09	4.89	4.73	4.48	4.23	3.96	3.82	3.68	3.53	3.38	3.22	3.05
24	14.03	9.34	7.55	6.59	5.98	5.55	5.23	4.99	4.80	4.64	4.39	4.14	3.87	3.74	3.59	3.45	3.29	3.14	2.97
25	13.88	9.22	7.45	6.49	5.88	5.46	5.15	4.91	4.71	4.56	4.31	4.06	3.79	3.66	3.52	3.37	3.22	3.06	2.89
26	13.74	9.12	7.36	6.41	5.80	5.38	5.07	4.83	4.64	4.48	4.24	3.99	3.72	3.59	3.44	3.30	3.15	2.99	2.82
27	13.61	9.02	7.27	6.33	5.73	5.31	5.00	4.76	4.57	4.41	4.17	3.92	3.66	3.52	3.38	3.23	3.08	2.92	2.75
28	13.50	8.93	7.19	6.25	5.66	5.24	4.93	4.69	4.50	4.35	4.11	3.86	3.60	3.46	3.32	3.18	3.02	2.86	2.69
29	13.39	8.85	7.12	6.19	5.59	5.18	4.87	4.64	4.45	4.29	4.05	3.80	3.54	3.41	3.27	3.12	2.97	2.81	2.64
30	13.29	8.77	7.05	6.12	5.53	5.12	4.82	4.58	4.39	4.24	4.00	3.75	3.49	3.36	3.22	3.07	2.92	2.76	2.59
40	12.61	8.25	6.60	5.70	5.13	4.73	4.44	4.21	4.02	3.87	3.64	3.40	3.15	3.01	2.87	2.73	2.57	2.41	2.23
60	11.97	7.76	6.17	5.30	4.76	4.37	4.09	3.87	3.69	3.54	3.31	3.08	2.83	2.69	2.55	2.41	2.25	2.08	1.89
120	11.38	7.32	5.79	4.95	4.42	4.04	3.77	3.55	3.38	3.24	3.02	2.78	2.53	2.40	2.26	2.11	1.95	1.76	1.54
∞	10.83	6.91	5.42	4.62	4.10	3.74	3.47	3.27	3.10	2.96	2.74	2.51	2.27	2.13	1.99	1.84	1.66	1.45	1.00

显著性水平 $\alpha = 0.005$

m	1	2	3	4	5	6	7	8	9	10	12	15	20	24	30	40	60	120	∞
1	16211.00	20000.00	21615.00	22500.00	23056.00	23437.00	23715.00	23925.00	24091.00	24224.00	24426.00	24630.00	24836.00	24940.00	25044.00	25148.00	25253.00	25339.00	25465.00
2	198.50	199.00	199.20	199.20	199.30	199.30	199.40	199.40	199.40	199.40	199.40	199.40	199.40	199.50	199.50	199.50	199.50	199.50	199.50
3	55.55	49.80	47.47	46.19	45.39	44.84	44.43	44.13	43.88	43.69	43.39	43.08	42.78	42.62	42.47	42.31	42.15	41.99	41.83
4	31.33	26.28	24.26	23.15	22.46	21.79	21.62	21.35	21.14	20.97	20.70	20.44	20.17	20.03	19.89	19.75	19.61	19.47	19.32
5	22.78	18.31	16.53	15.56	14.94	14.51	14.20	13.96	13.77	13.62	13.38	13.15	12.90	12.78	12.66	12.53	12.40	12.27	12.44
6	18.63	14.54	12.92	12.03	11.46	11.07	10.79	10.57	10.39	10.25	10.03	9.81	9.59	9.47	9.36	9.24	9.12	9.00	8.38
7	16.24	12.40	10.88	10.05	9.52	9.16	8.89	8.68	8.51	8.38	8.81	7.97	7.75	7.65	7.53	7.42	7.31	7.19	7.08
8	14.69	11.04	9.60	8.81	8.30	7.95	7.69	7.50	7.34	7.21	7.01	6.81	6.61	6.50	6.40	6.29	6.18	6.06	5.95
9	13.61	10.11	8.72	7.96	7.47	7.13	6.88	6.69	6.54	6.42	6.23	6.03	5.83	5.73	5.62	5.52	5.41	5.30	5.19
10	12.83	9.43	8.08	7.34	6.87	6.54	6.30	6.12	5.97	5.85	5.66	5.47	5.27	5.17	5.07	4.97	4.86	4.75	4.64
11	12.23	8.91	7.60	6.88	6.42	6.10	5.86	5.68	5.54	5.42	5.24	5.05	4.86	4.76	4.65	4.55	4.44	4.34	4.23
12	11.75	8.51	7.23	6.52	6.07	5.76	5.52	5.35	5.20	5.09	4.91	4.72	4.53	4.43	4.33	4.23	4.12	4.01	3.90
13	11.37	8.19	6.93	6.23	5.79	5.48	5.25	5.08	4.94	4.82	4.64	4.46	4.27	4.17	4.07	3.97	3.87	3.76	3.65
14	11.06	7.92	6.68	6.00	5.56	5.26	5.03	4.86	4.72	4.60	4.43	4.25	4.06	3.96	3.86	3.76	3.66	3.55	3.44
15	10.80	7.70	6.48	5.80	5.37	5.07	4.85	4.67	4.54	4.42	4.25	4.07	3.88	3.79	3.69	3.58	3.48	3.37	3.26
16	10.58	7.51	6.30	5.64	5.21	4.91	4.69	4.52	4.38	4.27	4.10	3.92	3.73	3.64	3.54	3.44	3.33	3.22	3.11
17	10.38	7.35	6.16	5.50	5.07	4.78	4.56	4.39	4.25	4.14	3.97	3.79	3.61	3.51	3.41	3.31	3.21	3.10	2.98
18	10.22	7.21	6.03	5.37	4.96	4.66	4.44	4.28	4.14	4.03	3.86	3.68	3.50	3.40	3.30	3.20	3.10	2.99	2.87

(续表)

m	n																
	1	2	3	4	5	6	7	8	9	10	12	15	20	24	30	40	60	120	∞
19	10.07	7.09	5.92	5.27	4.85	4.56	4.34	4.18	4.04	3.93	3.76	3.59	3.40	3.31	3.21	3.11	3.00	2.89	2.78
20	9.94	6.90	5.82	5.17	4.76	4.47	4.26	4.09	3.96	3.85	3.68	3.50	3.32	3.22	3.12	3.02	2.92	2.81	2.69
21	9.83	6.89	5.73	5.09	4.68	4.30	4.18	4.01	3.88	3.77	3.60	3.48	3.24	3.15	3.05	2.95	2.84	2.73	2.61
22	9.73	6.81	5.65	5.02	4.61	4.32	4.11	3.94	3.81	3.70	3.54	3.36	3.18	3.08	2.98	2.88	2.77	2.66	2.55
23	9.63	6.76	5.58	4.95	4.54	4.26	4.05	3.88	3.75	3.64	3.43	3.30	3.12	3.02	2.92	2.82	2.71	2.60	2.48
24	9.55	6.66	5.52	4.89	4.49	4.20	3.99	3.83	3.69	3.59	3.42	3.25	3.06	2.97	2.87	2.77	2.66	2.55	2.43
25	9.48	6.60	5.46	4.84	4.43	4.15	3.94	3.78	3.64	3.54	3.37	3.20	3.01	2.92	2.82	2.72	2.61	2.50	2.38
26	9.41	6.54	5.41	4.79	4.38	4.10	3.89	3.73	3.60	3.49	3.33	3.15	2.97	2.87	2.77	2.67	2.56	2.45	2.33
27	9.64	6.49	5.36	4.74	4.34	4.06	3.85	3.69	3.56	3.45	3.28	3.11	2.93	2.83	2.73	2.63	2.52	2.44	2.29
28	9.28	6.44	5.32	4.70	4.30	4.02	3.81	3.65	3.52	3.41	3.25	3.07	2.89	2.79	2.69	2.59	2.48	2.37	2.25
29	9.23	6.40	5.28	4.66	4.26	3.98	3.77	3.61	3.48	3.38	3.21	3.04	2.86	2.76	2.66	2.56	2.45	2.33	2.21
30	9.18	6.35	5.24	4.62	4.23	3.95	3.74	3.58	3.45	3.34	3.18	3.01	2.82	2.73	2.63	2.52	2.42	2.30	2.18
40	8.83	6.07	4.98	4.37	3.99	3.71	3.51	3.35	3.22	3.12	2.95	2.78	2.60	2.50	2.40	2.30	2.18	2.06	1.93
60	8.49	5.79	4.73	4.14	3.76	3.49	3.29	3.13	3.01	2.90	2.74	2.57	2.39	2.29	2.19	2.08	1.96	1.83	1.69
120	8.18	5.54	4.50	3.92	3.55	3.28	3.09	2.93	2.81	2.71	2.54	2.37	2.19	2.09	1.98	1.87	1.75	1.61	1.43
∞	7.88	5.30	4.28	3.72	3.35	3.09	2.90	2.74	2.62	2.52	2.36	2.19	2.00	1.90	1.79	1.67	1.53	1.36	1.00

附录八 F 分布临界值表

显著性水平 $\alpha = 0.010$

m \ n	1	2	3	4	5	6	7	8	9	10	12	15	20	24	30	40	60	120	∞
1	4 052.00	4 999.50	5 403.00	5 625.00	5 764.00	5 859.00	5 928.00	5 982.00	6 022.00	6 056.00	6 106.00	6 157.00	6 209.00	6 235.00	6 261.00	6 287.00	6 313.00	6 339.00	6 366.00
2	98.50	99.00	99.17	99.25	99.30	99.33	99.36	99.37	99.39	99.40	99.42	99.43	99.45	99.46	99.47	99.47	99.48	99.49	99.50
3	34.12	30.82	29.46	28.71	28.24	27.91	27.67	27.49	27.35	27.23	27.05	26.87	26.69	26.60	26.50	26.41	26.32	26.22	26.13
4	21.20	18.00	16.69	15.98	15.52	15.21	14.98	14.80	14.66	14.55	14.37	14.20	14.02	13.93	13.84	13.75	13.60	13.56	13.46
5	16.26	13.27	12.06	11.39	10.97	10.67	10.46	10.29	10.16	10.05	9.89	9.72	9.55	9.47	9.38	9.29	9.20	9.11	9.06
6	13.75	10.92	9.78	9.15	8.75	8.47	8.26	8.10	7.98	7.87	7.72	7.56	7.40	7.31	7.23	7.14	7.06	6.97	6.88
7	12.25	9.55	8.45	7.85	7.46	7.19	6.99	6.84	6.72	6.62	6.47	6.31	6.16	6.07	5.99	5.91	5.82	5.74	5.65
8	11.26	8.65	7.59	7.01	6.63	6.37	6.18	6.03	5.91	5.81	5.67	5.52	5.36	5.28	5.20	5.12	5.03	4.95	4.86
9	10.56	8.02	6.99	6.42	6.06	5.80	5.61	5.47	5.35	5.26	5.11	4.96	4.81	4.73	4.65	4.57	4.48	4.40	4.31
10	10.04	7.56	6.55	5.99	5.64	5.39	5.20	5.06	4.94	4.85	4.71	4.56	4.41	4.33	4.25	4.17	4.08	4.00	3.91
11	9.65	7.21	6.22	5.67	5.32	5.07	4.89	4.74	4.63	4.54	4.40	4.25	4.10	4.02	3.94	3.86	3.78	3.69	3.60
12	9.33	6.93	5.95	5.41	5.06	4.82	4.64	4.50	4.39	4.30	4.16	4.01	3.86	3.78	3.70	3.62	3.54	3.45	3.36
13	9.07	6.70	5.74	5.21	4.86	4.62	4.44	4.30	4.19	4.10	3.96	3.82	3.66	3.59	3.51	3.43	3.34	3.25	3.17
14	8.86	6.51	5.56	5.04	4.69	4.46	4.28	4.14	4.03	3.94	3.80	3.66	3.51	3.43	3.35	3.27	3.18	3.09	3.00
15	8.68	6.36	5.42	4.89	4.56	4.32	4.14	4.00	3.89	3.81	3.67	3.52	3.37	3.29	3.21	3.13	3.05	2.96	2.87
16	8.53	6.23	5.29	4.77	4.44	4.20	4.03	3.89	3.78	3.69	3.55	3.41	3.26	3.18	3.10	3.02	2.93	2.84	2.75
17	8.40	6.11	5.18	4.67	4.34	4.10	3.93	3.79	3.68	3.59	3.46	3.31	3.16	3.08	3.00	2.92	2.83	2.75	2.65
18	8.29	6.01	5.09	4.58	4.25	4.01	3.84	3.71	3.60	3.51	3.37	3.23	3.08	3.00	2.92	2.84	2.75	2.66	2.57

(续表)

m	1	2	3	4	5	6	7	8	9	10	12	15	20	24	30	40	60	120	∞
19	8.18	5.92	5.01	4.50	4.17	3.94	3.77	3.63	3.52	3.43	3.30	3.15	3.00	2.92	2.84	2.76	2.67	2.58	2.49
20	8.10	5.85	4.94	4.43	4.10	3.87	3.70	3.56	3.46	3.37	3.23	3.09	2.94	2.86	2.78	2.69	2.61	2.52	2.42
21	8.02	5.78	4.87	4.37	4.04	3.81	3.64	3.51	3.40	3.31	3.17	3.03	2.88	2.80	2.72	2.64	2.55	2.46	2.36
22	7.95	5.72	4.82	4.31	3.99	3.76	3.59	3.45	3.35	3.26	3.12	2.98	2.83	2.75	2.67	2.58	2.50	2.40	2.31
23	7.88	5.66	4.76	4.26	3.94	3.71	3.54	3.41	3.30	3.21	3.07	2.93	2.78	2.70	2.62	2.54	2.45	2.35	2.26
24	7.82	5.61	4.72	4.22	3.90	3.67	3.50	3.36	3.26	3.17	3.03	2.89	2.74	2.66	2.58	2.49	2.40	2.31	2.21
25	7.77	5.57	4.68	4.18	3.85	3.63	3.46	3.32	3.22	3.13	2.99	2.85	2.70	2.62	2.54	2.45	2.36	2.27	2.17
26	7.72	5.53	4.64	4.14	3.82	3.59	3.42	3.29	3.18	3.09	2.96	2.81	2.66	2.58	2.50	2.42	2.33	2.23	2.13
27	7.68	5.49	4.60	4.11	3.78	3.56	3.39	3.26	3.15	3.06	2.93	2.78	2.63	2.55	2.47	2.38	2.29	2.20	2.10
28	7.64	5.45	4.57	4.07	3.75	3.53	3.36	3.23	3.12	3.03	2.90	2.75	2.60	2.52	2.44	2.35	2.26	2.17	2.06
29	7.60	5.42	4.54	4.04	3.73	3.50	3.33	3.20	3.09	3.00	2.87	2.73	2.57	2.49	2.41	2.33	2.23	2.14	2.03
30	7.56	5.39	4.51	4.02	3.70	3.47	3.30	3.17	3.07	2.98	2.84	2.70	2.56	2.47	2.39	2.30	2.21	2.11	2.01
40	7.31	5.18	4.31	3.83	3.51	3.29	3.12	2.99	2.89	2.80	2.66	2.52	2.37	2.29	2.20	2.11	2.02	1.92	1.86
60	7.08	4.98	4.13	3.65	3.34	3.12	2.95	2.82	2.72	2.63	2.50	2.35	2.20	2.12	2.03	1.94	1.84	1.73	1.60
120	6.85	4.79	3.95	3.48	3.17	2.96	2.79	2.66	2.56	2.47	2.34	2.19	2.03	1.95	1.86	1.76	1.66	1.53	1.38
∞	6.63	4.61	3.78	3.32	3.02	2.80	2.64	2.51	2.41	2.32	2.18	2.04	1.88	1.79	1.70	1.59	1.47	1.32	1.00

显著性水平 $\alpha = 0.025$

m\n	1	2	3	4	5	6	7	8	9	10	12	15	20	24	30	40	60	120	∞
1	647.80	799.50	864.20	899.60	921.80	937.10	948.90	956.70	963.30	968.60	976.70	984.90	993.10	997.20	1001.00	1006.00	1010.00	1014.00	1018.00
2	38.51	39.00	39.17	39.25	39.30	39.33	39.36	39.37	39.39	39.40	39.41	39.43	39.45	39.46	39.46	39.47	39.48	39.49	39.50
3	17.44	16.04	15.44	15.10	14.28	14.73	14.62	14.54	14.47	14.42	14.34	14.25	14.17	14.12	14.08	14.04	13.99	13.95	13.90
4	12.22	10.65	9.98	9.60	9.36	9.20	9.07	8.98	8.90	8.84	8.75	8.66	8.56	8.51	8.46	8.41	8.36	8.31	8.26
5	10.01	8.43	7.76	7.36	7.15	6.98	6.85	6.76	6.68	6.62	6.52	6.43	6.33	6.28	6.23	6.18	6.12	6.07	6.02
6	8.81	7.26	6.60	6.23	5.99	5.82	5.70	5.60	5.52	5.46	5.37	5.27	5.17	5.12	5.07	5.01	4.96	4.90	4.58
7	8.07	6.54	5.89	5.25	5.29	5.12	4.99	4.90	4.82	4.76	4.67	4.57	4.47	4.42	4.36	4.31	4.25	4.20	4.17
8	7.57	6.06	5.42	5.05	4.80	4.65	4.53	4.43	4.36	4.30	4.20	4.10	4.00	3.95	3.89	3.84	3.78	3.73	3.67
9	7.21	5.71	5.08	4.72	4.48	4.32	4.20	4.10	4.03	3.96	3.87	3.77	3.67	3.61	3.56	3.51	3.45	3.39	3.33
10	6.94	5.46	4.83	4.47	4.24	4.07	3.95	3.85	3.78	3.72	3.62	3.52	3.42	3.37	3.31	3.26	3.20	3.14	3.08
11	6.72	5.26	4.63	4.28	4.04	3.88	3.76	3.66	3.59	3.53	3.43	3.33	3.23	3.17	3.12	3.06	3.00	2.94	2.88
12	6.55	5.10	4.47	4.12	3.89	3.73	3.61	3.51	3.44	3.37	3.28	3.18	3.07	3.02	2.96	2.91	2.85	2.79	2.72
13	6.41	4.97	4.35	4.00	3.77	3.60	3.48	3.39	3.31	3.25	3.15	3.05	2.95	2.89	2.84	2.78	2.72	2.66	2.60
14	6.30	4.86	4.24	3.89	3.66	3.50	3.38	3.29	3.21	3.15	3.05	2.95	2.84	2.79	2.73	2.67	2.61	2.55	2.49
15	6.20	4.77	4.15	3.80	3.58	3.41	3.29	3.20	3.12	3.06	2.96	2.86	2.76	2.70	2.64	2.59	2.52	2.46	2.40
16	6.12	4.69	4.08	3.73	3.50	3.34	3.22	3.12	3.05	2.99	2.89	2.79	2.68	2.63	2.57	2.51	2.45	2.38	2.32
17	6.04	4.62	4.01	3.66	3.44	3.28	3.16	3.06	2.98	2.92	2.82	2.72	2.62	2.56	2.50	2.44	2.38	2.32	2.25
18	5.98	4.56	3.95	3.61	3.38	3.22	3.10	3.01	2.93	2.87	2.77	2.67	2.56	2.50	2.44	2.38	2.32	2.26	2.19

(续表)

m	n																	
	1	2	3	4	5	6	7	8	9	10	12	15	20	24	30	40	60	120	∞
19	5.92	4.51	3.90	3.56	3.33	3.17	3.05	2.96	2.88	2.82	2.72	2.62	2.51	2.45	2.39	2.33	2.27	2.20	2.13
20	5.87	4.46	3.86	3.51	3.29	3.13	3.01	2.91	2.84	2.77	2.68	2.57	2.46	2.41	2.35	2.29	2.22	2.16	2.09
21	5.83	4.42	3.82	3.48	3.25	3.09	2.97	2.87	2.80	3.33	2.64	256.00	2.42	2.37	2.31	2.25	2.18	2.11	2.04
22	5.79	4.38	3.78	3.44	3.22	3.05	2.93	2.84	2.76	2.70	2.60	2.50	2.39	2.33	2.77	2.21	2.14	2.08	2.00
23	5.75	4.35	3.75	3.41	3.18	3.02	2.90	2.81	2.73	2.67	2.57	2.47	2.36	2.30	2.23	2.18	2.11	2.04	1.97
24	5.72	4.32	3.72	3.38	3.15	2.99	2.87	2.78	2.70	2.64	2.54	2.44	2.33	2.27	2.21	2.15	2.08	2.01	1.94
25	5.69	4.29	3.69	3.35	3.13	2.97	2.85	2.75	2.68	2.61	2.51	2.41	2.30	2.24	2.18	2.12	2.05	1.98	1.91
26	5.66	4.27	3.67	3.33	3.10	2.94	2.82	2.73	2.65	2.59	2.49	2.39	2.28	2.22	2.16	2.09	2.03	1.95	1.88
27	5.63	4.24	3.65	3.31	3.08	2.92	2.80	2.71	2.63	2.57	2.47	2.36	2.25	2.19	2.13	2.07	2.00	1.93	1.85
28	5.61	4.22	3.63	3.29	3.06	2.90	2.78	2.69	2.61	2.55	2.45	2.34	2.23	2.17	2.11	2.05	1.98	1.91	1.83
29	5.59	4.20	3.61	3.27	3.04	2.88	2.76	2.67	2.59	2.53	2.43	2.32	2.21	2.15	2.09	2.03	1.96	1.89	1.81
30	5.57	4.18	3.59	3.25	3.03	2.87	2.75	2.65	2.57	2.51	2.41	2.31	2.20	2.14	2.07	2.01	1.94	1.87	1.79
40	5.42	4.05	3.46	3.13	2.90	2.74	2.62	2.53	2.45	2.39	2.29	2.18	2.07	2.01	1.94	1.88	1.80	1.72	1.64
60	5.29	3.93	3.34	3.01	2.79	2.63	2.51	2.41	2.33	2.27	2.17	2.06	1.94	1.88	1.82	1.74	1.67	1.58	1.48
120	5.15	3.80	3.23	2.89	2.67	2.52	2.39	2.30	2.22	2.16	2.05	1.94	1.82	1.76	1.69	1.61	1.53	1.43	1.31
∞	5.02	3.69	3.12	2.79	2.57	2.41	2.29	2.19	2.11	2.05	1.94	1.83	1.71	1.64	1.57	1.48	1.39	1.27	1.00

附录八 F 分布临界值表

显著性水平 $\alpha = 0.050$

m \ n	1	2	3	4	5	6	7	8	9	10	12	15	20	24	30	40	60	120	∞
1	161.40	199.50	215.70	224.60	230.20	234.00	236.80	238.90	240.50	241.90	243.90	245.90	248.00	249.10	250.10	251.10	252.20	253.30	254.30
2	18.51	19.00	19.16	19.25	19.30	19.33	19.35	19.37	19.38	19.40	19.41	19.43	19.45	19.45	19.46	19.47	19.48	19.49	19.50
3	10.13	9.55	9.28	9.12	9.01	8.94	8.89	8.55	8.81	8.79	8.74	8.70	8.66	8.64	8.62	8.69	8.57	8.55	8.53
4	7.71	6.94	6.59	6.39	6.26	6.16	6.09	6.04	6.00	5.96	5.91	5.86	5.80	5.77	5.75	5.72	5.69	5.66	5.63
5	6.61	5.79	5.41	5.19	5.05	4.95	4.88	4.82	4.77	4.77	4.68	4.62	4.56	4.53	4.50	4.46	4.43	4.40	4.36
6	5.99	5.14	4.76	4.53	4.39	4.28	4.21	4.15	4.10	4.06	4.00	3.94	3.87	3.84	3.81	3.77	3.74	3.70	3.67
7	5.59	4.47	4.35	4.12	3.97	3.87	3.79	3.73	3.68	3.64	3.57	3.51	3.44	3.41	3.38	3.34	3.30	3.27	3.23
8	5.32	4.46	4.07	3.84	3.69	3.58	3.50	3.44	3.39	3.35	3.28	3.22	3.15	3.12	3.08	3.04	3.01	2.97	2.93
9	5.12	4.20	3.86	3.63	3.48	3.37	3.29	3.23	3.18	3.14	3.07	3.01	2.94	2.90	2.86	2.83	2.79	2.75	2.71
10	4.96	4.10	3.71	3.48	3.33	3.22	3.14	3.07	3.02	2.98	2.91	2.85	2.77	2.74	2.70	2.66	2.62	2.58	2.54
11	4.84	3.98	3.59	3.36	3.20	3.09	3.10	2.95	2.90	2.85	2.79	2.72	2.65	2.61	2.57	2.53	2.49	2.45	2.40
12	4.75	3.89	3.49	3.26	3.11	3.00	2.91	2.85	2.80	2.75	2.69	2.62	2.54	2.51	2.47	2.43	2.38	2.34	2.30
13	4.67	3.81	3.41	3.18	3.03	2.92	2.83	2.77	2.71	2.67	2.60	2.53	2.46	2.42	2.38	2.34	2.30	2.25	2.21
14	4.60	3.74	3.34	3.11	2.96	2.58	2.76	2.70	2.65	2.60	2.53	2.46	2.39	2.35	2.31	2.27	2.22	2.18	2.13
15	4.54	3.68	3.29	3.06	2.90	2.79	2.71	2.64	2.59	2.54	2.48	2.40	2.33	2.29	2.25	2.20	2.16	2.11	2.07
16	4.49	3.63	3.24	3.01	2.85	2.74	2.66	2.59	2.54	2.49	2.42	2.35	2.38	2.24	2.19	2.15	2.11	2.05	2.01
17	4.45	3.59	3.20	2.96	2.81	2.70	2.61	2.55	2.49	2.45	2.38	2.31	2.23	2.19	2.15	2.10	2.06	2.01	1.96
18	4.41	3.55	3.16	2.93	2.77	2.66	2.58	2.51	2.46	2.41	2.24	2.27	2.19	2.15	2.11	2.06	2.02	1.97	1.92

(续表)

m	\multicolumn{17}{c}{n}
	1	2	3	4	5	6	7	8	9	10	12	15	20	24	30	40	60	120	∞
19	4.38	3.52	3.13	2.90	2.74	2.63	2.54	2.48	2.42	2.38	2.31	2.23	2.16	2.11	2.07	2.03	1.98	1.93	1.88
20	4.35	3.49	3.10	2.87	2.71	2.60	2.51	2.45	2.39	2.35	2.28	2.20	2.12	2.08	2.04	1.99	1.95	1.90	1.84
21	4.32	3.47	3.07	2.84	2.69	2.57	2.49	2.42	2.37	2.32	2.25	2.18	2.10	2.05	2.01	1.96	1.92	1.87	1.81
22	4.30	3.44	3.05	2.82	2.66	2.55	2.46	2.40	2.34	2.30	2.23	2.15	2.07	2.03	1.98	1.94	1.89	1.84	1.78
23	4.28	3.42	3.03	2.80	2.64	2.53	2.44	2.37	2.32	2.27	2.20	2.13	2.05	2.01	1.96	1.91	1.86	1.81	1.76
24	4.26	3.40	3.01	2.78	2.62	2.51	2.42	2.36	2.30	2.25	2.18	2.11	2.03	1.98	1.94	1.89	1.84	1.79	1.73
25	4.24	3.39	2.99	2.76	2.60	2.49	2.40	2.34	2.28	2.24	2.16	2.09	2.01	1.96	1.92	1.87	1.82	1.77	1.71
26	4.23	3.37	2.98	2.74	2.59	2.47	2.39	2.32	2.27	2.22	2.15	2.07	1.99	1.95	1.90	1.85	1.80	1.75	1.69
27	4.21	3.35	2.96	2.73	2.57	2.46	2.37	2.31	2.25	2.20	2.13	2.06	1.97	1.93	1.88	1.84	1.79	1.73	1.67
28	4.20	3.34	2.95	2.71	2.56	2.45	2.36	2.29	2.24	2.19	2.12	2.04	1.96	1.91	1.87	1.82	1.77	1.71	1.65
29	4.18	3.33	2.93	2.70	2.55	2.43	2.35	2.28	2.22	2.18	2.10	2.03	1.94	1.90	1.85	1.81	1.75	1.70	1.64
30	4.17	3.32	2.92	2.69	2.53	2.42	2.33	2.28	2.21	2.18	2.09	2.01	1.93	1.89	1.84	1.79	1.74	1.68	1.62
40	4.08	3.23	2.84	2.61	2.45	2.34	2.25	2.18	2.12	2.10	2.00	1.92	1.84	1.79	1.74	1.69	1.64	1.58	1.51
60	4.00	3.15	2.76	2.53	2.37	2.25	2.17	2.10	2.04	1.99	1.92	1.84	1.75	1.70	1.65	1.59	1.53	1.47	1.39
120	3.92	3.07	2.68	2.45	2.29	2.17	2.09	2.02	1.96	1.91	1.83	1.75	1.66	1.61	1.55	1.50	1.43	1.35	1.25
∞	3.84	3.00	2.60	2.37	2.21	2.10	2.01	1.94	1.88	1.83	1.75	1.67	1.57	1.52	1.46	1.39	1.32	1.21	1.00

显著性水平 $\alpha = 0.100$

m \ n	1	2	3	4	5	6	7	8	9	10	12	15	20	24	30	40	60	120	∞
1	39.86	49.50	53.59	55.83	57.24	58.20	58.91	59.44	59.86	60.19	60.71	61.22	61.74	62.00	62.26	62.53	62.79	63.06	63.33
2	8.53	9.00	9.16	9.24	9.29	9.33	9.35	9.37	9.38	9.39	9.41	9.42	9.44	9.45	9.46	9.47	9.47	9.48	9.49
3	5.54	5.46	5.39	5.34	5.31	5.28	5.27	5.25	5.24	5.23	5.22	5.20	5.18	5.18	5.17	5.16	5.15	5.14	5.13
4	4.54	4.32	4.19	4.11	4.05	4.01	3.98	3.95	3.94	3.92	3.90	3.87	3.84	3.83	3.82	3.80	3.79	3.78	3.76
5	4.06	3.78	3.62	3.52	3.45	3.40	3.37	3.34	3.32	3.30	3.27	3.24	3.21	3.19	3.17	3.16	3.14	3.12	3.10
6	3.78	3.46	3.29	3.18	3.11	3.05	3.01	2.98	2.96	2.94	2.90	2.87	2.84	2.82	2.80	2.78	2.76	2.74	2.72
7	3.59	3.26	3.07	2.96	2.88	2.83	2.78	2.75	2.72	2.70	2.67	2.63	2.59	2.58	2.56	2.54	2.51	2.49	2.47
8	3.46	3.11	2.92	2.81	2.73	2.67	2.62	2.59	2.56	2.54	2.50	2.46	2.42	2.40	2.38	2.36	2.34	2.32	2.29
9	3.36	3.10	2.81	2.69	2.61	2.55	2.51	2.47	2.44	2.42	2.38	2.34	2.30	2.28	2.25	2.23	2.21	2.18	2.16
10	3.29	2.92	2.73	2.61	2.52	2.46	2.41	2.38	2.35	2.32	2.28	2.24	2.20	2.18	2.16	2.13	2.11	2.08	2.06
11	3.23	2.86	2.66	2.54	2.45	2.39	2.34	2.30	2.27	2.25	2.21	2.17	2.12	2.10	2.08	2.05	2.03	2.00	1.97
12	3.18	2.81	2.61	2.48	2.39	2.33	2.28	2.24	2.21	2.19	2.15	2.10	2.06	2.04	2.01	1.99	1.96	1.93	1.90
13	3.14	2.76	2.56	2.43	2.35	2.28	2.23	2.20	2.16	2.14	2.10	2.05	2.01	1.98	1.96	1.93	1.90	1.88	1.85
14	3.10	2.73	2.52	2.39	2.31	2.24	2.19	2.15	2.12	2.10	2.05	2.01	1.96	1.94	1.91	1.89	1.86	1.83	1.80
15	3.07	2.70	2.49	2.36	2.27	2.21	2.16	2.12	2.09	2.06	2.02	1.97	1.92	1.90	1.87	1.85	1.82	1.79	1.76
16	3.05	2.67	2.46	2.33	2.24	2.18	2.13	2.09	2.06	2.03	1.99	1.94	1.89	1.87	1.84	1.81	1.78	1.75	1.72
17	3.03	2.64	2.44	2.31	2.22	2.15	2.10	2.06	2.03	2.00	1.96	1.91	1.86	1.84	1.81	1.78	1.75	1.72	1.69
18	3.01	2.62	2.42	2.29	2.20	2.13	2.08	2.04	2.00	1.98	1.93	1.89	1.84	1.81	1.78	1.75	1.72	1.69	1.66

(续表)

m	n																
	1	2	3	4	5	6	7	8	9	10	12	15	20	24	30	40	60	120	∞
19	2.99	2.61	2.40	2.27	2.18	2.11	2.06	2.02	1.98	1.96	1.91	1.86	1.81	1.79	1.76	1.73	1.70	1.67	1.63
20	2.97	2.59	2.38	2.25	2.16	2.09	2.04	2.00	1.96	1.94	1.89	1.84	1.79	1.77	1.74	1.71	1.63	1.64	1.61
21	2.96	2.57	2.36	2.23	2.14	2.08	2.02	1.98	1.95	1.92	1.87	1.83	1.78	1.75	1.72	1.69	1.66	1.62	1.59
22	2.95	2.56	2.35	2.22	2.13	2.06	2.01	1.97	1.93	1.90	1.86	1.81	1.76	1.73	1.70	1.67	1.64	1.60	1.57
23	2.94	2.55	2.34	2.21	2.11	2.05	1.99	1.95	1.92	1.89	1.84	1.80	1.74	1.72	1.69	1.66	1.62	1.59	1.55
24	2.93	2.54	2.33	2.19	2.10	2.04	1.98	1.94	1.91	1.88	1.83	1.78	1.73	1.70	1.67	1.64	1.61	1.57	1.53
25	2.92	2.53	2.32	2.18	2.09	2.02	1.97	1.93	1.89	1.87	1.82	1.77	1.72	1.69	1.66	1.63	1.59	1.56	1.52
26	2.91	2.52	2.31	2.17	2.08	2.01	1.96	1.92	1.88	1.86	1.81	1.76	1.71	1.68	1.65	1.61	1.58	1.54	1.50
27	2.90	2.51	2.30	2.17	2.07	2.00	1.95	1.91	1.87	1.85	1.80	1.75	1.70	1.67	1.64	1.60	1.57	1.53	1.49
28	2.89	2.50	2.29	2.16	2.06	2.00	1.94	1.90	1.87	1.84	1.79	1.74	1.69	1.66	1.63	1.59	1.56	1.52	1.48
29	2.89	2.50	2.28	2.15	2.06	1.99	1.93	1.89	1.86	1.83	1.78	1.73	1.68	1.65	1.62	1.58	1.55	1.51	1.47
30	2.88	2.49	2.28	2.14	2.05	1.98	1.93	1.88	1.85	1.82	1.77	1.72	1.67	1.64	1.61	1.57	1.54	1.50	1.46
40	2.84	2.44	2.23	2.09	2.00	1.93	1.87	1.83	1.79	1.76	1.71	1.66	1.61	1.57	1.54	1.51	1.47	1.42	1.38
60	2.79	2.39	2.18	2.04	1.95	1.87	1.20	1.77	1.74	1.71	1.66	1.60	1.54	1.51	1.48	1.44	1.40	1.35	1.29
120	2.75	2.35	2.13	1.99	1.90	1.82	1.77	1.72	1.68	1.65	1.60	1.55	1.48	1.45	1.41	1.37	1.32	1.26	1.19
∞	2.71	2.30	2.08	1.96	1.85	1.77	1.72	1.67	1.63	1.60	1.55	1.49	1.42	1.38	1.34	1.30	1.24	1.17	1.00

参 考 文 献

1. 龚玉荣. 应用统计学[M]. 2版. 北京:中国铁道出版社,2005.
2. 何平. 数理统计与多元统计[M]. 成都:西南交通大学出版社,2004.
3. 贾俊平,何晓群,金勇进. 统计学:第7版[M]. 北京:中国人民大学出版社,2018.
4. 贾俊平. 应用统计学[M]. 北京:高等教育出版社,2014.
5. 李博达,阎薇,肖旭. 统计学原理[M]. 北京:北京交通大学出版社,2014.
6. 李时. 应用统计学[M]. 北京:清华大学出版社,2005.
7. 李卫东. 应用统计学[M]. 北京:清华大学出版社,2014.
8. 李文新. 统计学原理[M]. 上海:上海财经大学出版社,2014.
9. 刘春英. 应用统计学[M]. 北京:中国金融出版社,2007.
10. 刘顺忠. 数理统计理论、方法、应用和软件计算[M]. 武汉:华中科技大学出版社,2005.
11. 拉森,法伯. 基础统计学(英文版·第四版)[M]. 刘超,改编. 北京:中国人民大学出版社,2010.
12. 奥特,朗格内特. 统计学方法与数据分析引论[M]. 张忠占,等,译. 北京:科学出版社.
13. 帕加诺. 行为科学中的统计学入门[M]. 严文蕃,译. 北京:中国统计出版社,2002.
14. 潘鸿,张小宇,吴勇民. 应用统计学[M]. 3版. 北京:人民邮电出版社,2015.
15. 孙炎. 应用统计学[M]. 北京:机械工业出版社,2007.
16. 王振龙,胡永宏. 应用时间序列分析[M]. 北京:科学出版社,2007.
17. 魏瑾瑞. 统计学视角下的金融高频数据挖掘理论与方法研究[M]. 北京:中国社会科学出版社,2015.
18. 肖智明,周贤君. 经济统计学原理[M]. 北京:清华大学出版社,2014.
19. 杨明,曾平华,张理想. 统计学原理[M]. 北京:电子工业出版社,2014.
20. 赵振伦. 统计学[M]. 北京:经济科学出版社,2005.
21. 郑珍远. 统计学[M]. 北京:机械工业出版社,2007.
22. 朱胜,熊健益. 统计学原理(非统计专业用)[M]. 北京:中国统计出版社,2009.

教辅申请说明

　　北京大学出版社本着"教材优先、学术为本"的出版宗旨,竭诚为广大高等院校师生服务。为更有针对性地提供服务,请您按照以下步骤通过**微信**提交教辅申请,我们会在1～2个工作日内将配套教辅资料发送到您的邮箱。

◎ 扫描下方二维码,或直接微信搜索公众号"北京大学经管书苑",进行关注;

◎ 点击菜单栏"在线申请"—"教辅申请",出现如右下界面:

◎ 将表格上的信息填写准确、完整后,点击提交;

◎ 信息核对无误后,教辅资源会及时发送给您;如果填写有问题,工作人员会同您联系。

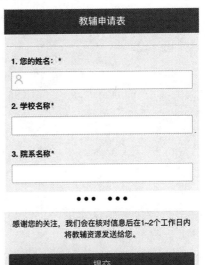

温馨提示:如果您不使用微信,则可以通过以下联系方式(任选其一),将您的姓名、院校、邮箱及教材使用信息反馈给我们,工作人员会同您进一步联系。

联系方式:

北京大学出版社经济与管理图书事业部

通信地址:北京市海淀区成府路 205 号,100871

电子邮箱:em@ pup.cn

电　　话:010-62767312

微　　信:北京大学经管书苑(pupembook)

网　　址:www.pup.cn